SAP Bible FI

SAP FI Module의 정석

SAP Bible FI 상

발행일	2019년 7월 30일

지은이	유승철		
펴낸이	손형국		
펴낸곳	(주)북랩		
편집인	선일영	편집	오경진, 강대건, 최승헌, 최예은, 김경무
디자인	이현수, 김민하, 한수희, 김윤주, 허지혜	제작	박기성, 황동현, 구성우, 장홍석
마케팅	김회란, 박진관, 조하라, 장은별		
출판등록	2004. 12. 1(제2012-000051호)		
주소	서울시 금천구 가산디지털 1로 168, 우림라이온스밸리 B동 B113, 114호		
홈페이지	www.book.co.kr		
전화번호	(02)2026-5777	팩스	(02)2026-5747

ISBN	979-11-6299-673-7 14320 (종이책)	979-11-6299-674-4 15320 (전자책)
	979-11-6299-672-0 14320 (세트)	

이 도서의 국립중앙도서관 출판예정도서목록(CIP)은 서지정보유통지원시스템 홈페이지(http://seoji.nl.go.kr)와
국가자료공동목록시스템(http://www.nl.go.kr/kolisnet)에서 이용하실 수 있습니다.
(CIP제어번호: CIP2019029562)

(주)북랩 성공출판의 파트너

북랩 홈페이지와 패밀리 사이트에서 다양한 출판 솔루션을 만나 보세요!

홈페이지 book.co.kr   •   **블로그** blog.naver.com/essaybook   •   **원고모집** book@book.co.kr

SAP
Bible FI

S/4 HANA Version 상

유승철 지음

SAP FI Module의 정석

북랩 book Lab

머리말: SAP Bible FI 시리즈를 펴내며

지금까지 10년 넘게 SAP 프로젝트를 수행하면서 수많은 PI(Process Innovator)/PU(Power User)/현업 담당자들을 만나봤습니다. 처음 SAP란 ERP 시스템을 접해보신 분들도 있었고, 이미 SAP를 사용하시다가 업그레이드를 하시는 분들도 있었습니다.

이미 SAP를 접해보셨던 분들의 경우 자신이 사용하던 SAP 화면에 대해서는 익숙하게 사용하셨지만, 별도로 개발된 CBO 프로그램만 사용하셨거나 사용하지 않던 SAP Standard 화면에 대해서는 많이 어려워하셨습니다. 또한 그 프로그램들을 왜 써야 하는지, 어떤 개념으로 SAP 화면들이 만들어진 것인지에 대해서는 이해도가 높지 않았습니다. 심지어 어떤 분은 단순히 전임자에게 인수인계 받은 걸 토대로 이유도 모른 채 버튼만 클릭하는 분들도 있었습니다.

SAP를 처음 접하신 분들의 경우 소규모 Legacy 회계시스템을 사용하시는 경우가 많았는데 Legacy 시스템과 SAP 시스템과의 개념상 차이부터, SAP 시스템 사상에 대해 이해하기 어려워하시는 분들이 많았습니다.

회사에 따라 SAP 모듈 교육을 보내주고, 프로젝트에 투입하는 경우도 있었고 교육 비용 때문에 어떠한 사전지식도 없이 프로젝트에 투입하는 경우도 있었습니다. 프로젝트를 진행하면서 컨설턴트로서 PI/PU 분들을 교육시켜야 했으며 이때마다 프로젝트에 참여하는 분들의 SAP 이해도를 높이는 것이 프로젝트의 성공에 많은 영향을 미친다는 것을 깨닫게 되었습니다. 후배들을 교육하기 위해 간단한 형식으로 정리한 자료들을 가지고 PI/PU/현업 담당자분들을 위한 교육자료를 만들어야겠다는 결심을 하게 되었습니다. 교육용 자료를 만들다 보니, 생각보다 내용과 분량이 많아져 책을 출판하게 되었습니다.

SAP 모듈 교육을 받는다면 사실 이 책을 보실 필요가 없을지도 모릅니다.

교육을 받으신 후 이 책으로 복습하시면 제일 좋겠습니다만, 교육을 받을 수 없는 상황에서 프로젝트에 투입되신 분들은 이 책을 통해 컨설턴트와 커뮤니케이션하기 훨씬 수월해질 것이며, SAP FI 모듈의 개념을 이해하는 데 많은 도움이 되실 겁니다. 이로 인해 프로젝트팀 컨설턴트에게서 더 많은 노하우를 전수받을 수 있을 것입니다.

또한 프로세스를 수립하는데 있어서도 다양한 SAP의 기능 중에서 어떤 기능을 선택할지, 선택의 폭을 넓힐 수 있으실 겁니다. 프로젝트 멤버가 아닌 PU 혹은 현업 담당 실무자라 할지라도, SAP FI 모듈에 대한 전반적인 개념 이해와 전표작성 등 자신과 관련된 분야의 공부를 깊게 하실 수 있습니다. 자산관리 담당일 경우 이 책의 Asset Accounting 과정을 읽어보면 어떤식으로 자산 관련 시스템 구성이 되어 있고, 어떻게 감가상각비가 계산되는지 알게 되실 겁니다. 또한 본인이 모르는 SAP Standard 기능을 이용해 더 다양한 정보를 조회해볼 수 있다는 것을 깨닫게 되실 겁니다.

마지막으로, 이 책은 프로세스별 SAP 사용 방법뿐 아니라 관련 IMG 세팅에 관한 내용도 담고 있습니다. PU/현업 담당자분들의 경우 IMG Configuration까지는 모르셔도 상관없지만, PI의 역할을 수행하시는 분이라면 반드시 공부해보시기 바랍니다. S/4 HANA 버전에서의 변경된 세팅사항에 대해서도 상세하게 기술하였으니 아직 경험해보지 못한 분들의 경우 도움이 되실 것으로 생각됩니다. 업무 중에 항상 책상 위에 올려놓고 필요할 때마다 꺼내볼 수 있는 유용한 책이 되었으면 합니다.

감사합니다.

2019년 7월 유승철

Contents

Part 4　Document Posting　　　　　/ 221

Part 5   AR&AP Transactions   / 347

Part 1

ERP & SAP Basic

1. ERP&SAP의 이해
2. SAP Navigation
3. FI Overview

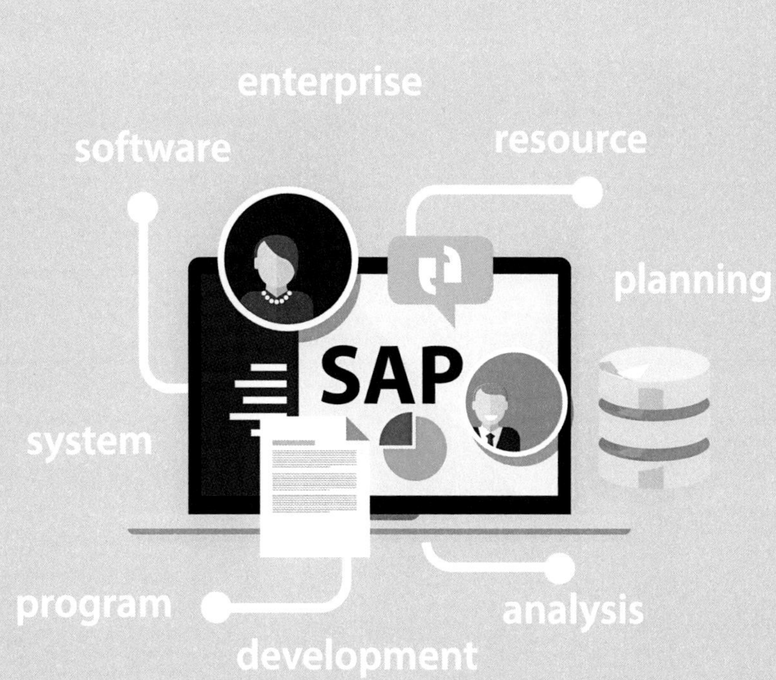
enterprise
software
resource
planning
SAP
system
program
analysis
development

이번 장에서는 ERP와 SAP에 대한 기초 개념을 이해할 수 있도록 기본 이론을 담고 있습니다. 이미 ERP 기본 개념을 알고 있거나 SAP를 사용해 본 적이 있는 독자의 경우 스킵하시고 다음 장으로 넘어가셔도 됩니다. ERP 관련된 이론적인 책은 시중에 좋은 책이 많이 있으므로 깊게 공부하고 싶으신 분들은 다른 책을 참고하시기 바랍니다.

1. ERP & SAP의 이해

● **ERP란?**

▶ Enterprise = 기업 / Resources = 기업의 인적, 물적 자원 / Planning = 계획수립

⋯→ **전사적 자원관리 시스템** : 기업의 비전을 달성하기 위하여 기업의 인적, 물적 자원을 최대한 효율적으로 관리하여 생산성을 극대화 하는데 필요한 정보 시스템. ERP는 2가지 관점으로 접근할 수 있다.

　1) **통합시스템 관점에서 ERP** : 전사 시스템을 통합적으로 관리하기 위한 목적

　2) **업무혁신툴 관점에서의 ERP** : 글로벌화, 무한경쟁, 초우량기업만 생존할 수 있는 지금과 같은 시대에 외부환경에 대응하기 위해서 기업의 경쟁우위를 어떻게 확보해야 할지 고민할 수 밖에 없다.

⋯→ **경영혁신 활동** : 기업의 경영목적을 달성하기 위해 새로운 생각, 방법, 도구를 활용하여 기존의 모든 것을 다시 계획, 수행, 평가하고 이에 대한 반복적인 활동을 통하여 **종합경쟁력**을 확보한다.

● **BPR(Business Process Reengineering)**

구매/재고	•구매진행 정보 관련자 공유 및 값싼 구매이력 확인 •필요한 물품이 뭔지, 어디에 있는지 쉽게 파악가능
예산/회계/원가	•출장비 시스템관리 및 바로 개인계좌로 지급 •대금지불 시기 예측가능 및 자금흐름 파악 용이 •결산기일 단축효과
시설/장비	•시설/장비에 대한 표준분류 체계 수립 •장비 수명에 대한 체계적 관리로 사전 부품 교체 등 업무 효율화

▶ 경영혁신의 대표적 방법론으로 소극적으로 프로세스를 개선하는 것이 아니라 과감한 개혁을 추구하는 방식

▶ 회사전체의 업무프로세스를 최적화할 수 있도록 프로세스를 근본적으로 재설계하는 개혁활동

▶ **목표** : 부문간 또는 회사간의 업무흐름을 순조롭게 하여 업무처리 속도를 향상시키고 업무처리의 표준화, 정보의 즉시 공유화, 업무처리의 신속화, 처리주기의 단축을 통해 조직의 생산성과 창조성을 향상시킨다.

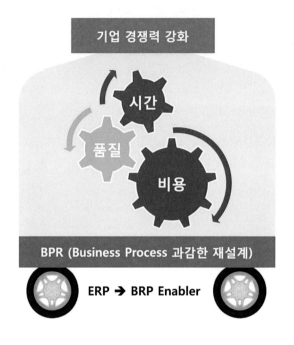

▶ 기업은 BRP을 통해 시간/품질/비용을 효율화하여 기업 경쟁력을 강화한다. 이때 이 BRP을 가능하게끔 만들어주는 역할을 하는 것이 ERP이다.

▶ BPR은 과거에 많이 수행했던 프로세스 개선 방식이며, 2000년대 이후에는 PI(Process Innovation) 프로젝트를 통해 혁신활동을 수행하고 있다. PI/ERP 프로젝트는 PI를 하면서 ERP를 함께 구축하는 프로젝트이다.

● 통합정보시스템으로서의 ERP 시스템

▶ MRP → MRP II → ERP → Extended ERP의 과정을 거쳐 발전하고 있다.

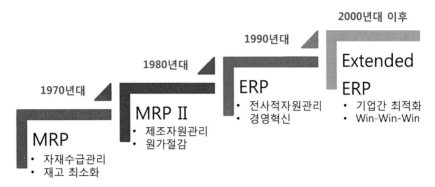

▶ 기존 Legacy 시스템의 특징

① 부서 단위별 최적화된 시스템

② 기능중심 또는 일(Task)중심의 시스템

③ 외부 상황변화에 따른 대처능력이 떨어짐

④ 내부통제 시스템

⑤ 폐쇄적인 시스템(IT 기술측면)

▶ Legacy 시스템 vs ERP 시스템

① 다음 관점에서 차이점이 존재한다.

	Legacy 시스템	ERP 시스템
Process	자체수립 프로세스	Best Practice에 기초한 프로세스
System	개별 시스템 구조 (회계 / 구매 / 생산 / 원가)	통합시스템(ERP)
Integration	각 시스템간 Interface	모듈간 실시간 Integration
개발방식	개별 구축방식	패키지 활용(Configuration)

▶ Legacy 시스템에서 ERP 시스템으로의 변화

① 기능별, 부서별 정보를 전사적으로 표준화된 정보로 관리하고자 하는 Needs

② 통합경영정보를 보기 위해서는 각 개별 시스템 자료를 취합/가공해야 하는 어려움 존재

③ 부문간 정보 단절로 인해 경영진 의사결정이 원활하게 진행되지 못하는 문제 발생

④ 이러한, 사항들을 해결하기 위해 ERP 시스템으로 변화하게 됨

▶ ERP가 구축되면?

ERP는 단위 기능업무를 통합적인 관점에서 실시간 처리할 수 있으며, 기업의 전 부문이 동일한 정보를 실시간으로 공유할 수 있다.

▶ ERP시스템 구축 사례

① 홈쇼핑 업체

- 빠른 의사결정속도 : 판매를 시작한 품목이 처음 2시간동안 지난 주 평균매출액보다 적으면 즉시 판매를 중지하고 다른 품목으로 대체
- 빠른 스케줄링 기능 : 지역별 재고량과 생산 계획까지 포괄하는 납기약속 체계보유, 실적에 따른 적정재고량 파악 및 구매계획 수립

② 금융위기로 인해 무너지지 않은 회사

- 현금흐름을 미리 알고 움직이는 회사
- 결산 마감 후 3일 내에 재무상태 파악

③ 라면업체

- 모든 창고와 공장의 재고상황을 실시간으로 파악
- 라면이 팔려가는 추세를 보면서 밀가루의 생산수급을 조정

▶ ERP시스템의 부문별 장점

① **영업부문** : 거래처별 구매현황, 미수금, 판매현황 파악 및 개인별 및 부서별 성과관리, 고객 마스터 관리를 통해 매출을 효과적으로 관리

② **생산부문** : 생산 입/출고 관리, 생산일보 및 월보, 제품별 생산현황 파악, 외주생산인 경우 거래처별 생산현황 파악

③ **구매자재부문** : 구매요청/구매오더별 이력관리, 자재별 정확한 원가관리

④ **회계부문** : 결산 기일 단축, 전사적 통합적 관점에서의 재무 리포팅. 효율적인 채권/채무/자금 관리

⑤ **관리부문** : 계획 대비 실적관리, 현실성 있는 실제원가관리. 효율적인 예산관리

▶ Why SAP ERP System?

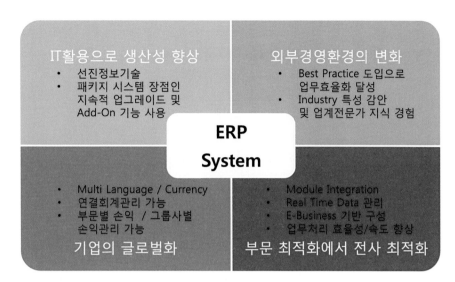

● **ERP란** 구매, 자재, 생산, 물류, 영업 및 회계, 인사 등 기업내부의 전 업무 프로세스를 하나의 체계로 통합하여, 정보 공유 및 신속한 업무처리를 지원하는 전사적 자원 관리 시스템이다.

● **ERP의 구성**

▶ **ERP시스템의 지원범위**
기업 내부의 관리, 영업, 생산, 자재, 회계 및 인사관리 등 기간 업무 지원

▶ **ERP 시스템 구성** : 전사의 모든 자원을 관리할 수 있는 모듈(Module)로 구성
① **영업 및 유통관리(SD)** : 경쟁사 정보관리, 고객정보관리 등과 같은 판매지원 기능, 주문처리, 배송관리, 대금청구, 판매거래의 회계처리 등의 기능을 수행할 수 있다.
② **자재관리MM)** : 구매와 관련된 구매관리 기능과 재고의 입출고, 재고량을 최소화하는 수량관리 관점의 재고관리 기능을 수행할 수 있다.
③ **생산계획관리(PP)** : 제조활동을 계획하고 통제하는 기능을 수행할 수 있다(BOM 관리, 작업장 관리, 생산계획 수립, 자재소요계획, 공정진척관리 등)
④ **관리회계(CO)** : 내부목적용 회계시스템이며, 간접비 통제, 제품원가 통제, 수익성 분석 등의 기능을 수행할 수 있다.

⑤ **재무회계(FI)** : 회사에 정의된 계정과목별로 매출채권, 매입채무, 총계정원장, 자산관리, 기타 보조부를 관리하며, 외부 보고 목적의 재무보고서를 산출할 수 있다.

⑥ **공정설비관리(PM)** : 설비관리 관련 업무를 계획, 실행, 완료하는 기능을 가지고 있으며, 장비에 대한 긴급 유지보수 및 사전 예방 정비 등에 대한 일정을 수립하고 실행할 수 있도록 지원한다.

⑦ **품질관리(QM)** : 품질계획 / 품질검사 / 품질 관련 정보 리포팅 등의 기능을 수행할 수 있다.

⑧ **인적자원관리(HR)** : 인사계획부터 사원채용, 인사고과, 급여관리, 직원별 Time Reporting, 경비관리 등의 기능을 수행할 수 있다.

● ERP 프로젝트의 추진

▶ ERP 시스템 구축 프로젝트와 관련된 직원은 모두 도입부터 시스템가동까지 시스템에 대한 **주인의식**이 필요하다. 이는 프로젝트의 성공에 가장 중요한 요소라 할 수 있다. 내 일이 아니라고 생각하는 프로젝트 팀원이 많을수록 프로젝트가 실패할 가능성이 높아진다. 주인의식을 갖도록 하기 위해서는 <u>경영진의 프로젝트에 대한 관심과 강력한 드라이브가 필요</u>하다.

▶ ERP 시스템은 맞춤양복이라기보단 기성복에 약간의 수선(길이 조정 등)을 하는 개념으로 접근하는 것이 좋다.

▶ ERP 구축단계(준비→분석→설계→구축→Go-Live) : 각 프로젝트 ERP 구축단계는 프로젝트 방법론에 따라 다르게 구성할 수 있다. 가령, 기존 시스템 분석단계를 뛰어넘다시피 하면서 바로 설계를 진행하는 Big-Bang 방식의 접근법도 존재한다. 아래는 일반적인 ERP 구축단계에 대한 개략적인 설명이다. 이는 프로젝트 별로 다를 수 있다.

① **준비 단계** : ERP 프로젝트를 시작하기 앞서 사전에 프로젝트를 준비하는 단계이다.

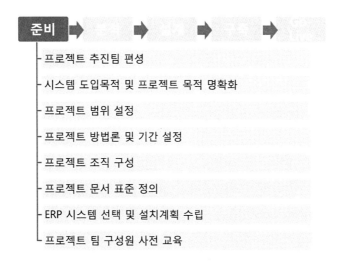

- 프로젝트 추진팀 편성
- 시스템 도입목적 및 프로젝트 목적 명확화
- 프로젝트 범위 설정
- 프로젝트 방법론 및 기간 설정
- 프로젝트 조직 구성
- 프로젝트 문서 표준 정의
- ERP 시스템 선택 및 설치계획 수립
- 프로젝트 팀 구성원 사전 교육

② **분석 단계** : 현행 시스템을 분석하여 어떤 개선과제들이 있는지 어떤 문제점들을 해결해야 하는지 파악하는 단계이다. 간혹 분석단계를 소홀히 하는 경우가 있는데, 분석단계에서 놓친 사항이 테스트 시점 혹은 오픈 시점에 발견되어 애를 먹는 경우도 발생할 수 있다.

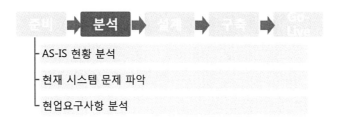

- AS-IS 현황 분석
- 현재 시스템 문제 파악
- 현업요구사항 분석

③ **설계 단계** : 패키지 시스템에는 Best Practice를 토대로 기본 기능이 구현되어 있으나 각 회사의 요구사항과는 완전히 부합하지 않을 수 있다. 이런 부분에 대한 차이(Fit & Gap)를 분석하고 어떻게 시스템을 구성할지를 설계하는 단계이다.

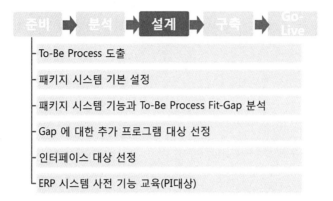

④ **구축 단계** : 설계단계에서 수립된 내용을 토대로 패키지시스템을 세팅하고, 부족한 부분에 대해서는 별도의 개발 프로그램을 개발하면서 회사의 요구사항을 맞춰나간다. 개별테스트 및 통합테스트를 진행하여 오류를 보완한다. 최종적으로 구축된 시스템을 실제 사용할 사용자들에게 이해시키는 교육과정이 포함되어 있다.

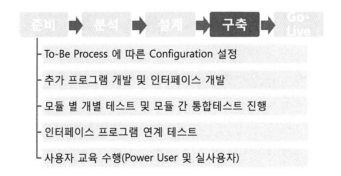

⑤ **Go-Live (시스템 Open단계)** : 시스템을 Open하기 전에 마이그레이션 데이터를 정비하고 정비한 데이터를 시스템에 마이그레이션 한다. Open 후에는 수시로 발생하는 장애에 대응하면서 미비한 점을 추가 보완하며 안정화 단계를 밟아 운영단계로 나아간다.

▶ **변화관리(Change Management) 차원에서 추진되어야 하는 ERP 프로젝트**

① 변화관리란 'ERP 시스템을 도입하는 변화'에 대해 기업의 성과가 향상되는 방향으로 나아갈 수 있게 직원들을 관리하는 것을 말한다.

② 변화의 대상 : **전 직원**. 프로젝트 인력에 대해서만 변화관리가 필요한 것이 아니라 ERP 시스템을 사용하지 않는 사용자라 할지라도, 프로세스 변화에 따른 변화관리가 반드시 필요하다.

③ 변화를 촉진시키는 방법 : 교육, 홍보(이메일, 홈페이지, 그룹웨어), 캠페인, 사내경진대회, 워크샵 등이 있다.

▶ **프로젝트 진행과 변화관리(Change Management)**

① ERP를 구현할 때 Top Management의 Vision이나 경영의 전략적 이슈가 무엇인지 명료하게 규정함으로써 ERP구현의 효과를 극대화 할 수 있다.

② 기업의 근간이 되는 시스템을 "우리가 주체가 되는 추진방식"(Action-Learning Approach)으로 구축함으로써 구성원 스스로 혁신활동에 참여한다는 자긍심을 갖게 한다. 프로젝트에 참여하는 담당 PI 혹은 Power User가 얼마나 적극적으로 참여하고 변화하려고 노력하는가가 프로젝트에 가장 큰 성패임을 인지시킨다.

③ 최고수준의 자질을 갖춘 Project Manager/ERP Consultant와 함께 업무를 추진함으로써 IT 전문가로서의 가치를 고양시키는 계기로 삼는다.

④ 가능한 자주 모든 관리자들에게 진행보고와 세미나를 통하여 진행상황을 인지시키고 이해와 참여를 유도한다.

⑤ 가능한 Legacy 시스템기능을 Standard Best Practice기능으로 대체함으로써 Add-on 프로그램을 최소화 한다.

⑥ 기업 시스템을 World Class 모델로 만들어 세계적인 Benchmark가 되게 한다는 각오로 참여한다.

⑦ ERP는 경영의 도구이지 경영의 목표가 아니므로 ERP 활용도를 높이는 것만이 ERP 구현의 효과를 극대화할 수 있다는 인식을 심어준다. 사용의 편의성 보다는 입력한 데이터의 활용성이 중요하다는 것을 인지시킨다.

⑧ 컨소시엄 파트너사의 컨설턴트와 경영개선 추진단의 절대적 협력으로 신뢰를 통해 프로젝트가 효과적으로 진행되도록 한다.

▶ **ERP 구축 성공요소**

① 경영층의 지원

- 회사내의 제일 중요한 프로젝트가 되어야 한다. → 최고 경영자 프로젝트
  - 회사의 일하는 방식의 변화 → 회사의 새로운 문화창조 관점에서의 전사 프로젝트
  - 전산화 프로젝트가 아닌 정보화 수준을 높이는 차원으로 접근- 경영자가 직접 방향을 제시하고 업무를 챙기는 프로젝트

- 경영자의 관심 = 경영자의 시간 투입
- Process Owner의 적극적 참여(Process Owner : 프로세스를 담당하는 해당 임원)
  - ERP는 각 Process 단위로 진행되며, Process Owner는 해당 Process에 대한 권한과 책임을 지닌 경영진으로서 ERP를 통한 Process 개선을 총괄하며, ERP 도입과정의 조직변화를 Sponsoring 해야 한다.
  - 프로젝트 진행중에는 신규 Process 설계를 지원하고 승인하는 책임이 있다.
  - 구현 후에도 지속적으로 프로세스를 운영, 관할, 개선하는 노력을 기울일 책임이 있다.
- 인사 평가 및 인센티브에 반영
- ERP에 대한 과잉 기대 및 과소 평가 배제

② 전사원의 공감대 형성 : "과감하게 불필요한 프로세스는 없애고, 새로운 프로세스로 바꾼다" 는 분위기 조성

③ 프로젝트 팀의 열정적인 노력 - PI, PU
- ERP 추진에 대한 확실한 공감대 형성
- 회사의 혁신 촉진자로서의 자부심 고양(Innovation Initiator)
- 충분한 Knowledge Transfer (교육실시)
- 프로세스 개선의 주체이며, Process Owner와 직접적 연계 고려
- 컨설팅 수행사와의 Partnership

▶ ERP 도입의 효과
① 일하는 방법이 변화하게 된다. Best Practice를 도입하여 업무를 혁신하고, 조직문화가 변화된다.
② 전사적 정보관리 및 공유가 가능해지며 이로 인해 관리가 투명해진다. 관리효율이 향상되고 경영자는 전 영역의 정보를 쉽고 정확하게 파악할 수 있다.
③ 조직 경쟁력이 향상된다. 실시간 데이터 조회 및 변화에 빠르게 대응할 수 있으며 자원을 최적화하여 관리할 수 있다. 원가절감을 통해 이익이 향상된다.

● SAP ERP

▶ SAP : S(System) A(Applications and) P(Products in data processing)
▶ SAP사는 1972년 독일에서 설립된 비즈니스 어플리케이션용 소프트웨어 회사이다.

▶ SAP's Next Generation of ERP

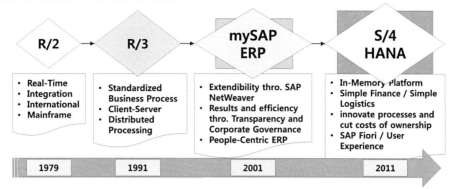

① R/2, R/3에서의 R의 의미는 Real Time으로 정보를 처리한다는 의미이고, 2는 Mainframe환경의 2계층 구조, 3은 Client/Server 환경의 3계층(Database, Application, Presentation) 구조를 의미한다. 현재는 ECC 버전을 거쳐 S/4 HANA 버전의 SAP까지 출시되었다.

② 고객의 모든 정보를, 모든 시스템을 통합하여 관리하고자 하는 통합 어플리케이션 플랫폼 SAP NetWeaver에는 기본이 되는 ERP시스템 뿐 아니라, 구매업무를 위한 공급처관리 SRM, 고객관리의 CRM, 수요예측, 생산, 공급까지의 최적관리의 SCM, 제품이 제조 될때부터 사장 될때까지 제품수명주기관리(PLM)등을 통합하여 제공한다.

▶ SAP Applications

왼쪽 부분은 물류(Logistics) 부분이고 우측의 FI/CO/TR모듈은 Finance부분이다.

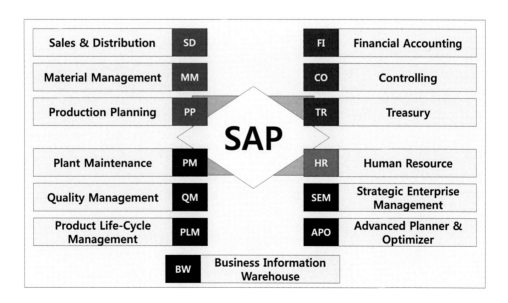

Module		Module Name		Process
CORE	FI	Financial Accounting	재무회계	AR/AP/GL 전표처리 및 자산관리, 결산관리 등
	CO	Controlling	관리회계	원가관리, 경영계획, 손익분석, 투자관리 등
	SD	Sales & Distribution	판매관리	주문, 출하, 매출세금계산서 발행, 반품 등
	MM	Material Management	구매/자재관리	구매, 입고, IV, 자재/재고 관리 등
	PP	Production Planning	생산관리	생산계획, 자재소요계획, BOM 관리 등
	HR	Human Resource	인사관리	채용, 발령, 평가, 급여 관리 등
SCM		Supply Chain Management	공급망관리	수요예측, 재고보충, 창고관리, 배송관리 등
CRM		Customer Relationship Management	고객관계관리	파트너 관리, 캠페인 관리 등
SEM		Strategic Enterprise Management	전략경영관리	Balanced Scorecard 관리 등
BW		Business Information Warehouse	정보웨어하우스	실적 관리/KPI 관리 등

▶ **CORE Module**

① **FI** : 총계정원장을 중심으로 채권, 채무, 고정자산, 결산관리 등으로 구성됨

② **SD** : 제품/상품을 팔거나 서비스를 제공하는 업무. 주문을 받는 시점에서 가용한 재고를 확인하고 고객에게 납기 약속을 할 수 있는 기능을 제공, 수주진척상황을 한 눈에 확인 가능

③ **MM** : 구매에 필요한 단가, 구매처 정보 등을 가지고 있어 구매오더 자동생성, 구매업체 평가를 통한 최상의 Vendor를 선정할 수 있는 기능 등을 제공

④ **PP** : 생산 계획 및 관리, 모든 생산을 계획하고 실행하며 관리하는 기능을 제공, 기준정보 생성, 생산계획 수립, MRP수행, 원가관리까지 전체 생산관리를 지원

⑤ **CO** : 관리회계 내부적으로 목표를 생성하고 실적을 분석하여 정보를 제공하는 모듈(비용관리, 제조원가관리, 손익관리)

● SAP 주요용어

▶ **SAP 시스템 조직**(Organizational Unit = Organizational Structure)

: SAP를 제대로 이해하고 사용하기 위해서는 각 모듈별 조직구조와 관련 코드들의 의미를 제대로 이해한 후, 회사의 상황에 맞도록 정의하는 것이 중요하다. 이런 각 모듈의 조직구조와 관련된 코드들을 Organizational Unit(or Organizational Structure)라고 한다.

한 모듈의 조직구조는 다른 모듈의 조직구조와 연관성을 가지게 되는데 이러한 연관관계를 Assignment라고 한다. 회사내 조직을 SAP내 Standard 조직구조와

어떻게 매핑하여 관리할 것인가는 매우 중요한 의사결정과정이며 이를 Enterprise Modeling 이란 용어로 부르기도 한다.

각 모듈별(재무회계/관리회계/자금관리/구매자재/영업관리/생산관리) 조직구조를 정리하고 각 조직 레벨이 요구하는 상세정보들을 정의하여야 한다. 이러한 작업은 SAP 구축 프로젝트의 근간이 되는 매우 중요한 작업이며, ERP시스템의 토대가 되는 작업이기 때문에 잘못 정의할 경우 후속 작업에 큰 영향을 미칠 수 있다. 따라서 신중하게 많은 고민을 통해 정의 되어져야 한다.

SAP 조직 구조에 대해서는 〈2장 Organizational Unit〉에서 자세히 살펴볼 예정이다.

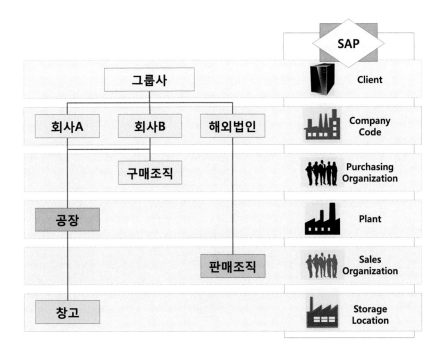

▶ 주요용어

용어(EN)	용어(KO)	모듈	의미
Client	클라이언트	ALL	SAP 시스템의 최상위 조직. 법적/조직적으로 독립된 단위. 예를 들어 그룹 또는 모회사. 클라이언트별 회사를 구분하는 경우도 있고 한 클라이언트에 여러 회사코드로 시스템을 구성하는 경우도 있다. 각 회사에 정책에 맞게 구성한다.
Company	회사	연결회계 (EC)	하나의 회사에 의해 공통적인 관리를 받는 법률상으로 독립된 회사의 집합이다(연결법인) 연결회계 단위인 Company는 관련 상법에 따라 개별적 재무제표를 작성 할 수 있는 최소의 조직 단위이다. Company 는 하나 이상의 Company code로 구성될 수 있음. Company는 거래를 기표하기 위한 조직 단위가 아닌, 기록된 거래들을 집계하기 위한 Reporting 조직 단위임
Company Code	회사코드	FI	독립적인 회계단위. 법률상으로 요구되는 대차대조표와 손익계산서는 회사코드 레벨에서 만들어진다. 독립적인 회사들의 계정을 동시에 관리하기 위해서 하나의 Client에 대해 여러 개의 회사코드를 관리할 수 있다.
Business Area (Business Unit)	사업영역	FI	회사코드 내의 경제적 단위로서 내부 목적의 재무제표를 산출하는 회계단위
Business Place	부가세 사업장	FI	부가세 정보를 관리하는 사업장 구분자로 부가세 집계 및 신고 단위
Section Code	섹션코드 (세적지)	FI	원천세의 Tax Office와 Regional Tax Office의 조합으로 이루어진 세무단위
Credit Control Area(Segment)	여신관리 영역	FI/SD	고객에 대한 여신한도를 측정하고 점검하는 회사내의 신용관리단위
Plant	플랜트	PP	제품/자재를 생산하거나 DRP(Distribution Requirement Planning) 개념에 따라 수요계획(Demand Planning)을 실행하는 장소가 될 수 있으며, 제품/자재를 저장하는 물리적 논리적 단위로서 지정할 수 있다. SAP에서의 Material Master 와 BOM은 각 Plant 별로 생성되므로, PP모듈에서의 MRP/MPS에서 중요한 실행단계로 사용된다. 또한 가용성점검(Availability check) 및 재고평가(Valuation) 기능도 Plant 단위에서 실행된다.
Sales Organization	영업조직	SD	배송자재와 서비스, 판매조건 협상을 담당하는 조직단위. 이 영업조직은 한 회사가 지리학적으로 혹은 산업 표준에 따라 어떠한 방법으로 시장을 세분화 하는가를 반영한다. 각각의 거래는 한 영업조직에 의해 실행된다.
Division	제품군	SD	유통관리와 특정 판매자재의 수익성 모니터링을 위해 설정된 조직단위. 분할 납품, 가격, 지불조건과 같은 고객전용Arrangements 는 각 Division 에 대해 정의될 수 있다.
Cost Center	코스트센터	CO	원가가 발생하는 장소이며, 원가 발생에 책임을 지는 비용 부서이다.
Profit Center	손익센터	CO/FI	독립적인 영업이익이 계산되는 회사내의 책임영역
Segment	세그먼트	CO/FI	IFRS 회계기준에 따라 회사 내 부문별 재무제표를 산출하는 회계단위
Functional Area	기능영역	CO/FI	비용의 성격을 구분하는 구분자(제조/ 판관/ R&D 등)
Storage Location	재고저장 장소	MM	공장내에서 자재 재고의 구별을 할 수 있도록 하는 조직단위.
Master Data	마스터 데이터	ALL	마스터 데이터는 유사한 대상에 대해 동일한 형식으로 관리되는 기준 정보를 가진다. Ex) 구매처 마스터는 이름/주소/은행정보/지급조건/지급방법 등의 정보를 동일하게 가진다.
Chart of Account	계정과목표	FI	재무회계 시스템에서 기표가 이루어지는 계정과목들을 모은 표이다.
Material	자재	Logistics 원가	자재관리에서 처리되는 모든 대상(자재/부품 등)에 대한 용어이다.

용어(EN)	용어(KO)	모듈	의미
Bill of Material	BOM	PP	제품 또는 조립품의 부품구성도. 자재명세서(BOM)은 다음 영역에서 사용되는 중요한 기본 자료를 가지고 있다. 1. 자재소요계획 / 2. 생산을 위한 자재 공급 / 3. 제품원가 계산
ABAP	ABAP	ALL	Advanced Business Application Programming. SAP에서 응용 프로그램 개발을 위해 만든 4세대 프로그래밍 언어
Implementation Guide	IMG	ALL	사용자의 요건에 맞도록 SAP 시스템을 구성하는 도구이며 IMG 혹은 Configuration 이라고 부른다. (SPRO t-code에서 하는 구현작업)
Document	전표	ALL	거래행위에 대한 증빙자료, 재무회계상의 거래나, 물류상의 Transaction에 대해 처리 내용을 담고 있다. Ex) 회계전표/입고문서/출고문서/Billing문서 등 Document는 Header 레벨과 Item 레벨로 구성되어진다. • Header : 각 전표에서 공통적으로 사용되는 사항들(회사코드/유형/전기일자/적요 등)을 관리한다. • Item : 거래의 세부내역을 담고 있으며, 금액/계정코드 등의 상세 정보를 담고 있다.
Transaction	업무처리 단계	ALL	고객오더처리, 마스터데이터 생성, 여행경비처리 등 단위업무를 시스템에서 처리하는 것을 의미한다.
Transaction Figures	Transaction Figures	FI	계정 각 Line Item의 차변/대변 Sum값을 Transaction figures 라고 한다. Business Area별 B/S, P&L, T/B을 관리한다고 가정할 경우 해당 Business Area별 Transaction figures값이 계산되어 조회된다.
Information System	정보시스템	ALL	각 모듈의 운영데이터를 이용하여 경영분석이나 평가시 정보를 집계하여 보여주는 시스템

2. SAP Navigation

"이번 챕터에서는 SAP GUI에 대한 기본 화면 구성과 화면 실행시 Navigation 방법에 대한 설명을 진행할 예정입니다. 이미 SAP를 많이 사용해본 사용자라면 이 챕터 역시 스킵해도 좋습니다. 몰랐던 Tip을 발견할 수도 있으니 한번 훑어보는 것도 좋을 것 같습니다."

● **SAP GUI** : SAP Graphic User Interface 라고 하며 SAP 시스템을 사용하기 위해서는 SAP GUI를 설치해야 한다.

● **SAP 시스템 사용자 환경설정**

▶ SAP GUI 프로그램을 설치한다.

▶ SAP Logon 프로그램을 실행한다.

▶ 신규 연결을 등록한다(내역-시스템명칭 / 어플리케이션 서버(시스템IP) / 인스턴스 번호 / 시스템ID 등을 등록한다.)

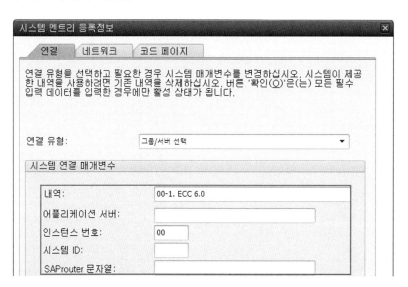

▶ 접속 관련 문제가 있을 때 관련 문의는 BC(Basis Consultant)에게 하면 된다. 등록하면 아래와 같이 보여진다.

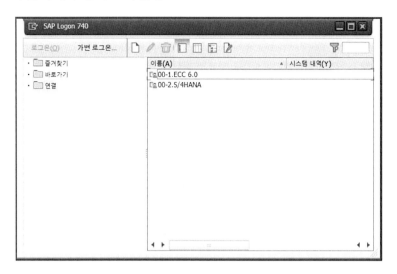

▶ 등록한 연결정보를 선택한 후 로그온 버튼을 누른다.

● SAP 시스템에 로그온 / 로그오프

▶ 클라이언트 / 사용자ID / 비밀번호 / 로그온 언어를 입력한 후 엔터를 친다.

▶ 최초 로그인시 받았던 초기 비밀번호를 입력하고 들어가게 되면 신규비밀번호를 입력하는 창이 뜬다.

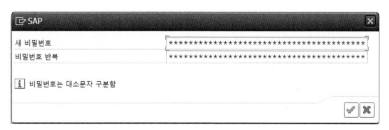

▶ 새 비밀번호를 입력하고 접속하게 되면 다음부터는 새 비밀번호를 이용하여 로그인 할 수 있다.

▶ 로그오프는 [메뉴-System-Log Off]를 클릭하면 된다. 또는 우측상단의 ☒표 박스를 클릭하여 세션을 닫고, 마지막 세션인 경우 로그오프 된다.

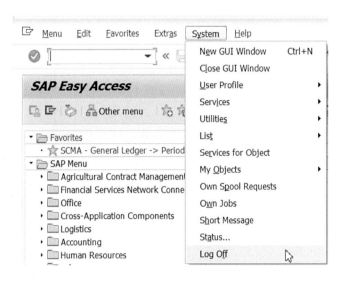

● SAP 메뉴 및 Toolbar

▶ SAP 스탠다드 기본 메뉴 (※T-Code : S000 을 입력하여 스탠다드 메뉴트리를 호출할 수 있다)

① 오피스(Office) : 사용자간에 메일을 주고 받는 메일기능 등
② 물류(Logistics), 회계(Accounting), 인사관리(Human Resources) : 일반 트랜잭션 처리 메뉴

③ 삼각형이 우측(▶)을 향해 있는 경우 하위 서브 메뉴 존재, 클릭할 경우 ▼(▾) 모양으로 변경됨

④ 상자모양(📦)을 가진 메뉴가 트랜잭션 메뉴임. 위 폴더들 하위 서브메뉴로 들어가면 가장 하위에 존재 📦 FB50 - Enter G/L Account Document

▶ 메뉴 바(Menu Bar)

① 각 트랜잭션 화면별로 보이는 메뉴바의 메뉴는 화면마다 다를 수 있다.

② System(시스템), Help(도움말) 메뉴는 어떠한 트랜잭션 화면에서도 동일하게 존재한다.

③ **[메뉴-System-User Profile-Own Data]**를 클릭 → 사용자의 정보를 관리할 수 있는 화면.

• **Address tab** : 사용자 관련한 기본정보들을 입력한다. (성명, 주소 등)

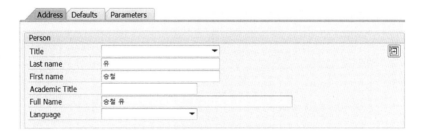

• **Defaults tab** : 사용자가 시스템을 사용할 때 디폴트 세팅값을 입력한다(통화, 날짜포맷 등

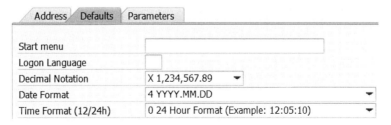

- **Parameters tab** : 사용자가 각 트랜잭션에서 항상 동일한 값을 사용하는 경우 해당 값을 세팅해 둔다.

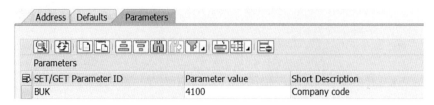

④ **[메뉴-System-List-Save-Local File]** : 리포트를 사용자 컴퓨터에 파일로 저장할 수 있는 기능, 툴바에 파일 다운로드 기능이 없는 경우 이 기능을 이용할 수 있다.

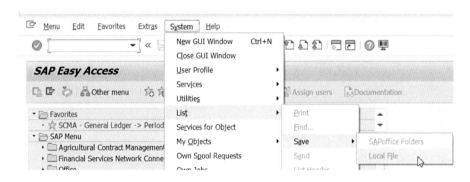

⑤ **[메뉴-System-Status]** : 시스템 상태 조회(클라이언트 No, 사용자, 언어, 트랜잭션 코드, 컴포넌트 버전 등), 현재 사용중인 프로그램 Source Code를 보고 싶을 경우 Program(screen) 필드 등을 더블클릭하여 이동할 수 있다.

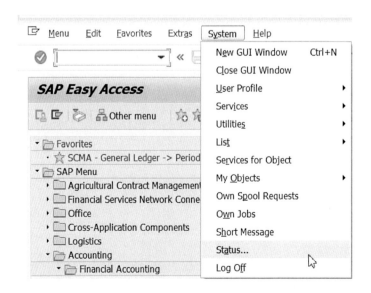

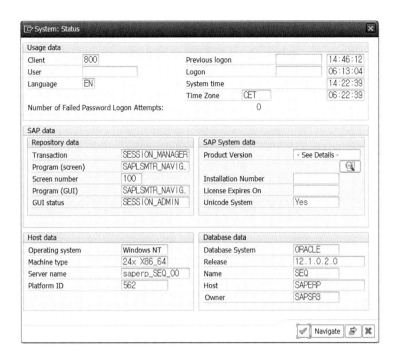

Program, Screen Number 등 Repository data 부분을 더블클릭하면 해당 Source Code 화면으로 이동한다.

⑥ **도움말**

SAP 라이브러리 : SAP 관련한 정보 및 도움말을 볼 수 있다.

▶ Standard Toolbar

① ▼ (Command Field / 입력창) : 트랜잭션 코드를 입력해서 해당화면으로 바로 이동하는 기능. 디버깅을 걸거나(/h) 화면내 존재하는 특정 Command를 입력하는데 사용할 수도 있다.

② ✅ : 입력/실행 아이콘, 엔터키를 누르는 것과 동일한 효과

③ ❓ : 어떠한 필드에서건 도움말 버튼을 클릭하면 선택된 필드에 대한 도움말을 볼 수 있다.

④ 🖥 : 로컬 레이아웃 커스터마이즈(Customize Local Layout) 버튼. 뒤에서 상세히 알아보자.

▶ 타이틀 바(Title Bar)

SAP Easy Access

① 현재 사용중인 트랜잭션의 제목을 보여준다.

② F-02 - General Posting T-Code의 경우 아래와 같이 보여준다.

Enter G/L Account Posting: Header Data

▶ 어플리케이션 툴바(Application Toolbar)

① 이 툴바는 사용중인 트랜잭션 화면에 따라 모양이 바뀌게 된다.

② 이 툴바의 버튼 또는 아이콘은 메뉴 바에서도 찾을 수 있지만 자주 사용하기 때문에 따로 빼놓은 것이다.

③ 그림모양만 있는 것은 아이콘이라고 하고 아이콘과 함께 이름이 써있는(🔧 Other menu) 것은 버튼이라고 한다.

▶ Status 바(맨 하단에 위치)

SAP ▷ SESSION_MANAGER ▼ saperp OVR ⟳ 🔒

① 정상처리, 에러, 워닝 등의 메시지(시스템 메시지)를 보여주는 Bar이다.

② ▾ : 클릭시 현재 상태를 쉽게 볼 수 있도록 해준다(User ID, 트랜잭션, 클라이언트 등)

• System	00
Client	00
User	
Program	SAPLSMTR_NAVIGATION
Transaction	SESSION_MANAGER
Response Time	1750 ms
Interpretation Time	516 ms
Round Trips/Flushes	2/1

▶ **참고**-라디오 버튼과 체크박스의 구분

① 라디오 버튼 : 다중선택이 불가능하고 하나만 선택할 수 있다.

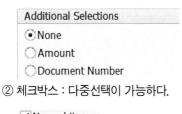

Additional Selections
◉ None
○ Amount
○ Document Number

② 체크박스 : 다중선택이 가능하다.

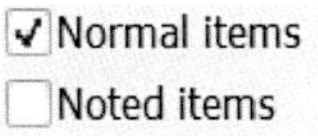

☑ Normal items
☐ Noted items

● SAP 시스템 트랜잭션 실행

▶ ① SAP 메뉴 경로를 따라서 접근 : 폴더를 계속 클릭하고 들어가 원하는 트랜잭션을 더블클릭하여 실행한다.

▶ ② 입력창에 트랜잭션 코드를 입력 : [＿＿＿＿＿＿ ▾] (커맨드 필드)에 트랜잭션 코드를 입력하고 엔터

▶ ※트랜잭션 코드 : [메뉴-Extras-Settings] 화면으로 들어간다.

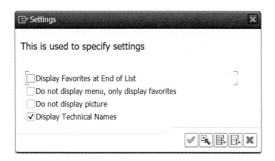

Settings
This is used to specify settings

☐ Display Favorites at End of List
☐ Do not display menu, only display favorites
☐ Do not display picture
☑ Display Technical Names

① 'Display Technical Names-기술적 이름조회' 를 체크하게 되면 메뉴화면에서 해당 트랜잭션의 트랜잭션 코드(T-Code)를 볼 수 있다

    📦 FB50 - Enter G/L Account Document (FB50 : T-Code)

② 트랜잭션 코드는 영문, 숫자, 특수문자 등으로 구성되며 대소문자 구분을 하지 않는다.

● SAP 시스템 세션관리

▶ **세션(Session)** : 사용자가 업무를 수행하기 위한 윈도우

▶ **세션 생성** : [메뉴-System-New GUI Window]를 이용 or 신규세션생성 아이콘 (🖼️) 이용 or 입력창에 /o 를 입력

  ○ 생성된 세션의 번호는 하단의 Status 바의 ▼ 부분을 클릭해 볼 수 있다(아래는 2번 세션을 의미)

    • System   (2)   00

▶ **세션 종료** : [메뉴-System-Close GUI Window]를 이용 or 화면 닫기 버튼 이용 or 입력창에 /i 를 입력

  ○ 마지막 세션을 종료하는 것은 로그오프와 동일한 의미이다.

▶ 세션은 최대 6개까지 사용가능하며 필요한 만큼만 열어서 사용하면 된다(최대 세션 개수는 BC가 변경해줄 수 있다).

● SAP 시스템의 유용한 기능

▶ **로컬 레이아웃 커스터마이징** 🖥️

(Customize Local Layout)

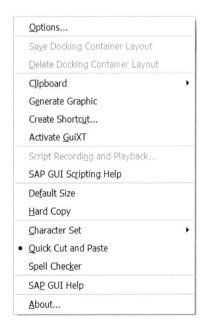

① 옵션(Options)

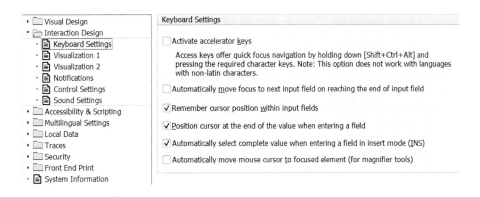

· Automatically move focus to next input field on reaching the end of input field-입력필드 끝에 도달시 다음 입력 필드로 포커스 자동 이동 : 필드값을 모두 입력했을 때 다음탭으로 자 동으로 이동해주는 기능

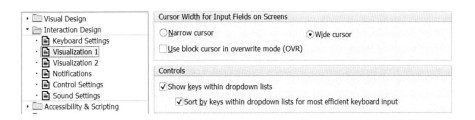

· Show Keys within dropdown lists : Dropdown List에서 명칭 뿐 아니라 키값도 함께 보여 주도록 한다. Sort by keys 체크박스를 체크하면 키값 순으로 리스트가 정렬되어 보여진다.

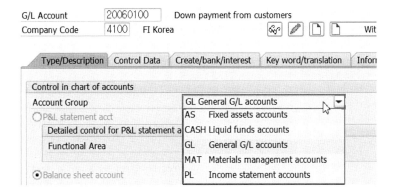

G/L Master의 Account Group 필드이다. 앞쪽에 보이는 영문자들이 키값이다. 이 값을 보여 준다.

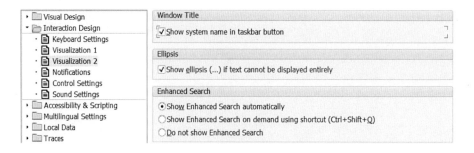

- Show system name in taskbar button-작업 표시줄 버튼에 시스템 이름 표시 : 아래 그림 처럼 작업표시줄에 열려있는 화면을 선택할 때 시스템 이름(서버/Client)이 표시된다.

- Enhanced Search-확장 검색 부분은 ABAP 7.4 SP05 버전에서 추가된 기능으로 값을 입 력하는 순간에 바로 리스트를 조회해 보여주는 기능이다. 자동표시(Show Enhanced Search automatically)로 설정되어 있을 경우 바로 표시되고, 표시 안함(Do not show Enhanced Search)으로 선택할 경우 표시되지 않는다. 요구 시 바로가기(Show Enhanced Search on demand using shortcut)를 사용하여 확장 검색 표시를 선택할 경우 Ctrl+Shift+Q를 누르면 리스트가 표시된다.

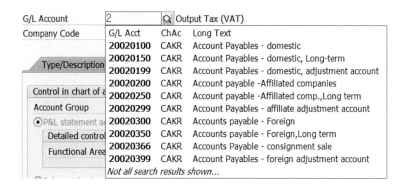

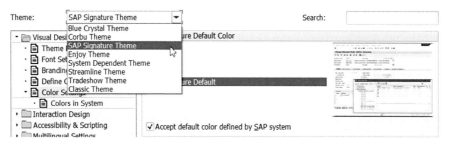

② 새로운 비쥬얼디자인

- SAP 화면의 색상을 유저가 원하는 색상으로 지정할 수 있다. Theme 를 선택할 수도 있다.

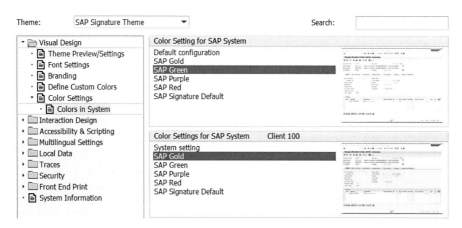

- **S/4 HANA 버젼**에서는 시스템에 대한 색상 뿐 아니라 클라이언트별 색상도 설정할 수 있다. 우측 아래 부분에서 로그온 한 Client에 대한 기본 색상을 지정할 수 있다.

③ 글꼴

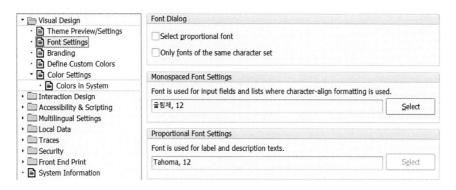

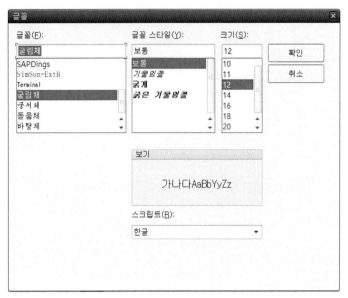

- 유저가 원하는 스타일의 글꼴을 지정할 수 있다.

④ Local Data : 이전에 입력한 값을 기억하고 사용자가 Spacebar나 Backspace키를 눌렀을 때 이전 입력값을 보여준다. Immediately 선택시 해당 필드에 커서가 이동하는 순간 이전 이력리스트가 조회된다.

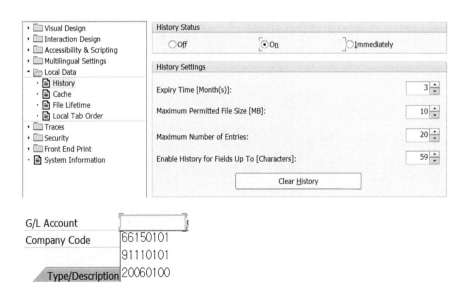

위 그림처럼 필드에 커서가 있을 경우 Spacebar or Backspace 키를 누르면 이력값이 조회된다.

⑤ Quick Cut and Paste - 빠른 잘라내기/붙여넣기(Q)

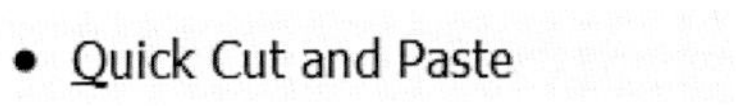

- **Quick Cut and Paste**

- 해당 내역에 ● 표시가 되어 있으면 기능이 작동한다. 손쉬운 복사 및 입력 오류를 방지한다.
- 마우스 왼쪽 버튼으로 드래그 한 후(Ctrl+C)에 붙이고자 하는 필드에 커서를 놓고 마우스 오른쪽 버튼 클릭하면 붙여넣기(Ctrl+V)가 된다.

▶ 즐겨찾기

① 추가방법 4가지

- 즐겨찾기 할 트랜잭션까지 메뉴트리를 열어 이동한 후에 [메뉴-Favorites-Add](메뉴경로 및 T코드 추가됨)

- [메뉴-Favorites-Insert transaction] - 트랜잭션코드 입력(T코드와 메뉴명만 추가됨)

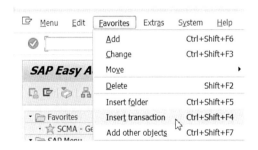

- 해당 트랜잭션에서 마우스 우측 버튼 클릭-Add to Favorites

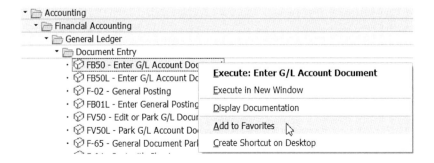

- 해당 트랜잭션을 마우스로 즐겨찾기 폴더에 드래그&드랍으로 추가

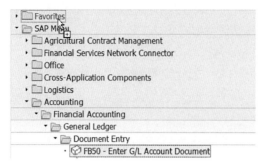

② [메뉴-Favorites-Insert Folder] 또는 Favorites 폴더에서 마우스 우측버튼 클릭 후 Insert Folder 클릭하여 폴더별 즐겨찾기 관리를 할 수 있다.

③ [메뉴-Favorites-Add other objects]-Web address of file : 웹사이트 주소정보도 즐겨찾기에 추가할 수 있다.

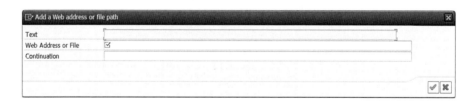

▶ 시작 트랜잭션 설정

① 로그온 하자마자 바로 원하는 트랜잭션으로 이동하는 설정

② [메뉴-Extras-Set start transaction]-트랜잭션코드 입력

③ 다시 로그온 하게 되면 설정된 트랜잭션으로 바로 이동하게 된다.

▶ 사용자 프로파일

① [Company Code]란 필드에 항상 같은 코드값을 입력하고자 할 경우 해당 필드에 커서를 놓고
  ❓ 버튼을 클릭

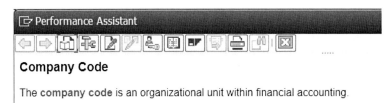

② 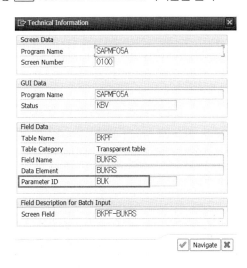-Technical Information 아이콘을 클릭

③ Parameter ID 값(BUK)을 드래그 한 후에 새로운 세션을 열고 [메뉴-System-User Profile-
  Own Data] 화면으로 들어간다.

④ Parameters tab을 클릭하여 방금전 카피한 Parameter ID값을 마우스 우측버튼 클릭으로
  Paste한 후에 Parameter value 필드에 원하는 자신의 Company Code를 입력한다.

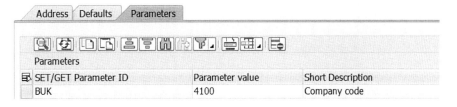

⑤ 이렇게 그림처럼 저장하면 해당 유저가 들어가는 트랜잭션 화면상의 Company Code는 입력
  한 Parameter Value값이 자동으로 입력되게 된다.

▶ Variant 저장 및 불러오기

　•FI-Accounts Receivable-Account-FBL5N - Display/Change Line
　　Items(Customer 거래내역 확인) 화면에서 자주 사용하는 초기화면 입력 조건을
　　기억해두고 싶을 경우 아래와 같이 하면 된다.

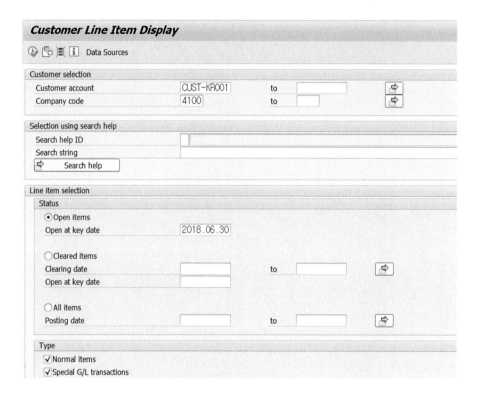

위와 같이 원하는 조회조건 값을 입력한다.

　•Standard Toolbar의 🖫(Save as Variant) 버튼을 클릭한다.

Variant이름과 Description을 입력한 후 저장한다. 이 Variant는 현재 화면에 입력된 값들을 가지고 있으며, 일자 등의 경우 Dynamic Date Calculation을 통해 + -일자/전월 말/당월 말 등의 동적일자를 선택할 수 있다.

☑ Variant ZTEST saved

• ▣ 버튼을 클릭하면 저장했던 Variant 리스트가 조회된다.

Variant Catalog for Program RFITEMAR

Variant name	Short Description	Environment	Protected	Created By	Created On	Changed By	Last Changed On
2222		A		SAP	2014.03.31	SAP	2014.03.31
BENEDICTA VAR	Benedicta variant new cms	A		SAP	2009.04.29	SAP	2009.04.29
CMS COL	Benedicta variant cms col	A		SAP	2009.05.19		
CPS	CPS	A		SAP	2012.07.18		
KC_DEMO	Demo Customers +1 Day	A		SAP	2011.12.01	SAP	2011.12.02
LQPL_DEBITOR		A		SAP	2003.09.05		
SAP&AUDIT	Audit	A		SAP	2000.05.22	SAP	
SAP&INET1	Internet: Open Items	A		SAP	1999.12.22	SAP	2000.02.03
SAP&INET2	Internet: Cleared Items	A		SAP	2000.01.18	SAP	2000.02.03
SAP&INET3	Internet: Sales/Purchases	A		SAP	2000.01.18	SAP	2000.02.03
ZAPVARI		A		SAP	2000.06.21		
ZTEST	CUST-KR001 Customer	A					

ZTEST를 선택하면 앞서 저장해두었던 초기화면 입력값들이 화면에 조회된다.

▶ Layout 저장 및 불러오기

• 위 화면에서 ⊕(Execute) 버튼을 클릭하여 조회하면 아래 그림과 같은 ALV Grid List 화면이 조회된다.

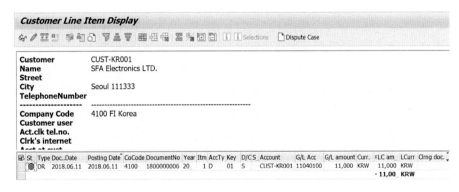

Customer Line Item Display

Customer	CUST-KR001
Name	SFA Electronics LTD.
Street	
City	Seoul 111333
TelephoneNumber	

Company Code	4100 FI Korea
Customer user	
Act.clk tel.no.	
Clrk's internet	

St	Type	Doc..Date	Posting Date	CoCode	DocumentNo	Year	Itm	AccTy	Key	D/CS	Account	G/L Acc	G/L amount	Curr.	¤LC am	LCurr	Clrng doc.
	DR	2018.06.11	2018.06.11	4100	1800000006	20	1	D	01	S	CUST-KR001	11040100	11,000	KRW	11,000	KRW	
															• 11,00	KRW	

• 이런 ALV Grid List의 경우 ALV Layout을 수정/변경하여 관리할 수 있다.

- ⊞ : **Layout 변경**

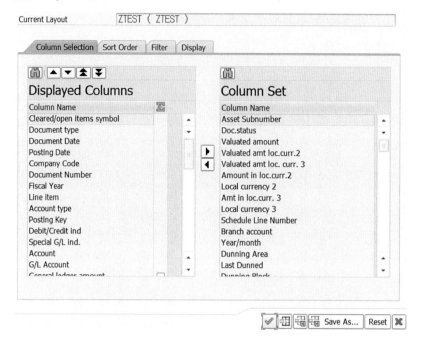

좌측에 보이는 컬럼들이 화면에 보이는 컬럼이고, 우측에 보이는 컬럼들이 숨겨진 컬럼들이다. 우측 컬럼들을 중간 화살표 버튼을 클릭해 좌측 위치로 옮기면 화면에 조회된다. 반대로 우측으로 옮기면 화면에서 사라진다. 좌측 필드들의 위에 있는 컬럼부터 순서대로 좌에서 우 순서로 화면에 나타난다. 금액/수량 등 합계를 낼 수 있는 필드의 경우 합계(Σ)부분에 체크하여 합계를 낼 수 있다.

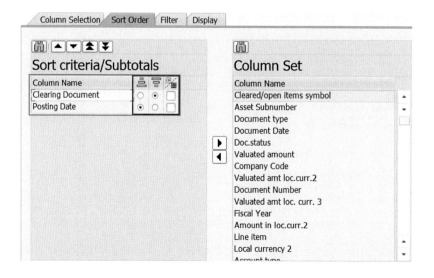

Sort Order Tab에서 정렬하고자 하는 컬럼을 좌측 화면으로 옮기고 오름차순/내림차순을 설정한다. 금액, 수량 등 합계를 낼 수 있는 컬럼이 있을 경우 이 정렬 컬럼들로 부분합을 내도록 설정할 수도 있다.

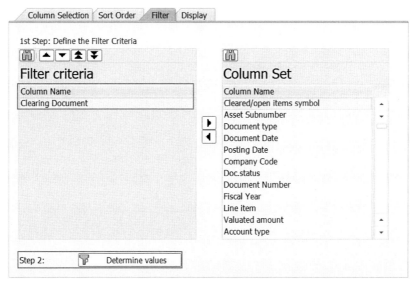

특정 컬럼을 기준으로 Filtering할 필요가 있을 경우 좌측 화면으로 해당 컬럼을 옮긴다. 그리고나서 하단의 Determine values 버튼을 클릭하여 Value값을 입력한다.

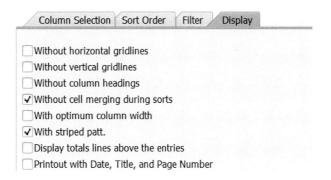

Display Tab에서는 Layout 조회시 사용자가 보길 원하는 Option을 지정할 수 있다.

- 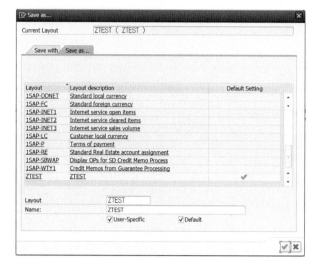 : **Layout 저장하기** : 현재 화면상의 Layout을 저장할 수 있다. 위 변경화면에서도 레이아웃을 저장할 수 있다.

User-Specific : 사용자 전용 Layout을 저장할 경우 A-Z로 시작하는 Layout명을 지정해야 한다. 모든 사용자가 사용할 수 있는 Layout을 저장할 경우 User-Specific에 언체크하고 Layout명 맨 앞쪽에 '/' 를 붙여야 한다.

Default : 사용자 전용 Layout의 경우 그 사용자에게만 기본으로 해당 Layout으로 조회되어지고, 모든 사용자용 Layout인 경우 모든 사용자에게 기본으로 해당 Layout이 조회된다(User-Specific 설정을 한 사용자의 경우 그 Layout이 우선적으로 기본값으로 조회된다.

- 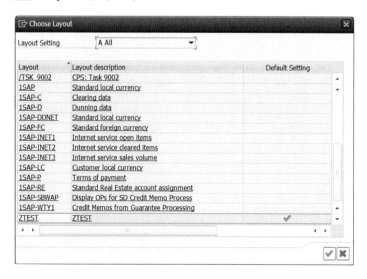 : **Layout 불러오기**

저장된 Layout을 선택하여 Layout을 변경할 수 있다.

3. FI Overview

● 재무회계 솔루션 Business Process

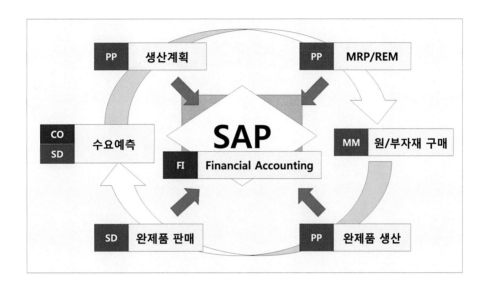

▶ 수요예측 → 생산계획 → MRP 작업 → 원, 부자재 구매 → 완제품 생산 → 완제품 판매

▶ 위와 같은 모든 비즈니스는 회계(FI, CO)쪽으로 전표(Document)형태로 반영되게 된다.

● 재무회계(FI)와 관리회계(CO) 비교

▶ FI가 기업의 외부 이해관계자들을 위한 회사의 재무정보를 정확하게 산출/공시하는 것에 근본적인 목적이 있다면, CO는 기업의 수익성을 극대화하기 위해 기업내부적으로 비용/수익의 관리를 효율화 하는데 목적이 있다.

▶ FI : 거래에 대한 입력이 모든 데이터의 토대가 된다. 거래 데이터를 모아 결산을 하고 이를 이용해 대외 보고서를 산출한다.

▶ CO : 사업계획 수립(Planning, Budgeting)이 업무의 시발점, 계획대비 실적 분석을 통해 기업 수익성 증대가 목표이다.

● SAP Integrated Data Flow Overview

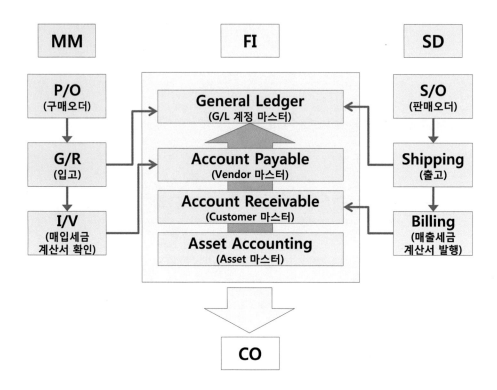

▶ FI 모듈 : General Ledger(G/L)와 Subsidiary Ledger(A/R(Account Receivable), A/P(Account Payable), A/A(Asset Accounting))로 구성됨

▶ G/L 에서는 회계 계정과목 마스터를 이용해 계정별로 관리한다. → G/L거래는 G/L레벨에서 바로 Posting 처리가능

▶ Sub-Ledger에서는 A/R(Customer 마스터 필요), A/P(Vendor 마스터 필요), A/A(Asset 마스터 필요)별 거래 건별로 관리한다. → 각 거래내역별로 Sub-Ledger 레벨에서 Posting 처리하면 General Ledger 레벨로 반영된다.

▶ S/L레벨에서 발생하는 거래는 <u>타모듈(MM-구매자재, SD-영업)에서 발생하는 것이 일반적이다.</u>

① SD : S/O → Shipping(Good Issue) → Billing
- Sales Order(S/O) : 판매 오더를 생성
- Shipping(Good Issue) : 제품,상품 등이 출고되는 단계
  → FI 반영(회계전표 : [차)매출원가 xxx / 대)완제품 xxx])
- Billing : 매출세금계산서를 발행하고 청구하는 단계(매출채권확정)
  → FI 반영(회계전표 : [차)매출채권 xxx / 대)매출 xxx])

② MM : P/O → G/R → I/V
- Purchase Order(P/O) : 구매 오더를 생성
- Good Receipt(G/R) : Vendor에게 요청한 원,부자재가 공장으로 입고되는 단계
  → FI 반영(회계전표 : [차)원,부자재 xxx / 대)GR/IR Clearing xxx])
  ※GR/IR Clearing : 대금을 지불하기 전까지 미지급된 금액을 관리하는 임시계정
- Invoice Verification(I/V) : 구매에 대한 매입세금계산서를 확정 짓는 단계(매입채무확정)
  → FI 반영 (회계전표 : [차)GR/IR Clearing xxx / 대)매입채무 xxx])

▶ Asset과 관련된 부분은 FI-AA(Asset Accounting) 컴포넌트에서 거래내역이 발생하며 자산들의 History 내역과 감가상각 처리 내역이 FI-G/L 레벨로 자동 포스팅 된다.

▶ CO(CCA, I/O, PC, PA) 데이터는 FI 전표기표시 자동으로 CO Object를 타고 흘러 들어가며 세부 콤포넌트인 CCA(Cost Center Accounting), I/O(Internal Order), PC(Product Costing), PA(Profitability Analysis)에서 발생한 데이터는 PCA(Profit Center Accounting)에서 수익성 분석으로 활용된다.

- **FI-General Ledger :** 총계정원장은 보조원장(AR/AP/AA)에서 자동 발생된 전표, 물류시스템에서 자동 발생된 전표, HR 시스템에서 자동 발생된 인건비 등 전표, 관리회계 시스템에서 자동발생된 원가회계 전표, 수동입력전표 등을 계정과목별로 관리하며 재무회계의 결산업무를 처리할 수 있다.

- **FI-Account Receivable :** 영업시스템과 완전 통합되어 전표가 자동연동 처리된다. 고객별 매출채권을 보조원장으로 실시간 관리하며(고객별 미결/입금 관리, 여신관리 등), 이어지는 입금 Process를 지원하고 총계정원장에 실시간으로 통합되어 결산에 반영된다. 자금 예측 및 관리에 연계된다. 특히 SD의 제품 출고와 송장처리 단계에서 FI쪽으로 반영될 때 이 보조원장으로 기표된다.

● **FI-Account Payable :** 구매시스템과 완전 통합되어 전표가 자동 연동 처리된다. 구매처별 매입채무를 보조원장으로 실시간 관리하며(구매처별 미결/지급 관리 등), 이어지는 출금 Process를 지원하고 총계정원장에 실시간으로 통합되어 결산에 반영된다. 자금 예측 및 관리에 연계된다. 특히 MM의 물품 수령, 청구서 수령 단계에서 FI 쪽으로 반영된다.

● **FI-Asset Accounting :** 취득에서 처분에 이르기까지의 자산 전 Lifecycle 에 걸친 처리를 할 수 있으며, 국가별 감가상각 처리 기능을 지원하여 법적 요구사항을 충족 시킬 수 있다. 유·무형 자산에 대한 감가상각 시뮬레이션에 의한 원가계획 정보를 제공하며 감가상각비 계산을 통한 신속한 결산을 지원한다. 고정자산 거래들은 FI-General Ledger뿐만 아니라 A/R(매각), A/P(취득)등의 Sub Ledger 레벨로도 Real Time 업데이트 된다.

Organizational Unit

Part 2

1. Organizational Unit / Basic Settings

이번 챕터에서는 SAP에서 가장 근간이 되는 정보 중 **조직구조**에 대해 살펴볼 것이며, IMG 설정에 대한 기초를 다룰 예정입니다. 특히 조직구조의 경우 반드시 이해해야 하는 가장 중요한 정보로서 그 개념과 체계를 잘 이해해야만 뒤에 나오는 다른 챕터들의 내용을 이해할 수 있습니다.

1. Organizational Unit / Basic Settings

● Clients in SAP

▶ **Enterprise Structure Terminology** : Organizational Unit 측면에서의 Client 개념 과 System적 측면에서의 Client 개념으로 구분해 볼 수 있다.

1) **Organizational Unit 측면에서의 Client** : 조직단위 중 최상위레벨의 조직단위(Client : Company Code = 1 : N)

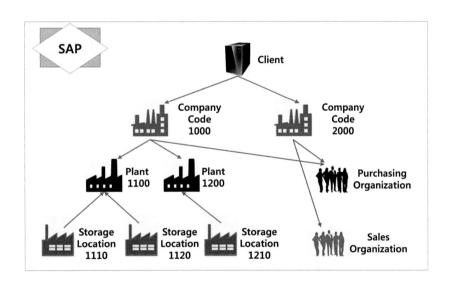

2) **System적인 측면에서의 Client 개념** : SAP 시스템을 각각 용도에 따라 물리적으로 나눈 단위

① Delivery Client(000 & 001), Production Client(Ex-100), Test Client(Ex-999), Training Client(Ex-400)

② Delivery Client : Basis Consultant가 사용하는 Client, 이 Client를 카피하여 다른 Client를 생성 한다. Test용 Client를 생성할 때에는 Configuration용 Client를 카피해서 만들 수도 있으며 테스 트 시 발견된 오류를 수정할 경우 이 수정분에 대해 CTS/TMS 기능을 이용하여 다른 Client에 적 용할 수 있다.

③ CTS : Change Transport System(T-Code : SE09/SE10), TMS : Transport Management

System(T-Code : STMS) 을 이용하여 IMG 세팅 혹은 개발 프로그램 변경내역 등을 다른 Client 혹은 다른 서버로 이관할 수 있다.

④ 위와 같은 Client관련 생성/변경/삭제 작업은 일반적으로 Basis 컨설턴트가 작업한다.

개발서버에서 테스트(QA) 서버로 CTS 이관작업을 할 때에는 담당 컨설턴트, 개발자 혹은 운영담당자가 직접 처리하고, 테스트(QA) 서버에서 운영(Production) 서버로 이관시에는 별도의 승인 Process를 거쳐 BC가 처리한다(CTS란 개발관련 변경사항, IMG관련 변경사항 등을 담고 있는 Task묶음이라고 생각하면 된다.)

⑤ Client는 동일서버내 최대 999개까지 생성 가능하다. 직관적으로 이해하기 쉬운 번호체계를 확립한다.

▶ **Client dependent VS Cross Client** : 로그인한 Client에 종속적인 데이터를 Client dependent한 데이터라고 하고, 동일 서버내에서 Client 번호에 관계없이 적용되는 데이터를 Cross Client한 데이터라고 한다. SAP 스탠다드 프로그램 및 개발 프로그램들은 Cross Client 성격으로 같은 서버에 존재하는 모든 Client 에 동일하게 적용된다. IMG 설정시에도 해당 항목이 Client dependent한 Configuration인지 Cross Client한 Configuration인지 잘 살펴보아야 한다.

참고 Financial Applications(재무 관련 모듈)

- ▾ 📂 Accounting
  - ▸ 📁 Financial Accounting
  - ▸ 📁 Financial Supply Chain Management
  - ▸ 📁 Controlling
  - ▸ 📁 Enterprise Controlling
  - ▸ 📁 Strategic Enterprise Management
  - ▸ 📁 Investment Management
  - ▸ 📁 Project System
  - ▸ 📁 Incentive and Commission Management
  - ▸ 📁 Real Estate Management
  - ▸ 📁 Flexible Real Estate Management
  - ▸ 📁 Public Sector Management
  - ▸ 📁 Bank Applications

▶ **FI**(Financial Accounting) : 재무회계. General Ledger, Sub Ledger 컴포넌트로 구성되어 있음

▶ **IM**(Investment Management) : 투자관리, PS(Project System) : 프로젝트 Base로 비즈니스가 수행되는 경우사용

▶ **RE**(Real Estate Management) : 동산,부동산 관리

▶ **TR**(Treasury) : 자금관리, 4가지 컴포넌트로 구성됨
 ① Cash Management-CM컴포넌트 : 단기,중기측면의 현금유동성 예측, 현금흐름 관리
 ② Treasury Management-TM컴포넌트 : 예적금 가입, 차입금, 회사채 등 자금거래와 관련된 트랜잭션 관리
 ③ Cash Management and forecast-CBM컴포넌트 : 중장기측면의 현금유동성 예측
 ④ Market Risk Management-MRM컴포넌트 : 시장 위험관리, 현재 자금의 위험도 측정 등
 ⑤ 최근 버전에서는 CM과 CBM을 제외한 다른 컴포넌트들은 CFM(Corporate Finance Management) 모듈에 포함됨

▶ **CO(Controlling)** : 관리회계
 ① Overhead Cost Accounting : CCA(Cost Center Accounting), I/O(Internal Order) 컴포넌트
 ② Product Cost Accounting : PC컴포넌트, 제품 단위별로 투여되는 원가계산(제조원가)
 ③ Profitability Analysis : PA컴포넌트, 기업의 수익성을 분석(제품별, 고객별, 시장별) 마켓 세그먼트별 분석
 ④ Profit Center Accounting : PCA컴포넌트, Profit Center라는 조직 유닛별로 수익성 분석, New G/L 버전에서는 FI의 조직단위로서 관리/활용되고 있다. 실제 구축 프로젝트는 CO에서 담당하는게 일반적이다.
 ⑤ Activity Based Costing : ABC컴포넌트, 활동기반원가 측정(노무비, 경비 등 원가 측정시 활동원가로 측정)

▶ **EC**(Enterprise Controlling) : 전략적 의사결정을 관리하는 관리회계(EIS, SEM-Strategic Enterprise Management)

● Accounting Organizational Unit

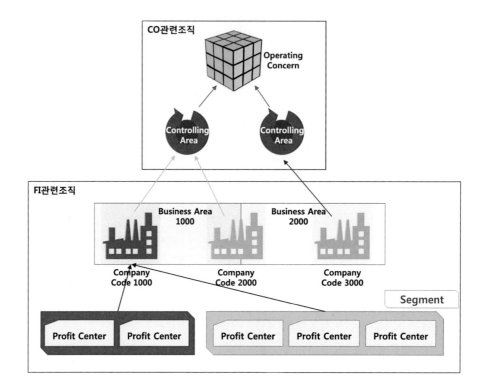

▶ **Operating Concern** : CO모듈에서 관리하는 최상위 조직유닛(CO-PA 컴포넌트를 대표하는 조직단위 : 마켓 세그먼트별 수익성 분석을 위한 조직단위) 하나의 Operating Concern에 여러 개의 Controlling Area가 묶일 수 있다(1:N)

▶ **Controlling Area** : CO에서 비용에 대한 예산을 수립하고 집행, 통제하는 기준. 비용배부 기준이 되기도 함
CO모듈의 OM(CCA, I/O, ABC), PC, PCA 컴포넌트를 대표하는 조직유닛

▶ **Company Code** : FI의 External한 Accounting을 대표하는 조직유닛, 하나의 Controlling Area에 여러 개의 Company Code가 매핑될 수 있다(1:N) → 재무제표 외부 공시 기준 조직

▶ **Business Area**(Business Unit) : FI의 Internal한 Accounting을 대표하는 조직유닛(사업부 개념). Business Area와 Company Code는 서로 Cross Company 하게 묶일 수 있다(종속관계가 아님)

▶ **Profit Center** : 조직 내 구분회계 관점에서 손익을 산출하고 자산이 집계되는 최소 관리 단위. 하나의 회사코드 내에서 총계정원장 레벨의 시산이 구분 관리되는 조직 단위

▶ **Segment** : 회사 내 부문별 재무제표를 산출하는 회계단위. Profit Center가 많을 경우 Segment를 활용한 Segment Reporting이 유용하다.

● **Logistics Organizational Unit**(물류-SD, MM, PP를 대표하는 조직유닛)

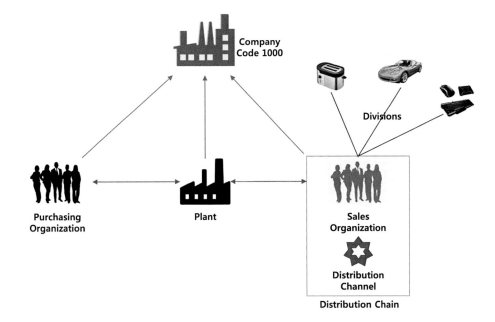

▶ **Purchasing Organization**
① MM을 대표하는 조직(구매조직) Plant에 속하여 구매행위를 하는 조직이 있고, Cross Plant하게 구매행위를 총괄하는 구매조직이 있을 수 있음
② 여러 개의 Company Code에 속한 여러 개의 Plant를 종합적으로 통합관리하는 총괄구매조직이 있을 수도 있다.
③ 구매행위가 발생하면 Purchasing Organization에 매핑되어 있는 Company Code쪽으로 구매 관련 전표가 기표된다.

▶ **Plant**
① Logistics를 대표하는 조직, 공장(제조가 없는 회사의 경우 창고개념으로 사용가능) Plant가 assign되어 있는 Company Code쪽으로 공장에서 발생하는 물류 흐름내역이 반영된다.

② PP를 대표하는 조직단위라기보단 물류 전체를 대표하는 조직단위이다. SD, MM, PP 전체에 영향을 미치게 된다.

▶ Sales Organization, Distribution Channel

① SD를 대표하는 조직

② Distribution Chain(유통 체인) = Sales Organization(영업팀을 의미) + Distribution Channel(유통채널, 유통경로 : 도매,소매,방문판매 등)

③ Divisions : 회사가 생산하고 판매하는 Material중에서 최상위 레벨의 물품을 의미한다. 자동차, 키보드 등

④ 판매결과가 assign되어 있는 Company Code쪽으로 반영된다. Sales Organization은 Divisions과 각각 assign된다.

⑤ Distribution Chain(Sales Organization + Distribution channel) + Divisions = Sales Area

● FI Organizational Unit

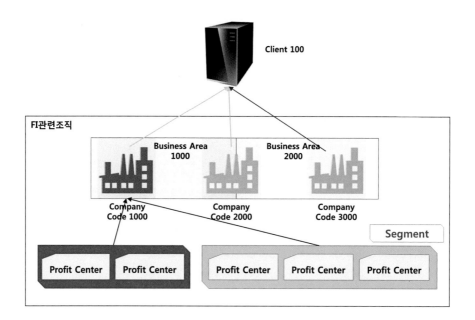

▶ External Accounting : Company Code(회사코드) - 외부 이해관계자들에게 회사 재무상황을 공시하기 위한 목적의 조직코드

① Company Code = Independent Accounting Entity(독립적인 회계단위) 회계전표가 전기되는 조직단위

② External한 목적의 조직유닛 중 가장 작은 단위의 조직임. 결합재무를 보는 그룹 레벨에서 보면 가장 최소단위가 된다.

③ 4자리 Unique 코드, General Ledger는 Company Code레벨에서 관리됨, 법적으로 B/S와 P&L을 산출하는 단위

④ Company Code 생성(보통 레퍼런스 카피 기능을 이용하여 생성하게 된다.)

- 현재 존재하는 Company Code를 레퍼런스 카피하여 생성(원하면 G/L Account도 복사가능) → 최초에는 SAP에서 기본적으로 제공되는 0001이라는 Company Code를 이용하여 카피할 수 있다 (0001 Company Code는 Country Specific하지 않고 INT라는 계정과목표를 기준으로 하는 디폴트 Company Code, 특정 나라에 대한 특화가 되어 있지 않은 상태인 0001에 Country KR이라는 우리나라 실정에 맞는 패치(한글지원, Tax관리 등)를 적용함으로써 localization 이 가능하다. 이 부분은 최초 서버 Setup시에 BC가 작업한다.)

- Reference Copy 기능을 이용할 경우 Company Code Definition, Global Parameters, 관련 Customizing Table, 필요시 G/L 계정코드 및 계정 결정 세팅(Account Determination) 정보들이 복사된다.

- 수정하고자 하는 부분만 변경하여 신규 Company Code를 등록한다.

- IMG 세팅화면에서 생성처리를 한다. 간단하게 생성과정을 살펴보자.

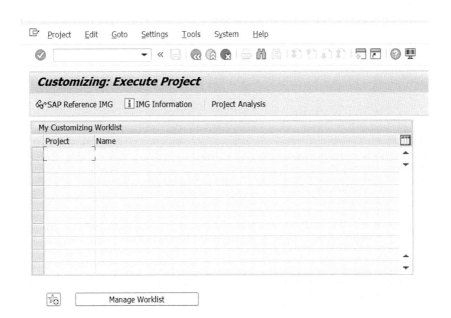

IMG 화면은 T-Code spro를 입력한 후 상단 ⚙SAP Reference IMG 버튼을 클릭하여 이동한다.

- IMG-Enterprise Structure-Definition-Financial Accounting-Edit, Copy, Delete, Check Company Code 화면으로 들어간다(Define company IMG 화면은 연결재무제표에 관련된 관계사 정의하는 부분임. 6자리)

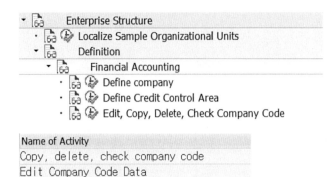

```
Name of Activity
Copy, delete, check company code
Edit Company Code Data
```

- Copy를 하기 위해서 [Copy, delete, check company code]부분을 클릭하여 들어간다. ![] (레퍼런스 카피)버튼을 클릭한 후 From~To Company Code를 입력한 후 실행하면 복사하여 신규 Company Code가 생성된다.

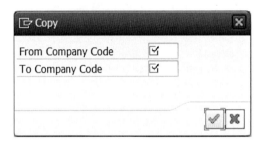

- 생성할때 계정과목표를 그대로 복사해서 사용할 것인지를 묻는다. 또한 기존 Currency와 다른 통화를 사용할 것인지를 묻는다(그대로 쓰길 원한다면 No 버튼 클릭) 최종적으로 ![] (실행) 버튼을 클릭하면 관련된 테이블을 카피하고 Company Code가 생성된다.
- 생성이 다 끝난 후 Completed activities 화면에서 처리된 결과를 볼 수 있다.
- 이제 생성한 Company Code에 대한 정보를 수정한다(Edit Company Code Data 클릭하여 들어간다.)
- 수정하길 원하는 Company Code를 ![] Position... 버튼을 이용하여 찾은 후 더블 클릭 한다.
- 카피되어 생성되어 있는 정보를 볼 수 있고 이를 수정할 수 있다.

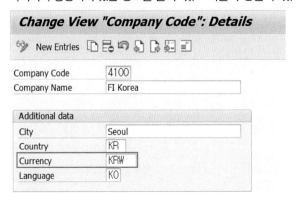

- 여기서 정의된 Currency가 <u>Local Currency(=회사코드 통화)가 되고 이 통화와 다른 통화로 발생</u>
  <u>된 거래는 외화거래가 된다.</u> 이 로컬 통화가 재무제표의 기준 통화가 된다.

⑤ Company Code 설정 필드(Global Parameters)
- `Edit Company Code Data` 화면에서 기본적인 Company Code 설정을 할 수 있었다.
  (Address) 버튼을 클릭하면 주소 정보를 입력할 수 있다.
- IMG-Financial Accounting(New)-Financial Accounting Global Settings (New)-Global
  Parameters for Company Code-Enter Global Parameters 화면 : Company Code 글로벌 변
  수 설정을 한다(※이후 등장하는 IMG 메뉴 중 Financial Accounting 부분은 'FI' 로 표시한다. Ex)Finan-
  cial Accounting(New) → FI)
- 아래 화면에서처럼 각 글로벌 파라메터값들을 우리 회사에 맞도록 세팅한다.

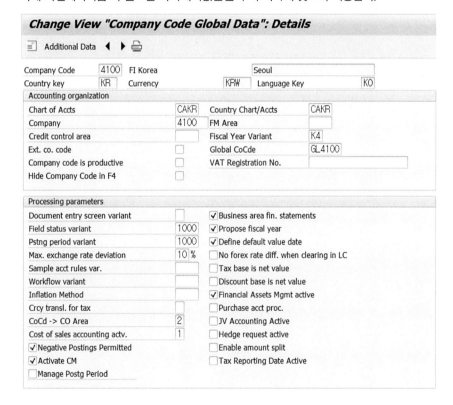

- 각 설정에 대한 자세한 내용은 앞으로 계속해서 살펴보기로 하자.

▶ Internal Accounting : Business Area(사업부)(Business Unit으로도 사용), 회사 내부
  적으로 사업단위별 B/S, P&L을 산출하기 위한 목적이며, 회사코드에 종속된 개념이 아
  니다. 최근에는 Profit Center별 구분회계 혹은 Segment별 구분회계로 관리를 강화하
  는 추세이다.

① IMG-Enterprise Structure-Definition-Financial Accounting-Define Business Area 화면 : Business Area 정의

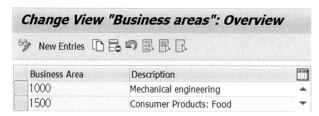

② IMG-Enterprise Structure-Definition-Financial Accounting-Define Segment 화면 : Segment 정의

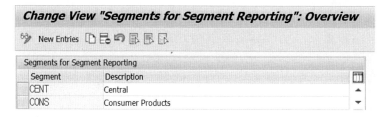

③ SAP Menu-Financial Accounting-General Ledger-Master Records-Profit Center-Individual Processing-KE51 - Create 화면 : Profit Center 정의 (→ Segment 연결)

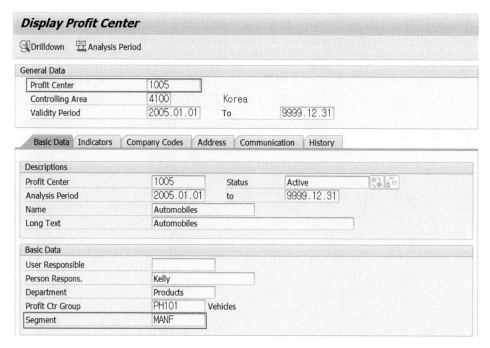

▶ Profit Center : 회사내 **자산/부채**/수익/비용의 구분 및 손익센터간 배부를 통해 Business Unit(사업부) 단위의 재무제표를 산출하기 위한 조직단위. 조직 내 구분회계 관점에서 손익을 산출하고 자산이 관리되는 최소단위.

▶ Segment : 회사 내 부문별 재무제표를 산출하는 회계단위. Profit Center로부터 Derivation 되어지고 사용자가 직접 입력하거나 Default값을 지정할 수도 있음. Profit Center가 많을 경우 Segment를 활용한 Segment Reporting이 유용하다."(Profit Center 화면에서 Segment를 지정한다)

※IFRS 회계기준에 따른 부문별 구분회계 손익 Reporting을 위해 Profit Center(or Segment) 조직 코드를 활용한다.

▶ 그 외 FI 조직구조

① Business Place : 부가세 집계 및 신고 단위로 전표에서 세금코드가 입력되는 Lineitem에 함께 입력되며, 사업자단위과세인 경우 주된 사업장 및 종 사업장의 구분단위로 코드를 구성할 수 있다. 사업장별 집계된 부가세 정보를 추출하여 부가세 신고 리포트 및 부가세 전자신고파일을 생성할 수 있다.

• IMG-FI-Financial Accounting Global Settings (New)-Tax on Sales/Purchases-Basic Settings-South Korea-Business Places-Define Business Place : 사업장 정의

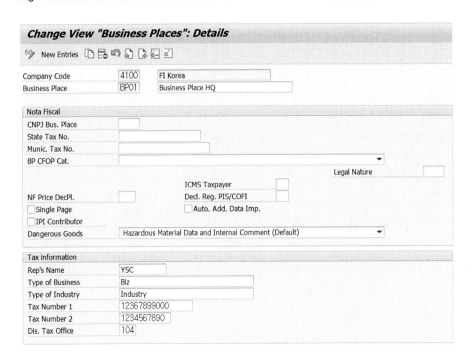

- 사업자번호(Tax Number 2) / 법인등록번호(Tax Number 1) / 대표자명(Rep's Name) / 업종(Type of Industry) / 업태(Type of Business) 등의 정보를 관리할 수 있다.

② Section Code : 원천세의 Tax Office(소득세 납부처)와 Regional Tax Office의(지방세 납부처) 조합으로 이루어진 조직 단위. 원천세율/계정에 대한 사전 설정을 통해 원천징수 대상 거래에 대하여 전표 생성시 소득세 및 주민세 Lineitem을 자동 전기 할 수 있다. 근로소득, 퇴직소득은 HR 모듈에서 산출되며 기타소득, 사업소득, 배당소득, 이자소득 등은 원천세 코드 입력을 통한 회계전표 생성으로 원천세 정보를 관리할 수 있다.

- IMG-FI-Financial Accounting Global Settings (New)-Withholding Tax-Extended Withholding Tax-South Korea-Define Section Codes : Section Code 관리

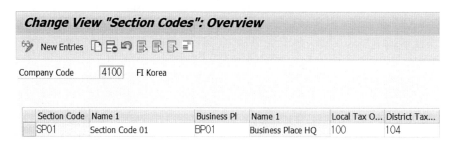

- 소득세 납부처(District Tax Office)와 지방세 납부처(Local Tax Office)를 관리하고 부가세 사업장을 지정한다.

③ Credit Control Area : 여신관리영역. 고객에 대한 채권 한도를 측정하고 점검하는 조직단위. 동일한 하나의 고객에 대하여 내부 사업부별로 여신관리영역을 구분하고 여신을 분할하여 관리할 수도 있다. 판매오더 생성시 또는 납품, 출고시 여신한도를 점검하여 Block을 걸고 Release Process를 거쳐 Block을 해제하는 식으로 고객 여신 관리를 한다. 일반적으로 회사코드와 여신관리영역은 1:1 혹은 N:1로 관리한다(※참고-S/4 HANA 버전의 여신관리는 ECC 버전과 관리하는 방식이 다르다. 〈5장. AR&AP Transaction〉에서 자세히 살펴보기로 하자.)

- IMG-Enterprise Structure-Definition-Financial Accounting-Define Credit Control Area : CCA 정의

● CO Organizational Unit

▶ CO의 조직구조는 FI와 밀접하게 관련되어 있기 때문에 관련 조직 개념을 이해할 필요가 있다.

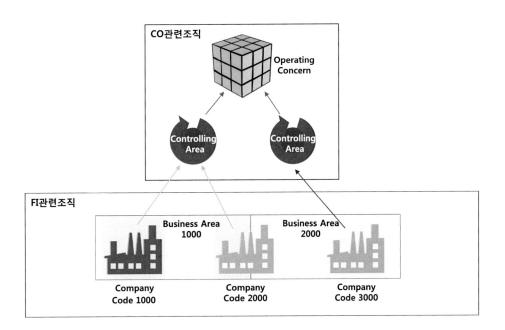

▶ Operating Concern : CO 조직구조 중 가장 최상위 레벨의 조직이며 경영단위라고 부른다. Controlling Area 여러 개가 하나의 Operating Concern에 속한다. Operating Concern 에서는 CO-PA(Profitability Analysis) 컴포넌트에 쌓인 수익성 세그먼트 데이터를 이용하여 리포팅 할 수 있다. 수익성 분석을 위한 최상위 조직유닛이다. Company Code레벨에서 발생한 Revenue는 거래 발생시 바로 Operating Concern으로 반영이 되지만 Cost의 경우는 Controlling Area에 집계되었다가 Operating Concern쪽으로 반영되는 흐름을 가진다.

IMG-Enterprise Structure-Definition-Controlling-Create Operating Concern : Operating Concern 정의

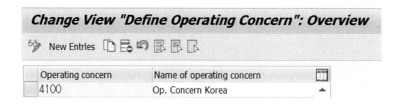

▶ **Controlling Area** : 관리회계영역이라고 부르며 CO에서 가장 Base가 되는 조직이다. CO-OM(Overhead Management), CO-PC(Product Cost Controlling), EC-PCA(Profit Center Accounting) 컴포넌트들이 여기에 Assign되며 이 관리회계영역으로 데이터가 쌓인다. 회사코드(Company Code)는 관리회계영역과 N:1 의 관계로 assign된다. 특정 회사코드에서 전표가 발생될 경우 그 회사코드에 assign된 관리회계영역으로 CO 데이터가 쌓이는 개념이다.

IMG-Enterprise Structure-Definition-Controlling-Maintain Controlling Area : Controlling Area 정의

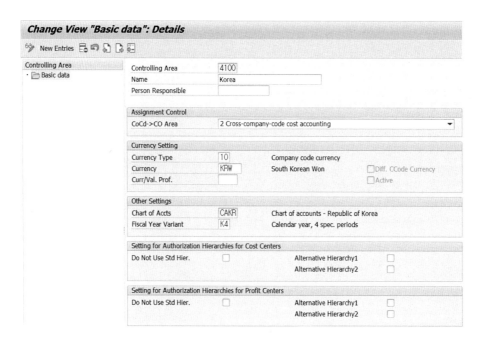

▶ **Cost Center** : 코스트 센터의 경우 조직구조이면서 Master Data이기도 하다. 비용을 구분/집계하는 최소 단위의 부서라고 생각할 수 있다. 전표 입력시 코스트센터가 입력될 경우 Cost Center 마스터에 등록되어 있는 Profit Center / Business Area / Functional Area 등이 자동으로 입력 되어진다.

SAP Menu-Controlling-Cost Center Accounting-Master Data-Cost Center-Individual Processing-KS01 - Create

Cost Center	1000	Corporate Services	
Controlling Area	4100	Korea	
Valid From	2010.01.01	to	9999.12.31

Basic data | Control | Templates | Address | Communication | History

Names

Name	Corporate Services
Description	Corporate Services

Basic data

User Responsible		
Person Responsible	Pfaehler	
Department	Corporate	
Cost Center Category	4	Administration
Hierarchy area	H120	Internal Services
Business Area	9900	Corporate Other
Functional Area	0400	Administration
Currency	KRW	
Profit Center	1402	Administration

Cost Center 마스터데이터 등록시 Profit Center / Business Area 등을 입력하도록 되어 있다.

▶ EC-PCA 개념에서의 Profit Center는 CO의 조직개념이었으나 New G/L 버전에서의 Profit Center는 FI의 조직으로 변경되었다. 이는 시스템 구성 관점이며 실제 구축 프로젝트를 진행할 때에는 CO모듈에서 설계하는 것이 일반적이다.

▶ Functional Area : 기능영역으로 부르며, 비용의 성격을 구분하는 구분자로서 활용한다(제조비/판매비/일반관리비/연구개발비 등) 앞서 Cost Center 마스터 화면에서도 보이지만 Cost Center Category에 따라 기능영역이 자동 지정되도록 세팅하는게 일반적이다.

IMG-FI-Financial Accounting Global Settings (New)-Ledgers-Fields-Standard Fields-Functional Area for Cost of Sales Accounting-Define Functional Area : Functional Area 정의

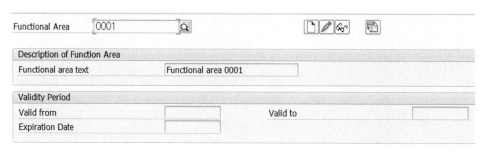

▶ Profitability Segments(PA세그먼트=Market세그먼트)

① 시장별, 제품별, 국가별, 유통채널별 손익을 이용하여 External한 수익성 분석을 한다.

② Characteristics(특성값) = 시장별, 제품별, 국가별, 유통채널별

③ 각 특성값에 대해 여러가지 조건(Divisions, Country, Distribution channel)별로 수익성 분석을 할 수 있다.

Master Data

이번 장에서는 FI와 관련된 Master Data에 대해 살펴보도록 하겠습니다. 가장 근간이 되는 G/L Account(계정과목)부터 Sub-Ledger 및 타 모듈과 밀접하게 묶여있는 Customer/Vendor Master까지 자세히 살펴볼 예정이며, Asset Master(자산)와 그 외 기타 Master들에 대해서도 살펴보겠습니다. 마지막 챕터에서는 S/4 HANA 버전에서 통합관리되는 Business Partner에 대해서도 자세히 살펴볼 예정입니다. FI 모듈을 이해하기 위해서 Organizational Unit과 더불어 가장 근간이 되는 중요한 과정이니 반드시 이해하고 다음 장으로 넘어가시길 바랍니다.

1. Master Data Overview

● **FI 모듈의 2가지 주요 컴포넌트**

▶ General Ledger(총계정원장)과 Subsidiary Ledger(보조원장) 컴포넌트에는 아래와 같은 마스터 데이터가 필요하다. 조직구조만큼 중요한 요소인 Master Data는 어떠한 세부정보를 가지고 있고 어떻게 활용되는지 반드시 이해해야 하는 중요 정보이다. 각각의 Master Data에 대해서 상세히 알아보도록 하자.

▶ G/L(General Ledger) 컴포넌트의 Master Data
○ G/L Account Master Data(계정과목 마스터)
○ Bank Master Data(은행마스터)
○ Travel Management Master Data(출장관리 마스터)
→ 만약 HR모듈을 도입한다면 별도로 관리할 필요가 없다. HR모듈에서 관리함. 실제 TM 기능을 이용하는 국내회사는 드물다. 별도의 웹으로 개발된 e-Accounting시스템을 구축하여 사용하는 것이 일반적이다. 간혹 해외에 본사를 두고 국내에 계열사를 두는 회사의 경우 SAP Standard TM 기능을 사용하는 케이스도 있다.

▶ S/L(Sub-Ledger) 컴포넌트의 Master Data
○ Account Receivables : Customer Master Data(고객 마스터)
○ Account Payables : Vendor Master Data(구매처 마스터)
○ Asset Accounting : Asset Master Data(자산 마스터)

2. G/L Accounts : 계정과목

● **G/L Accounts Master Record : 계정과목 마스터 개요**

▶ Chart of Accounts : 계정과목표(COA)

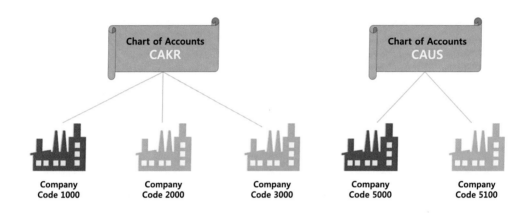

○ 그림에서 볼 수 있듯이 하나의 COA를 여러 개의 Company Code에서 공유해서 사용할 수 있다. 즉, 같은 계정과목코드를 여러 개의 회사에서 동일한 번호 체계로 사용할 수 있다는 의미이다. 하지만 동일 계정이라 할지라도 회사별로 관리방식은 다를 수 있다. 이것을 Company Code Specific Setting이라고 한다.

→ One COA, Several Company Code : 하나의 COA에 여러 개의 Company Code가 물려있는 1:M 구조

○ COA 체계를 자세히 살펴보면 다음와 같다.

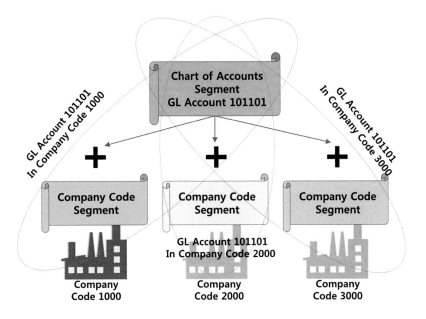

- COA Master Data는 크게 2가지의 세그먼트로 구성되어진다.
- ① Chart of Accounts Segment : Client 레벨에서 정의, 어떠한 회사에서 사용하더라도 동일하게 사용이 가능한 General한 정보(해당 계정이 B/S, P&L계정인지 지정, 계정명칭, Account Group 등의 정보)
- ② Company Code Segment : Company Code 레벨에서 정의, 각 회사에 특화된 정보를 관리한다.
- 위와 같은 구조로 구성되어 있기 때문에 같은 COA를 여러 회사에서 공유해서 사용할 수 있다. 시스템이 동작할때는 ①과 ②를 합친 정보로 Transaction 처리를 한다.

※ 하나의 Client에 여러 개의 COA를 생성하여 사용할 수 있다.
※ COA Assignment : 하나의 COA는 여러 개의 Company Code에 assign 될 수 있다(1:N)

○ FI-General Ledger-Master Records-G/L Accounts-Individual Processing 메뉴

▼ 📂 Individual Processing
 · 🔷 FS00 - Centrally
 · 🔷 FSP0 - In Chart of Accounts
 · 🔷 FSS0 - In Company Code

- 하나의 G/L 계정과목은 여러 개의 Company Code에서 공유해서 사용이 가능하다. 이것은 해당 G/L 계정이 Client 레벨에서의 ①COA Segment와 Company Code 레벨에서의 ②Company Code Segment로 나뉘기 때문에 가능하다. 위 SAP 메뉴를 보면 FSP0-In Chart of Accounts(①)과 FSS0-In Company Code(②) 트랜잭션이 존재하고 두가지를 합쳐놓은 FS00-Centrally(①+②) 트랜잭션이 존재한다.

• FSP0-In Chart of Accounts 화면 : 일반적인 정보를 등록하는 화면 - ①Chart of Accounts Segment Description(Name), Control in COA(Account Group, B/S or P&L), Consolidation data in COA(Consolidation, Group account number-연결재무제표용 계정) 등의 정보를 관리하며, 언어별 계정 코드명을 관리할 수 있다(Key word/translation)

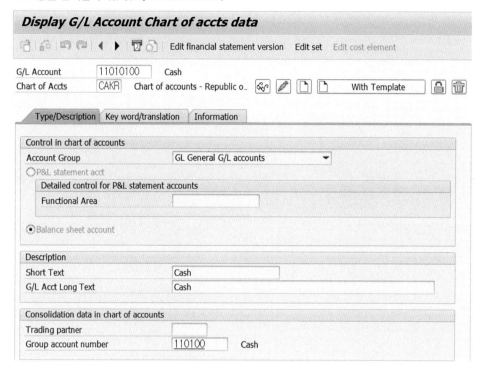

• FSS0-In Company Code 화면 : 각 Company Code dependent한 정보를 등록하는 화면 - ② Company Code Segment

Display G/L Account Company code data

🗂 🔐 ↺ ↻ ◀ ▶ 🔽 🔂 | Edit financial statement version Edit set Edit cost element

G/L Account ⬚11010100⬚ Cash
Company Code ⬚4100⬚ FI Korea   🔍 ✏ 🗋 🗋   With Template   🔒 🗑

| Control Data | Create/bank/interest | Information |

Account control in company code

Account currency	⬚KRW⬚	South Korean Won
☑ Balances in Local Crcy Only		
Exchange rate difference key	⬚⬚	
Valuation group	⬚⬚	
Tax category	⬚⬚	
☐ Posting without tax allowed		
Recon. account for acct type	⬚⬚ ▼	
Alternative Account No.	⬚⬚	
Inflation key	⬚⬚	
Tolerance group	⬚⬚	

Account Management in Company Code

☐ Open Item Management	
☐ Line Item Display	
Sort key	⬚⬚
Clerk Abbreviation	⬚⬚

3

Master Data

• FS00-Centrally 화면 : ①COA Segment(일반정보)와 ②Company Code dependent한 정보를 등록할 수 있도록 구성되어 있다.

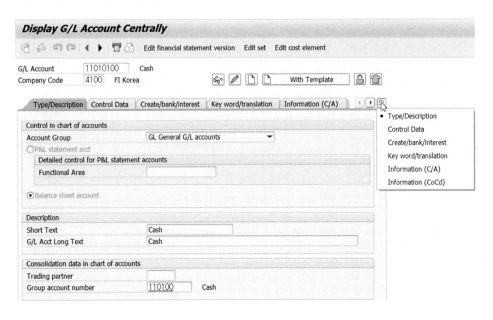

Display G/L Account Centrally

🗂 🔐 ↺ ↻ ◀ ▶ 🔽 🔂 | Edit financial statement version Edit set Edit cost element

G/L Account ⬚11010100⬚ Cash
Company Code ⬚4100⬚ FI Korea   🔍 ✏ 🗋 🗋   With Template   🔒 🗑

| Type/Description | Control Data | Create/bank/interest | Key word/translation | Information (C/A) | ◀ ▶ 🔍 |

• Type/Description
  Control Data
  Create/bank/interest
  Key word/translation
  Information (C/A)
  Information (CoCd)

Control in chart of accounts

Account Group	GL General G/L accounts ▼	
○ P&L statement acct		
Detailed control for P&L statement accounts		
Functional Area	⬚⬚	
◉ Balance sheet account		

Description

Short Text	Cash
G/L Acct Long Text	Cash

Consolidation data in chart of accounts

Trading partner	⬚⬚	
Group account number	⬚110100⬚	Cash

▶ G/L Account Detail

각 필드에 대한 자세한 사항은 뒤에서 자세히 다룰 예정이니 여기선 간단히 살펴보도록 한다.

◆Type/description(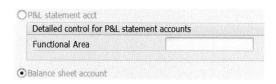)

Control in chart of accounts	
Account Group	GL General G/L accounts ▼

○ Account groups(계정과목 그룹)
  • 예를 들어 계정과목이 아래 ①-②-③의 계층구조로 이루어져 있을 경우
    ① 자산(②유동, 고정자산), 부채(유동, 장기부채), 자본(자본금, 자본잉여금, 이익잉여금)
    ② 유동자산(③당좌자산, 재고자산), 고정자산(투자자산, 유형자산, 무형자산)
  • 유동, 고정자산의 ②레벨 수준이 Account Group이 된다. 〈Account Group=유사한 계정과목을 모아 놓은 묶음〉 이는 일반적인 경우로 좀 더 큰 분류(①레벨)로 계정그룹을 설정할 수도 있다. 이는 각 프로젝트에서 회사의 관점에 맞도록 구성하면 된다.

○P&L statement acct
Detailed control for P&L statement accounts	
Functional Area	

⊙Balance sheet account

○ B/S 계정인지 P&L 계정인지 결정

◆Control Data tab(Control Data)

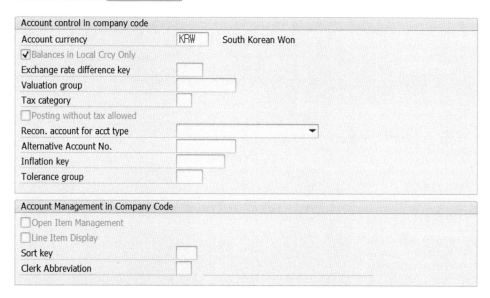

Account currency	KRW	South Korean Won

☑ Balances in Local Crcy Only

○ Account currency : 계정통화

- Company Code Segment Data 이므로 Company Code별로 Currency를 다르게 지정할 수 있다.
- Account Currency = Company Code Currency : 전표 입력시 어느 통화로도 전표를 입력할 수 있다.
- Account Currency 〈〉 Company Code Currency : 전표 입력시 지정된 외화 통화로만 전표를 입력할 수 있다.
- Only balances in local crcy : 잔액이 Local Currency 즉, Company Code Currency로만 관리된다.

Recon. account for acct type	▼
Alternative Account No.	A Assets
Inflation key	D Customers
Tolerance group	K Vendors
	V Contract accounts receivable

○ Recon. Account for Account type : 조정계정 유형

- 해당 계정이 Reconciliation Account(조정계정) 인지 지정
- Reconciliation Account(조정계정) : Sub-Ledger와 관련된 계정. **Sub-Ledger의 경우 Sub-Ledger별 마스터를 이용하여 전표를 입력하게 되는데 이때 해당 마스터에 연결되어 사용되는 계정을 조정계정**이라고 한다. 조정계정유형이 설정된 계정은 전표 입력시 계정코드를 직접 입력하여 회계처리 할 수 없다(Sub-Ledger : 보조원장-고객/구매처/자산)

☐Open Item Management : Open Item? Or Balance Base Item? 이 필드는 뒤에서 상세히 살펴보도록 한다.

☐Line Item Display : Line Item Level로 데이터를 관리할 것인가? 특별한 경우를 제외하곤 모든 계정에 체크한다. S/4 HANA 버전에서는 모든 계정을 Line Item으로 관리하기 때문에 화면에서 보이지 않게 변경되었다.

Sort key	003	Document date

: Open Item Clearing을 다룰 때 함께 살펴보도록 한다.

◆Bank/Interest tab(**Create/bank/interest**)

| Type/Description | Control Data | Create/bank/interest | Key word/translation | Information (C/A) |

Control of document creation in company code

Field status group   G005   Bank accounts (obligatory value date)
☐ Post Automatically Only
☐ Supplement auto. postings

Bank/financial details in company code

Planning Level
☐ Relevant to cash flow
House bank
Account ID

Field status group   G005   **Bank accounts**

○ Field status group : 필드 상태 그룹
  • 전표입력화면의 입력필드를 제어하는 기능이다. Field Status Group은 이를 계정별로 관리하기 위한 키값이며 Posting Key(전기키)와 연동되어 Field Status를 통제한다.
  • 자세한 내용은 뒤에서 살펴보도록 한다.

☐ Post Automatically Only

○ Post automatically only
  • 자동전기만 : 반드시 시스템에서 자동기표 되도록 제한한다(Material 관련 계정 등)
  • 체크되어 있을 경우 G/L 전표 등록 트랜잭션에서 해당 계정을 Manual하게 입력 할 수 없다.

◆Information tab(**Information (C/A)**)

Information in chart of accounts

Created on	1996.04.17	
Created by	SAP	Change documents
Group Chart of Accts	CONS	Corporate group chart of accounts

계정의 일반적인 정보를 볼 수 있다.

◆위 각각의 필드 기능에 대해선 뒤에서 자세하게 살펴보기로 한다. 위 화면상에 보이는 필드들은 회사의 실정에 맞게 로컬라이제이션 하지 않은 화면이다. 실제 프로젝트를 할 때에는 필요 없는 필드들은 화면상에 안 보이도록 조정한 후 관리하고자 하는 항목들에 대해서만 화면에 표시한다(Account Group 설정)

※ 참고) IMG Configuration Variant Principle : IMG 설정시 사용되는 Variant 원칙

▶ COA IMG Setting을 살펴보기 전에 SAP IMG 설정 방법에 대해 살펴보자. IMG 세팅화면에서 Configuration시 가장 일반적으로 사용되는 방식이다. → Object에 특성값을 assign하기 위해 SAP에서 제공하는 3단계 설정원칙.

앞으로 IMG 설정에 대해 살펴볼 때 이 원칙을 미리 이해해둘 필요가 있다.

① Define the Variant : Variant의 껍데기를 만드는 단계
② Populate the Variant with Values : 껍데기에 속성값들을 부여하는 단계
③ Assign the Variant to Objects : 속성이 부여된 Variant를 각 오브젝트에 assign하는 단계

▶ Posting Periods, Field status, Fiscal Years Setting 등 다양한 IMG 세팅 화면에서 이 원칙을 이용해 설정한다.

• Posting Periods를 예를 살펴보자. 아래 3단계를 거쳐 Variant 값을 정의

① IMG-FI-Financial Accounting Global Settings (New)-Ledgers-Fiscal Year and Posting Periods-Posting Periods-Define Variants for Open Posting Periods 화면 : Posting Periods에 대한 Variant 값 정의(코드만 생성)

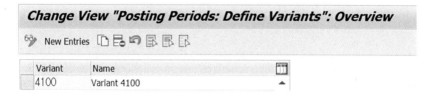

② IMG-FI-Financial Accounting Global Settings (New)-Ledgers-Fiscal Year and Posting Periods-Posting Periods-Open and Close Posting Periods 화면 : Posting Variant에 대한 상세 속성 정의

③ IMG-FI-Financial Accounting Global Settings (New)-Ledgers-Fiscal Year and Posting Periods-Posting Periods-Assign Variants to Company Code 화면 : Posting Period Variant를 Company Code에 assign

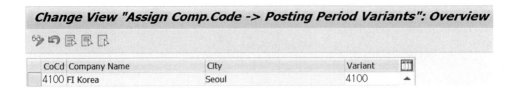

Change View "Assign Comp.Code -> Posting Period Variants": Overview

CoCd	Company Name	City	Variant
4100	FI Korea	Seoul	4100

○ 위와 같은 3단계를 거쳐 속성값을 세팅하는 과정이 바로 Variant Principle이다. 회사코드 4100번은 Variant 4100으로 Posting Period가 지정되어 있고, 따라서 Variant 4100에 설정된 속성값이 회사코드 4100번에 적용되는 형식이다.

● COA IMG Configuration : 계정과목표(Chart of Account) 관련 IMG 설정에 대해 살펴보자

▶ G/L 계정과목표(COA)를 사용하기 위한 3단계 Variant Principle Step

○ COA를 Define(Variant 키값을 지정)- New Entries 버튼을 클릭하여 새로운 Variant Key 값을 정의(①)

• IMG-FI-General Ledger Accounting (New)-Master Data-G/L Accounts-Preparations-Edit Chart of Accounts List

Change View "List of All Charts of Accounts": Overview

New Entries

Chart of Accts	Chart of accounts description
CAKR	Chart of accounts - Republic of Korea

○ COA Properties를 Define - 해당 Variant키값의 속성을 정의(②)

• COA 더블클릭 혹은 상단의 🔍아이콘 클릭. 이렇게 한 화면에서 ①②단계를 함께 진행할 수도 있다.

Change View "List of All Charts of Accounts": Details

✎ New Entries 🗋 🖹 🏛 🗐 🗐 🗐

| Chart of Accts | CAKR |
| Description | Chart of accounts - Republic of Korea |

General specifications

| Maint.language | EN English ▼ |
| Length of G/L account number | 8 |

Integration

| Controlling integration | Manual creation of cost elements ▼ |

Consolidation

| Group Chart of Accts | CONS |

Status

| ☐ Blocked |

- 유지할 언어(Maint.language)는 English이고 계정코드 길이는 8자리(Length of G/L account number)
- CO Integration은 1차 Cost Element를 수동 생성하는 방식
- Group COA는 CONS로 지정. Blocked필드는 이 COA를 못쓰도록 막아둘지를 지정

• 위와 같이 해당 Variant 키값에 상세 속성값들을 정의한다.

○ COA를 Company Code에 Assign(③)
• IMG-FI-General Ledger Accounting (New)-Master Data-G/L Accounts-Preparations-Assign Company Code to Chart of Accounts

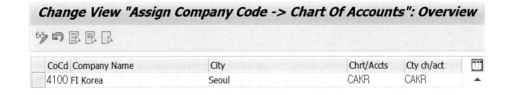

Change View "Assign Company Code -> Chart Of Accounts": Overview

✎ 🗐 🖹 🖹 🖹

	CoCd	Company Name	City	Chrt/Accts	Cty ch/act	🎞
	4100	FI Korea	Seoul	CAKR	CAKR	▲

4100 Company Code에서 COA는 CAKR을 사용하고 Country COA는 CAKR(Cty ch/act)을 지정한 모습

• 동일한 COA를 여러 Company Code에 지정할 수 있다.
• Group COA/Country COA 관련해서는 뒤에서 자세히 살펴보도록 한다.

▶ Define COA Properties : COA 속성정의(②) 부분을 자세히 살펴보자.

○ Key, Description : 정의

Chart of Accts	CAKR
Description	Chart of accounts - Republic of Korea

○ Maintenance language : Maint.language필드-언어 설정, Length of G/L account number : COA의 자리수 설정

Maint.language	EN English ▼
Length of G/L account number	8

○ T-Code : FS00 - Centrally(G/L Account 조회) 화면에서 11010100계정(8자리)을 조회하면 text가 영어로 표시된다

Description	
Short Text	Cash
G/L Acct Long Text	Cash

○ CO와의 Integration : 비용/수익계정에 대해서는 반드시 **Cost Object**를 입력해야 한 다. 여기에 Primary Cost Element(1차원가요소)가 필요한데 이를 자동으로 생성할 것 인지 수동으로 생성할 것인지를 결정하는 부분이다.

Integration	
Controlling integration	Manual creation of cost elements ▼

▶ 2가지 옵션 중에서 선택할 수 있다.

2 Automatic creation of cost elements
Manual creation of cost elements

→ Manual : Primary Cost Element를 CO 모듈에서 수동으로 만들도록 하는 방식이다.

→ Automatic : 신규 계정 생성시 시스템이 자동으로 Primary Cost Element를 생성해주는 방식이다.
(S/4 HANA에서는 G/L Master와 Cost Element가 하나의 Master로 통합되어 이 설정은 없어진다.)

※ 참고) **Cost Controlling Object**(CO에서 비용을 담아 관리하는 일종의 그릇들) : Internal orders, Cost Centers, Networks, Projects, Cost Centers, Make-to-order sales orders 등

※ 참고) Primary Cost Element : FI에서 전표로 발생되어지는 일반적인 비용/수익 계정들은 1차원가요소로서 생성되어지며 이는 CO모듈로 값이 전달되어지는 창구라고 생각하면 된다. Secondary Cost Elements는 CO모듈 내에서 배부 등 자체적으로 관리하기 위해서 생성하는 CO모듈의 계정으로 생각하면 된다.

○ Group COA : 그룹 연결재무제표 생성시 해당 COA로 Consolidation 된다.

Group Chart of Accts	CONS

CAKR COA를 이용하여 거래를 일으킬 때 연결재무제표상에는 CONS라는 COA를 이용하여 해당 내역이 반영.

○ 'blocked'-mark : Block을 걸어놓게 되면 아직 완성되지 않은 COA로 인식하기 때문에 사용이 불가능하다.

☐ Blocked

● **G/L Account Master Data 속성 : 계정과목 Master Data에 대한 속성 설명과 관련된 IMG Configuration을 살펴보자**

▶ Account Group : 계정그룹

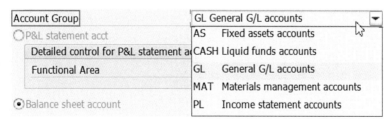

○ 계정을 Grouping 하는 역할을 한다. 이 Account Group은 다음과 같은 기능을 한다.

○ **G/L Account Group의 2가지 Control Function(①②)**

○ ① 계정과목의 Number Range를 control

• Account Group마다 당좌자산(100000~199999), 재고자산(200000~299999)등 범위를 지정한다. G/L Account Master 생성시 해당하는 범위내에 계정코드번호를 지정해야 한다.

- IMG-FI-General Ledger Accounting (New)-Master Data-G/L Accounts-Preparations-Define Account Group 화면

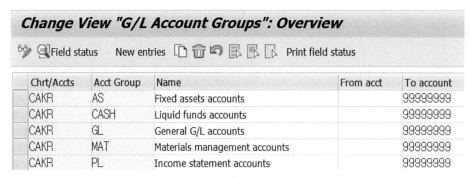

From~To account값에 Number Range를 지정할 수 있다.
프로젝트시에는 각 그룹별 적절한 번호 범위를 지정해야 한다.

○ ② G/L계정과목 Master data의 Company Code segment의 Field status를 결정하는 역할 : 계정과목 등록시 입력하는 필드의 필수입력/선택입력/소거 등의 필드 상태값을 관리한다.
- IMG-FI-General Ledger Accounting (New)-Master Data-G/L Accounts-Preparations-Define Account Group 화면

＞CASH Account Group을 더블클릭

CAKR	CASH	Liquid funds accounts	99999999

＞Company Code segment의 각 Field Group이 화면에 보인다.

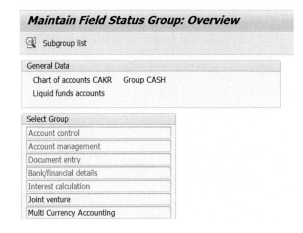

>Group을 더블클릭으로 들어가게 되면 각 필드를 어떻게 보이게 할 것인가에 대한 설정화면이 나온다.

Account control	Suppress	Req. Entry	Opt. entry	Display
Currency	○	⦿	○	○
Tax category	○	○	⦿	○
Reconciliation account	○	○	⦿	○
Exchange Rate Difference	○	○	⦿	○
Account managed in ext. system	⦿	○	○	○
Only balances in local crcy	○	○	⦿	○
Alternative account number	○	○	⦿	○
Inflation key	⦿	○	○	○
Tolerance group	⦿	○	○	○

여기서 설정한 대로 G/L Company Code Segment 필드를 필수로 입력할지, 옵션으로 입력할지가 결정된다.
• Account Group은 유사한 G/L계정을 모아둔 것이다(유동자산, 고정자산 등) 성격이 유사한 계정들이 기 때문에 관리하고자 하는 필드 상태 역시 유사하다. 따라서 통합적으로 관리하기 위해 Account Group 부분에서 이를 설정하도록 되어 있다.

○ Field Status : 필드상태

• 모든 필드는 하나의 상태 Property를 갖는다. Suppress, Display, Required Entry, Optional Entry 중 선택.
• Suppress : 소거되어 안보임, Display : 보이지만 수정불가, Required Entry : 필수입력(☑표시보임), Optional Entry : 입력해도 되고 안해도 되는 필드

○ Account Group에 의해서 필드 상태가 결정되지만 Transaction에 따라서도 필드 상 태가 결정된다.

• G/L Master Data를 Create, Change, Display 하느냐에 따라서도 필드 상태를 결정할 수 있다.
• 만들 때(Create)는 반드시 입력하게 하고 변경시(Change)에는 변경 못하게 하고자 할 때 이러한 Transactions Dependent한 설정이 필요하다. Account Group만 가지고는 이렇게 구현 할 수 없다.
• 두 개의 필드 상태값이 다를 경우 : S 〉 D 〉 R 〉 O 순으로 우선순위가 결정된다.
• IMG-FI-General Ledger Accounting (New)-Master Data-G/L Accounts-Preparations-Additional Activities-Define Screen Layout for Each Transaction 화면 : 각 트랜잭션별 Field Status 구성 을 달리 할 수 있다.

>원하는 트랜잭션 유형을 선택(Test 목적상 Change선택)

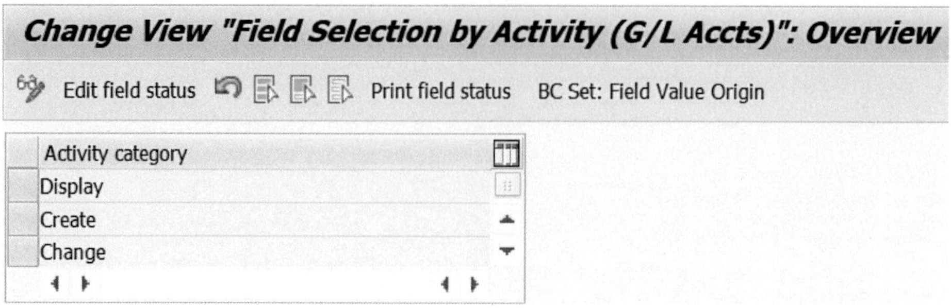

Change View "Field Selection by Activity (G/L Accts)": Overview

Edit field status   Print field status   BC Set: Field Value Origin

Activity category
Display
Create
Change

>Account Group과 마찬가지로 필드 그룹별로 Field Status를 설정할 수 있다. (Account control 선택)

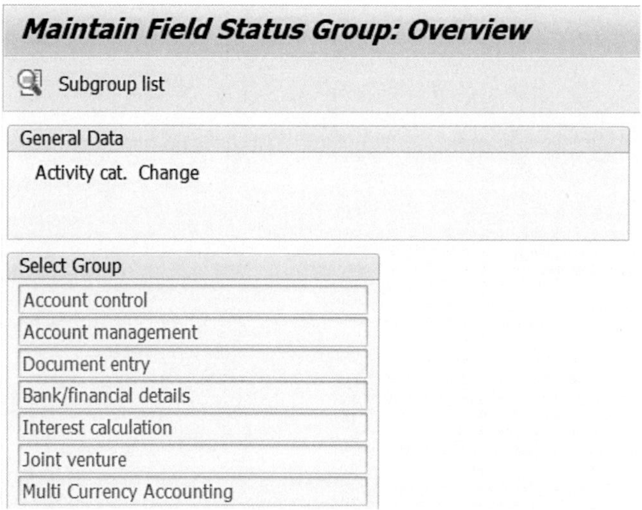

Maintain Field Status Group: Overview

Subgroup list

General Data

Activity cat. Change

Select Group

Account control
Account management
Document entry
Bank/financial details
Interest calculation
Joint venture
Multi Currency Accounting

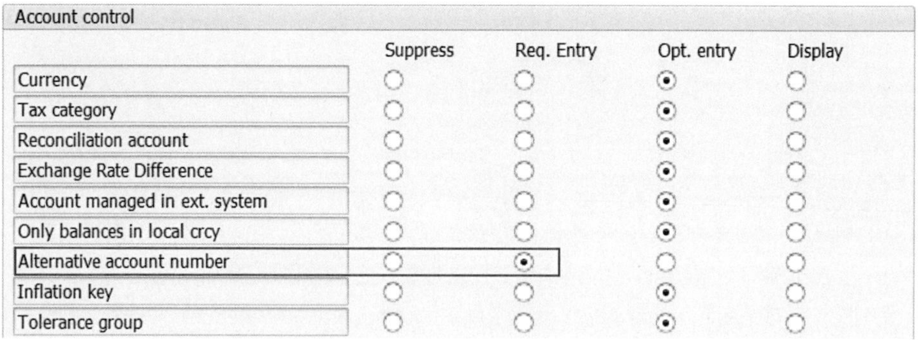

Account control

	Suppress	Req. Entry	Opt. entry	Display
Currency	○	○	⊙	○
Tax category	○	○	⊙	○
Reconciliation account	○	○	⊙	○
Exchange Rate Difference	○	○	⊙	○
Account managed in ext. system	○	○	⊙	○
Only balances in local crcy	○	○	⊙	○
Alternative account number	○	⊙	○	○
Inflation key	○	○	⊙	○
Tolerance group	○	○	⊙	○

›위에서 Alternative account number를 Req.Entry로 변경해보자. 앞서 Account Group 설정에서는 Optional Entry로 되어 있었다. 과연 이 필드는 어떻게 화면상에 보여질 것인가?

›FS00 T-Code 화면에서 확인해보면, Alternative Account No. ☑ 필수 입력필드로 되어 있다. 즉, Transactions Dependent한 필드상태(R)가 Account Group에 설정된 필드 상태(O)보다 우선순위가 높기 때문에 필수 입력필드로 보이는 것이다.

▶ Balance Sheet and P&L Statement Accounts : B/S, P&L계정 구분

○ Balance Carry Forward : 계정별로 연말잔액을 다음해 기초잔액으로 넘기는 작업 (Year-End Closing) B/S계정? P&L계정? 어떤 성격의 계정인지에 따라 Balance Carry Forward 방식이 달라진다.

○ B/S계정은 특정시점의 잔액을 표시하는 계정이므로 해당 계정의 잔액을 그대로 다음해로 넘긴다.

○ P&L계정은 특정기간동안 발생한 비용/수익 금액을 기준으로 하기 때문에 Balance Carry Forward시에 집합손익계정으로 금액을 Carry Forward시키고 해당 계정의 잔액은 0으로 만든다. [집합손익계정(90000000-Retained Earnings Account) : 이익잉여금]

○ FS00 트랜잭션 - Type/description(Type/Description) tab에서 B/S계정인지 P&L계정인지 선택이 가능하다.

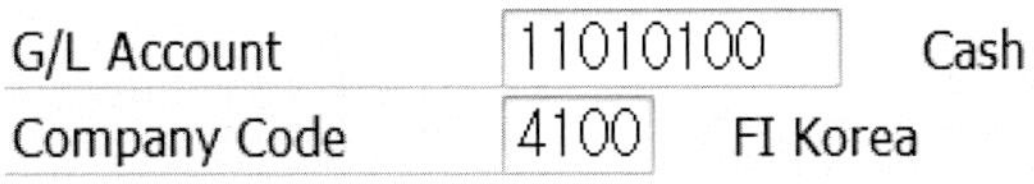

| G/L Account | 11010100 | Cash |
| Company Code | 4100 | FI Korea |

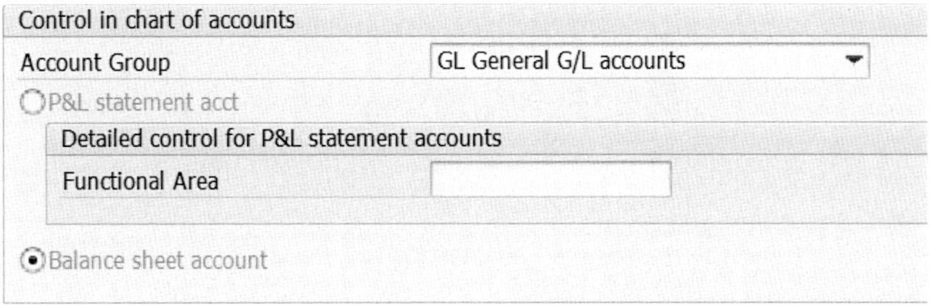

Control in chart of accounts

| Account Group | GL General G/L accounts ▼ |

○ P&L statement acct

Detailed control for P&L statement accounts

| Functional Area | |

⊙ Balance sheet account

(B/S 계정)

>52000500 비용계정의 경우는 P&L statement acct 부분에 체크되어 있다.

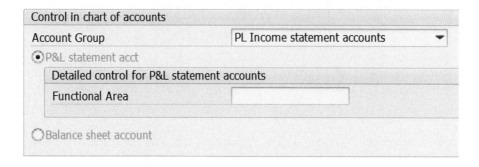

○ IMG-FI-General Ledger Accounting (New)-Periodic Processing-Carry Forward-Define Retained Earnings Account 화면

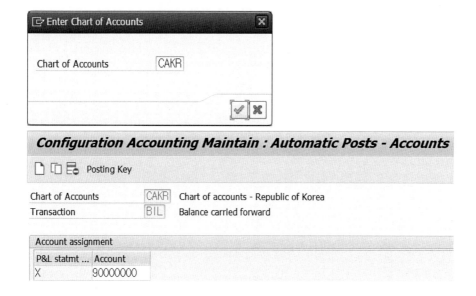

>X (P&L Statement Account Type)값에 집합손익계정을 assign하였다. X는 의미 없는 Variant 성격의

코드값이다. [집합손익계정(90000000-Retained Earning Account) : 이익잉여금]

>여기에 여러 개를 등록할 경우

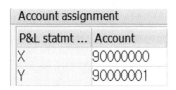

〉FS00 트랜잭션 화면에 새로운 필드가 보인다(P&L statmt acct type 필드에서 선택 가능)

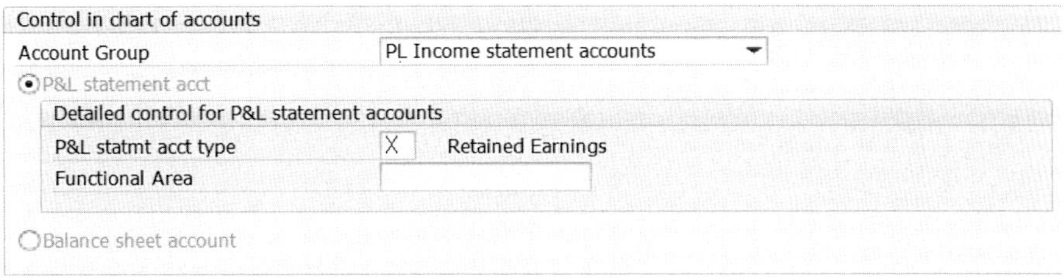

Control in chart of accounts		
Account Group	PL Income statement accounts ▾	
⦿ P&L statement acct		
Detailed control for P&L statement accounts		
P&L statmt acct type	X	Retained Earnings
Functional Area		
◯ Balance sheet account		

하나만 존재할때는 선택할 필요가 없으므로 필드 자체를 Suppress하여 보이지 않게된다.

여러 개를 등록하여 관리하는 케이스는 예를 들어 K-GAAP 기준의 계정들에 대한 이익잉여금은 X에 연결된 계정으로 집계하고, K-IFRS 관련 계정들에 대한 이익잉여금은 Y에 연결된 계정으로 집계하고 하는 식으로 구분하여 집계하고자 할 때 사용할 수 있다. 계정과목 기준으로 병행회계를 구현할 때 사용한다.

▶ ★ **Reconciliation Accounts : 조정계정**

○ FI에서는 조정계정의 개념이 매우 중요하기 때문에 그 개념을 확실하게 이해하고 넘어갈 필요가 있다.

○ Sub-Ledger레벨에서 발생한 거래내역을 G/L쪽으로 Real Time 반영해주기 위해 중간다리 역할을 하는 계정과목

○ Sub-Ledger Customer/Vendor 거래시 채권, 채무에 대해 어떤 G/L계정으로 General Ledger에 반영시켜줄 것인지를 결정해주는 역할을 한다.

○ Ex) A Customer로부터 매출이 발생하였을 경우

• Sub-Ledger : A Customer 매출채권이 1,000원이 발생 하면 General Ledger : **A/R(외상매출금)** 1,000원 전표가 기표되어야 한다.

• 위와 같이 Sub-Ledger 레벨에서 발생한 거래를 General Ledger 레벨로 반영시켜주는 계정을 조정계정이라고 한다.

• 이 케이스의 경우 A Customer Master Data쪽에 조정계정을 지정한다. 뒤에서 Customer Master에 대해서 상세히 살펴볼 예정이지만 간단히 살펴보면,

• FI-Accounts Receivable-Master Records-FD02 - Change 화면 : Company Code Data 버튼 클릭

Customer   CUST-KR001   SFA Electronics   Seoul
Company Code   4100   FI Korea

Account Management | Payment Transactions | Correspondence | Insurance

Accounting information

Recon. account	11040100	Sort key	000 Assignment number
Head office		Preference ind.	
Authorization		Cash mgmt group	
Release group		Value adjustment	

Interest calculation

Interest indic.		Last key date	
Interest cycle	0	Last interest run	

Reference data

Prev.acct no.
Buying Group

- 위 화면에서 Recon. account 필드에 입력된 계정이 General Ledger로 반영되는 **조정계정**이다.

○ Customer : FI-Accounts Receivable-Master Records-FD02 - Change 화면
    Vendor : FI-Accounts Payable-Master Records-FK02 - Change 화면

Customer   CUST-KR001   SFA
Company Code   4100   FI Korea

Account Management | Payment Transa

Accounting information
Recon. account   11040100   (Customer) /

Vendor   VEND-KR001   SFA
Company Code   4100   FI Korea

Accounting information
Recon. account   20020100   (Vendor)

○ 전표 입력화면에 대해서는 〈4장. Document Posting〉에서 자세히 살펴볼 예정이
다. 전표입력은 간단히 말하면[**Posting Key + Account(계정) + 금액(Amount)**] 구조
로 입력한다. 여기서 Account는 G/L 계정이 될 수도 있지만, Sub-Ledger의 Master
Data인 Customer/Vendor Account가 될 수도 있다. 전표 입력시 G/L 계정을 직접
입력하지 않아도 Master에 연결된 Recon. Account로 G/L 계정이 자동 연결된다.
[Customer : 01 + Customer #(11040100 기표) + 1,000] / [Vendor : 31 + Vendor
#(20020100 기표) + 1,000]

○ 조정계정에 대한 계정유형 지정 : FS00 T-Code G/L Account Master data - Con-
trol Data Tab

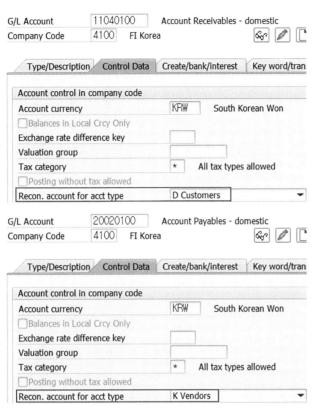

- Recon. account for acct type에서 계정유형을 지정할 수 있다(D-Customer, K-Vendors, A-Assets)

- 지정된 계정유형에 맞는 Sub-Ledger Account(Customer / Vendor / Asset Master) Master에 만 계정이 연결된다. (11040100계정은 Customer Master Account에만 조정계정으로 입력가능하고, 20020100계정은 Vendor Master Account에만 조정계정으로 입력가능하다.)

▶ Line Item Display : 개별 항목 관리

○ G/L 계정과목 Master Data에서 Line Item Display 여부를 지정할 수 있다.

| Type/Description | Control Data | Create/bank/interest |

Account Management in Company Code

☐ Open Item Management
☑ Line Item Display

체크를 했다면 Line Item Display Report에서 Lineitem 레벨로 조회하겠다는 의미이다. S/4 HANA 버전에서는 모든 계정에 대해 Line Item 관리를 하도록 변경되면서 G/L Master 설정 화면에서 사라졌다.

○ Account without Line Item display(언체크시) : Transaction Figure(계정별 차/대 sum) 단위로만 관리하겠다는 의미이다. 즉, Line Item 건별 데이터를 볼 수는 없고 전체 합계금액만 조회 가능하다.

- FI-General Ledge-Account-FAGLB03 - Display Balances (New) 화면

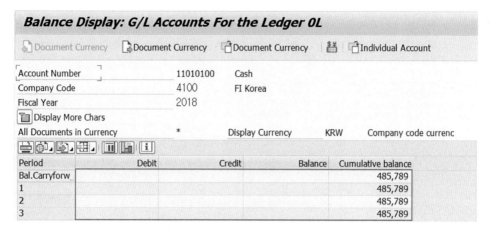

위와 같은 Report에서 Transaction Figure레벨의 데이터만 조회가 가능하다.

붉은색 박스 부분을 더블클릭할 경우 상세 내역이 조회되어야 하나 Line Item 관리를 하지 않는 경우에는 상세정보가 없으므로 조회되지 않는다.

○ Account with Line Item display(체크시) : Line Items 단위로 관리하겠다는 의미이다. Line Item 건별 데이터까지도 조회할 수 있다.

- FI-General Ledger-Account-FAGLL03 - Display/Change Items (New) 화면

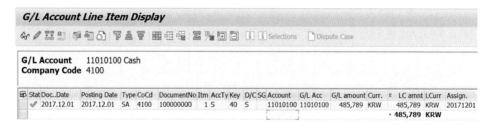

위와 같이 각 Line Item레벨의 데이터를 조회할 수 있다(물론 Transaction Figure레벨도 조회가능)

※ AP 라인아이템 Display O : FI-Accounts Payable-Account-FBL1N-Display/ Change Line Items 화면

※ AP Transaction Figure레벨 조회 : FI-Accounts Payable-Account-FK10N-Display Balance 화면

※ AR 라인아이템 Display O : FI-Accounts Receivable-Account-FBL5N -Display/ Change Line Items 화면

※ AR Transaction Figure레벨 조회 : FI-Accounts Receivable-Account-FD10N - Display Balances 화면

▶ ★ Open Item Management : 미결항목 관리

○ G/L 계정과목 Master Data에서 Open Item Management(미결항목관리) 를 지정할 수 있다.

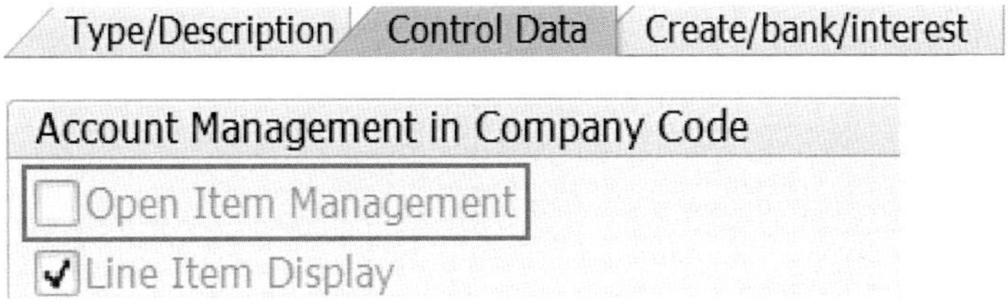

Type/Description	Control Data	Create/bank/interest

Account Management in Company Code

☐ Open Item Management

☑ Line Item Display

• 예를 들어,

　비용발생시 : 비용 1,000 / A/P 1,000

　AP지급시 : A/P 1,000 / Bank Clearing 1,000

　계좌출금시 : Bank Clearing 1,000 / Bank 1,000

• 여기서 Bank-Clearing 계정이 Open Item Management대상이다. **발생시점에 미결항목으로 지정되어 관리되다가 언젠가는 Clearing 되어 완료되는 계정이라는 의미이다.**

○ Account without Open Item Management : 계정별 금액이 차/대변에 계속해서 발생되지만 시작/종료의 개념은 없고 잔액으로만 관리되는 계정이다.

○ Account with Open Item Management : 언젠가는 Clearing될 미결항목이란 것이란 것을 표시해준다.

○ AR/AP Reconciliation Account는 미결관리계정이지만, Open Item Management에 체크하지 않는다(자동미결관리).

○ 뒤에서 좀 더 자세한 내용을 살펴보도록 한다.

▶ Account Currency : 계정 통화

○ Currency의 종류

• Company Code Currency(=Local Currency) : 회사를 대표하는 Currency, Company Code 생성 시점에 지정

- Transaction Currency(=Document Currency) : 거래를 일으키는 시점에 입력하는 Currency
- <u>Account Currency</u> : 계정과목별 Currency. 이 부분의 의미에 대해 살펴보도록 하자.

○ Account in Local Currency : Account Currency가 Local Currency(회사코드 통화)
와 동일한 경우
- 거래입력서 다양한 Currency를 사용하여 트랜잭션을 발생시킬 수 있으며 이를 시스템이 자동으로
Local Currency로 환산하여 Local Amount를 관리해준다.
- Transaction Figure 레벨에서는 원시 Currency별로 각각 관리해준다. 환산 후 Local Currency로도
관리된다.
- FS00 트랜잭션 화면

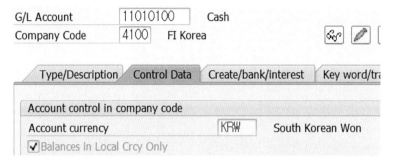

그림과 같이 Company Code Currency(Local Currency)와 동일한 KRW이라는 Currency를 지정한
경우가 이 경우에 해당함

○ Only Balance in Local Currency : Account in Local Currency이면서
☑Balances in Local Crcy Only 체크된 경우
- Line Item 별로 다양한 Currency을 사용하여 트랜잭션을 발생시킬 수 있으며 이를 시스템이 자동
으로 Local Currency로 환산 해준다. 단, Transaction Figure 레벨의 Balance는 Local Currency로
만 관리된다.
- GR/IR Clearing, 이종통화계정 등과 같은 경우 이렇게 사용할 수 있다.

○ Account in Foreign Currency : 계정과목 Currency를 Foreign Currency로 등록
한 경우
- 통화가 외화로 지정된 계정에 대해서는 지정된 Currency로만 트랜잭션 처리를 할 수 있다. 그에 대해
환산된 Local Currency Amount값을 시스템이 자동으로 관리해준다.
- Transaction Figure 레벨에서는 Foreign Currency에 대한 부분도 관리하고 환산된 Local Curren-
cy도 관리한다.
- 외화 예금과 관련된 계정과목들이 주로 사용됨

G/L Account   11010102   Shinhan USD account
Company Code   4100   FI Korea

| Type/Description | Control Data | Create/bank/interest | Key word |

Account control in company code

Account currency   USD   American Dollar
☐ Balances in Local Crcy Only

- T-Code - FB50 전표입력 화면에서 외화 계정과목을 이용한 트랜잭션 Test를 해보자
  (전표 입력 방법에 관해서는 〈4장. Document Posting〉에서 자세히 살펴볼 예정이다.)

〉아래와 같이 11010102계정을 KRW 통화를 이용해 거래를 발생시킬 경우

Enter G/L Account Document: Company Code 4100

🔲 Tree on 📋 Company Code ⏸ Hold ▦ Simulate 🖫 Park ✏ Processing Options

| Basic Data | Details |

Document Date	2018.11.05	Currency	KRW
Posting Date	2018.11.05		
Reference			
Doc.Header Text			
Cross-CCode No.			
Company Code	4100	FI Korea Seoul	

Amount Information

Total Dr.   0 KRW

Total Cr.   0 KRW

∞

0 Items (No entry variant selected)

St...	G/L acct	Short Text	D/C	Amount in doc.curr.	Loc.curr.amount	T..	Tax jurisdictn code	W	Assignment
	11010102		S De. ▾	10,000	0				

〉11010102계정의 경우 USD 통화를 사용하는 외화계정이기 때문에 아래 에러가 발생한다.

🛑 Postings to account 11010102 (company code 4100) are only possible in currency USD

● 여러 관점에서의 COA(Chart of Account) - Operating COA, Country-Specific COA, Group COA

▶ Operating COA

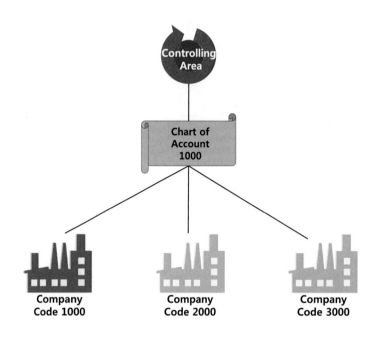

○ Operating COA : 각 Company Code별로 거래를 일으키기 위한 COA(External Reporting 목적)

○ 하나의 Controlling Area에는 여러 개의 Company Code가 assign 될 수 있다. 위 그림의 Company Code 1000, 2000, 3000은 하나의 관리회계영역으로 묶어서 관리되며 **이때 1000, 2000, 3000 Company Code는 반드시 동일한 COA를 가져야 한다. 이때의 COA를 Operating COA라고 명명한다.** 이 Operating COA는 실제로 트랜잭션을 처리할 때 사용되는 COA이다.

※ Controlling Area : 관리회계영역. 비용에 대한 예산을 수립, 집행, 통제하기 위한 조직, 또한 비용배부의 기준이 됨, CO-CCA, I/O, PC, PCA 컴포넌트들이 이 조직 내에서 관리된다.

▶ Country-Specific COA

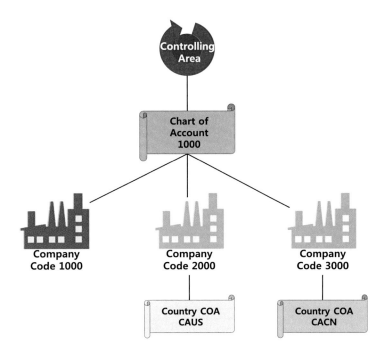

○ Country-Specific COA : 국가별 재무목적(External Reporting)을 달성하기 위한 COA

○ 앞에서 하나의 Controlling Area에 묶인 Company Code들은 하나의 COA를 가져야 한다고 했었다. 그림에서는 COA-1000번으로 묶여있다.

○ 그런데 만약 각 Company Code들이 각기 다른 나라에 위치한다면 COA-1000(Operating COA)만 가지고는 각 나라에 맞는 재무제표를 만들어낼 수 없다. 각 국가별 External Reporting을 하기 위해 Country Specific한 COA를 이용하여 재무제표를 만들어내야 한다.

Ex) 위 그림을 보면 거래를 일으킬 때 사용되는 1000이라는 COA가 있고 그에 assign 되어 있는 Country Specific한 COA값이 CAUS, CACN으로 존재한다. 회사코드 1000번의 경우 COA 1000번이 Country Specific COA로 동일하게 사용되므로 별도로 관리하지 않는다.

· 예를 들어) COA-1000번 11010100(Cash) 계정의 Alt.Account.No(Alternative Account Number) 필드에 각 Country에 맞는 계정 'A'(CAUS), 'B'(CACN)가 지정이 되어 있다.

- 11010100계정으로 거래가 발생하면 매핑되어있는 'A', 'B'계정으로 거래내역이 자동으로 흘러 들어가게 된다.
- 각 Company Code는 'A', 'B'계정으로 자신이 속한 국가 Specific한 재무제표를 생성할 수 있다.

▶ 위 내용과 관련된 IMG Configuration을 살펴보자.

○ IMG-Controlling-General Controlling-Organization-Maintain Controlling Area
화면 : Controlling Area와 Company Code 매핑관계를 설정하는 화면이다.

- `Maintain Controlling Area` 화면으로 들어간다.

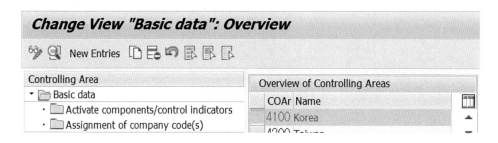

- 위 화면에서 Controlling Area를 선택한 후 좌측의 ☐Assignment of company code(s) 부분을 더블클릭 한다.

Controlling Area   4100 Korea

Assigned Company Codes	
CoCd	Company Name
4100	FI Korea

하나의 Controlling Area안에 여러 개의 Company Code가 assign 될 수 있다(1:N 관계)

○ IMG-FI-Financial Accounting Global Settings (New)-Global Parameters for Company Code-Enter Global Parameters 화면 : Company Code에 대한 전역세팅을 하는 화면, 여기서 Country Specific COA를 지정한다.

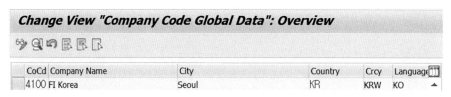

- Company Code 4100 더블클릭

Country Chart/Accounts 필드에 Country Specific한 COA를 지정할 수 있게 되어 있다.
그림에서는 CAKR로 설정한 것을 볼 수 있다. 사실 동일할 경우에는 의미가 없으므로 설정하지 않는다.

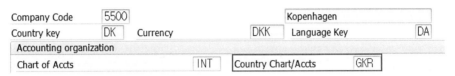

Company COA와 다른 Country COA를 지정할 수 있다.

○ FI-General Ledger-Master Records-Individual Processing-FS00-Centrally 화면 :
Alternative Account No.필드 설정

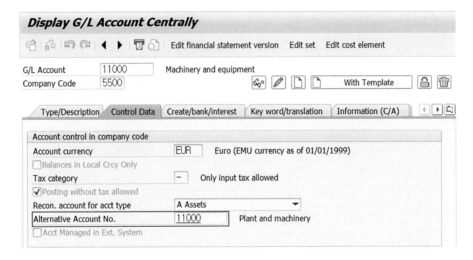

- 화면에 보면 11000 계정과목에 대해 Country Specific한 계정과목을 11000으로 지정하였다.
- 전표 입력시 INT라는 COA의 11000 계정으로 전표 처리가 되면서 동시에 대체조정계정(Alternative Account no.)으로 해당 국가에 적용될 GKR이란 COA 계정으로도 금액이 인식된다.
- 위 <u>11000</u>계정을 더블클릭하여 들어가게 되면 해당 계정의 Master Data를 볼 수 있다.

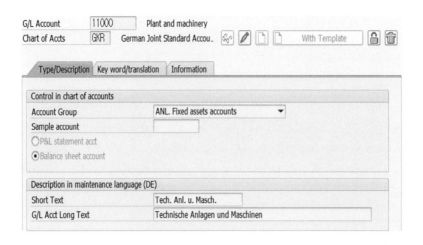

- 각 회사의 Country COA에 연결된 계정과목이 조회된다.
- 이런 국가별 COA 용도로 대체조정계정 필드를 이용하는게 정석이지만, 계정을 별도의 목적으로 Grouping 할 때에도 이 기능을 도용하여 사용할 수 있다.

▶ Group COA

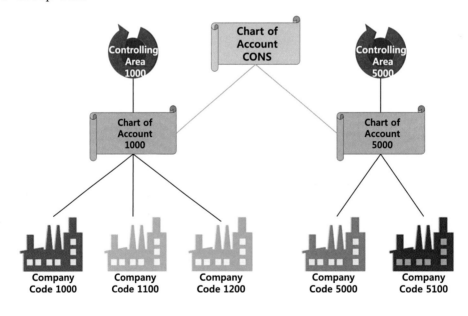

○ 서로 다른 Controlling Area에 묶여있는 Company Code를 그룹 전체의 목적-연결 재무제표 등으로 묶어서 관리해야 할 경우 사용하는 COA가 Group COA이다(그 림-**CONS** COA)

○ Group COA : 각 계정과목별로 Internal Reporting을 위해 Group Account를 지정
할 수 있다 → Consolidation data in COA 부분 Group account number 필드에
입력

○ 거래는 1000, 5000 COA를 이용해서 발생한다. 이 COA의 각 계정과목마다 CONS
COA의 어떤 계정과목으로 반영되어야 하는지 Group Account가 지정되어 있다.

○ FI-General Ledger-Master Records-G/L Accounts-Individual Processing-FS00-
Centrally 화면

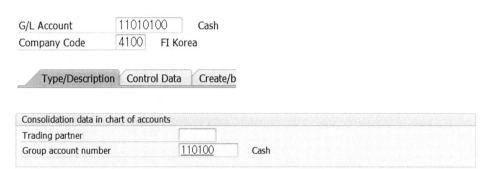

- Group account number 필드에 Group 계정과목을 설정한다(Group COA에 속해있는 G/L Account)
- 계정과목 11010100으로 거래가 발생하게 되면 그룹 계정과목인 110100으로 자동으로 반영되어 그
룹관점의 재무제표를 보고자 할 때 110100 계정금액을 조회하여 산출할 수 있게 된다(더블클릭시
Group 계정 조회 가능)

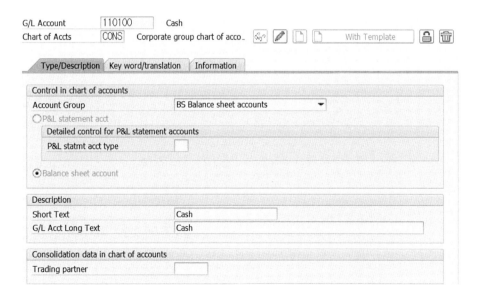

● G/L Master Data Transactions

▶ G/L Account를 생성하는 3가지 방법

① Manual

- Two-Step : 여러 Company Code에서 동일한 COA를 사용하는 경우 주로 쓰는 방식

    1. COA Segment 생성 : FI-GL-Master Records-Individual Processing-FSP0 - In Chart of Accounts

    → COA Segment 생성 화면에서 [🗋] 버튼을 클릭하여 신규 계정과목을 생성

    2. Company Code Segment 생성 : FI-GL-Master Records-Individual Processing-FSS0 - In Company Code

    → 해당 계정과목을 사용하고자 하는 Company Code에서만 Company Code Segment를 생성한다([🗋] 버튼)

- One-Step : 시스템에 하나의 Company Code만 관리하는 경우 주로 쓰는 방식

    한꺼번에 두 Segment를 생성하는 방식 : FI-GL-Master Records-Individual Processing-FS00 - Centrally

② Copying

- 개별 G/L Account를 하나씩 Reference copy하는 방식

    >신규 계정과목 코드를 입력한 후 [🗋   With Template] 버튼 클릭(팝업이 뜨면 참조할 계정을 입력한다.)

엔터를 치면 화면에 계정과목 속성 필드들이 카피되며, 수정할 필드들에 대해 값을 수정한 후 저장한다.

- 전체 Company Code Segment Copy : IMG-FI-General Ledger Accounting (New)-Master Data-G/L Accounts-G/L Account Creation and Processing-Alternative Methods-Copy G/L Accounts-Copy Company Code

> 복사할 Company Code를 선택(Copy from)한 후 대상 Company Code를 입력 후 실행

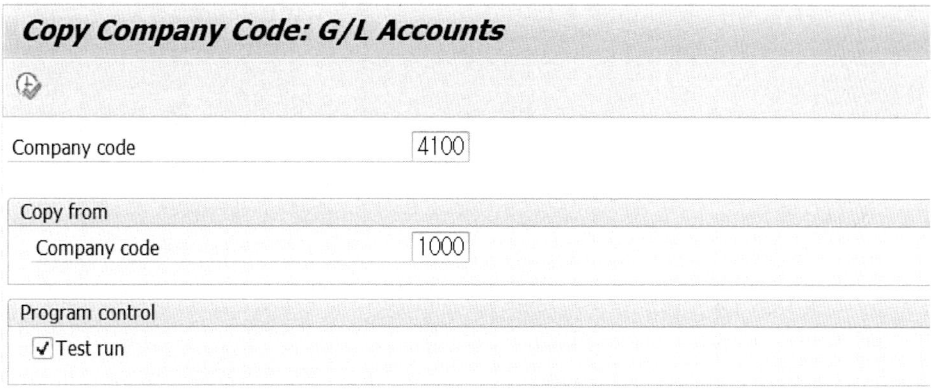

Copy Company Code: G/L Accounts

Company code	4100

Copy from
Company code	1000

Program control
☑ Test run

Test run : 테스트로 돌려볼 때 사용하는 체크박스

- 전체 COA Segment Copy : IMG-FI-General Ledger Accounting (New)-Master Data-G/L Accounts-G/L Account Creation and Processing-Alternative Methods-Copy G/L Accounts-Copy Chart of Accounts

> 복사할 COA를 선택(References)한 후 신규 COA 이름과 설명을 입력 후 실행 후 저장

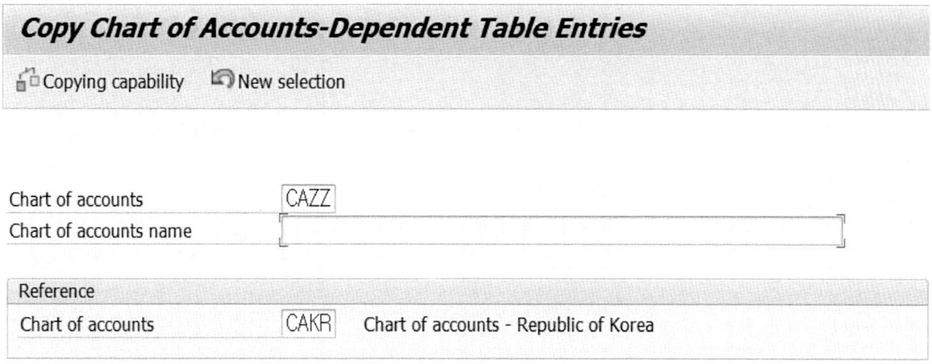

Copy Chart of Accounts-Dependent Table Entries

🔒 Copying capability   ↩ New selection

Chart of accounts	CAZZ
Chart of accounts name	

Reference
Chart of accounts	CAKR	Chart of accounts - Republic of Korea

일반적으로 운영시에는 T-Code : FS00 에서 유사한 카테고리에 있는 다른 계정을 Copy 하여 생성한다.

③ Data Transfer
- Upload New COA(Excel flat file - BDC/LSMW 등을 이용하여 업로드)

○ 처리 속도는 Manual → Copying → Data Transfer 순으로 빨라진다.

▶ Collective Processing

○ Master Data를 관리하는 방식은 크게 Individual 방식과 Collective 방식으로 나뉘어진다.

○ 다음 정보를 Collective 처리방식으로 관리할 수 있다. → COA Data, Company Code Data, Description Data

○ FI-GL-Master Records-G/L Accounts-Collective Processing 메뉴에서 변경처리

- 📁 Collective Processing
  - ⬡ OB_GLACC11 - Chart of Accounts Data
  - ⬡ OB_GLACC12 - Company Code Data
  - ⬡ OB_GLACC13 - Descriptions

OB_GLACC11-Chart of Accounts Data, OB_GLACC12-Company Code Data,

OB_GLACC13-Descriptions

＞OB_GLACC11 - Chart of Accounts Data 트랜잭션 화면(아래와 같이 변경대상을 선택)

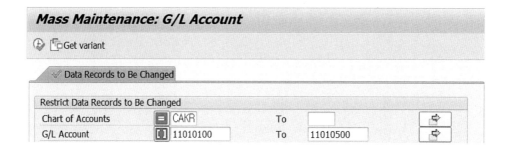

＞변경 방식을 선택(Display한 상태에서 변경? Background에서 변경?)

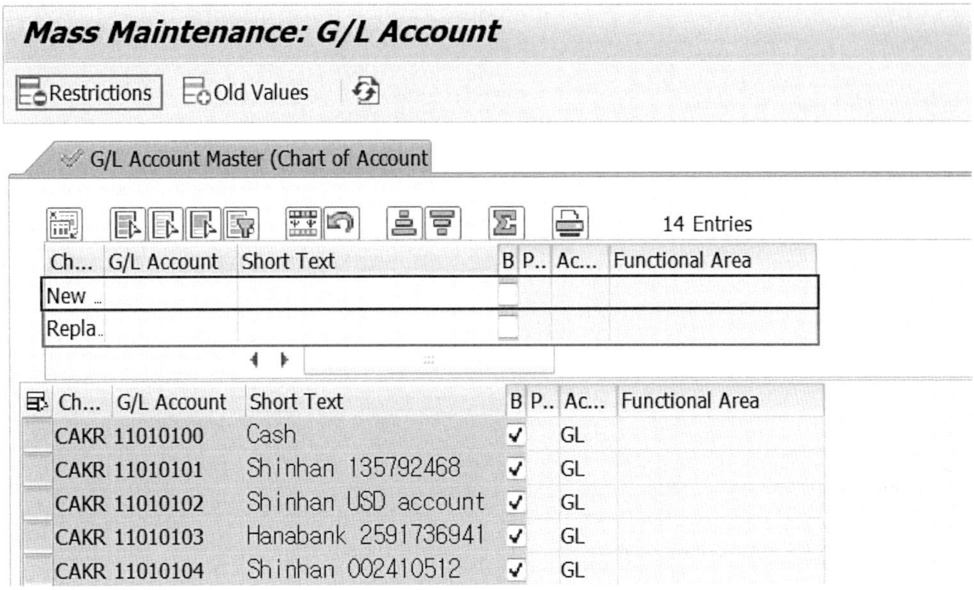

Mass Maintenance: G/L Account

[≡○Restrictions] [≡○Old Values] 🔄

✓ G/L Account Master (Chart of Account

| 🗓 | 📥 📥 📥 📥 | 🔲↩ | 🔳🔳 | Σ | 🖨 | 14 Entries |

Ch...	G/L Account	Short Text	B	P..	Ac...	Functional Area
New ...						
Repla..						

◀ ▶

📑 Ch...	G/L Account	Short Text	B	P..	Ac...	Functional Area
CAKR	11010100	Cash	✓		GL	
CAKR	11010101	Shinhan 135792468	✓		GL	
CAKR	11010102	Shinhan USD account	✓		GL	
CAKR	11010103	Hanabank 2591736941	✓		GL	
CAKR	11010104	Shinhan 002410512	✓		GL	

위 그림과 같이 조건에 따라 값을 한꺼번에 변경할 수 있는 화면이 보여지게 된다.

※특정 필드값을 한꺼번에 변경 가능

(Replace Only 조건에 해당하는 Item들의 값이 New Values값으로 변경된다.)

(Replace Only 라인이 없을 경우 상단의 Restrictions(≡○Restrictions)버튼을 클릭하면 조회된다.)

>아래 그림처럼 Account Group 필드 New Value에 CASH, Replace Value에 GL을 입력하고
🔳 아이콘 클릭

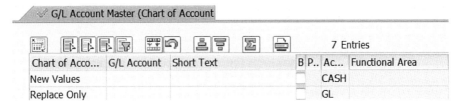

✓ G/L Account Master (Chart of Account

| 🗓 | 📥 📥 📥 📥 | 🔲↩ | 🔳🔳 | Σ | 🖨 | 7 Entries |

Chart of Acco...	G/L Account	Short Text	B	P..	Ac...	Functional Area
New Values					CASH	
Replace Only					GL	

>아래와 같이 Account Group 필드에 GL로 되어있던 모든 항목이 CASH로 변경된다.

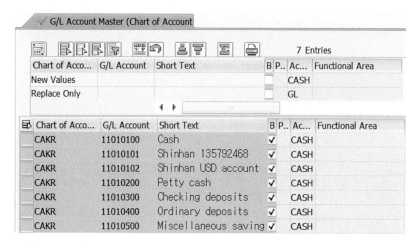

만약 Replace Only 부분이 공백으로 되어 있을 경우 모든 계정이 다 바뀌게 된다. 이런식으로 필드값이 특정값인 계정들만 값을 변경할 수도 있고 하단 화면에서 직접 하나하나 수정할 수도 있다. 위와 같이 하단 화면 값을 변경한 후 저장 🖫버튼을 클릭해야 아래 화면에 있는 값으로 실제 시스템에 반영된다.

● S/4 HANA - G/L Account / Cost Element 통합(FS00)

▶ S/4 HANA 버전에서는 FI G/L Account와 CO Cost Element가 하나로 통합되었다.

▶ FI-General Ledger-Master Records-G/L Accounts-Individual Processing-FS00 - Centrally

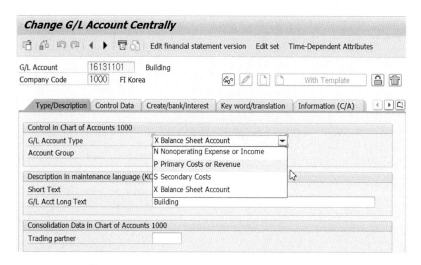

계정코드 생성시 G/L Account Type을 Primary Cost or Revenue 또는 Secondary Costs를 선택한 경우 Cost Element Category를 선택할 수 있다. 즉, Cost Element를 T-Code KA01에서 별도로 생성하는 것이 아니라 계정코드를 생성하면서 동시에 생성하는 개념이다. 비용/수익 계정 생성시 Cost Element를 별도로 생성해야 하는 Step이 없어졌다.

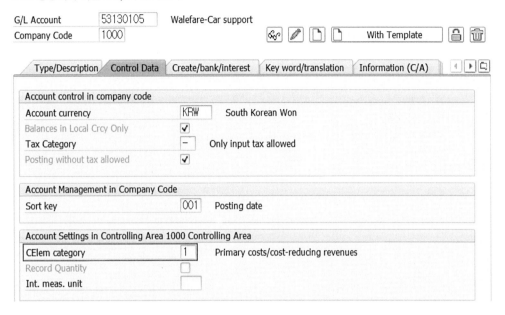

비용/수익계정의 경우 Control Data Tab - Cost Element Category를 반드시 설정해야 한다.

단, 예외적으로 Asset 계정 혹은 Material 재고(BSX) 계정인 경우는 Statistical Cost Element를 만들 수 있다.

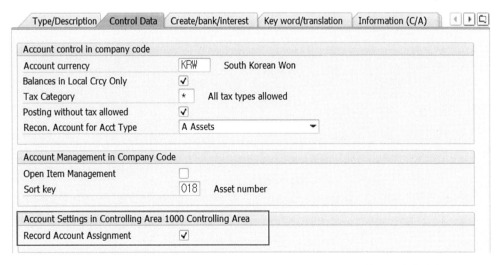

위 Asset Reconciliation Account의 경우 Record Account Assignment 체크를 하게 되면 Statistical Cost Element로 인식되게 된다(Statistical Cost Element : Cost Element Category = '90' - Statistical cost element for balance sheet account)

>시스템 버전에 따라 아래와 같이 표시될 수도 있다.

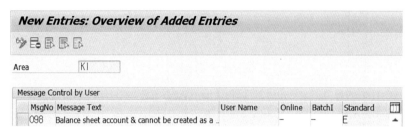

>그 외 B/S 계정에도 Statistical Cost Element 를 생성하고자 할 경우 메시지 컨트롤로 제어할 수 있다.

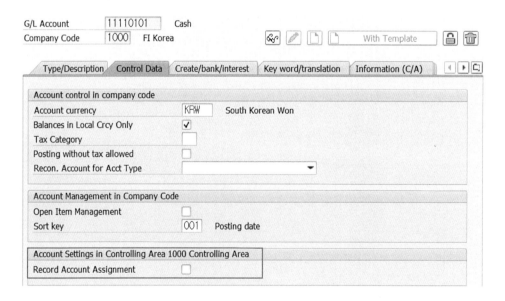

Message Control 화면에서 위와 같이 KI Application Area 098 Message에 대해 '-' 값을 등록한다.

일반 B/S 계정임에도 불구하고 Record Account Assignment 체크박스가 활성화 된다.

- 또, 한 가지 위 화면들을 보면 Line Item display 체크박스가 없어진 것을 알 수 있다. S/4 HANA 버전에서는 별도 설정 없이 모든 계정이 Line Item 관리가 된다.

3. Vendor Master : 구매처

● **Master Data in Accounts Payable(Vendor) : 구매처 마스터에 대해 살펴보자**

▶ Account definitions and Company code-specific settings : FI관점의 Vendor Master 구조

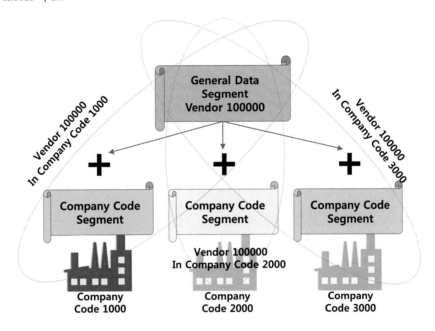

○ FI 관점에서는 그림처럼 COA와 동일한 구조로 되어 있다(2단계 세그먼트) → General Data Segment(주소, 회사명칭, 대표자성명, 전화번호 등), Company Code Segment(각 회사별 특화된 정보 관리)

○ 실제로는 MM모듈에서 사용되는 Purchasing Organization Data Segment까지 포함하여 3개의 Segment로 구성되어 있다.

○ Account Definitions : Vendor에 대해 정의하는 General Data Segment 부분을 의미한다(상호, 주소, 대표성명, 대표전화, 계좌정보 등)

○ Company Code Specific Setting : Company Code별 세부적인 데이터 Terms of payment, Recon.Account 등등은 Company Code별로 관리한다(Company Code Segment) 특히 Vendor Master Data에는 Reconciliation Account가 지정되어 있다. Vendor에 대한 거래가 발생하게 되면 해당 Vendor코드에 속한 Reconciliation Account를 타고 FI-G/L쪽으로 전표가 기표된다.

○ FI-Accounts Payable-Master Records-FK02 - Change 화면 : FI관점에서의 Vendor 변경 화면

• 해당 Vendor에 대해 2가지 세그먼트를 조회할 수 있도록 화면이 보여진다.
• Address, Control… 등은 각 세그먼트별 필드 그룹을 담고 있는 항목이다. 조회하고자 하는 필드 그룹을 선택한 후 조회할 수 있다.

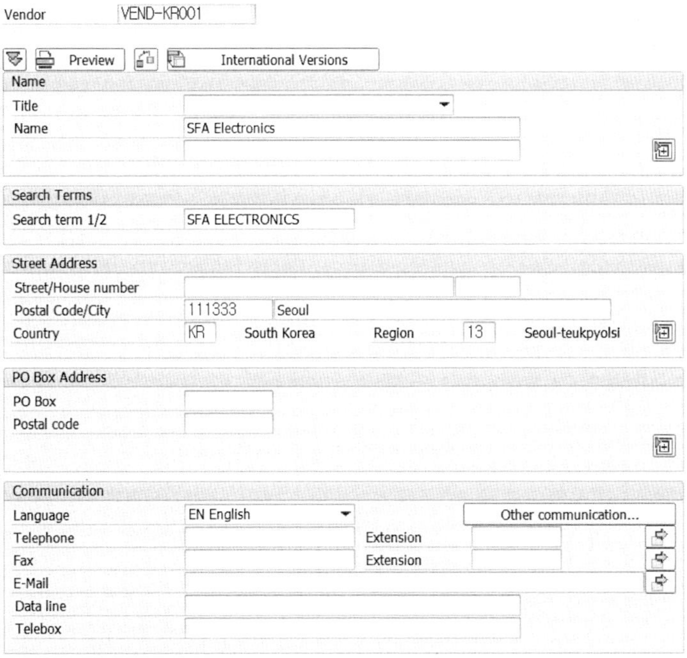

(General Data Segment)

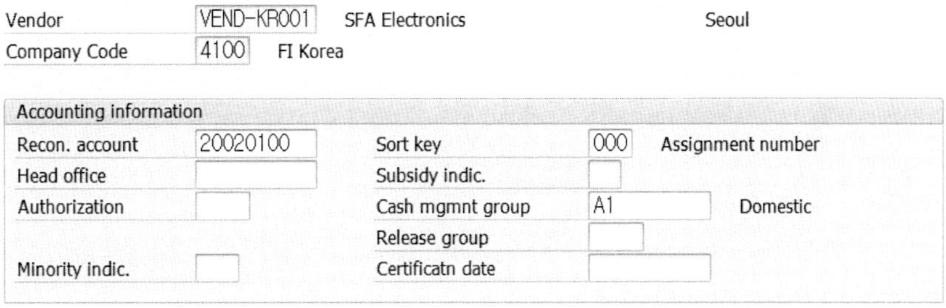

(Company Code Data Segment)

- 각 필드들에 대해서는 뒤에서 자세히 살펴보도록 한다.

▶ Vendor Account Groups : 구매처 계정그룹

○ 유사한 Vendor를 그룹핑하는 그룹핑 키값이 Vendor Account Group이다. 그룹핑 기준은 회사마다 다를수 있다.

○ 일반적으로 국내매입, 해외매입, 관계회사, One-Time Vendor, Employee Vendor, 법인카드 등으로 나눌 수 있다.

○ General Data, Company Code data 세그먼트 뿐 아니라 Purchasing Organization data 세그먼트가 존재한다. Vendor 마스터는 이 3가지 세그먼트로 구성되어 있다. 앞에서 본 General Data, Company Code data 세그먼트는 FI관점의 세그먼트이다.

● Integration with MM(Materials Management)

잠시 MM관점에서의 조직구조를 살펴보고 Vendor Master에 대한 3가지 Segment를 살펴보자.

▶ Plants : 플랜트
○ 하나의 Company Code에 여러 개의 Plant가 묶일 수 있다(1:M)

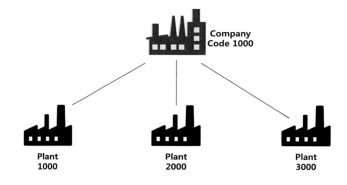

▶ Purchasing Organization : 구매조직
○ 그림에서처럼 Cross-Plant하게 여러 개의 플랜트를 총괄하는 구매조직이 존재할 수 있다.

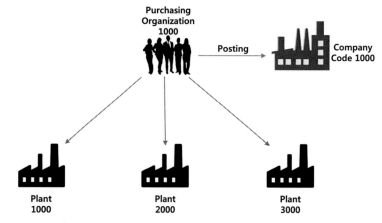

○ Purchasing Organization은 Company Code에 연결되어 있다. 연결된 Company Code쪽으로 회계처리 된다(이 역시도 여러 개의 Company Code를 위한 구매조직이 존재할 수 있다. 이런 경우 Cross Company Code하게 동작하게 된다.)

▶ MM view of the Vendor Master Data : MM 관점에서의 Vendor Master Data

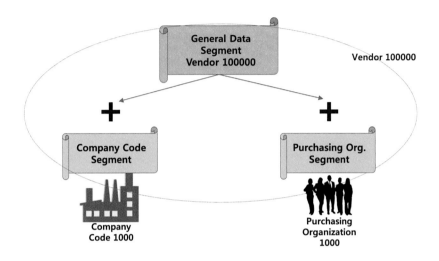

○ Vendor Master Data : 3가지 세그먼트로 구성(General Data, Company Code Data, Purchasing Organization Data)

○ Purchasing Organization Data 세그먼트는 해당 Purchasing Organization Dependent한 정보를 담아 관리한다.

○ 1 Client에 여러개의 Company Code가 assign 되어있고 이 Company Code에 여러개의 Purchasing Organization이 assign 되어 있다. 여러 개의 Purchasing Organization이 하나의 Vendor와 거래할 경우에 일반적인 정보는 Client 레벨에서 관리하고 세부적인 정보는 Purchasing Organization에서 관리한다.

○ Logistics-Materials Management-Purchasing-Master Data-Vendor-Purchasing-MK02 - Change(Current) 화면

〉Vendor 번호와 Purchasing Organization 번호를 입력한다.

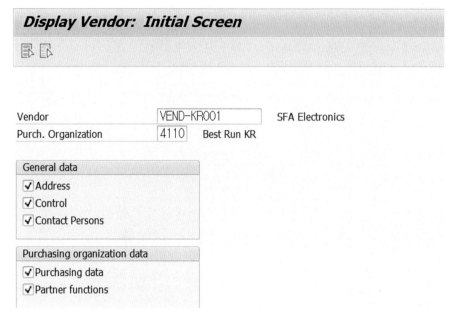

MM관점에서의 2가지 세그먼트로 구성됨을 볼 수 있다.

〉🗎 아이콘을 클릭하면 Vendor, Purchasing Organization이 키로 관리되는 세그먼트를 볼 수 있다.

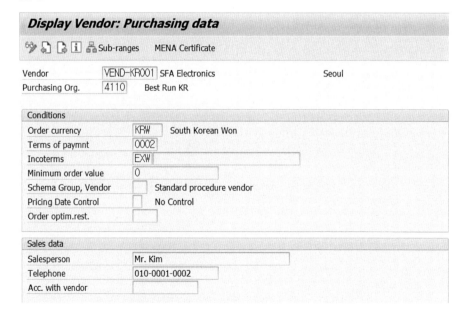

▶ MM Process : Purchase Order(PO), Goods Receipt(G/R), Invoice verification(IV)

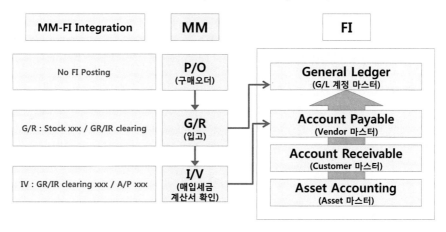

○ PO(Purchase Order) → G/R(Goods Receipt(입고)) → IV(Invoice Verification(매입채무확정))

○ FI와 연결되는 부분은 G/R과 IV단계이다(G/R과 IV의 순서는 바뀔 수 있다. 미지급관리 or 미착상품관리)

○ G/R : [차)Stock xxx / 대)GR/IR clearing xxx]   IV : [차)GR/IR clearing xxx / 대)A/P xxx]

▶ Vendor Account 관리 : 3개의 Segment(Company Code segment, Purchasing Organization segment, General Data Segment)를 어디에서 누가 관리할 것인가? → De-Central VS Central Maintenance

○ De-Central : FI에서는 FI관련 General data segment와 Company Code segment만 관리하고 MM에서는 MM관련 General Data Segment, Purchasing Organization segment만 관리하는 방식

• FI : FI-Accounts Payable-Master Records-FK02 - Change → General, Company Code쪽만 수정
• MM : MM-Purchasing-Master Data-Vendor-Purchasing-MK02 - Change(Current) → General, Purchasing Organization쪽만 수정

○ Central : FI부서든 MM부서든 모든 Segment를 한쪽에서 한꺼번에 관리하는 방식

- FI : FI-Accounts Payable-Master Records-Maintain centrally-XK02 - Change → 모든 Segment 에 대해 수정
- MM : MM-Purchasing-Master Data-Vendor-Central-XK02 - Change → 모든 segment에 대해 수정

○ 이는 프로젝트시 Business Transaction 형태와 해당 Vendor와 관계 등 종합적인 상황을 고려해서 결정한다.

○ De-Central로 관리할 경우 3개 세그먼트 중에서 2개의 Segment만 입력된 상태로 관리되는 상황이 발생할 수 있다. → Incomplete Vendor Accounts(불완전 Vendor) SAP는 이러한 불완전한 데이터를 찾아줄 수 있는 프로그램을 제공한다(RFKKAG00-Vendor)

○ [메뉴-System-Service-Reporting] 화면 : SA38 = 프로그램명을 직접 입력하여 실행할 수 있는 T-Code

- 프로그램 코드 RFKKAG00 입력. 불완전한 Vendor를 찾아보자.

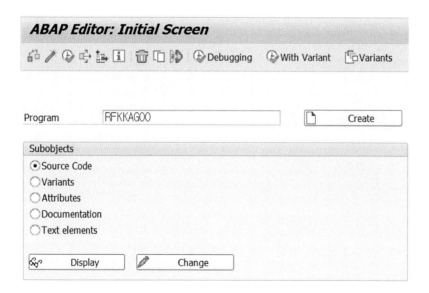

- 찾고자 하는 Vendor에 대한 조건값을 입력한다.

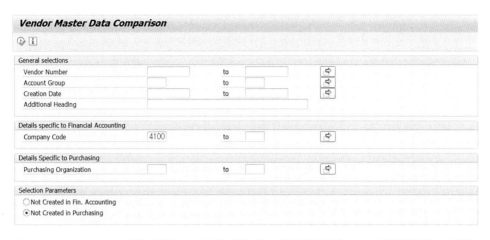

Selection Parameters : FI쪽에 없는 데이터를 찾을 것인지 MM쪽에 없는 데이터를 찾을 것인지 선택

- 불완전한 데이터를 찾아낼 수 있다.

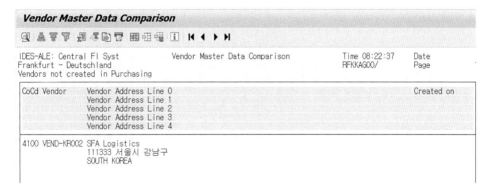

▶ Vendor Account Master 화면 구성

○ FK02-Change 트랜잭션 화면

General data	Company code data
✔ Address	✔ Accounting info
✔ Control	✔ Payment transactions
✔ Payment transactions	✔ Correspondence
✔ Contact person	✔ Withholding tax

○ Address tab : 회사명(개인성명), 상호, Search Terms : Short Key(요약어로 검색을 간편하게 하는 기능)

Name	
Title	▼
Name	SFA Electronics

Search Terms	
Search term 1/2	SFA ELECTRONICS

○ Control tab : Customer(채권 상계거래처), Trading Partner(연결재무제표 생성시 내부거래 발생 파트너)

Account control			
Customer		Authorization	
Trading partner		Group key	

○ Payment Transactions tab : Vendor가 거래하는 Bank와 관련된 정보(물품대금지급 시 Vendor의 은행/계좌 지정)

Bank Details								
Ctry	Bank Key	Bank Account	Acct Holder	A..	IBAN	IBANValue	BnkT	Reference details
KR	028	12309854321	SFA				0001	

○ Accounting Information Accounting tab : Accounting 관련 정보, Recon. Account(조정계정-어떤 G/L 채무계정으로 기표될지 관리하는 정보), 그 외 필드는 뒤에서 하나씩 살펴보도록 한다.

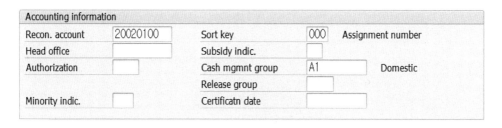

Accounting information				
Recon. account	20020100	Sort key	000	Assignment number
Head office		Subsidy indic.		
Authorization		Cash mgmnt group	A1	Domestic
		Release group		
Minority indic.		Certificatn date		

○ Payment Transactions Accounting tab : Payment terms(대금지급조건) 관련 정보, Payment method(어떤 지급유형으로 대금을 지불할 것인지 지정), Payment Block(지급을 하지 못하게 Block하는 부분), House Bank(특정 House Bank(지급계좌)에서 1차적으로 대금이 나가도록 지정가능-지급 트랜잭션 처리시 변경가능함)

Payment data			
Payt Terms	0001	Tolerance group	
Cr memo terms		Chk double inv.	☐
Chk cashng time			

Automatic payment transactions			
Payment methods		Payment block	Free for payment
Alternat.payee		House bank	
Individual pmnt	☐	Grouping key	
B/exch.limit		KRW	
Pmt adv. by EDI	☐	Alt.payee(doc.) ☐	Permitted Payee

○ Correspondence Accounting tab(서신) : Dunning(연체관련정보), 채권에 대한 연체 Letter를 보낼 때 관련 정보(Correspondence) 관리, Vendor의 경우 Dunning정보는 관리할 필요가 없다.

Dunning data			
Dunn.Procedure		Dunning Block	☐
Dunn.recipient		Legal dunn.proc.	
Last Dunned		Dunning Level	☐
Dunning clerk		Grouping key	
Dunn. Areas			

Correspondence			
Local process.	☐	Acct statement	☐
Clerk Abbrev.	☐		
Acct w/ vendor			
Clerk at vendor			
Act.clk tel.no.			
Clerk's fax			
Clrk's internet			
Account memo			

4. Customer Master : 고객

● **Master Data in Accounts Receivable(Customer) : 고객 마스터에 대해 살펴보자**

▶ Account Definitions and Company Code-specific settings : FI관점의 Customer
Master 구조

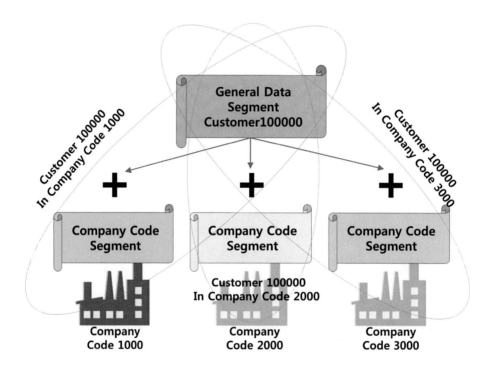

○ FI 관점에서 바라본 Customer Master Data의 정보는 2개의 세그먼트로 구성되어
있다.

○ General Data, Company Code Data Segment로 구성되어 있다(Vendor 구조와 동일)

○ FI-Accounts Receivable-Master records-FD02-Change 화면 (Customer Master
Data)

> General Data Segment(General Data)

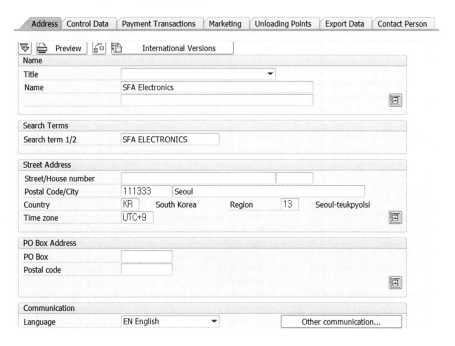

> Company Code Data Segment(Company Code Data)

▶ Customer Account Groups : 고객 계정그룹

○ 유사한 성격의 Customer를 그룹핑한 그룹핑 키값이 Customer Account Group이다. 회사마다 다를 수 있다.
○ 일반적으로 내수, 수출, 관계회사, 개인, One-Time Customer 등으로 구분한다.
○ Customer마스터 역시 FI관점에서의 2가지 세그먼트에 Sales Area Data 세그먼트가하나 더 존재한다.

● **Integration with SD(Sales & Distribution)**

▶ 잠시 SD관점에서의 조직구조를 살펴보고 Customer Master에 대한 3가지 Segment를 살펴보자.

▶ Sales Organization, Distribution Channel, Division

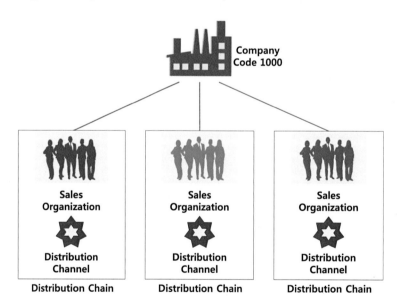

○ 하나의 Company Code에 여러 개의 Sales Organization이 묶일 수 있다(1:M)
○ 하나의 Sales Organization에 여러 개의 Distribution Channel(도매, 소매, 방문판매등)이 묶여있다(1:M) 하나의 Distribution Channel에 여러 개의 Sales Organization

를 묶을 수 있다(1:M) 즉, Distribution Channel과 Sales Organization는 서로 M:M 의 관계를 가지고 있다.

○ Distribution Chain
• Sales Organization + Distribution Channel = Distribution Chain

(Distribution Chain → Plant : 출고내역 → Company Code : 판매전표 assign)

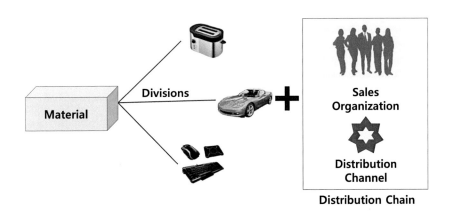

Distribution Chain

○ Divisions : 회사가 생산, 판매하는 제품중에서 가장 최상위의 제품을 대분류 관점에서 분류해놓은 조직단위

○ **Distribution Chain**(Sales Organization + Distribution Channel) + **Divisions → Sales Area** : 매출이 귀속되는 최소영업단위

▶ SD view of the Customer master data : SD 관점에서의 Customer Master 구조

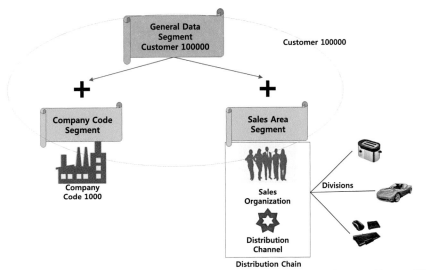

4. Customer Master : 고객 129

○ Customer Master : 3가지 세그먼트로 되어 있다. FI관점의 General Data, Company Code Data세그먼트와 Sales Area Data 세그먼트로 나뉘어져 있다(Vendor마스터와 동일한 구조)

○ 1 Client에 여러개의 Company Code가 물려 있고 이 Company Code에 여러 개의 Sales Area가 물려있다.

Sales Area는 [Sales Organization+Distribution Channel+Division]으로 구성되어 있다. 여러 개의 Sales Area가 하나의 Customer와 거래할 경우 일반적인 정보는 Client 레벨에서 관리하고 세부적인 정보는 Sales Area에서 관리한다.

○ Logistics-Sales and Distribution-Master Data-Business Partner-Customer-Change-VD02 - Sales and Distribution

>거래처 번호와 [Sales Organization+Distribution Channel+Division] 값을 입력한다.

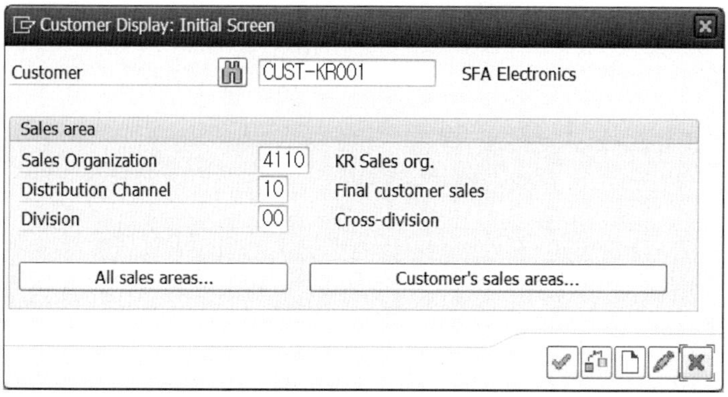

Sales Area Data 버튼을 클릭하여 Sales Area Data Segment를 확인한다.

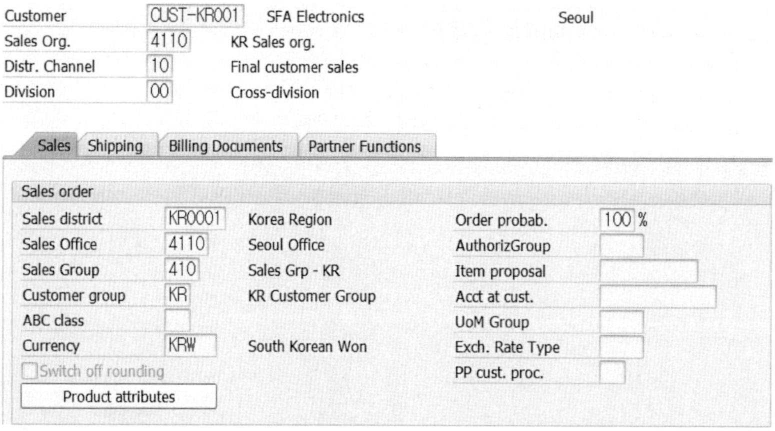

이 트랜잭션 화면에서는 General Data Segment, Sales Area Data Segment만 수정이 가능

▶ SD Process : Sales Order → Shipping → Billing

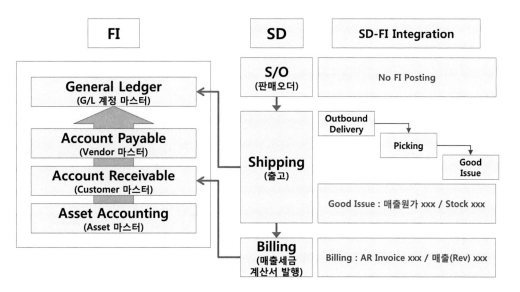

○ Shipping : Outbound Delivery(내부적 Delivery Order) → Picking(Transfer Order : 선적) → Goods issue(출고 - FI 기표발생 : [차)매출원가 xxx / 대)Stock xxx)])

○ Billing : 송장발부(매출세금계산서 발행) - FI 기표발생 : [차)AR Invoice xxx / 대)매출(Rev) xxx]

○ FI와 연결되는 부분은 Shipping(Good Issue), Billing 이다.

▶ Customer Account 관리 : 3개의 segment(Company Code segment, Sales Area segment, General Segment)를 어디에서 누가 관리할 것인가? → De-Central Maintenance VS Central

○ De-Central : FI부분에서는 FI관련 General Data, Company Code segment만 관리하고 SD부분에서는 SD관련 General Data, Sales Area segment만 관리하는 방식
  • FI : FI-Accounts Receivable-Master Records-FD02 - Change → General, Company Code Segment만 수정
  • SD : SD-Master Data-Business Partner-Customer-Change - VD02 → Sales and Distribution General, Sales Area만 수정

○ Central : FI부서든 SD부서든 모든 데이터 Segment를 한쪽에서 한꺼번에 관리하는 방식

- FI : FI-Accounts Receivable-Master Records-Maintain centrally-XD02 - Change → 모든 segment 수정
- SD : SD-Master Data-Business Partner-Customer-Change-XD02 - Complete → 모든 segment 수정

○ 이는 프로젝트시 Business Transaction 형태와 해당 Customer와 관계 등 종합적인 상황을 고려해서 결정한다.

○ De-Central로 관리할 경우 3개 세그먼트 중에서 2개의 Segment만 입력된 상태로 관리되는 상황이 발생할 수 있다. → Incomplete Customer Accounts(불완전 Customer) SAP는 이러한 불완전한 데이터를 찾아줄 수 있는 프로그램을 제공한다(RFDKAG00-Customer)

○ [메뉴-System-Service-Reporting](SA38 T-Code) 화면

- 프로그램 코드 RFDKAG00 입력 : 불완전한 Customer을 찾아보자.

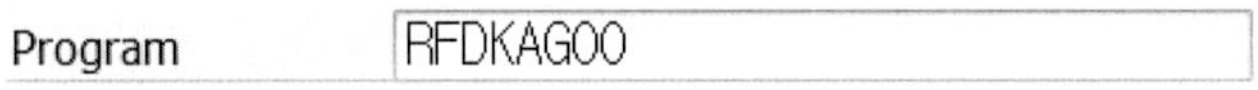

Program	RFDKAG00

- 찾고자 하는 Customer에 대한 조건값을 입력한다.

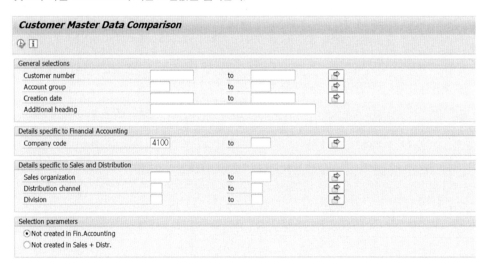

Selection parameters : FI쪽에 없는 데이터를 찾을 것인지 SD쪽에 없는 데이터를 찾을 것인지 선택

- 아래 그림과 같이 불완전한 데이터를 찾아낼 수 있다(FI쪽에 없는 데이터를 찾은 결과)

Customer Master Data Comparison

```
🔍 🖶 ▽ ▽ 🗗 📑 🗐 ⊞ ⊟ 🔳 [i] |◀ ◀ ▶ ▶|
```

```
IDES-ALE: Central FI Syst          Customer Master Data Comparison        Time 08:56:22    Date
Frankfurt - Deutschland                                                   RFDKAG00/        Page
Customers not created in Financial Accounting
─────────────────────────────────────────────────────────────────────────────────────────────
SOrg. DChl Dv Customer    Customer Address Line 0                                   Created o
                          Customer Address Line 1
                          Customer Address Line 2
                          Customer Address Line 3
                          Customer Address Line 4
─────────────────────────────────────────────────────────────────────────────────────────────
ZBD1  BD   00 1           B2B Demo Customer 1                                       2012.06.2
                          1 1 113 Germantown Ave
                          PHILADELPHIA PA  19115
                          UNITED STATES
```

▶ Customer Account 화면 구성

○ FD02-Change 트랜잭션 화면

○ 〔 **Address** 〕 Control Data 〕 Payment Transactions 〕 : General data(Control data tab :

Vendor(상계 구매처))

| Address | Control Data | Payment Transactions | Marketing | Unloading Points | Export Data | Contact Pe |

Account control

| Vendor | | Authorization | |
| Trading partner | | Group key | |

| Address | Control Data | Payment Transactions | Marketing | Unloading Points | Export Data | Contact Person |

Bank Details

Ctry	Bank Key	Bank Account	Acct holder	C...	I	IBANValue		Bk.typ.
					⇨			
					⇨			

○ 〔 **Account Management** 〕 Payment Transactions 〕 Correspondence 〕 Insurance 〕 : Company

code data

| Account Management | Payment Transactions | Correspondence | Insurance |

Accounting information

Recon. account	11040100	Sort key	000	Assignment number
Head office		Preference ind.		
Authorization		Cash mgmt group		
Release group		Value adjustment		

| Account Management | Payment Transactions | Correspondence | Insurance |

Payment data

Terms of payment	0001		Tolerance group	
			Known/neg.leave	
B/e charges payt term				
Time until check paid			☐ Payment history record	

Automatic payment transactions

Payment methods			Payment block	
Alternat.payer			House bank	
B/exch.limit		KRW	Grouping key	

| Account Management | Payment Transactions | Correspondence | Insurance |

Dunning data

Dunn.Procedure			Dunning Block		
Dunn.recipient			Leg.dunn.proc.		
Last Dunned			Dunning Level		
Dunning clerk			Grouping key		Dunning areas..

(연체 정보)

| Account Management | Payment Transactions | Correspondence | Insurance |

Export credit insurance

Policy number	
Institution number	
Amount insured		KRW
Valid To	
Lead months	
Deductible		%

(보험정보)

○ 각 필드별 설명은 뒤에서 상세히 다루도록 한다.

5. 고객(Customer) / 구매처(Vendor) 관련 IMG Configuration

● **Customer/Vendor Account Group : 고객/구매처 계정그룹**

▶ Customer/Vendor Account Group : 유사한 Customer/Vendor를 묶는 Grouping 키값이다.

○ Customer : 내수고객, 수출고객, 관계회사 고객, 개인고객, One-Time Customer 등

○ Vendor : 내수구매처, 수출구매처, 관계회사 구매처, One-Time Vendor, 법인카드 구매처 등

○ **Customer/Vendor Account Group의 3가지 Control Function**
  - ① 해당 Account의 Number Range를 Control
  - ② Master Data의 Field Status를 Control
  - ③해당 Account가 One time 거래처인지 지정

○ IMG-FI-Accounts Receivable and Accounts Payable-Customer(Vendor) Accounts-Master Data-Preparations for Creating Customer(Vendor) Master Data-Define Account Groups with Screen Layout 화면 : Account Group 생성

  - KUNA Account Group 키값을 예를 들어 살펴보도록 하자.

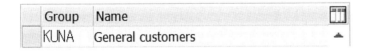

Group	Name
KUNA	General customers

• KUNA 더블클릭(아래 화면이 뜬다.)

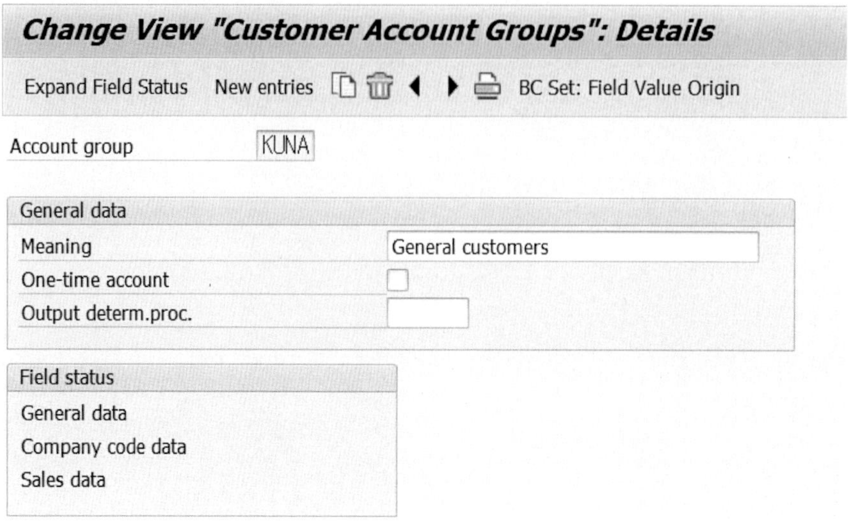

Change View "Customer Account Groups": Details
Expand Field Status
New entries
BC Set: Field Value Origin
Account group
KUNA
General data
Meaning
General customers
One-time account
Output determ.proc.
Field status
General data
Company code data
Sales data

○ FI-Accounts Receivable-Master Records-FD01 - Create 화면에서 신규 Customer를 만들 경우 위에서 만든 Account Group을 지정해야 한다. 어떤 종류의 거래처를 생성할지를 초기화면에서 지정하는 것이다. 이때 Field Status/Number Range/One time 거래처여부가 결정된다.

Customer Create: Initial Screen
Account group
(Select)
Customer
Company Code
4100
FI Korea
Reference
Customer
Company code

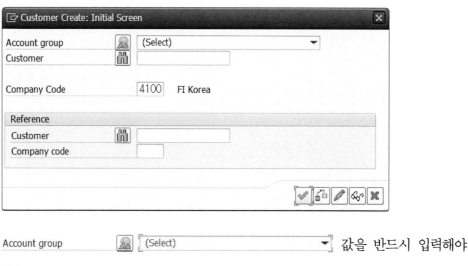

Account group (Select) 값을 반드시 입력해야 한다.

입력하지 않을 경우 에러 메시지 발생 - Specify the account group

▶ AP/AR Number Range

○ 각 Group은 Number Range No를 가진다. 이러한 Number Range No는 Number Range Interval(from~to)를 가진다.

Account Grp.	NR No.	From	To	Current No	Ext
내수	01	100000	199999	100001	
수출	02	200000	299999	200001	
관계회사	03	300000	399999	300001	
One-Time	04	400000	499999	400001	

○ External Checkbox에 체크시 : User가 거래처 생성화면에서 Customer No를 직접 입력하는 방식

← → Internal 방식은 Customer No를 시스템으로 하여금 From~To 범위 내에서 Sequential하게 자동 부여하도록 하겠다는 의미이다. 저장시점에 자동으로 번호가 채번되며 User가 직접 번호를 지정할 수 없다.

○ IMG-FI-Accounts Receivable and Accounts Payable-Customer(Vendor) Accounts-Master Data-Preparations for Creating Customer(Vendor) Master Data-Assign Number Ranges to Customer(Vendor) Account Groups 화면

〉Number Range NO(Variant Key 값)를 지정한다.

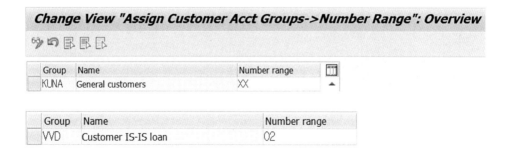

○ IMG-FI-Accounts Receivable and Accounts Payable-Customer(Vendor) Accounts-Master Data-Preparations for Creating Customer(Vendor) Master Data-Create Number Ranges for Customer(Vendor) Accounts 화면

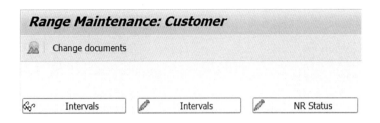

>Number Range No에 대한 Interval을 설정할 수 있다(최대 10자리)

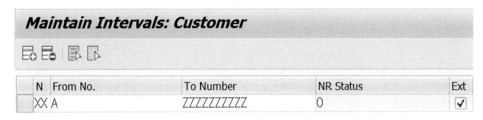

N	From No.	To Number	NR Status	Ext
XX	A	ZZZZZZZZZZ	0	☑

XX의 경우 External 방식

>Number Range No 02를 살펴보자.

N	From No.	To Number	NR Status	Ext
02	0000100000	0000199999	100420	☐

이 경우는 시스템이 100000~199999 사이의 번호를 순차적으로 부여하는 Internal 방식이다.

○ FI-Accounts Receivable-Master Records-FD01 - Create 화면 : KUNA와 VVD 계
정그룹으로 생성 Test를 해보자.

• KUNA Group(External)을 이용해 Customer를 등록할 경우에는 Customer 필드에 코드값을 입력해
야 한다.

>미입력시 에러-

　🛈 Acct group General customers uses ext. no. assignment. Specify an account number

- VVD Group(Internal)을 이용해 Customer를 등록할 경우에는 Customer 필드에 코드값을 입력해선 안된다.

>만약 값을 입력할 경우 에러-

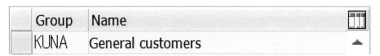

○ <u>여러 개의 Account Group이 동일한 Number Range를 가질 수 있을까? → **중첩가능**</u>

▶ **Control of the Field Status** : Customer/Vendor Master Data의 Field Status를 결정하는데 **3가지 결정 Logic**이 존재

○ IMG-FI-Accounts Receivable and Accounts Payable-Customer(Vendor) Accounts-Master Data-Preparations for Creating Customer(Vendor) Master Data-Define Account Groups with Screen Layout 화면 : <u>Account Group Dependent</u> 설정

- KUNA Account Group 키값을 예로 살펴보도록 하자.

>KUNA 더블클릭

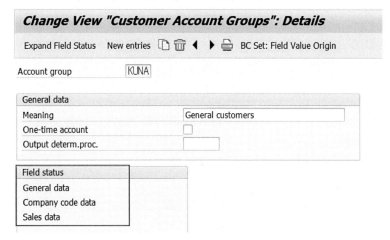

- Field status 부분에서 Field의 상태를 결정할 수 있다.

- 3개의 세그먼트별로 Field Status를 Control(General, Company Code, Sales Area)

>General 더블클릭. General Data Segment안에 존재하는 Field 그룹들을 보여준다.

Maintain Field Status Group: Overview

Subgroup list

General Data
Acct group   KUNA
General customers
General data

Page   1 / 1

Select Group
Address
Communication
Control
Marketing
Payment transactions
Unloading points
Contact person
Foreign trade

>원하는 필드 그룹을 더블클릭하여 들어가서 각 필드의 Status를 지정할 수 있다(ex-Address 더블클릭)

Address

	Suppress	Req. Entry	Opt. entry	Display
Name 1/last name	○	◉	○	○
Form of address	○	○	◉	○
Search term A	○	◉	○	○
Name 2/first name	○	○	◉	○
Name 3, name 4	○	○	◉	○
Postal code, city	○	◉	○	○
Street	○	○	◉	○

각 필드별로 Suppress, Display, Required Entry, Optional Entry 속성을 선택할 수 있다.

○ 내수거래처에선 필요한 필드가 수출거래처에선 필요 없을 수 있기 때문에 유형이 비슷한 Account Group영역에서 Field Status를 지정할 수 있도록 하는 것이다.

○ **Account Group에 의해서만 Master Data 필드의 상태가 결정되는가? 그렇지 않다.**

- <u>Transaction dependent</u> 하게 Field Status를 정의할 수 있다(트랜잭션 형태 : Create, Change, Display)
- 생성할 때는 필수(R)지만 수정할 때는 수정 못하게 막을 필요성(D)이 있는 필드의 경우 이렇게 트랜잭션 단위로도 필드 상태를 통제할 수 있어야 하기 때문에 이 부분이 필요하다.

○ IMG-FI-Accounts Receivable and Accounts Payable-Customer(Vendor) Accounts-Master Data-Preparations for Creating Customer(Vendor) Master Data-Define Screen Layout per

Activity 화면 : Activity별 필드 상태를 결정

>FI(Accounting), SD(Sales), Centrally 어떤 프로그램에서 트랜잭션이 발생하느냐에 따라 필드
상태 정의

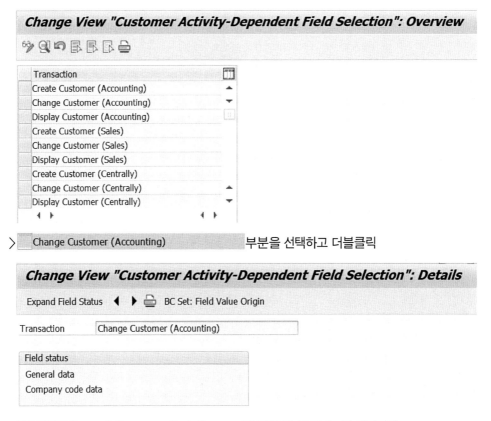

FI쪽이므로 General, Company Code Segment에 대한 Field Status만 관리된다.

>General data 더블클릭(General Data Segment안에 존재하는 Field 그룹들을 보여준다.)

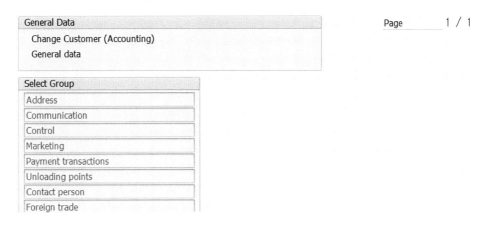

>원하는 필드 그룹을 더블클릭하여 들어가서 각 필드의 Status를 지정할 수 있다.

(ex-Address 더블클릭)

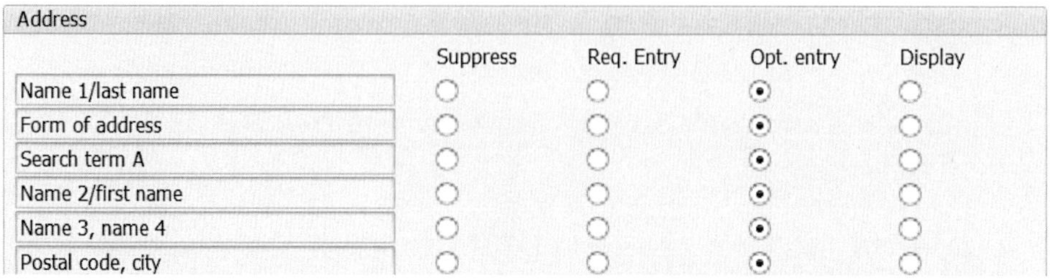

Address	Suppress	Req. Entry	Opt. entry	Display
Name 1/last name	○	○	◉	○
Form of address	○	○	◉	○
Search term A	○	○	◉	○
Name 2/first name	○	○	◉	○
Name 3, name 4	○	○	◉	○
Postal code, city	○	○	◉	○

- Account Group과 Transaction Dependent 필드 상태값이 서로 다를 경우 우선순위(S > D > R > O)에 따라 필드 상태가 결정된다.

○ 여기에다 <u>Company Code Dependent</u> 한 Field Status 값을 설정할 수 있다.
- IMG-FI-Accounts Receivable and Accounts Payable-Customer(Vendor) Accounts-Master Data-Preparations for Creating Customer(Vendor) Master Data-Define Screen Layout per Company Code 화면 : Company Code Segment에 해당하는 필드만 조정 가능

>아래 그림을 보면 모든 Company Code의 설정을 동일하게 해두었다.

Change View "Field Selection per Co. Code (Custs)": Overview

New entries   Edit field status 📋 🗑 ↩ 📑 📑 📑 Print field status   BC Set: Field Value Origin

Company code	Company Name	
*	Default field status	▲

>Company Code Segment에 해당하는 필드만 조정 가능

Maintain Field Status Group: Overview

🔍 Subgroup list

General Data		Page	1 / 1
Company code *			
Default field status			

Select Group
Account management
Payment transactions
Correspondence
Insurance
W/holding tax data, w/h tax 2

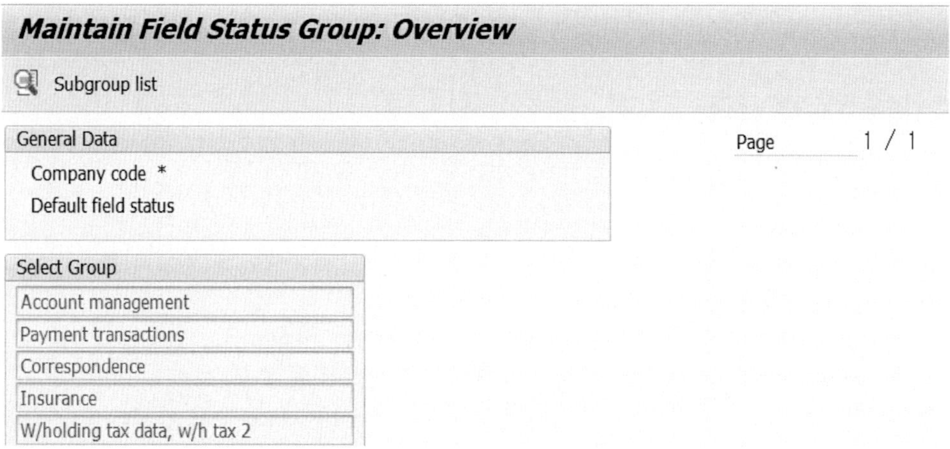

>각 Group을 더블클릭해서 들어가보면 모두 Optional로 지정해 둔 것을 볼 수 있다.

Account management	Suppress	Req. Entry	Opt. entry	Display
Reconciliation account	○	○	◉	○
Cash management group	○	○	◉	○
Previous account number	○	○	◉	○
Sort key	○	○	◉	○
Head office	○	○	◉	○

- 전체 Company Code의 필드를 모두 Optional로 설정했을 경우 이 방식은 이용하지 않고 다른 두 개의 Control 키값에 의해 필드상태를 결정짓겠다는 의미이다. 보통 이런식으로 회사코드 관련 필드 설정은 모두 Optional로 설정해두고 잘 사용하지 않는다.

○ 3가지 방식-Account Group, Transactions, Company Code 필드상태의 우선순위(S > D > R > O)에 따라 Field Status가 결정된다.

▶ Regular 거래처 vs One-Time 거래처

○ Regular : 지속적으로 거래가 발생하는 대상. Master Data에 모든 정보가 관리되어 야 할 필요성이 있다.

○ One-Time : 일회성 거래가 발생하는 대상, 모든 정보를 관리할 필요가 없음, 일반정 보만 관리, 거래시 필요한 정보는 Document Posting시점에 거래처 디테일한 정보를 등록하겠다는 의미

○ IMG-FI-Accounts Receivable and Accounts Payable-Customer(Vendor) Account-Master Data-Preparations for Creating Customer(Vendor) Master Data-Define Account Groups with Screen Layout 화면 : One-time account 필드 체크시 One-Time 거래처, 언체크시 Regular 거래처이다.

>KUNA는 Regular 거래처, CPD는 One-Time 거래처

Account group	KUNA

General data	
Meaning	General customers
One-time account	☐
Output determ.proc.	

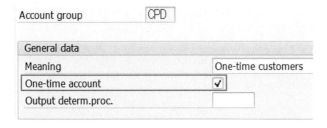

○ FI-Accounts Receivable-Master Records-FD01-Create 화면

• CPD 계정그룹을 선택한 후 Customer을 생성

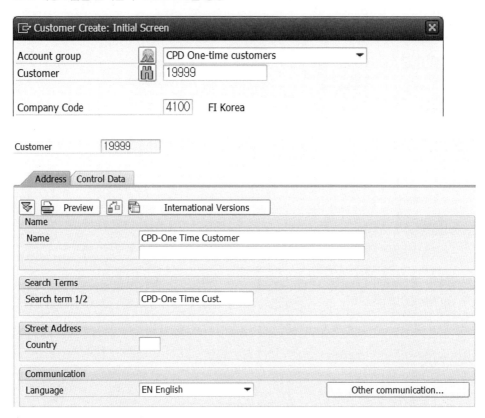

○ 화면에는 특정 거래처에 정의되는 그런 필드들은 보이지 않고 아주 기본적인 정보만 입력할 수 있다. 이 일회성 거래처는 일회로 발생하는 모든 거래처를 대표하는 거래처이기 때문에 아주 일반적인 정보만 입력하고 그 외의 디테일한 정보는 전표 생성시점에 입력한다.

○ Company Code Data 버튼을 클릭하여 Company Code Data Segment 데이터를 입력한다.

ex) T-Code : FB70(AR-Invoice 입력) Regular거래처 전표 생성 Test.

- 전표 생성시 우측에 Customer 마스터 정보가 화면에 보여지게 된다.

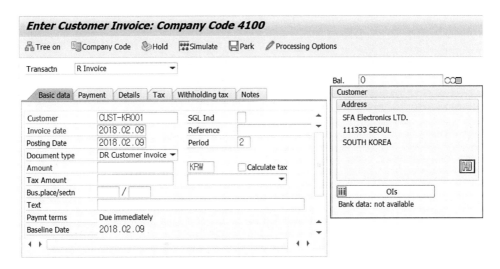

- 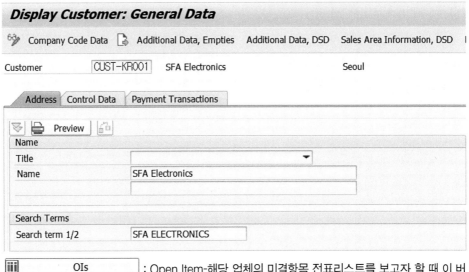 버튼을 클릭하면 해당 거래처의 Master Data 상세정보를 볼 수 있다.

- ▥   OIs : Open Item-해당 업체의 미결항목 전표리스트를 보고자 할 때 이 버튼을 클릭하여 볼 수 있다.

ex) T-Code : FB70(AR-Invoice 입력) One-time 거래처 전표 생성 Test

- 전표 입력을 하고 엔터치는 순간에 팝업창이 뜬다. 팝업창에서는 이번에 거래가 발생한 거래처 정보 입력.

>아래와 같이 입력하고 엔터

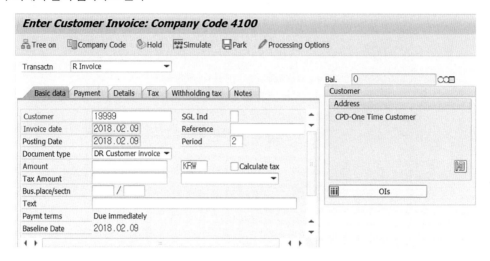

>입력하고 엔터를 치는 순간 다음 팝업화면이 뜬다.

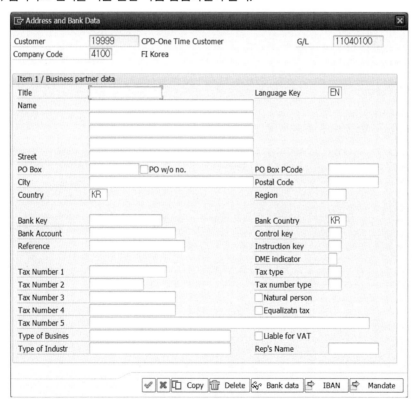

- 대표거래처를 선택하였기 때문에 이번에 일회성으로 발생한 거래처에 대한 상세 정보를 입력하는 것이다.

※ 참고) FI-Accounts Receivable-Master Records-FD03 - Display → [메뉴-Extras-Administrative Data]를 클릭해보면 해당 Customer Account가 어떠한 Account group을 가지고 있고 누구에 의해 생성이 되었는지, One-time Account인지에 대한 정보를 볼 수 있다.

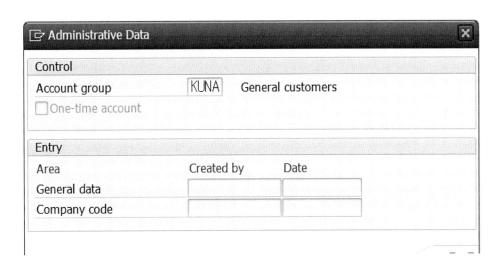

● Dual Control Principle

▶ Master Data 변경시 승인 Process : 마스터 데이터 내에는 변경될 경우 상급자의 확인이 필요한 계좌정보 같은 필드들이 존재한다. 이러한 필드를 IMG에 등록 해놓으면 필드에 대한 변경이 발생할 경우 승인자가 승인을 해줘야만 거래를 발생시킬 수 있다. 이러한 체크 룰을 Dual Control Principle이라 한다.

▶ IMG-FI-Accounts Receivable and Accounts Payable-Customer(Vendor) Accounts-Master Data-Preparations for Creating Customer(Vendor) Master Data-Define Sensitive Fields for Dual Control (Customers)(Vendor) 화면 : 변경시 승인이 필요한 필드를 지정할 수 있다.

○ New Entries 버튼을 클릭하여 원하는 필드를 지정한다.

Change View "Sensitive Fields": Overview

New Entries

	Field name	Field Label	

Account type   D   Customers

○ Possible Entry를 이용하여 Master Data 필드 중에서 원하는 필드를 선택한다(ex-
Name 선택)

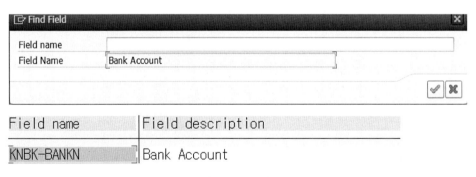

Field List

Field name	Field description
ADRC-NAME1	Name

(🏛 + 아이콘을 클릭하여 원하는 필드를 찾을 수 있다.)

Find Field

Field name	
Field Name	Bank Account

Field name	Field description
KNBK-BANKN	Bank Account

>KNB1-AKONT - Reconciliation acct 필드도 추가해보자.

>아래 2개 필드를 추가한 후 저장한다. Sensitive 필드(특별관리 필드)로 설정한 것이다.

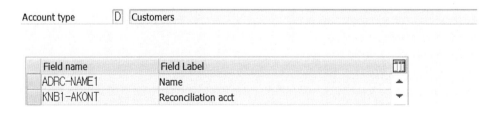

Account type   D   Customers

	Field name	Field Label	
	ADRC-NAME1	Name	
	KNB1-AKONT	Reconciliation acct	

▶ Customer 마스터 데이터 값 중에 Sensitive 필드로 지정된 필드의 값을 변경해보자.

○ FI-Accounts Receivable-Master Records-FD02 - Change 화면 : CUST-KR001 선택

○ General Data Segment 로 이동하여 Address tab의 Name 필드값을 변경해보도록 하자.

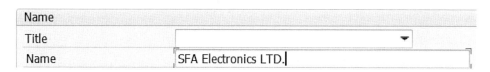

>저장 버튼을 클릭하는 순간 다음과 같은 팝업(Info 메시지)이 뜬다.

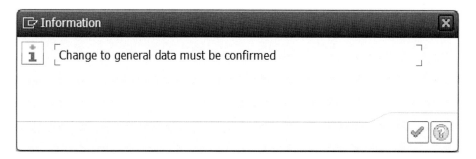

승인해야 한다는 메시지가 뜬다.

○ 만약 같은 화면에서 다시 동일 거래처를 수정하려고 하면 아래와 같은 메시지가 나타난다.

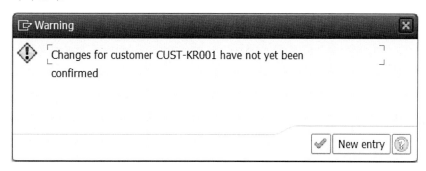

▶ 승인은 FI-Accounts Receivable-Master records-Confirmation of Change-FD08 - Single 화면에서 할 수 있다.

○ Confirm 할 수 있는 유저는 승인권한이 있는 유저이다. 승인할 거래처를 선택한다.

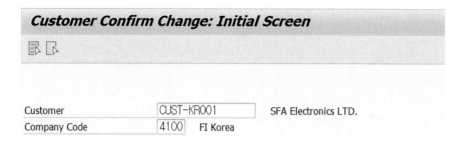

Customer Confirm Change: Initial Screen

| Customer | CUST-KR001 | SFA Electronics LTD. |
| Company Code | 4100 | FI Korea |

>아래 그림과 같은 화면이 뜬다.

Customer Confirm Change: Details Accounting

| Customer | CUST-KR001 | SFA Electronics LTD. | | Seoul |
| Company Code | 4100 | FI Korea | | |

Confirmation status (central)

Current status	To be Confirmed	Confirm
		Reject
Changes to sensitive fields		

Confirmation status (company code)

Current status	Confirmed	Confirm
		Reject
Changes to sensitive fields		

Central 부분은 General Data Segment 부분이고 Company code 부분은 Company Code Data Segment부분이다.

>Current Status 가 To be Confirmed 로 되어 있는 영역이 승인이 필요한 영역이다.

> Changes to sensitive fields 버튼을 클릭하여 어떤 부분이 변경되었는지를 확인한다.

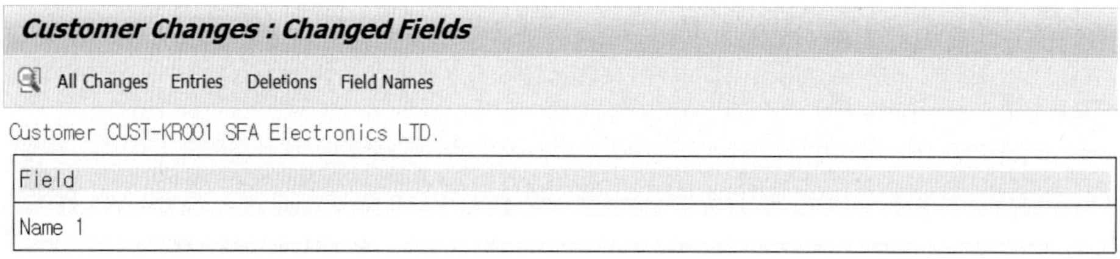

Customer Changes : Changed Fields

All Changes Entries Deletions Field Names

Customer CUST-KR001 SFA Electronics LTD.

| Field |
| Name 1 |

〉해당 필드를 더블클릭하면 아래 내역이 나타난다.

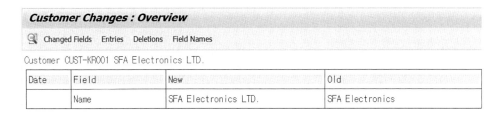

〉더블클릭하여 보다 상세한 내역을 확인해볼 수 있다(언제, 누가, 어떻게 변경했는지 내역)

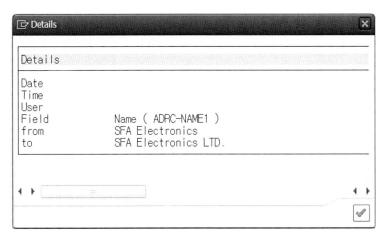

Master를 변경한 User ID는 Confirm 권한이 있더라도 승인처리를 할 수 없다. 다른 ID로 처리해야
한다.

| Customer | CUST-KR001 | SFA Electronics LTD. | Seoul |
| Company Code | 4100 | FI Korea | |

Confirmation status (central)

Current status	To be Confirmed	Confirm
		Reject
Changes to sensitive fields		

권한을 가진 다른 User ID로 접속한 경우 위와 같이 버튼이 활성화되어 처리할 수 있다.

○ 변경된 부분을 확인한 후 ⌈ Confirm ⌋ 버튼을 클릭하고 저장하여 승인처리를 하면
된다.

| Current status | Confirmed | - 승인 상태로 변경된다.

▶ Company Code 레벨의 Reconciliation Account를 변경해보자.

○ FD02 에서 조정계정을 아래와 같이 변경(11040200 → 11040100)

Accounting information	
Recon. account	11040100

○ FD08 화면에서 변경내용을 조회해본다.

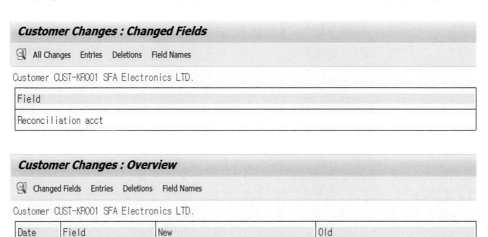

| Customer | CUST-KR001 | SFA Electronics LTD. | Seoul |
| Company Code | 4100 | FI Korea | |

Confirmation status (central)

| Current status | Confirmed | Confirm |
| | | Reject |

Changes to sensitive fields

Confirmation status (company code)

| Current status | To be Confirmed | Confirm |
| | | Reject |

Changes to sensitive fields

Company Code Level 데이터가 변경되었으므로 아래쪽 부분에서 Confirm 처리를 할 수 있다.

Customer Changes : Changed Fields

All Changes   Entries   Deletions   Field Names

Customer CUST-KR001 SFA Electronics LTD.

Field
Reconciliation acct

Customer Changes : Overview

Changed Fields   Entries   Deletions   Field Names

Customer CUST-KR001 SFA Electronics LTD.

Date	Field	New	Old
	Reconciliation acct	11040100	11040200

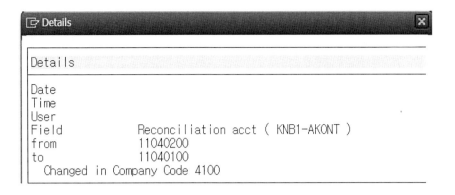

○ 변경된 부분을 확인한 후 [Confirm] 버튼을 클릭하고 저장하여 승인처리를 하면 된다.

▶ 변경에 대한 승인프로세스가 필요한 거래처 정보에 대해서 이런 방식으로 관리할 수 있다.

● Clearing Customer/Vendor : 채권/채무 상계 거래처 등록

▶ 매출/매입이 함께 발생하는 거래처이더라도 매출/매입 관련 Master Data를 각각 관리해주어야 하는 불편함을 보완하기 위해 존재하는 기능이다(SAP는 동일 거래처에 대해 Customer / Vendor Master Data를 각각 관리해야 된다)

▶ ① General Data Segment - Account Control부분에 Customer는 Vendor를 Vendor는 Customer를 서로 등록한다.

▶ ② Company Code Data Segment - Automatic Payment Transactions부분에 Clearing with Vendor(Customer) 필드에 체크를 한다.

▶ 위 두 가지를 모두 만족할 경우 해당 Customer/Vendor가 서로 매출/매입 상계 거래처로 시스템에 인식된다.

○ FI-Accounts Receivable-Master Records-FD02 - Change 트랜잭션 화면(Customer MD)

〉 General Data Segment : Vendor 필드에 상계거래처인 Vendor 코드를 입력한다.

| Customer | CUST-KR001 | SFA Electronics LTD. | | Seoul |

| Address | Control Data | Payment Transactions | Marketing | Unloading Points | Export Data | Contact Person |

Account control

| Vendor | VEND-KR001 🔍 | Authorization | |
| Trading partner | | Group key | |

저장하면 ⚠ Vendor VEND-KR001 is not currently referenced and will be updated accordingly 의 워닝 메시지가 뜬다.

Vendor Master에도 Customer Master Account No를 자동으로 업데이트 하겠다는 의미이다.

〉 Company Code Data Segment : Payment Transactions tab Clearing with Vendor 필드에 체크

| Customer | CUST-KR001 | SFA Electronics LTD. | | Seoul |
| Company Code | 4100 | FI Korea | | |

| Account Management | Payment Transactions | Correspondence | Insurance |

Payment data

Terms of payment	0001	Tolerance group	
		Known/neg.leave	
B/e charges payt term			
Time until check paid		☐ Payment history record	

Automatic payment transactions

Payment methods		Payment block	
Alternat.payer		House bank	
B/exch.limit		KRW	Grouping key	
☐ Single payment			
☑ Clearing with vendor		Next payee	
☐ Payment advice by EDI		Lockbox	

⚠ Clearing indicator is not set in clearing account VEND-KR001 4100 Vendor Master에는 체크를 하지 않았다는 의미이며 Vendor Master에서 별도로 체크한 후 저장해야 한다.

○ FI-Accounts Payable-Master Records-FK02 - Change 트랜잭션 화면(Vendor MD)

〉General data Segment - Control 화면으로 이동

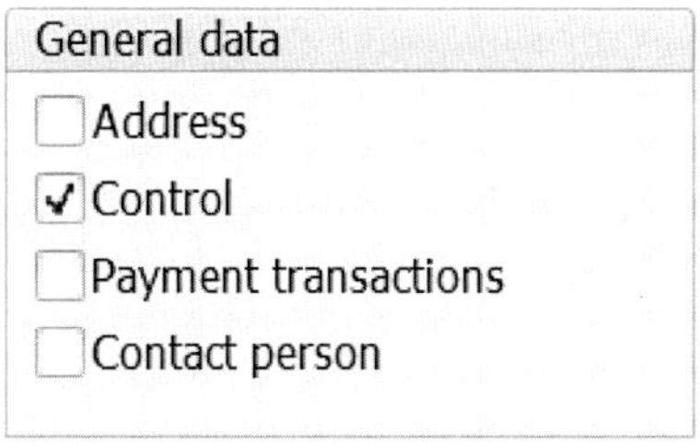

General data
☐ Address
✔ Control
☐ Payment transactions
☐ Contact person

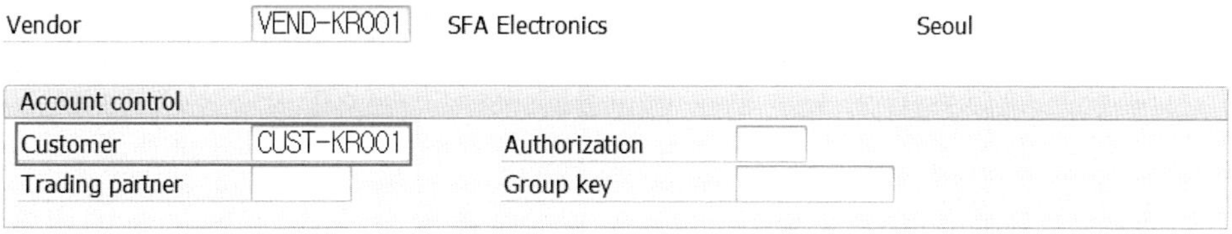

Vendor	VEND-KR001	SFA Electronics		Seoul

Account control			
Customer	CUST-KR001	Authorization	
Trading partner		Group key	

한쪽에서 상대 Customer(Vendor)를 등록할 경우 위 그림과 같이 다른 쪽에서도 자동으로 링크되어 입력된다.

〉Company code data - Payment transactions 화면으로 이동(Clrg with Customer 필드 체크)

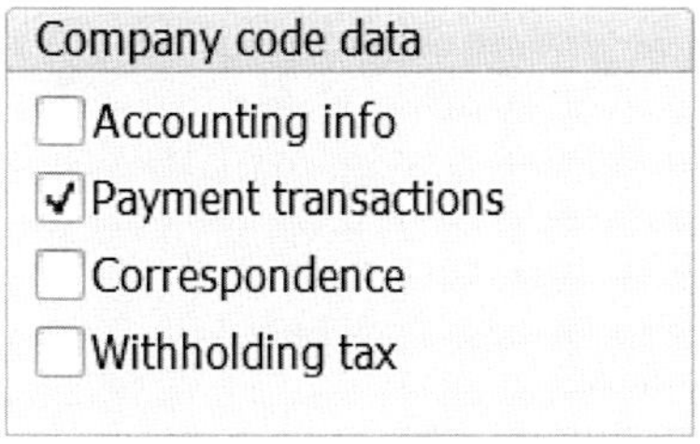

Company code data
☐ Accounting info
✔ Payment transactions
☐ Correspondence
☐ Withholding tax

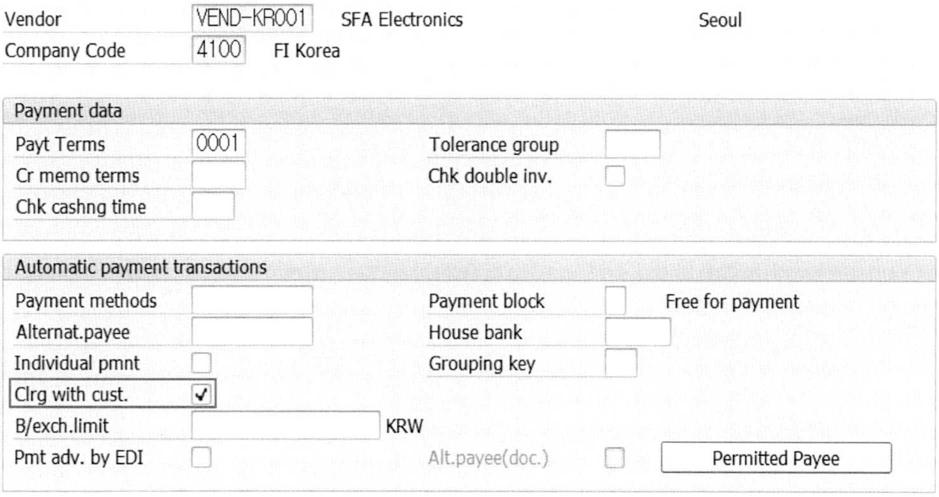

Vendor	VEND-KR001	SFA Electronics	Seoul
Company Code	4100	FI Korea	

Payment data			
Payt Terms	0001	Tolerance group	
Cr memo terms		Chk double inv.	☐
Chk cashng time			

Automatic payment transactions				
Payment methods		Payment block	☐	Free for payment
Alternat.payee		House bank		
Individual pmnt	☐	Grouping key		
Clrg with cust.	✔			
B/exch.limit		KRW		
Pmt adv. by EDI	☐	Alt.payee(doc.)	☐	Permitted Payee

▶ 채권/채무 상계 Test : 여기서는 채권/채무 상계 기능을 어떻게 이용할 수 있는지에 대해서만 이해하고 넘어가자. 자세한 전표입력 방법과 반제처리 방법 등은 〈4장. Document Posting〉〈5장. AR&AP Transaction〉에서 살펴보기로 하자.

○ FI-Accounts Receivable-Document Entry-FB70 - Invoice 화면 : 아래와 같이 입력 (매출발생시점 : 6/1-10,000원)

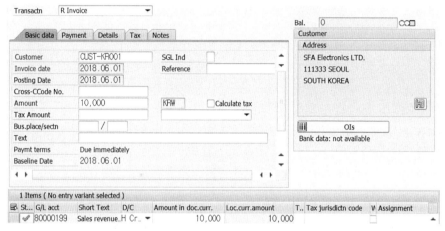

전표 분개 : [차)AR 10,000 / 대)Revenues 10,000]
(☑ Document 1800000001 was posted in company code 4100)

○ FI-Accounts Receivable-Account-FBL5N - Display/Change Line Items 화면 : 매출채권 Open Item 리스트 조회

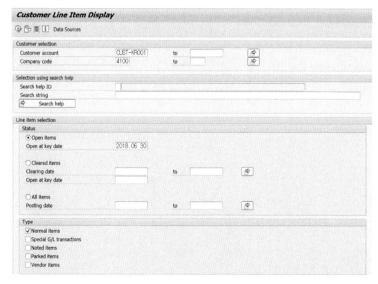

>위와 같이 조건을 준 후에 실행하면 아래 결과가 나타난다(방금 등록한 invoice가 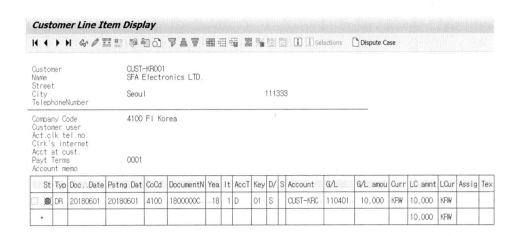(Open 상태로 남아있다.)

>[메뉴-Settings-Switch List]를 클릭하면 ALV Grid List 형태로 변환해 조회할 수 있다.

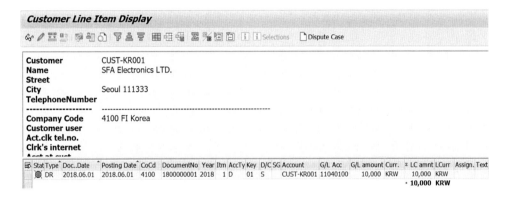

그림과 같은 List 형태를 ALV Grid List 라고 한다.

○ FI-Accounts Payable-Document Entry-FB60 - Invoice 화면 : 아래와 같이 입력(매입발생시점 : 6/30-5,000원)

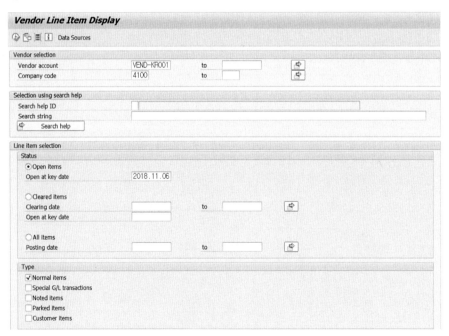

Enter Vendor Invoice: Company Code 4100

Tree on | Company Code | Hold | Simulate | Park | Processing Options

| Transactn | R Invoice ▼ | | | Bal. | 0 | ⚭ |

Vendor
Address
SFA Electronics
111333 SEOUL
SOUTH KOREA

Bank account 12309854321
Bank Key 028
OIs

Basic data | Payment | Details | Tax | Notes

Vendor	VEND-KR001	SGL Ind	
Invoice date	2018.06.30	Reference	
Posting Date	2018.06.30		
Cross-CCode No.			
Amount	5,000	KRW	☐ Calculate tax
Tax Amount			
Bus.place/sectn	/		
Text			
Paymt terms	Due immediately		

1 Items (No entry variant selected)

St...	G/L acct	Short Text	D/C	Amount in doc.curr.	Loc.curr.amount	T..	Tax jurisdictn code	V	Assignment
✔	54000600	Travel and Tr..S De.. ▼		5,000	5,000		☐		

전표 분개 : [차)Expense 5,000 / 대)AP 5,000]
(✔ Document 1900000001 was posted in company code 4100)

〉현재까지 발생한 거래가 채권 10,000 / 채무 5,000 이므로 채권이 5,000 남는 시나리오다.

○ FI-Accounts Payable-Account-FBL1N - Display/Change Line Items 화면 : 채무 Open Item 조회

Vendor Line Item Display

Data Sources

Vendor selection
| Vendor account | VEND-KR001 | to | | ⇨ |
| Company code | 4100 | to | | ⇨ |

Selection using search help
Search help ID |
Search string |
⇨ Search help

Line item selection
Status
⦿ Open items
Open at key date 2018.11.06

○ Cleared items
Clearing date | to | | ⇨
Open at key date |

○ All items
Posting date | to | | ⇨

Type
☑ Normal items
☐ Special G/L transactions
☐ Noted items
☐ Parked items
☐ Customer items

>위와 같이 조건을 준 후에 실행하면 아래 결과가 나타난다(방금 등록한 invoice가 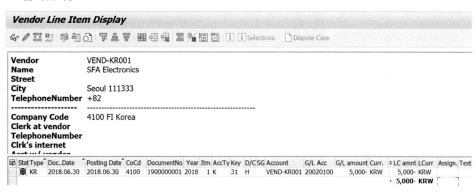(Open)상태

로 남아있다.)

>Selection 조건 입력 화면에서 아래와 같이 Customer items 필드를 체크하고 다시 조회해보자.

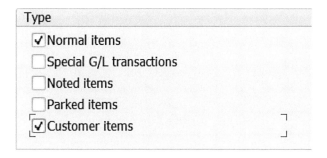

>조회하게 되면 아래 그림처럼 채무뿐 아니라 채권 내역도 함께 나타난다.

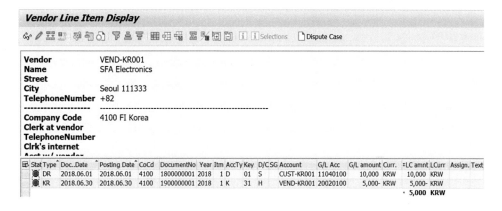

>FI-AR-Account-FBL5N - Display/change Line Items 화면(채권 Open Item조회)에서도 마찬가지로 ☐Vendor items 부분을 체크하게 되면 채권내역뿐 아니라 채무내역도 함께 조회할 수 있다.

▶ F-28 트랜잭션으로 이동해서 상계거래처리를 할 수 있다. Test Case처럼 매출이 5,000만큼 많은 상태에서 그 매출채권을 7/5일에 수금했다고 가정했을 경우 이 화면에서 처리할 수 있다(전표 반제처리에 대해서도 <4장. Document Posting>에서 자세하게 다룰 예정이다.)

○ 은행 계정을 입력하고 수금한 금액 5,000을 입력한다. Open Item 부분에 수금대상 CUST-KR001을 입력한다.

Post Incoming Payments: Header Data

Process Open Items

Document Date	2018.07.05	Type	AB	Company Code	4100
Posting Date	2018.07.05	Period	11	Currency/Rate	KR₩
Document Number				Translation dte	
Reference				Cross-CCode No.	
Doc.Header Text				Trading part.BA	
Clearing text					

Bank data

Account	11010101		Business Area	
Amount	5,000		Amt.in loc.cur.	
Bank charges			LC bank charges	
Value date			Profit Center	
Text			Assignment	

Open item selection

Account	CUST-KR001
Account type	D ☐Other accounts
Special G/L ind	✔Standard OIs
Pmnt advice no.	
☐Distribute by age	
☐Automatic search	

Additional selections

- ◉None
- ○Amount
- ○Document Number
- ○Posting Date
- ○Dunning Area
- ○Others

Account 11010101가 입금될 계좌 계정이다. 불러올 Open Item 대상으로 CUST-KR001 고객코드를 입력한다.

○ 상단의 Process Open Items 버튼을 클릭

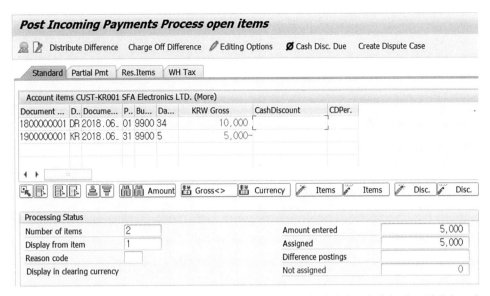

고객코드로 조회했는데도, 채권 10,000과 채무 5,000원이 함께 화면에 보여진다. 서로 상계되고 남은 5,000원만큼이 계좌로 수금되는 상황이다.

○ 내역을 확인하고 이상 없으면 포스팅(💾) 처리를 한다.

>[메뉴-Document-Display] 하여 내역을 살펴보자.

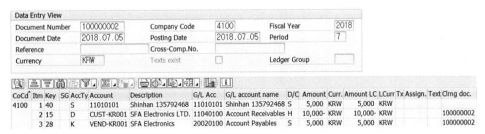

AR 금액(2번라인)과 AP 금액(3번라인)이 서로 상계되고 남은 5,000 만큼이 은행계좌(1번라인)로 기표되었다.

● **Alternative Payee/Payer (대리 수취인 : 대신 돈을 지급받아야 할 Vendor / 대리 납부인 : 대신 돈을 내주는 Customer)**

▶ Alternative Payee(대리 수취인)

○ Vendor A로부터 물품을 구매한 후 대금을 지급해야 하는 상황이며[차)Exp 1,000 / 대)A/P(A) 1,000], Vendor B는 Vendor A와 채권관계가 형성되어 있다(Vendor B는 A로부터 돈을 받아야 하는 상황) 이때 Vendor A의 요청으로 우리는 Vendor B에게 대금을 지급할 수도 있다. 이때 Vendor A의 Alternative Payee를 Vendor B로 지정한다.

○ 대금 지급을 할 때 Vendor B쪽으로 대금이 지급되도록 하는 기능이다. 이때 매입채무는 Vendor A에 있는 금액이 상계되고 돈은 Vendor의 B의 Bank 계좌로 나가게 된다 [차)A/P(A) 1,000 / 대)Bank(B) 1,000]

▶ Alternative Payer(대리 납부인)

○ Customer A로 물품을 판매한 후 대금을 받아야 하는 상황이며[차)A/R(A) 1,000 / 대)Rev 1,000], Customer B는 Customer A와 채무관계가 형성되어 있다(Customer B는 A에게 돈을 지급해야 하는 상황) 이때 Customer A와 B의 계약을 통해 B가 우리에게 대금을 지급할 수 있다. 우리 입장에서는 Customer A의 Alternative Payer를 Customer B로 지정할 수 있다.

○ 수금을 하게 되면 Customer B쪽에서 대금을 지급받도록 하는 기능이다. 이때 매출채권은 Customer A에 있는 금액이 상계되고 돈은 Customer B의 Bank계좌 쪽에서 들어오게 된다 [차)Bank(B) 1,000 / 대)A/R(A) 1,000]

▶ Alternative Payee는 종종 사용되나 Alternative Payer는 거의 사용되지는 않는다.

▶ Alternative Payer/Payee 등록방법

○ General Data레벨 혹은 Company Code 레벨에서 관리가 가능하다(OR 관계)

○ General Data레벨-Payment Transactions-Alternative Payer/Payee
  Company Code레벨-Payment Transaction-Alternative Payer/Payee

○ General Data레벨과 Company Code레벨에 모두 Alternative Payer/Payee가 등록된 경우에는 실제로 전표입력 하는 Company Code기준으로 처리된다. 어떤 레벨에서 관리할지는 프로젝트시 종합적으로 고려하여 결정한다.

○ FI-Accounts Receivable-Master Records-FD02 - Change 화면(Customer MD)

General Data (Client 레벨)

Customer   CUST-KR001   SFA Electronics LTD.   Seoul

| Address | Control Data | Payment Transactions | Marketing | Unloading Points | Export Data | Contact Pe... |

Bank Details

Ctry	Bank Key	Bank Account	Acct holder	C...	I	IBANValue
					⇨	
					⇨	
					⇨	

◀ ▶   ⋯

Bank Data...   🗐   🖨   Payment cards   ⓘ IBAN

Payment transactions		Alternative payer in document
Alternative payer		☐ Individual entries
DME indicator		☐ Entries for referen.
Instruction key		Allowed payer

Company Code Data (Company Code 레벨)

Customer   CUST-KR001   SFA Electronics LTD.   Seoul
Company Code   4100   FI Korea

| Account Management | Payment Transactions | Correspondence | Insurance |

Payment data

Terms of payment	0001 ▭	Tolerance group	
		Known/neg.leave	
B/e charges payt term			
Time until check paid		☐ Payment history record	

Automatic payment transactions

Payment methods		Payment block	
Alternat.payer		House bank	
B/exch.limit	KRW	Grouping key	

○ FI-AP-Master Records-FK02-Change 화면(Vendor MD)

General Data (Client 레벨)

| Vendor | VEND-KR001 | SFA Electronics | | | | | Seoul | | |

Bank Details

Ctry	Bank Key	Bank Account	Acct Holder	A	IBAN	IBANValue
KR	028	12309854321	SFA		⇨	
					⇨	
					⇨	
					⇨	
					⇨	

◀ ▶ ⠸

| Bank Data... | 🗐 Delete Bank Detail | ⓘ IBAN |

Payment transactions		Different Payee in Document
Alternative payee		☐ Individual Entries
DME indicator		☐ Entries for Referen.	Permitted Payee

Company Code Data (Company Code 레벨)

Vendor	VEND-KR001	SFA Electronics	Seoul
Company Code	4100	FI Korea	

Payment data

Payt Terms	0001	Tolerance group	
Cr memo terms		Chk double inv.	☐
Chk cashng time			

Automatic payment transactions

Payment methods		Payment block	☐	Free for payment
Alternat.payee		House bank		
Individual pmnt	☐	Grouping key		

● Head Office/Branch Office

▶ Company Code 1000은 Customer 1000, 2000, 3000과 거래하고 있다. 이때 Cus-
tomer들은 하나의 Head Office에 종속되어 있다. 이때 우리회사의 매출채권에 대해
상대방은 각각의 Customer 1000, 2000, 3000 레벨에서 대금지급을 하고 싶은 것이
아니라 Head Office 레벨에서 하나로 묶어 대금을 지급하고 싶어할 수 있다. 이때 각
각의 Customer Master 데이터에 Head Office를 지정할 수 있다. 이때 Head Office
역시 Customer로 등록되어 있어야 한다. 이렇게 하면 각각의 Customer에 대해 매출
채권이 발생할 경우 자동으로 Head Office레벨로 연결이 된다(Vendor도 마찬가지 개념
으로 생각할 수 있다)

▶ Company Code data segment 부분의 Accounting Management Tab에서 Head Office 필드에 입력한다.

▶ FI-Accounts Receivable-Master Records-FD02 - Change 화면 (Customer MD)

위와 같이 Head office 필드에 값을 입력할 수 있다. 이때 ☐Clearing with vendor 체크는 해제되어 있어야 한다.

▶ FI-Accounts Receivable-Document Entry-FB70 - Invoice 화면에서 CUST-KR001 에 대한 A/R Invoice를 발생시켜보자.

>아래와 같이 값을 입력한다.

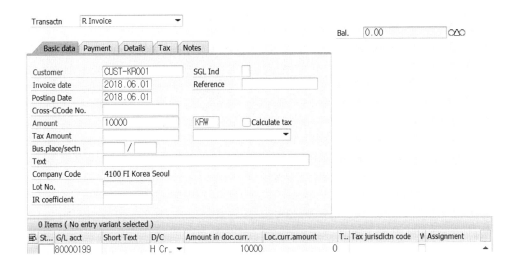

> 금액까지 입력하고 엔터를 치는 순간 Customer 정보가 아래 그림처럼 변경된다.

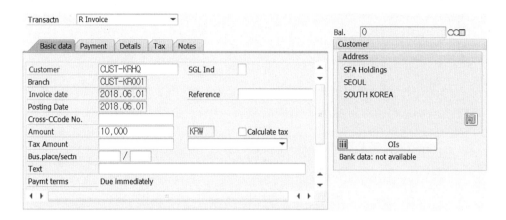

지사에서 입력하고 있었지만 본사 고객코드로 자동으로 변경되었다.

> Posting(🖫)을 한 후 [메뉴-Document-Display] 해보자.

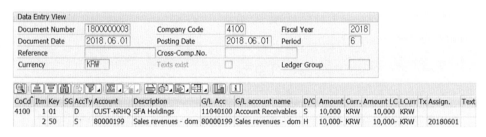

위와 같이 CUST-KRHQ로 매출채권이 발생한 것을 볼 수 있다.

○ FI-Accounts Payable-Account-FBL5N-Display/change Line Items 화면(CUST-KR001/CUST-KRHQ 두 거래처 모두 해당 Line Item을 관리한다)

> CUST-KR001 로 먼저 조회해보자.

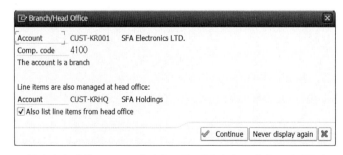

본사/지사에 대해 Lineitem관리가 모두 이루어지고 있다고 알려준다.

✔ Also list line items from head office   체크를 해제하면 지사에서는 Lineitem이 조회되지 않

는다. Continue 버튼 클릭

```
Customer        CUST-KR001
Name            SFA Electronics LTD.
Street
City            Seoul 111333
TelephoneNumber
-------------------  --------------------------------------------------------
Company Code    4100 FI Korea
Customer user
Act.clk tel.no.
Clrk's internet
```

Stat Type	DocDate	Posting Date	CoCd	DocumentNo	Year	Itm	AccTy	Key	D/C	SG	Account	G/L Acc	G/L amount	Curr.	LC amnt	LCurr	Assign.	Text
DR	2018.06.01	2018.06.01	4100	1800000003	2018	1	D	01	S		CUST-KR001	11040100	10,000	KRW	10,000	KRW		
															• 10,000	KRW		

>CUST-KRHQ로도 조회해보자.

```
Customer        CUST-KRHQ
Name            SFA Holdings
Street
City            Seoul
TelephoneNumber
-------------------  --------------------------------------------------------
Company Code    4100 FI Korea
Customer user
Act.clk tel.no.
Clrk's internet
```

Stat Type	DocDate	Posting Date	CoCd	DocumentNo	Year	Itm	AccTy	Key	D/C	SG	Account	G/L Acc	G/L amount	Curr.	LC amnt	LCurr	Assign.	Text
DR	2018.06.01	2018.06.01	4100	1800000003	2018	1	D	01	S		CUST-KRHQ	11040100	10,000	KRW	10,000	KRW		
															• 10,000	KRW		

본사 내역 조회시에는 별도의 메시지가 뜨지 않고 바로 조회된다.

▶ 국내 프로젝트에서는 잘 사용되지 않는 기능이다. 일반적으로 지사레벨의 각 개별사
업자와 계약하여 거래를 일으키기 때문에 이런 형식으로 데이터를 관리하지 않는다.

● **Credit Management : 거래처 여신(신용)관리**

▶ Credit Control Area : 여신관리영역

○ 매출거래가 발생하는 상대 Customer에 대해 신용한도(Credit Limit)를 지정하여 관
리하고자 할 때 사용하는 조직단위, 해당 Credit Limit를 초과하여 발생하는 매출건
에 대해서는 Block을 걸 수 있다(→ Credit Management)

○ Central Credit Control Area : 각 Company code는 하나의 Client로 묶여있고 하

나의 Customer와 거래한다고 했을 경우 하나의 Credit Control Area로 통합 관리하는 방식(전체 Company Code에서 발생한 금액을 가지고 신용한도 체크)

○ De-Central Credit Control Area : 같은 상황에서 각각의 Company Code 별로 Credit Control Area를 생성해 관리하는 방식(각 Company Code별 신용한도를 지정하여 한도 체크)

○ 만약 하나의 Company Code 내에 존재하는 각 Sales Area별로 Credit Control Area를 관리하고자 할 경우에는 전체 Sales Area의 합계금액으로 관리하는 Central 방식과 각 Sales Area별로 신용한도를 관리하는 De-Central 방식을 사용할 수도 있다.

▶ Credit Management Master Data : 신용한도관리를 위한 Master Data

○ Overview, General Data, Credit Control Area Data Segment 3가지 세그먼트로 구성된다.

① Overview : 해당 Customer의 신용과 관련되어 중요하다고 판단되는 정보 조회

② General Data : 어떠한 Credit Control Area 영역이든 관계없이 관리되는 정보(주소, 총여신금액 등)

③ Credit Control Area Data Segment : Credit Control Area Dependent한 정보를 관리

　자세한 내용은 〈5장. AR&AP Transaction〉에서 살펴보기로 한다.

○ FI-AR-Credit Management-Master Data-FD32 - Change 화면

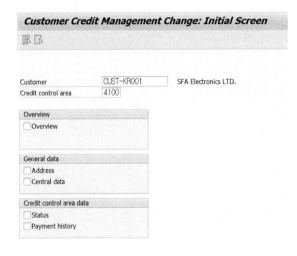

• 위 그림과 같이 3가지 세그먼트로 구성되어 있다.

〉Overview 화면 : Credit Control Area 4100에서 CUST-KR001의 여신한도(Credit Limit)금액
과 현재까지 여신사용액(Credit exposure) 등 관련 정보의 개요를 보여준다.

Customer Credit Management Change: Overview

Administrative data

Customer	CUST-KR001	SFA Electronics LTD.
Credit control area	4100	Credit control area FI Korea
Currency	KRW	

Status

Credit limit	2,000,000
Credit exposure	1,042,000
Cred.lim.used	52.10 %
Horizon	2018.07.31

Dunning data

Dunning Area	
Last Dunned	
Leg.dunn.proc.	
Dunning Level	0

Payment history/arrears

With cash disc.	0	0
W/o cash disc.	0	0

Control

Risk category	
Last int.review	
☐ Blocked	
Cred.rep.grp	
Payment index	
Rating	
Last ext.review	
Monitoring	

Payment data

DSO	0
Clearing amount	0
Author.deduct.	0
Unauthor.deduc.	0

3

Master Data

〉Central Data 화면 : Customer에 대한 전체 여신한도금액(Total amount), Credit Control Area
별 지정가능한 최대 여신한도금액(Individual Limit)을 등록할 수 있다.

Customer Credit Management Change: Central Data

Administrative data

Customer	CUST-KR001	SFA Electronics LTD.

Current credit limit assigned

Total amount	2,000,000	
Largest indiv.limit	2,000,000	(Cred.Contr.Area 4100)

Maximum permitted credit limits

Total amount	3,000,000
Individual limit	2,000,000
Currency	KRW

Last information

Last general info	

>Status 화면 : Credit Control Area별 여신한도금액(Credit limit)을 등록할 수 있다. 현재 여신사용금액을 각 항목별(Receivables/Special liability/Sales value)로 조회해주어 현재 여신상태를 볼 수 있게 해준다. Blocked에 체크할 경우 Sales Order가 생성되지 못하게 막을 수 있다(기출하된 Order는 Billing 가능)

Customer Credit Management Change: Status

🔲 🔲 📝Texts...   Administrative data

Customer	CUST-KR001	SFA Electronics LTD.	
Credit control area	4100	Credit control area FI Korea	KRW

Credit limit data

Credit limit	2,000,000	Receivables	1,042,000
Credit account	CUST-KR001	Special liabil.	0
Credit limit used	52.10 %	Sales value	0
Credit horizon date	2018.07.31	Credit exposure	1,042,000
	A/R Summary	Sec.receivables	0

Internal data

Risk category			Blocked	
Credit rep.group			Texts exist	
Cust.cred.group			Texts	
Customer group		Last int.review		
Reference date		Next int.review		

External data

Cred.info number		Payment index	
Last ext.review		Rating	
Monitoring		Recmd.Cred.Lim.	

▶ Credit Control Process

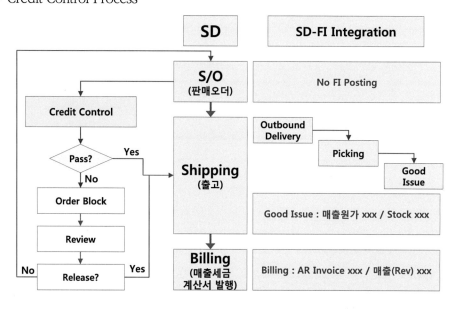

○ **Credit Control** : Credit Limit을 체크하여 다음단계를 진행할 것인지를 결정한다.

○ 만약 신용한도를 초과할 경우 Order Block이 발생하고 해당 여신초과건을 조회한 후 해제할 것인지를 결정한다.

○ 신용상태를 분석하여 양호한 거래처인 경우 Release를 하여 거래가 진행되도록 한다.

○ 이런 처리순서를 가지고 신용한도 체크를 하게 된다(Block 처리 대신 Order 생성 자체를 못하게 할 수도 있다)

● **S/4 HANA 에서는 Vendor/Customer/Credit Control Area 관리를 Business Partner 에서 통합하여 관리한다.**

▶ Business Partner

○ T-Code : BP 화면에서 Business Partner 를 등록하고 이 BP에 대해 Vendor / Customer Role을 확장한다.

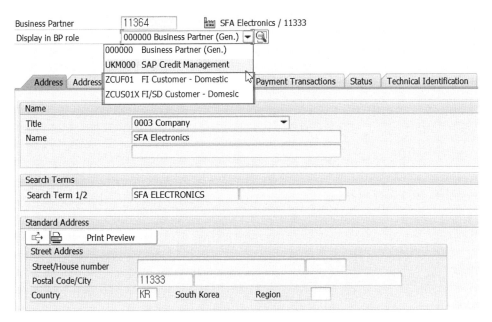

○ Business Partner 관련한 자세한 사항은 다음 Business Partner (S/4 HANA) 챕터에서 살펴보도록 하자.

▶ Credit Control Area

○ FD32 : 여신마스터 관리 프로그램이 SAP HANA에선 다른 기능으로 대체되었다.

A new function exists for this function (see SAP Note 1946054)

Message no. SFIN_FI005

Diagnosis

You are trying to perform a function that has been replaced by a new function.

System Response

You cannot execute the original function.

Procedure

To find out which function you need to use instead, consult SAP Note **1946054**.

(※ 참고 Notes 1946054 내용 : As per the latest S/4 HANA 1511 The concept of credit management (FI-AR-CR) is obsoleted and SAP credit management (FI-FSCM-AR) is the new concept. In this change SAP requires the migration of several elements like the configuration data, master data, credit exposure data, credit decision data (i.e migration of information from FD32 like transactions to UKM_BP).The T-code UKM_BP is a business partner transaction that has a credit profile tab containing all the data transferred from FD32)

○ T-Code : BP 화면에서 UKM000 BP Role을 정의하고 Credit Profile을 입력한 후 Credit Segment Data에서 Credit Limit를 등록한다(자세한 사항은 〈5장. AR&AP Transaction〉에서 살펴보도록 한다.)

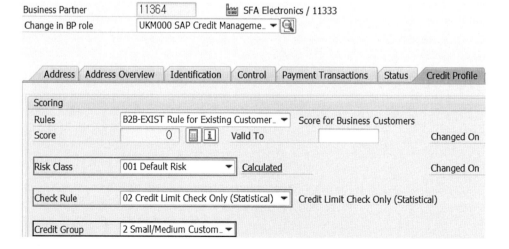

○ Check Rule : 02 여신한도 점검만(Statistical), Rule을 주로 사용함

Business Partner: 11364   SFA Electronics / 11333
Change in BP role: UKM000 SAP Credit Manageme... ▼

Credit Segment: 1000 Credit Segment 1000(Maintained) ▼   Delete Data in Segment

Credit Limit and Control | Payment Behavior Key Figures | KPI Payment Behavior

Credit Limit
Rules   B2B-EXIST Rule for Existing C... ▼ No Formula for Limit Calculation
○ Limit Not Defined
⦿ Limit Defined   Limit   10,000,000   KRW   Valid To
Credit Exposure   0
Utilization %   0.0

Credit Segment 지정, Limit Defined : 여신 한도금액 지정

○ T-Code : UKM_MALUS_DSP - Credit Limit Utilization 화면에서 여신한도/사용금액 등을 조회할 수 있다.

SAP Credit Management: Display List of Credit Limit Utilization

Selections   ◄◄ ◄ ► ►► Log

List of Credit Limit Utilization

Without Extract

Partner	Cr.Segment	Crcy	Risk Class	Cr. Expos.	Credit Limit	Util.(&)	Expos. Amt	Icon	Hedged Limit	Cr. Group	Cr. Group	Block	Sp. Atten.	Reasn	Submission
11364	1000	KRW	001	8,800,000	10,000,000	88.0	1,200,000-	◯◯▭	0	0			2		

Credit Exposure : 여신사용금액, Credit Limit : 신용한도금액, Expos. Amt : 잔여여신금액

6. Asset Master Data 및 그 외 Master Data

● **Asset Master Data : 고정자산 마스터 관리**

▶ 고정자산은 특정 Company Code에 귀속된다. 감가상각비가 귀속될 Cost Center가 지정되며, 해당 Cost Center에 연결되어 있는 Business Unit(Business Area) / Profit Center / Segment에 귀속되어진다.

▶ FI-Fixed Asset-Asset-Create-AS01 - Asset 화면

○ 생성하려는 고정자산이 어느 Company Code에 속하는지를 지정한 후 정보 입력화면으로 들어간다.

〉Time-dependent tab으로 들어가게 되면

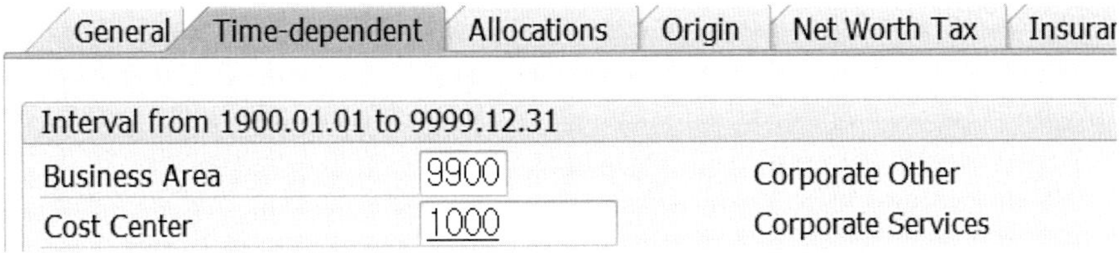

| General | Time-dependent | Allocations | Origin | Net Worth Tax | Insuran |

Interval from 1900.01.01 to 9999.12.31

| Business Area | 9900 | Corporate Other |
| Cost Center | 1000 | Corporate Services |

Business Area 및 CO와 관련된 정보(Cost Center, Internal Order)들을 입력할 수 있다.

▶ Asset Class : 자산 클래스

○ 고정자산의 분류기준 : 건물, 구축물, 기계, 차량운반구, 비품, 건설중자산, 부외자산 등

○ Standard Asset Class : 감가상각(o)-건물, 구축물, 기계, 차량운반구, 비품

○ Special Asset Class : 감가상각(x)-건설중자산, 부외(소액)자산 등

▶ Depreciation Areas : 감가상각 영역

○ Book 용 : 기업회계기준에 의거한 감가상각 기준(ex-건물 : 내용연수10년 정액법)

○ Tax 용 : 세무회계기준에 의거한 감가상각 기준(ex-건물 : 내용연수20년 정액법)

○ CO 용 : 내부관리 목적으로 하는 감가상각 기준(ex-건물 : 내용연수5년 정액법)

○ **하나의 자산에 대해 각기 다른 Depreciation Area별로 목적에 맞는 감가상각비를 구할 수 있다.** 연말에 시부인계산 등에 활용가능, CO쪽에서는 원하는 목적의 수익성 분석이 가능

※ 참고 : APC(취득가 Acquisition&Product Cost), Accumulate Depreciation Amount(감가상각누계액), NBV(장부가 NetBook Value) = 잔존가액

▶ Account Determination : 고정자산 계정결정

○ 각 자산은 Account Determination Key값을 가진다. Account Determination Key값에는 고정자산거래에 대한 G/L계정과목을 매핑하고 있어 거래 발생시 Sub-Ledger 레벨의 기표가 되는 동시에 FI-General Ledger레벨로도 자동기표 된다.

○ Account Determination Key값은 각 Depreciation Area별로 다른 계정을 매핑할 수 있게 되어 있다.

○ <u>감가상각 계산 결정로직 : Chart of Depreciation + COA + Account Determination Key + Depreciation Area</u>(〈8장. Asset Accounting〉에서 자세한 내용을 살펴보기로 한다.)

● **Group Assets and Sub-Numbers**

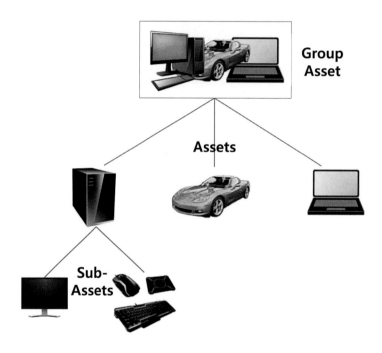

▶ 중간의 Assets 이라고 되어 있는 부분이 Main Asset이고 아래쪽이 Sub-Asset 부분이다.

▶ Main Asset을 묶고 있는 상위 레벨이 Group Asset이다.

▶ Ex) PC본체를 Main Asset으로 잡고 모니터, 키보드, 마우스를 Sub Asset으로 잡을 수 있다.

▶ 고정자산 취득세 등을 Main/Sub로 구분하여 관리할 수도 있다.

● Bank Master Data : 은행 거래 관리를 위한 Master Data

▶ Bank Directory(Bank Master) : Country + Bank Key

○ 회사가 관리하는 모든 은행에 대한 마스터 데이터. Client레벨에서 관리.

○ 다음 정보 관리 : Country, Bank Key(은행고유번호), Address, Control Data(SWIFT Code 등)

○ Bank Directory는 Customer/Vendor 계좌정보 등록시 사용되는 은행코드를 관리하는 마스터다.

① **Bank Master 관리** : FI-Banks-Master Data-Bank Master Record-FI02 - Change 화면

Change Bank : Initial Screen

Change Documents

| Bank Country | KR |
| Bank Key | 028 |

Bank Country, Bank Key 입력

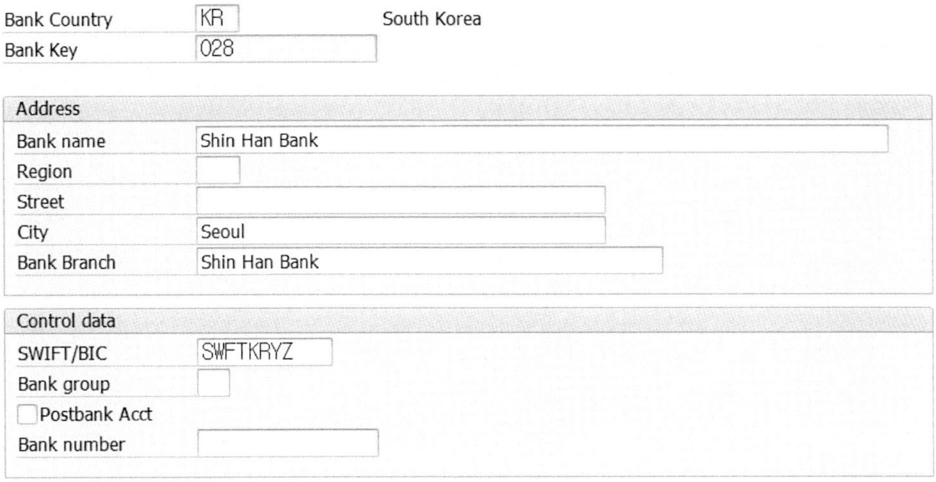

| Bank Country | KR | South Korea |
| Bank Key | 028 | |

Address	
Bank name	Shin Han Bank
Region	
Street	
City	Seoul
Bank Branch	Shin Han Bank

Control data	
SWIFT/BIC	SWFTKRYZ
Bank group	
☐ Postbank Acct	
Bank number	

Bank Master Data는 위와 같은 필드를 관리한다(Client 레벨에서 생성)

○ FI-Accounts Payable-Master Records-FK02-Change 화면 : 계좌 등록시 Bank Master 정보를 입력한다.

Change Vendor: Payment transactions

MENA Certificate

| Vendor | VEND-KR001 | SFA Electronics | Seoul |

Bank Details

Ctry	Bank Key	Bank Account	Acct Holder	A	IBAN	IBANValue	BnkT
KR	028	12309854321	SFA				0001

- 위와 같이 Bank Country, Bank Key는 Bank Master 데이터정보를 이용해 입력한다.
- 거래처 계좌정보는 Bank Country + Bank Key + Bank Account(계좌)를 입력하여 관리한다.

▶ Bank Account : 계좌번호 관리
- 용어 설명 - Bank G/L Account : Bank 계좌와 관련된 G/L 계정과목 / Bank Account : 실제 거래 계좌번호
- House Bank : 회사 거래은행지점(신한은행 여의도지점) / Account ID : House Bank의 거래 계좌(당좌/보통계좌)
- **House Bank(신한은행 여의도지점) + Account ID(당좌계좌) → Bank Account, Bank G/L Account, Currency가 결정됨**
- Bank Account : 거래계좌번호
- Bank G/L Account : 거래은행과 거래계좌가 많으면 G/L계정도 늘어나게 된다.
- Currency : 각 계좌별로 통화 지정

② **House Bank + Account ID 관리** : IMG-FI-Bank Accounting-Bank Accounts-Define House Banks 화면

〉Company Code 를 선택하여 들어간다.

〉아래와 같은 화면이 뜬다.

Change View "House Banks": Overview

New Entries

Dialog Structure				
▼ Company Codes	Company Code	4100	FI Korea	
▼ House Banks				
· Bank Accounts	House Banks			

House bank	Bank ctry.	Bank Key	Bank name
02801	KR	028	Shin Han Bank

>새로운 House Bank를 생성(New Entries), ①에서 작성한 Bank Master(Bank Country, Key)를

　선택

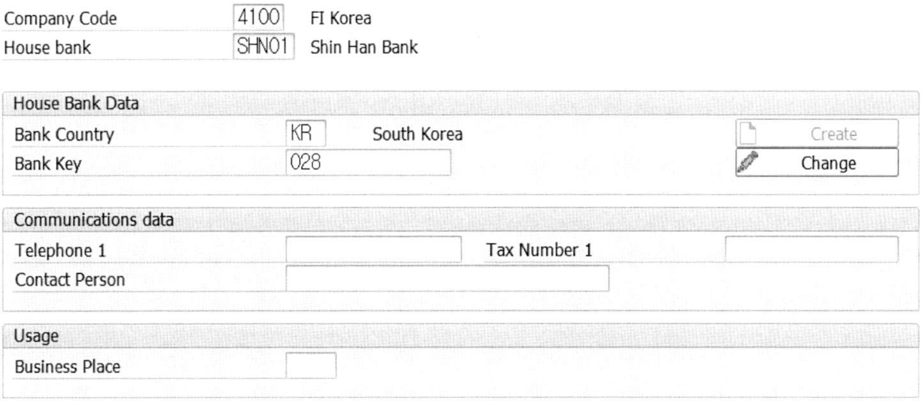

| Company Code | 4100 | FI Korea |
| House bank | SHN01 | Shin Han Bank |

House Bank Data

| Bank Country | KR | South Korea | | Create |
| Bank Key | 028 | | | Change |

Communications data

| Telephone 1 | | Tax Number 1 | |
| Contact Person | | | |

Usage

| Business Place | |

>좌측 메뉴의 Bank Accounts를 더블클릭한 후 New Entries 하여 해당 은행에 Assign되는 계

　좌들을 등록한다.

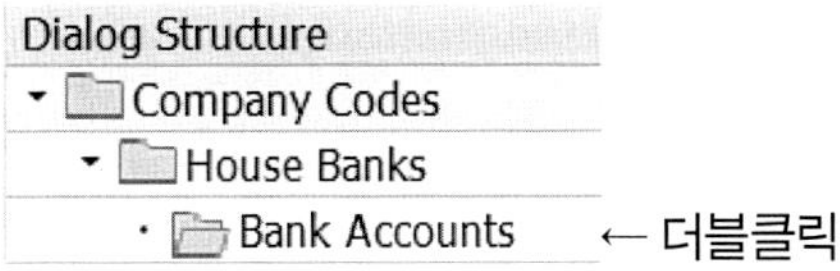

Dialog Structure
- 📁 Company Codes
  - 📁 House Banks
    - 📁 Bank Accounts ← 더블클릭

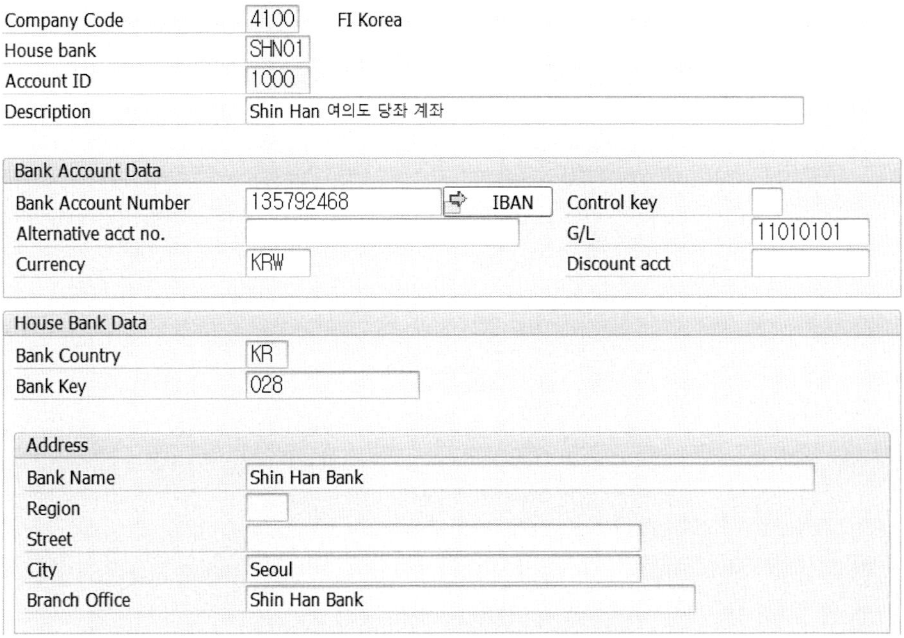

Company Code	4100	FI Korea
House bank	SHN01	
Account ID	1000	
Description	Shin Han 여의도 당좌 계좌	

Bank Account Data

Bank Account Number	135792468	⇨ IBAN	Control key	
Alternative acct no.			G/L	11010101
Currency	KRW		Discount acct	

House Bank Data

| Bank Country | KR |
| Bank Key | 028 |

Address	
Bank Name	Shin Han Bank
Region	
Street	
City	Seoul
Branch Office	Shin Han Bank

> G/L Account(G/L [11010101]) 필드를 입력하기 위해 먼저 FS00 트랜잭션으로 이동한다. G/L Account는 G/L 계정 마스터 데이터 등록화면(FS00)에서 미리 생성해 둔다.

> 11010101 계정을 신규로 생성한다.

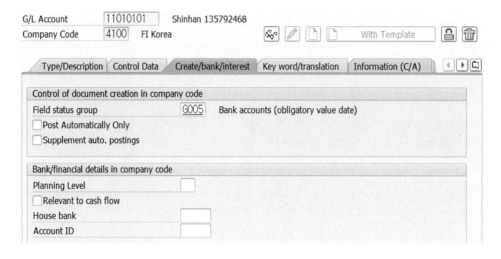

House Bank, Account ID 부분을 공백으로 저장

> 다시 Bank Account를 정의하는 화면에서 방금전에 생성한 11010101 계정을 매핑한다.

> Currency필드에 통화 지정 - KRW

• House Bank+Account ID에 의해 <u>Bank Account Number, G/L Account, Currency</u>가 결정됨을 볼 수 있다.

> FS00 트랜잭션에서 11010101계정 마스터 데이터에 House Bank, Account ID를 등록해 준다.

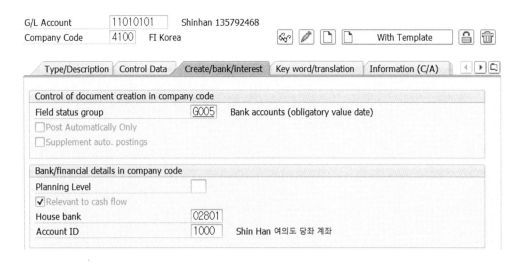

G/L 계정상의 House Bank/Account ID는 TR Cash Management에서 사용하는 등 특정 처리를 위한 경우에 매핑하면 된다.

③ **Customer/Vendor Master Data 계좌정보 생성**(수금/지불 계좌등록) : FI-AP-Master records-FK01 - Create화면

>아래와 같이 Vendor의 거래은행 계좌정보를 입력한다(Bank Country, Bank Key, Bank Account 값 입력)

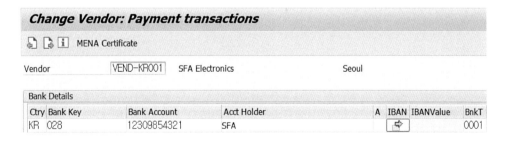

AP발생 후 Vendor의 은행계좌로 대금을 지불하기 위해 등록하는 정보이다.

▶ S/4 HANA House Bank+Account ID 관리

>IMG-FI-Bank Accounting-Bank Accounts-Define House Banks 화면

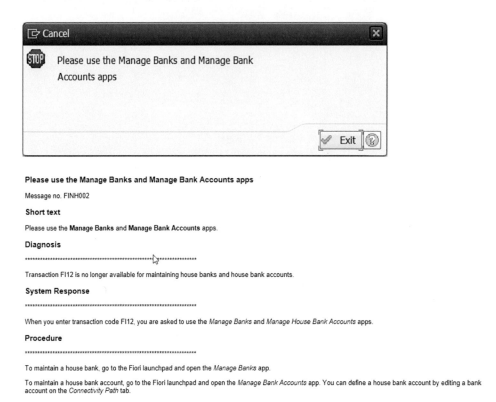

S/4 HANA 버전에서는 SAP 화면에서 House Bank + Account ID 관리를 하지 못하게 변경되었다.
FIORI 화면에서 관리하도록 변경됨

>T-Code : NWBC 화면 (FIORI 화면으로 이동. SAP_FI_BL_BANK_MASTER_DATA Role 권한이 필요)

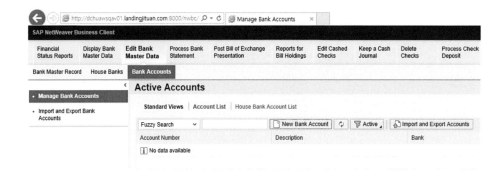

› ☐New Bank Account 생성 버튼을 클릭하여 신규 Bank Account를 등록한다.

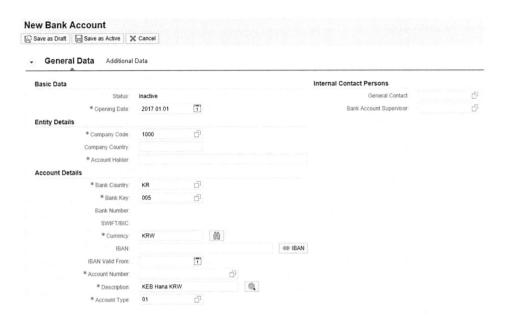

* 표시가 되어 있는 필수 입력 필드들에 대한 정보를 입력한다. 개설일(Opening Date), Company Code, Account Holder, Bank Country, Bank Key, Currency, 계좌번호(Account Number), Description, Account Type 정보를 입력한다. 💾 Save as Active 버튼을 클릭하여 저장한다.

›저장 후 Edit 버튼을 클릭하여 **Connectivity Path** 부분을 추가로 등록해야 한다.

Connectivity Path클릭 후 Add 버튼을 클릭하여 Account ID를 등록한다. Account ID / G/L Account를 입력한 후 ⊞ Save as Active 버튼을 클릭하여 저장한다(※참고 Account ID 관리 테이블 : T012K(구ERP테이블) → FCLM_BAM_ACLINK2, FCLM_BAM_AMD (S/4 HANA Bank 관련 Table - FCLM_BAM*))

>Account ID Close 처리

Close Account 버튼 클릭하여 종료 처리

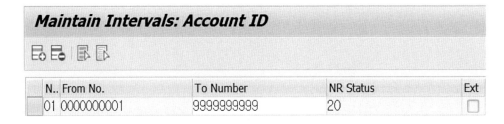

위와 같이 Close 처리 가능, 다시 Reopen 도 가능

>IMG-Financial Supply Chain Management-Cash and Liquidity Management-Bank Account Management-Basic Settings : FIORI에서 Bank Account를 관리하기 위해선 Number Range설정이 되어 있어야 한다.

-.Define Number Ranges for Bank Account Technical IDs

Maintain Intervals: Account ID

N..	From No.	To Number	NR Status	Ext
01	0000000001	9999999999	20	☐

-.Define Number Ranges for Change Requests

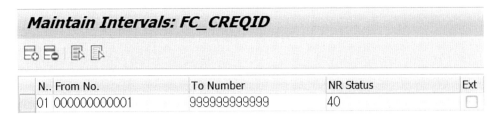

-.Assign Number Ranges

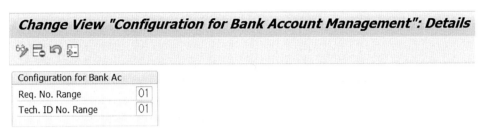

> 앞서 FIORI-Bank Account 등록 화면에서 Account Type이란 필드가 있었다. 이 필드는 Planning / Reporting 목적으로 사용할 수 있으며 아래 화면에서 값을 설정할 수 있다.

> IMG-Financial Supply Chain Management-Cash and Liquidity Management-Bank Account Management-Basic Settings-Define Settings for Bank Account Master Data

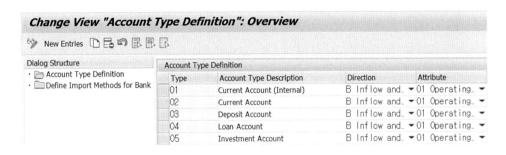

▶ Cash Ledgers(현금출납장부 - Cash journal) : 국내 회사에서는 잘 사용하지 않는 기능이다.

○ 금고에 있는 현금과 현금출납장부 금액이 일치하는지 확인하여 현금시재관리를 한다.

○ 하나의 Company Code에 여러 개의 Cash journal을 관리할 수 있다. Cash journal에서 출납관리를 하게 되면 자동으로 G/L전표로 반영된다.

○ 실질적으로 이 시스템을 이용하여 관리하기는 매우 어렵다. 현금과 관련된 모든 비즈니스 트랜잭션을 시스템에 등록해 놓고 그에 맞게 Cash journal을 등록해야 하기

때문에 현금거래가 다양하게 많이 발생하는 회사의 경우는 적용이 어렵다.

○ 주로 전도금 관리시에 이 기능을 사용한다.

○ FI-General Ledger-Document Entry-FBCJ - Cash Journal Posting 화면에서 현금
과 관련된 거래를 등록

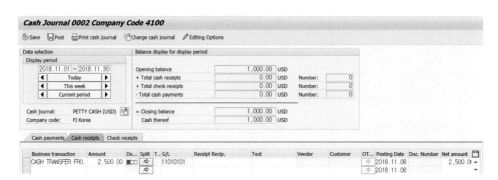

>위 화면에서 당일 발생한 현금 거래를 등록한다(Business Transaction 필드 Possible entry
클릭)

Business transaction	Tran.no	CoCd	Ty..	SG	G/L Acct	Tx	BusTraBlkd	Acct M
CASH TRANSFER FROM BANK	1	4100	C		11010101		☐	☐
CASH TRANSFER TO BANK	2	4100	B		11010101		☐	☐
PAYMENT FROM CUSTOMER	3	4100	D				☐	☐
PAYMENT TO VENDOR	4	4100	K				☐	☐
CASH PURCHASE OFFICE MATS	5	4100	E		54002500	V1	☐	☐
CASH SALE	6	4100	R				☐	☑

>처리하고자 하는 현금거래를 리스트에서 선택한다(G/L Account 필드에 있는 계정으로 전표 기표가
될 것이다.)

Cash receipts Tab에서 외화 현금입금(CASH TRANSFER FROM BANK) 2,500USD를 등록한
후 하단의 [Save Sel.] 버튼을 클릭하자. 아래 그림처럼 입력한 내용이 저장된다.

Opening balance	1,000.00	USD		
+ Total cash receipts	2,500.00	USD	Number:	1
+ Total check receipts	0.00	USD	Number:	0
- Total cash payments	0.00	USD	Number:	0
= Closing balance	3,500.00	USD		
Cash thereof	3,500.00	USD		

>Balance 가 위와 같이 표시된다. 🖫 Post Sel. 버튼을 클릭해서 해당 라인을 전기한다.

Cash payments	Cash receipts	Check receipts							
Business transaction	Amount	Do...	Split	T..	G/L	Posting Date	Receipt Recip.		Text
CASH TRANSFER FRO..	2,500.00	⊂⊂□	⇨		11010101	2018.11.08			Cash Receipt

아이콘 모양이 ⊂△○ 에서 ⊂□로 변경된다.

> 🖳 Follow-On Docs 버튼을 클릭하면 전표를 조회해볼 수 있다.

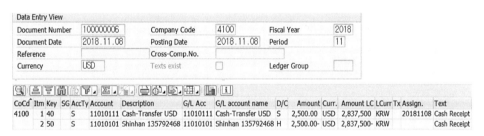

Data Entry View

Document Number	100000006	Company Code	4100	Fiscal Year	2018
Document Date	2018.11.08	Posting Date	2018.11.08	Period	11
Reference		Cross-Comp.No.			
Currency	USD	Texts exist	☐	Ledger Group	

CoCd	Itm	Key	SG	AccTy	Account	Description	G/L Acc	G/L account name	D/C	Amount	Curr.	Amount LC	LCurr	Tx	Assign.	Text
4100	1	40		S	11010111	Cash-Transfer USD	11010111	Cash-Transfer USD	S	2,500.00	USD	2,837,500	KRW		20181108	Cash Receipt
	2	50		S	11010101	Shinhan 135792468	11010101	Shinhan 135792468	H	2,500.00-	USD	2,837,500-	KRW			Cash Receipt

Bank 계정에서 전도금의 성격인 Cash-Transfer 계정으로 2,500USD가 입금된 전표이다.

>Cash Payments Tab - 비품구매 Expense 처리(CASH PURCHASE OFFICE MATS Business

Transaction 선택)

Business transaction	Tran.no	CoCd	Type	SG	G/L Acct	Tx
CASH PURCHASE OFFICE MATS	5	4100	E		54002500	V1

Cash payments	Cash receipts	Check receipts						
Business transaction	Amount	Do...	Split	T..	G/L	Receipt Recip.		Text
CASH PURCHASE OF..	300.00	⊂△○	⇨	V1	54002500			Expense

> 🖫 Post Sel. 버튼 클릭하여 전기후 🖳 Follow-On Docs 클릭

Data Entry View

Document Number	100000007	Company Code	4100	Fiscal Year	2018	
Document Date	2018.11.09	Posting Date	2018.11.09	Period	11	
Reference		Cross-Comp.No.				
Currency	USD	Texts exist	☐	Ledger Group		

CoCd	Itm	Key	SG	AccTy	Account	Description	G/L Acc	G/L account name	D/C	Amount	Curr.	Amount LC	LCurr	Tx	Assign.	Text
4100	1	50	S		11010111	Cash-Transfer USD	11010111	Cash-Transfer USD	H	300.00-	USD	340,500-	KRW		20181109	Expens
	2	40	S		54002500	Office supplies	54002500	Office supplies	S	272.73	USD	309,549	KRW	V1		Expens
	3	40	S		13020300	Input Tax(VAT)	13020300	Input Tax(VAT)	S	27.27	USD	30,951	KRW	V1		Expens

Office Supplies Expense가 발생하면서 Cash-Transfer 계정에서 300USD가 빠져나간 전표이다.

Opening balance	1,000.00	USD			
+ Total cash receipts	2,500.00	USD	Number:	1	
+ Total check receipts	0.00	USD	Number:	0	
- Total cash payments	300.00	USD	Number:	1	
= Closing balance	3,200.00	USD			
Cash thereof	3,200.00	USD			

>남은 잔액 3,200USD를 다시 Bank 계좌로 Transfer 해보자(CASH TRANSFER TO BANK)

Business transaction	Tran.no	CoCd	Ty	SG	G/L Acct	Tx
CASH TRANSFER FROM BANK	1	4100	C		11010101	
CASH TRANSFER TO BANK	2	4100	B		11010101	

Cash payments / Cash receipts / Check receipts

Business transaction	Amount	Do...	Split	T..	G/L	Receipt Recip.	Text
CASH PURCHASE OF_	300.00	⊂⊃☐	⇨	V1	54002500		Expense
CASH TRANSFER TO_	3,200.00	⊂⚬⚬	⇨		11010101		To Bank

>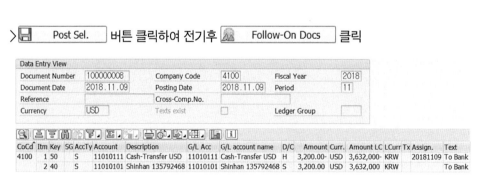 Post Sel. 버튼 클릭하여 전기후 Follow-On Docs 클릭

Data Entry View

Document Number	100000008	Company Code	4100	Fiscal Year	2018	
Document Date	2018.11.09	Posting Date	2018.11.09	Period	11	
Reference		Cross-Comp.No.				
Currency	USD	Texts exist	☐	Ledger Group		

CoCd	Itm	Key	SG	AccTy	Account	Description	G/L Acc	G/L account name	D/C	Amount	Curr.	Amount LC	LCurr	Tx	Assign.	Text
4100	1	50	S		11010111	Cash-Transfer USD	11010111	Cash-Transfer USD	H	3,200.00-	USD	3,632,000-	KRW		20181109	To Bank
	2	40	S		11010101	Shinhan 135792468	11010101	Shinhan 135792468	S	3,200.00	USD	3,632,000	KRW			To Bank

Cash Transfer 계정에서 Bank Account로 3,200USD가 입금된 전표이다.

Opening balance	1,000.00 USD	
+ Total cash receipts	2,500.00 USD	Number: 1
+ Total check receipts	0.00 USD	Number: 0
- Total cash payments	3,500.00 USD	Number: 2
= Closing balance	0.00 USD	
Cash thereof	0.00 USD	

○ 위와 관련된 IMG 세팅 화면을 간단히 살펴보자.

>IMG-FI-Bank Accounting-Business Transactions-Cash Journal-Set Up Cash Journal

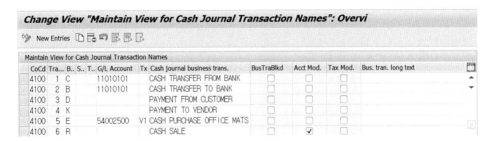

각 Cash Journal(현금출납장)에 대해 관리 계정코드 및 통화, 전표 유형 등을 등록한다. 입/출금 발생 시 이 G/L 계정으로부터 돈이 입금되거나 출금되거나 하게 된다.

>IMG-FI-Bank Accounting-Business Transactions-Cash Journal-Create, Change, Delete Business Transactions

Change View "Maintain View for Cash Journal Transaction Names": Overvi

New Entries 🗅 🖹 ⤼ 🖹 🖹 🖹

Maintain View for Cash Journal Transaction Names

CoCd	Tra...	B..	S..	T..	G/L Account	Tx	Cash journal business trans.	BusTraBlkd	Acct Mod.	Tax Mod.	Bus. tran. long text	
4100	1	C			11010101		CASH TRANSFER FROM BANK	☐	☐	☐		
4100	2	B			11010101		CASH TRANSFER TO BANK	☐	☐	☐		
4100	3	D					PAYMENT FROM CUSTOMER	☐	☐	☐		
4100	4	K					PAYMENT TO VENDOR	☐	☐	☐		
4100	5	E			54002500	V1	CASH PURCHASE OFFICE MATS	☐	☐	☐		
4100	6	R					CASH SALE	☐	☑	☐		

각 Business Transaction을 정의하고 그에 맞는 G/L 계정을 매핑한다. 발생시마다 계정을 변경해가 며 처리하고자 할 경우 Acct Mod. 체크박스에 체크한다.

○ 회사의 현금 거래 규모를 보고 이 기능을 사용할지를 결정한다.

● Master Data in Travel Management : 여행/출장경비 관련된 Master Data 관리

▶ 국내에서 경비관리 시스템은 웹 형식의 e-Accounting/비용정산/e-법인카드 등의 패키지 시스템을 구축하는 것이 일반적이다. FI-TM 기능은 실제로 사용하는 회사가 국내에는 거의 없기 때문에 그런 기능이 SAP에 있다는 정도로만 알아두자.

▶ Setting Up Personnel Master Data : 개인별 인사 Master Data

○ HR 또는 FI-TM에서 만들어야 하는 인사 Master Data(HR모듈이 프로젝트에 포함된다면 FI-TM은 사용하지 않는다)

○ HR모듈이 없는 경우 FI-TM를 이용해 Mini 인사 Master Data를 구축해주어야 한다.

○ Actions : 개인별 신상정보에 영향을 미치는 모든 행위(HR모듈에서 사용하는 용어)
→ 액션이 발생하게 되면 FI-TM쪽으로 반영이 된다. 개인별 trip cost에 영향을 주게 된다.

▶ A/P Master Records for Employees

○ 출장경비관리를 하기 위해서는 각 Employee별로 사원 Vendor등록을 해줘야만 정산처리가 가능하다.

○ FI-TM에서 발생한 인건비 관련 사항을 FI-AP쪽으로 배치작업으로 전송(→ AP전표 발생)하면 FI-AP쪽에서 정산처리를 한다.

7. Business Partner (S/4 HANA)

● **S/4 HANA** 버전에서는 Vendor Master와 Customer Master를 Business Partner라는 하나의 Master로 통합 관리하도록 변경되었다. 이를 Customer/Vendor Integration(CVI)라고 하며, 하나의 Transaction Code인 BP를 통해서 생성/변경 관리를 할 수 있게 되었다. 과거 FD01/FD02/FD03등 Customer Master관련 T-Code들과 FK01/FK02/FK03등 Vendor Master 관련 T-Code들은 실행시 BP T-Code로 이동되도록 변경되었다.

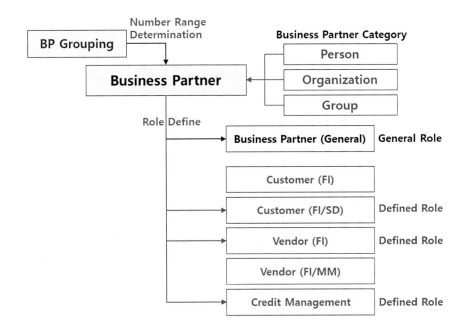

▶ Standard가 정의하고 있는 3가지 BP Category별로 Business Partner를 생성할 수 있다(Person, Organization, Group)

▶ 최초 생성시 Business Partner-General Role(000000)이 생성된다. BP의 기본 정보를 담고 있는 Role이라고 볼 수 있다. 이 Role을 생성한 후에 각 목적에 맞는 BP Role을

정의해 나가는 방식이다. 위 그림의 경우 FI/SD 에서 함께 사용하는 외상매출고객으로 Role을 확장하였으며, FI에서만 사용하는 미지급금 대상 Vendor로 Role을 정의하였다. SD에서 여신관리를 하기 위한 Credit Management Role도 정의한 것을 볼 수 있다.

▶ 만약 구매자재(MM) 모듈을 통한 외상매입 거래가 발생한다면 Vendor(FI/MM) Role에 대한 정의를 추가하면 된다.

▶ BP Category는 Person / Organization / Group으로 정의되어 있다.

> ⬜ Person 을 클릭하여 BP를 생성하는 화면

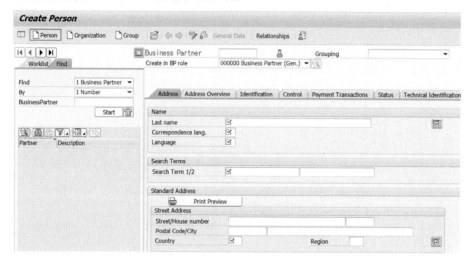

> ⬜ Organization 을 클릭하여 BP를 생성하는 화면

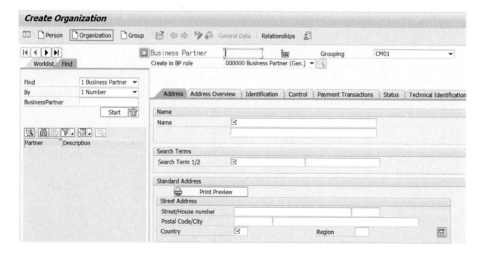

[Group]을 클릭하여 BP를 생성하는 화면

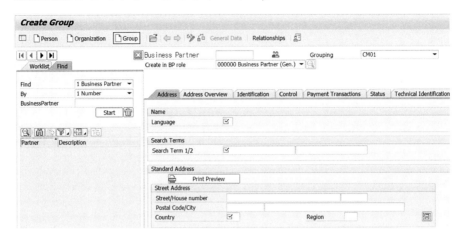

화면을 보면 각 Category별로 제공하는 필드가 조금씩 다름을 알 수 있다.

주로 Organization Category를 이용하여 BP를 생성하는 케이스가 많다. Person의 경우 CVI 오류가 자주 발생하는 등 최적화가 아직 이루어지지 않은 느낌이었으나 패치레벨이 올라가면서 점차 안정화 되고 있다.

● Business Partner 생성

▶ Organization BP를 생성해보자. [Organization] 클릭

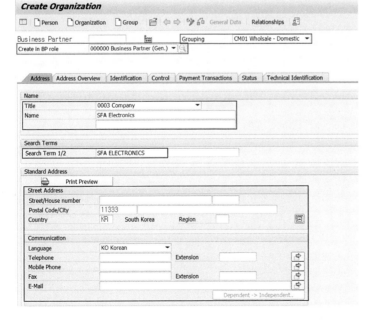

최초 생성시에는 BP General Role 관련 정보를 입력하며 BP Grouping은 Customer/Vendor Account Group의 성격으로 원하는 Grouping값을 선택하면 된다(BP Grouping → BP Number Range 결정)

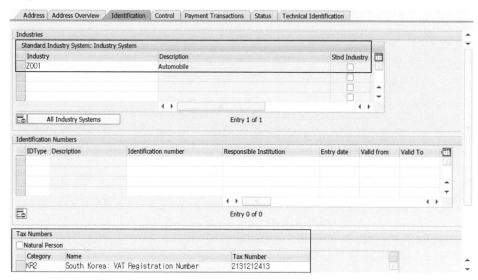

Identification Tab에서 Tax 관련 정보(사업자번호(KR2)/주민등록번호(KR1)) 등을 입력할 수 있다. DFKKBPTAXNUM 테이블에 위 정보가 저장되며 Customer/Vendor Role 정의시 LFA1 / KNA1 테이블의 STCD1(주민번호), STCD2(사업자번호) 필드에 업데이트 된다.

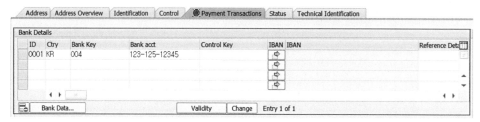

Payment Transactions Tab에서 계좌 관련 정보를 입력한다. 이 정보는 Customer/Vendor 공통으로 쓰는 정보이다.

Status Tab에서는 Central Block, Archiving Flag등 상태값에 대한 Flag 처리가 가능하다.

〉위와 같이 정보를 입력한 후 저장하면 BP Number가 채번된다. Customer Role을 확장하고자 한다면 다시 🖉 버튼을 클릭하여 변경모드로 변경한 후 Customer Role을 정의한다.

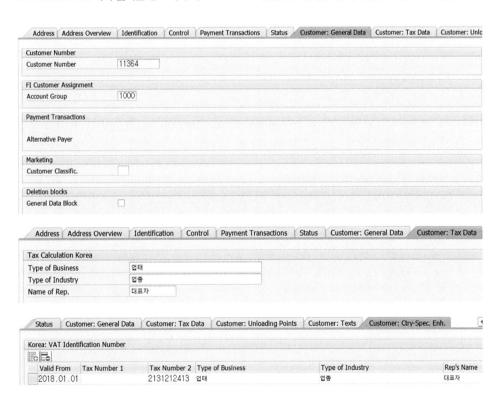

BP General Role에서 입력한 정보에 추가로 Customer 관련 정보를 입력할 수 있는 Tab들이 추가된다.

위와 같이 Customer 관련 일반적인 정보를 입력할 수 있다.

〉상단의 Company Code 버튼을 클릭하여 Customer Company Code View를 등록할 수 있다.

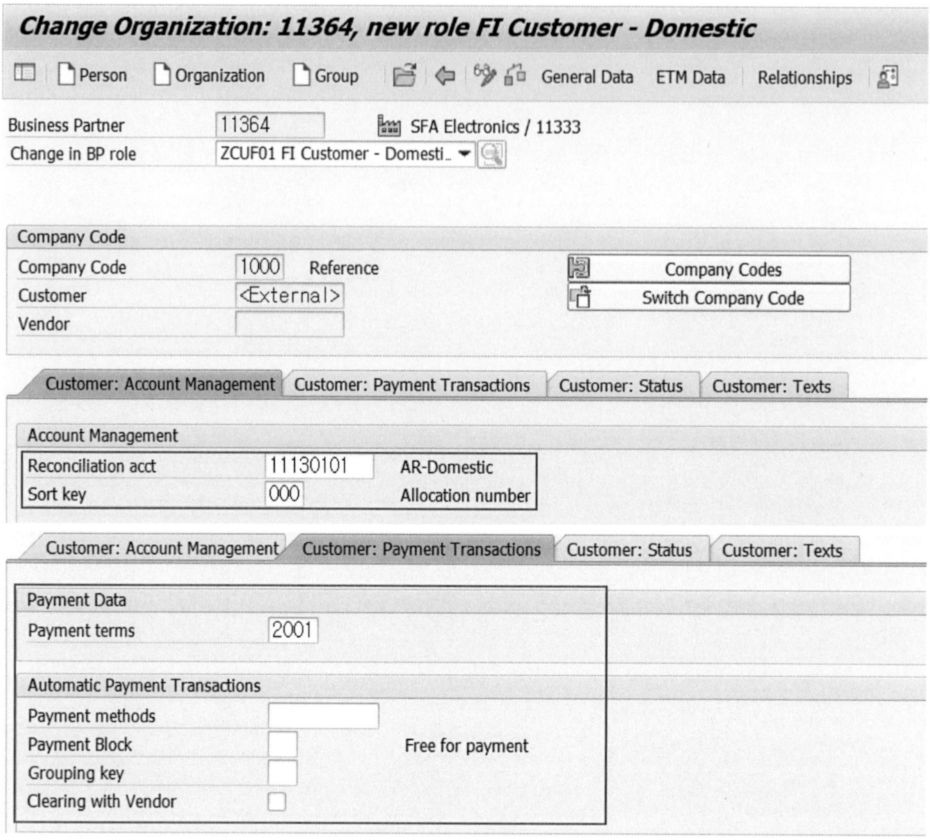

Change Organization: 11364, new role FI Customer - Domestic

Person	Organization	Group		General Data	ETM Data	Relationships	

Business Partner   11364   SFA Electronics / 11333
Change in BP role   ZCUF01 FI Customer - Domesti... ▾

Company Code

Company Code   1000   Reference   Company Codes
Customer   <External>   Switch Company Code
Vendor

| Customer: Account Management | Customer: Payment Transactions | Customer: Status | Customer: Texts |

Account Management

Reconciliation acct   11130101   AR-Domestic
Sort key   000   Allocation number

| Customer: Account Management | Customer: Payment Transactions | Customer: Status | Customer: Texts |

Payment Data

Payment terms   2001

Automatic Payment Transactions

Payment methods
Payment Block   Free for payment
Grouping key
Clearing with Vendor ☐

Reconciliation Account/Sort Key/Payment Terms 등 회사코드 레벨에서 관리되는 정보를 입력한다.

〉저장버튼을 클릭하면 이때 Customer Number가 채번된다. 동일한 번호가 채번된 것을 볼 수 있는 데 어떤 설정에 의해서 이렇게 동일 번호가 생성된 것인지는 뒤에서 살펴보기로 한다.

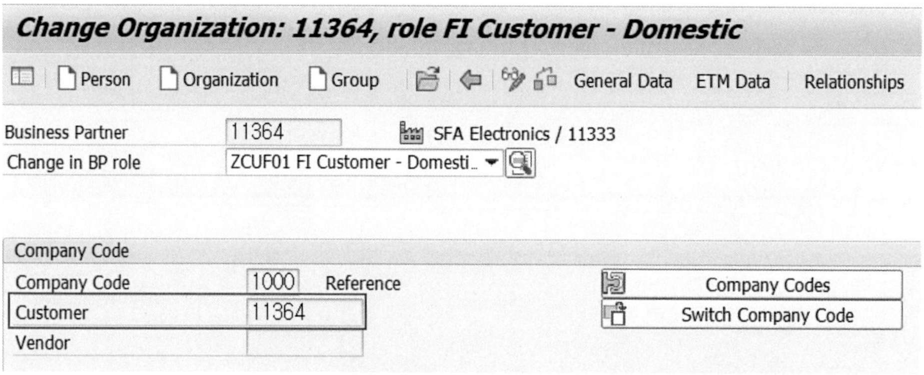

Change Organization: 11364, role FI Customer - Domestic

Person	Organization	Group		General Data	ETM Data	Relationships

Business Partner   11364   SFA Electronics / 11333
Change in BP role   ZCUF01 FI Customer - Domesti... ▾

Company Code

Company Code   1000   Reference   Company Codes
Customer   11364   Switch Company Code
Vendor

〉회사코드를 추가할 경우 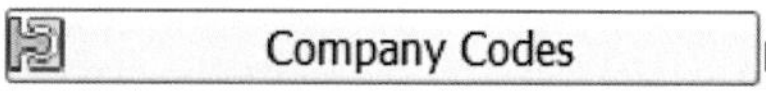   Company Codes   버튼을 클릭하여 아래 그림과 같이 Create 버튼을 클릭하여 회사코드를 추가한 후 Adopt 버튼을 클릭하면 된다.

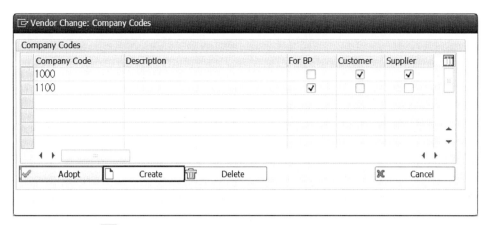

>BP Role 부분의 🔍 버튼을 클릭하여 등록된 Role 리스트를 조회해볼 수 있다.

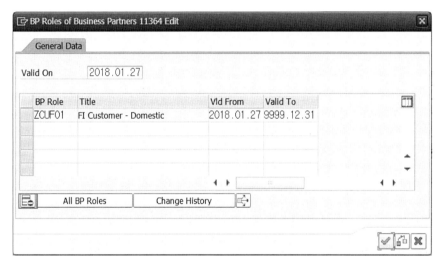

위 삭제버튼을 클릭하여 등록된 BP Role을 삭제할 수 있다.

▶ Vendor 관련 Role을 생성하는 것도 동일한 방식으로 처리하면 된다.

● Business Partner Role IMG Configuration

▶ Business Partner에서 가장 중요한 부분인 Role과 관련된 IMG 세팅에 대해 살펴보도록 한다. 각 회사에서 거래하고 있는 Customer/Vendor에 대해 어떤 형식으로 Role을 구성할지 협의하는 과정이 필요하며 각 Role에 대한 Setting 작업이 필요하다.

▶ IMG-Cross-Application Components-SAP Business Partner-Business Partner-

Basic Settings-Business Partner Roles-Define BP Roles : BP Role 정의

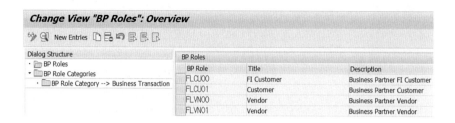

기본적으로 Standard에서 제공하는 BP Role들이 존재하며, 이 Role을 그대로 사용해도 되지만
회사의 목적에 맞게 Custom Role을 구성할 수 있다.

>FLCU00 - FI Customer Standard Role을 Copy하여 Role을 하나 생성해보자.

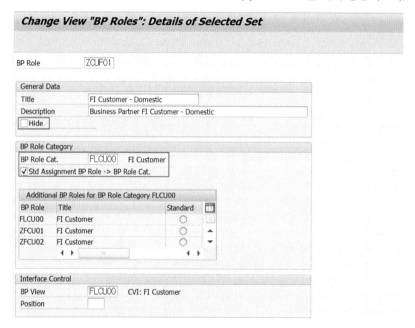

FI Customer - Domestic Role을 정의하였다. Hide 체크박스는 해당 Role을 BP생성화면 Role List
에서 숨김처리 하겠다는 의미로, 회사에 맞는 별도 Role을 생성하였다면 Standard Role들은 Hide
처리하여 사용자가 선택하지 못하도록 하는 것이 좋다.
BP Role Cat. : 해당 BP에 대한 Category를 선택한다 📂 BP Role Categories 항목을 더블클릭
해보면 정의된 Category들을 조회해볼 수 있다.

Change View "BP Role Categories": Overview

New Entries

Dialog Structure
- BP Roles
- BP Role Categories
  - BP Role Category --> Business Transaction

BP Role Categories

Role Cat.	Title	Description
FLCU00	FI Customer	Business Partner FI Customer (FS: BP)
FLCU01	Customer	Business Partner Customer (FS: BP)
FLVN00	FI Vendor	Business Partner FI Vendor (FS: BP)
FLVN01	Vendor	Business Partner Vendor (FS: BP)

BP Role Cat.   FLCU00

BP Role Categories

Title	FI Customer
Description	Business Partner FI Customer (FS: BP)
Diff.Type	0 General Data

Possible Business Partner Categories
- ✓ Organization
- ✓ Person
- ✓ Group

모든 BP Category에 대해 사용이 가능한 Role Category이다. 이 Role Category는 필요시 별도로 정의해도 되고Standard 설정을 그대로 사용해도 된다.

✓ **Std Assignment BP Role -> BP Role Cat.** : 하나의 BP Role Category에 여러 개의 BP Role 이 지정되어 있을 경우 그 중 기본이 되는 BP Role에 대해 하나만 지정한다. 이는 프로그램 내부적 으로 BP Role Category에 대한 BP Role을 결정할 때 이 기본Role을 찾아오기 위해 설정하는 부분 이다.

BP View   FLCU00   CVI: FI Customer   : Business Data Toolset(BDT)으로 정의 되어 있는 BP View를 선택한다(BDT : Data Set 구성, Calling Application 설정, Screen 정의, Field 구성 등 의 정보를 담고 있는 BP 화면 설정이라고 보면 된다.) 별도로 정의할 필요 없이 Standard에서 정의되어 있 는 BP View를 선택하면 된다.

Position   : BP생성화면 Role List 상의 순서를 결정한다.

> 위에서 정의한 Role은 BP 생성화면에서 아래와 같이 조회된다.

Create Organization: Role FI Customer - Domestic

Person   Organization   Group   Company Code   ETM Data   Relationships

| Business Partner | | Grouping | CM01 |
| Create in BP role | ZCUF01 FI Customer - Domesti... | | |

국내 FI 고객에 대한 Role을 정의할 수 있다. FI 고객이므로 Company Code View에 대한 확장버튼이 보인다.

▶ FI/SD모두 사용할 수 있는 Role을 정의해보자(Company Code View와 Sales and Distribution View를 모두 확장할 수 있는 Role) 먼저 Role 정의화면에서 SD 관련 Role을 정의한다.

FLCU01 Role을 복사하여 생성(※참고 - FLVN00 : FI Vendor / FLVN01 : MM Vendor)

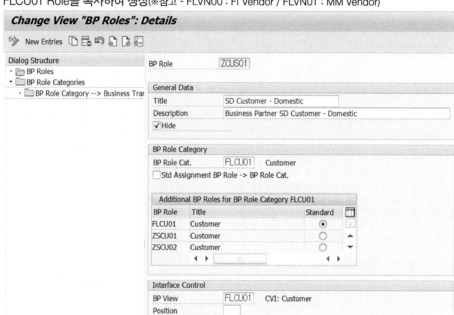

위 Role은 직접적으로 사용하지 않을 예정이므로 Hide 체크한다.

〉IMG-Cross-Application Components-SAP Business Partner-Business Partner-Basic Settings-Business Partner Roles- Define BP Role Groupings : FI Role과 SD Role을 하나의 Group으로 Grouping 한다.

〉신규 Role Grouping Category 정의

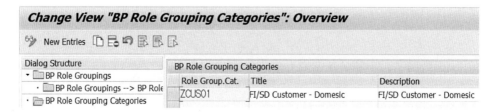

\>신규 Role Grouping Code 정의

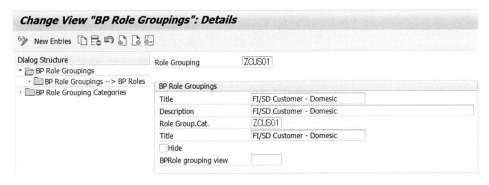

앞서 생성했던 Role Grouping Category를 입력하고 Title등을 입력한다.

\>📁 BP Role Groupings --> BP Roles 더블클릭

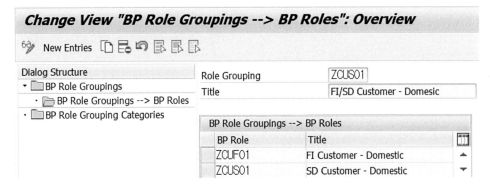

Role Grouping에 포함될 BP Role을 지정한다. FI Role과 SD Role을 함께 지정

\>BP 생성화면에서 위 Grouping Role을 이용해서 BP를 생성해보자.

Grouping Role에는 뒤에 X가 붙는다(ZCUS01로 정의했지만 ZCUS01X로 보여짐)

위 어플리케이션 툴바에 Company Code View 뿐 아니라 Sales and Distribution View도 확장할 수 있는 버튼이 조회된다. 이와 같이 여러 가지 Role을 동시에 정의할 경우 Grouping Role을 사용한다.

▶ BP 관련 Transaction Code 정의 : T-Code BP에서 모든 BP를 생성해도 되고, 별도의 CBO프로그램을 만들어 상황에 맞는 거래처를 생성할 수도 있다. 또한 Standard 기능을 이용하여 원하는 형태의 BP를 생성할 수 있는 T-Code를 만들 수 있다.

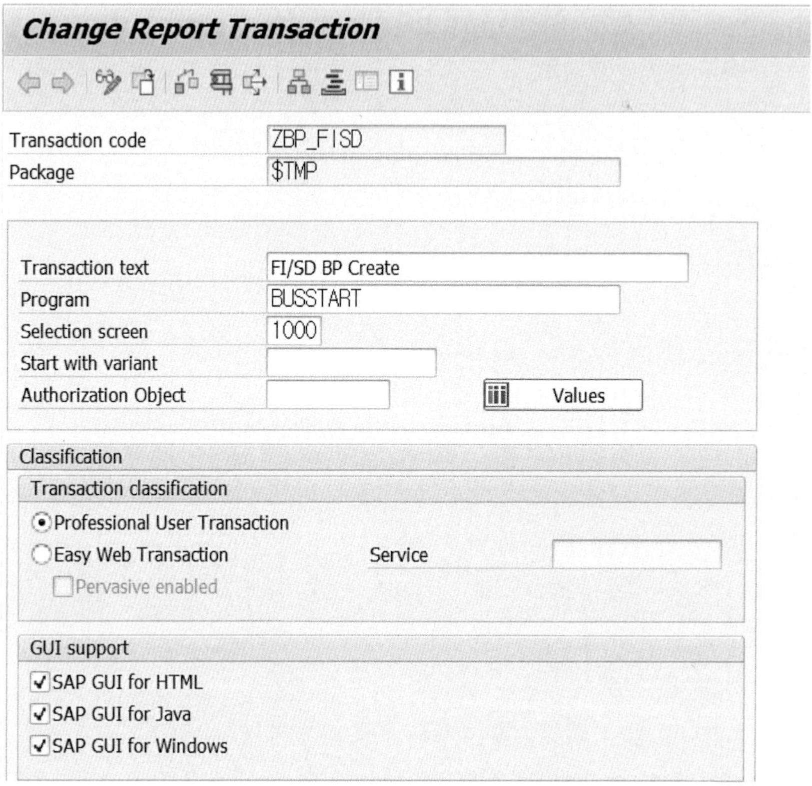

Change Report Transaction

Transaction code	ZBP_FISD
Package	$TMP

Transaction text	FI/SD BP Create
Program	BUSSTART
Selection screen	1000
Start with variant	
Authorization Object	☷ Values

Classification

Transaction classification
◉ Professional User Transaction
◯ Easy Web Transaction   Service
  ☐ Pervasive enabled

GUI support
☑ SAP GUI for HTML
☑ SAP GUI for Java
☑ SAP GUI for Windows

〉T-Code 생성 - SE93 화면 : BUSSTART 프로그램을 호출하는 Transaction Code를 생성한다.

〉IMG-Cross-Application Components-SAP Business Partner-Business Partner-Basic Settings-Business Partner Roles- Define Application Transactions : BP 관련 Transaction Code를 Setting 할 수 있다.

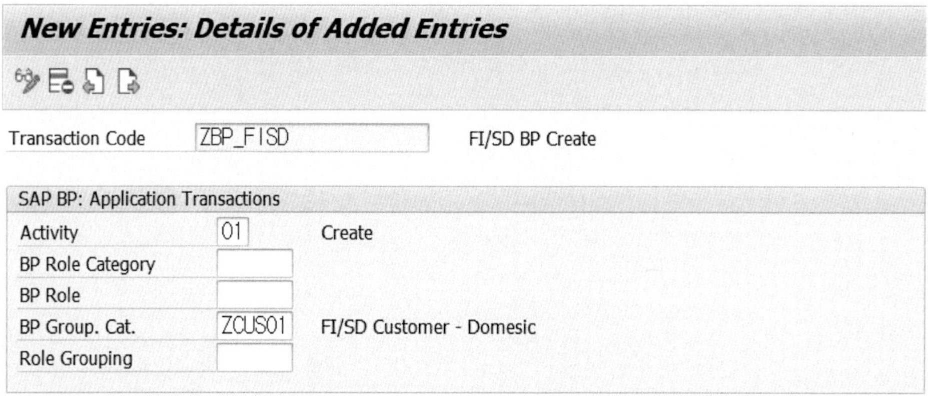

New Entries: Details of Added Entries

Transaction Code	ZBP_FISD	FI/SD BP Create

SAP BP: Application Transactions

Activity	01	Create
BP Role Category		
BP Role		
BP Group. Cat.	ZCUS01	FI/SD Customer - Domesic
Role Grouping		

Activity : 생성처리, 생성시 사용할 Role Category / BP Role / BP Grouping Category / Role Grouping 중 원하는 것을 선택하여 입력한다. Category를 입력할 경우 해당 Category를 가지고 있는 모든 BP Role이 조회된다.

〉ZBP_FISD T-Code 실행

원하는 BP Category 선택

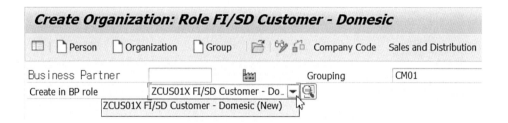

앞서 지정했던 BP Grouping Category에 속한 BP Role만 설정할 수 있는 생성화면이 나타난다.

● Business Partner Number Range Settings

▶ IMG-Cross-Application Components-SAP Business Partner-Business Partner-Basic Settings-Number Ranges and Groupings-Define Number Ranges : BP Number Range 설정

Maintain Intervals: Business partner

N..	From No.	To Number	NR Status	Ext
01	0000010000	0000019999	11362	☐
02	0000020000	0000029999	20122	☐
03	0000030000	0000039999	30094	☐
04	0000040000	0000049999	0	☐

▶ IMG-Cross-Application Components-SAP Business Partner-Business Partner-Basic Settings-Number Ranges and Groupings-Define Groupings and Assign Number Ranges : BP Grouping과 Number Range를 설정한다.

Change View "BP groupings": Overview

New Entries

Grouping	Short name	Description	Number ra...	External	Int.Std.Grping	Ext.Std Grping	Hide
CM01	Wholsale - Dom.	Wholsale - Domestic	01	☐	⦿		☐
CM02	Wholsale - Over	Wholsale - Oversee	02	☐	◯		☐
CM03	Delivery - SD	Delivery - SD	03	☐	◯		☐
CM04	Personal - FI	Personal - FI	04	☐	◯		☐

BP별 Grouping을 정의한다(Role Grouping하고는 무관) Customer/Vendor를 나누는 기준이 아니라, 사업자/개인/임직원 등 거래처를 Grouping하는 계정그룹 개념으로 볼 수 있다. 각 Grouping별 Number Range No를 지정한다. External이 체크되지 않은 경우 지정된 Number Range안에서 자동으로 BP 번호가 채번된다.
Hide 선택시 BP생성 화면 - BP Grouping 선택 리스트에 조회되지 않는다.

>BP 생성화면에서 우측 Grouping Dropdown List를 클릭하면 BP Grouping을 선택할 수 있다. 이 값에 따라 BP Number가 결정되는 개념이다.

204　　SAP Bible FI 상

● Customer/Vendor Master Synchronization

▶ BP 생성시 Role을 확장함으로써 Customer/Vendor를 함께 정의할 수 있다고 하였다. 이러한 처리시 문제가 생길 경우 싱크를 맞출 수 있는 기능이 존재한다.

▶ IMG-Cross-Application Components-Master Data Synchronization-Synchronization Control-Synchronization Objects

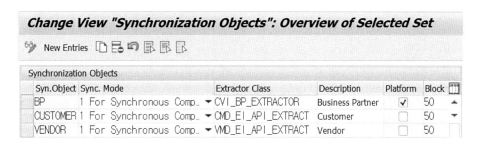

BP가 Synchronization Objects로 설정되어 있으며 Platform 에 체크되어 있다. Standard에서 기본적으로 제공한다.

▶ IMG-Cross-Application Components-Master Data Synchronization-Synchronization Control-Activate PPO Requests for Platform Objects in the Dialog

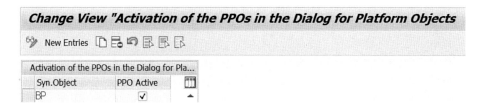

Platform Object인 BP에 대해서 Post Processing Active 체크가 되어 있다. 이는 BP생성시 Customer/Vendor 필수입력 필드가 다르거나해서 정상적으로 생성처리 되지 않을 경우 Post Processing(후행처리)를 통해 이를 추가로 생성할 수 있도록 하는 기능이다.

▶ IMG-Cross-Application Components-Master Data Synchronization-Synchronization Control-Activate Synchronization Options : BP → Customer/Vendor에 대한 동기화를 Active 한다.

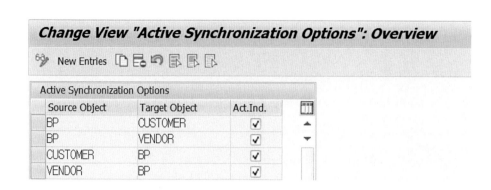

▶ IMG-Cross-Application Components-General Application Functions-Post-processing Office- Business Processes-Activate Creation of Postprocessing Orders

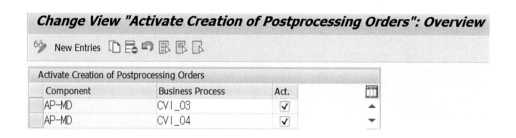

Software Component	Component Description
AP-MD	Application Platform - Master Data

Process	Business Process Description
CVI_01	Customer -> Business Partner
CVI_02	Vendor -> Business Partner
CVI_03	Business Partner -> Customer
CVI_04	Business Partner -> Vendor

위 설정들은 Standard에서 기본적으로 정의되어 있기 때문에 활성화 되어 있는지만 체크해보면 된다.

〉T-Code : MDS_PPO2 (or /SAPPO/PPO3) 화면에서 CVI 오류 발생시 이를 조회하고 후행 처리를 할 수 있다.

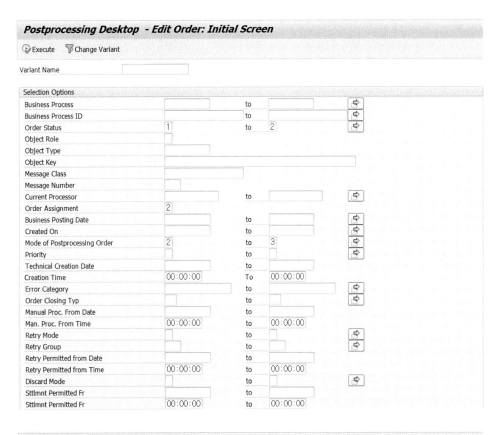

Postprocessing Desktop - Edit Order: Initial Screen

⊕ Execute   ⊤ Change Variant

Variant Name [   ]

Selection Options

Business Process	[ ]	to	[ ]		⇨
Business Process ID	[ ]	to	[ ]		⇨
Order Status	[1]	to	[2]		⇨
Object Role	[ ]				
Object Type	[ ]				
Object Key	[ ]				
Message Class	[ ]				
Message Number	[ ]				
Current Processor	[ ]	to	[ ]		⇨
Order Assignment	[2]				
Business Posting Date	[ ]	to	[ ]		⇨
Created On	[ ]	to	[ ]		⇨
Mode of Postprocessing Order	[2]	to	[3]		⇨
Priority	[ ]	to	[ ]		⇨
Technical Creation Date	[ ]	to	[ ]		
Creation Time	00:00:00	To	00:00:00		
Error Category	[ ]	to	[ ]		⇨
Order Closing Typ	[ ]	to	[ ]		⇨
Manual Proc. From Date	[ ]	to	[ ]		
Man. Proc. From Time	00:00:00	to	00:00:00		
Retry Mode	[ ]	to	[ ]		⇨
Retry Group	[ ]	to	[ ]		⇨
Retry Permitted from Date	[ ]	to	[ ]		
Retry Permitted from Time	00:00:00	to	00:00:00		
Discard Mode	[ ]	to	[ ]		⇨
Sttlmnt Permitted Fr	[ ]	to	[ ]		
Sttlmnt Permitted Fr	00:00:00	to	00:00:00		

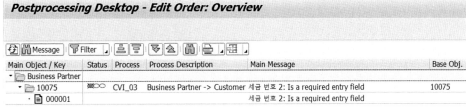

Postprocessing Desktop - Edit Order: Overview

⟳ 🔲 Message | ⊤ Filter | 🔳 | 🔳 | 🔳 | 🔍 | 🖨 | 🔲

Main Object / Key	Status	Process	Process Description	Main Message	Base Obj.
▾ 📁 Business Partner					
▾ 📁 10075	✖○○	CVI_03	Business Partner -> Customer 세금 번호 2: Is a required entry field		10075
· 📄 000001				세금 번호 2: Is a required entry field	

▶ BP Role과 Customer/Vendor 연결 Setting (Number Range Sync.)

〉IMG-Cross-Application Components- Master Data Synchronization-Customer/Vendor Integration-Business Partner Settings-Settings for Customer Integration-Set BP Role Category for Direction BP to Customer

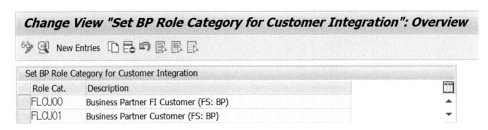

Change View "Set BP Role Category for Customer Integration": Overview

🕙 🔍 New Entries 🗋 🖺 🖱 🖺 🖺 🖺

Set BP Role Category for Customer Integration

Role Cat.	Description	▦
FLCU00	Business Partner FI Customer (FS: BP)	▲
FLCU01	Business Partner Customer (FS: BP)	▼

위에서 정의된 BP Role Category가 Customer와 Integration 될 수 있다. 만약 신규로 BP Role Category를 생성했다면 여기에 지정해야 한다.

Change View "Set BP Role Category for Customer Integration": Details

New Entries

BP Role Cat. FLCU00

Set BP Role Category for Customer Integration

Description	Business Partner FI Customer (FS: BP)
⦿ Custmr-Based	
○ Optional for Customer	
Role Control Setting	
Default Settings	

> IMG-Cross-Application Components- Master Data Synchronization-Customer/Vendor Integration-Business Partner Settings-Settings for Customer Integration-Field Assignment for Customer Integration-Assign Keys-Define Number Assignment for Direction BP to Customer

Change View "Number Assignment for Direction BP to Customer": Overview

New Entries

Number Assignment for Direction BP to Customer

Grp.	Short name	Group	Meaning	Same No	Flex. Grp.
CM01	Wholsale - Dom.	1000	Wholsale - Dom.	✓	☐
CM02	Wholsale - Over	2000	Wholsale - Over	✓	☐
CM03	Delivery - SD	3000	Delivery - SD	✓	☐
CM04	Personal - FI	4000	Personal - FI	✓	☐

BP Grouping과 Customer Account Group을 매핑한다. Same No가 체크된 경우 BP번호와 Customer번호가 동일하게 채번된다. 이때 Customer Account Number Range는 External로 설정되어 있어야 한다.

※ 참고) IMG-FI-Accounts Receivable and Accounts Payable-Customer Accounts-Master Data-Preparations for Creating Customer Master Data-Define Account Groups with Screen Layout (Customers) : Customer Account Group 확인

Change View "Customer Account Groups": Overview

New entries

Group	Name
1000	Wholsale - Dom.
2000	Wholsale - Over
3000	Delivery - SD
4000	Personal - FI

※ 참고) Assign Number Ranges to Customer Account Groups

Change View "Assign Customer Acct Groups->Number Range": Overview

Group	Name	Number range
1000	Wholsale - Dom.	01
2000	Wholsale - Over	02
3000	Delivery - SD	03
4000	Personal - FI	04

※ 참고) Create Number Ranges for Customer Accounts : Customer Number Range 확인

Maintain Intervals: Customer

N..	From No.	To Number	NR Status	Ext
01	0000010000	0000019999	0	✓
02	0000020000	0000029999	0	✓
03	0000030000	0000039999	0	✓
04	0000040000	0000049999	0	✓

Customer Account Group에 매핑된 Number Range가 External로 설정되어 있다.

> IMG-Cross-Application Components- Master Data Synchronization-Customer/Vendor Integration-Business Partner Settings-Settings for Vendor Integration-Set BP Role Category for Direction BP to Vendor

Change View "Define Vendor Link for Business Partner Roles": Overview

Define Vendor Link for Business Partner Roles	
Role Cat.	Description
FLVN00	Business Partner FI Vendor (FS: BP)
FLVN01	Business Partner Vendor (FS: BP)

위에서 정의된 BP Role Category가 Vendor와 Integration 될 수 있다. 만약 신규로 BP Role Category를 생성했다면 여기에 지정해야 한다.

Change View "Define Vendor Link for Business Partner Roles": Details

New Entries

BP Role Cat.   FLVN00

Define Vendor Link for Business Partner Roles	
Description	Business Partner FI Vendor (FS: BP)
◉ Vendor-Based	
○ Optional for Vendor	
Role Control Setting	
Default Settings	

>IMG-Cross-Application Components- Master Data Synchronization-Customer/Vendor Integration-Business Partner Settings-Settings for Vendor Integration-Field Assignment for Vendor Integration-Assign Keys-Define Number Assignment for Direction BP to Vendor

Change View "Business Partner: Assignment of Account Groups and Groupi

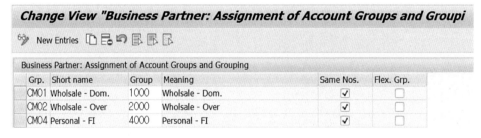

Grp.	Short name	Group	Meaning	Same Nos.	Flex. Grp.
CM01	Wholsale - Dom.	1000	Wholsale - Dom.	☑	☐
CM02	Wholsale - Over	2000	Wholsale - Over	☑	☐
CM04	Personal - FI	4000	Personal - FI	☑	☐

BP Grouping과 Vendor Account Group을 매핑한다. Same No가 체크된 경우 BP번호와 Vendor번호가 동일하게 채번된다. 이때 Vendor Account Number Range는 External로 설정되어 있어야 한다.

※ 참고) IMG-FI-Accounts Receivable and Accounts Payable-Vendor Accounts-Master Data-Preparations for Creating Vendor Master Data-Define Account Groups with Screen Layout (Vendor) : Vendor Account Group 확인

Change View "Vendor Account Groups": Overview

New entries 📋 🗑 ↩ 📑 📑 📑 🖨

Vendor Account Groups

Group	Name
1000	Wholsale - Dom.
2000	Wholsale - Over
4000	Personal - FI

※ 참고) Assign Number Ranges to Vendor Account Groups

Change View "Assign Vendor Account Groups->Number Range": Overview

Group	Name	Number range
1000	Wholsale - Dom.	01
2000	Wholsale - Over	02
4000	Personal - FI	04

※ 참고) Create Number Ranges for Vendor Accounts : Vendor Number Range 확인

Maintain Intervals: Vendor

N..	From No.	To Number	NR Status	Ext
01	0000010000	0000019999	0	✓
02	0000020000	0000029999	0	✓
04	0000040000	0000049999	0	✓

Vendor Account Group에 매핑된 Number Range가 External로 설정되어 있다.

● Business Partner Field Groupings

▶ BP Field에 대한 Field Status(Field Attribute)를 관리할 수 있다. Client레벨 / BP Role레벨 / Activity별 / BP Type별로 관리할 수 있다.

▶ IMG-Cross-Application Components-SAP Business Partner-Business Partner-Basic Settings-Field Groupings

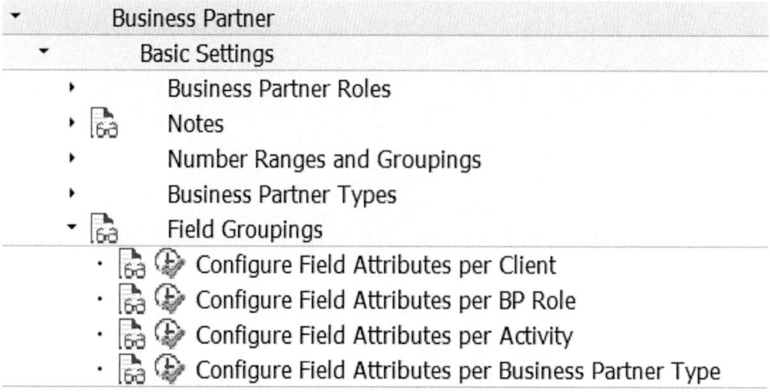

Business Partner
Basic Settings
Business Partner Roles
Notes
Number Ranges and Groupings
Business Partner Types
Field Groupings
Configure Field Attributes per Client
Configure Field Attributes per BP Role
Configure Field Attributes per Activity
Configure Field Attributes per Business Partner Type

위 메뉴에서 원하는 레벨의 Field Grouping 설정을 할 수 있다.

>이 중 Configure Field Attributes per BP Role (BP Role)에 대한 설정을 간단히 살펴보자.

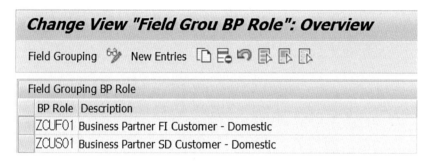

Change View "Field Grou BP Role": Overview
Field Grouping
New Entries
Field Grouping BP Role
BP Role
Description
ZCUF01
Business Partner FI Customer - Domestic
ZCUS01
Business Partner SD Customer - Domestic

>ZCUF01 BP Role에 대해 Organization: Name 2 필드를 숨김 처리 해보자.

Change View "Field Grou BP Role": Overview
Business Partner FI Customer - Domestic
FI Customer - Domestic
Data Set
Description
Central Data
Company Code
Customer: CIN Details
Customer: Dunning Data
Customer: General Company Code [
Customer: General Data
Customer: Invoice Summary - Japar
Customer: TAN-Based Exemption -
Fld Groups
Description
Fiel...
Hide
Req.entry
Opt. entry
Display
Not spec.
Organization: Name 1
45
Organization: Name 2
46
Organization: Name 3
47
Organization: Name 4
2461
Partner Type
3
Person: Academic Title
26
Person: Birth Name
38
Person: Complete Name Line
30

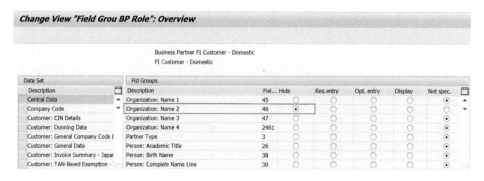

Central Data Data Set의 Organization: Name 2 필드를 Hide 선택

>BP 화면에서 조회해보자.

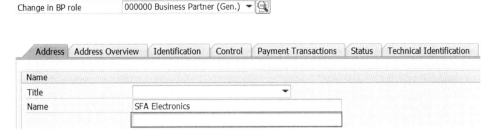

BP General Role로 조회시에는 Name 2필드가 조회된다.

>ZCUF01 Role을 정의해보자.

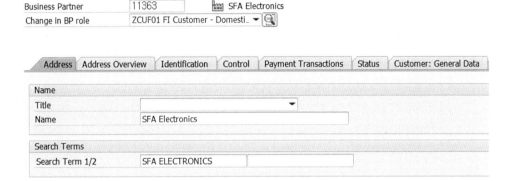

앞서 설정한대로 Name 2 필드가 숨김 처리되어 조회되지 않는다.

▶ Not Specification으로 선택된 필드들은 다른 레벨에서 관리되는 설정에 따라 적용
된다. 다른 레벨에서 Field 제어하는 것도 위에서 본 방식과 동일하다.

● Business Partner Type

▶ BP에 대한 유형을 설정할 수 있다. 필요시 BP유형별 Field Status를 제어할 수 있다.
▶ IMG-Cross-Application Components-SAP Business Partner-Business Partner-
Basic Settings-Business Partner Types-Define Business Partner Types : BP 유형
정의

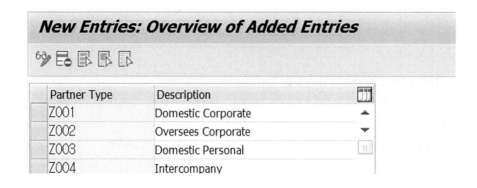

>BP 생성시 Control Tab에서 BP Type을 설정할 수 있다.

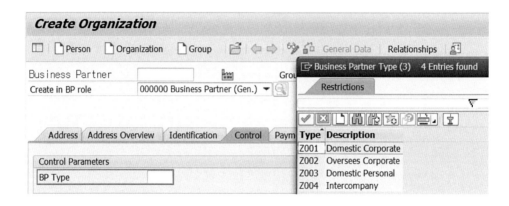

● 그 외 Business Partner Field 관련 설정

▶ IMG-Cross-Application Components-SAP Business Partner-Business Partner-Basic Settings-Forms of Address-Maintain Forms of Address : Title 설정(직함)

>BP 화면에서 Title 설정시 선택 List를 지정할 수 있다.

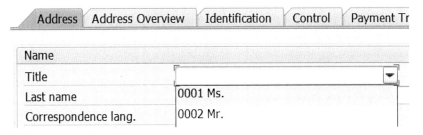

▶ IMG-Cross-Application Components-SAP Business Partner-Business Partner-Basic Settings-Tax Numbers-Maintain Tax Number Categories : Tax Category 점검 설정

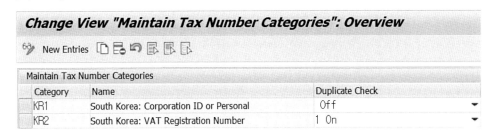

Tax Number Category별로 중복여부를 점검하도록 설정할 수 있다.

>BP 생성 화면

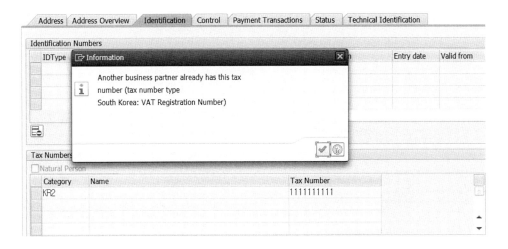

이미 등록된 BP중에 동일한 사업자번호를 가지고 있을 경우 위와 같이 Information Message가 뜨게 된다.

>Information이 아니라 Error로 변경하길 원한다면 Message Control 화면에서 Error로 변경하면 된다.

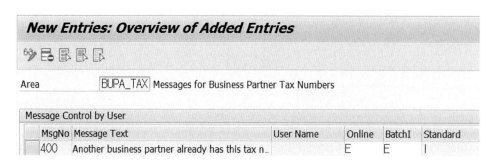

New Entries: Overview of Added Entries

Area   BUPA_TAX Messages for Business Partner Tax Numbers

Message Control by User

	MsgNo	Message Text	User Name	Online	BatchI	Standard
	400	Another business partner already has this tax n...		E	E	I

ⓘ Another business partner already has this tax number (tax number type South Korea: VAT Registration Number)

▶ Business Partner Category별 Field List 정의

>IMG-Cross-Application Components-SAP Business Partner-Business Partner 내 Business Partner Category별로 설정

- Business Partner
  - ▶ Basic Settings
  - ▾ Persons
    - ▾ Name Components
      - · Maintain Academic Titles
      - · Maintain Name Affixes
      - · Maintain Name Prefixes
      - · Maintain Name Formatting Rules
    - ▾ Marital Statuses
      - · Maintain Marital Status
    - ▾ Occupations
      - · Maintain Occupations
    - ▾ Organizations
      - · Maintain Industry Systems and Industries
      - · Maintain Legal Forms
      - · Maintain Legal Entity
    - ▾ Groups
      - · Define Group Types

>예를 들어 Maintain Industry Systems and Industries 설정을 살펴보자.

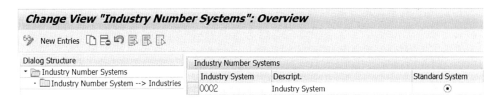

>BP 생성화면에서 Identification Tab

등록한 Value List에서 값을 선택할 수 있다.

다른 여러 가지 필드들도 동일한 방식으로 등록하여 관리할 수 있다.

▶ IMG-Sales and Distribution-Master Data-Business Partners-Customers-Marketing 메뉴에서 Customer Field 설정 가능

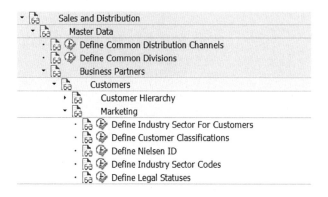

＞Define Customer Classifications

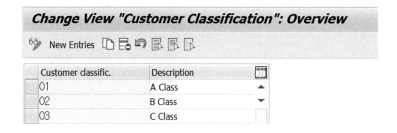

＞BP생성화면 Customer: General Data

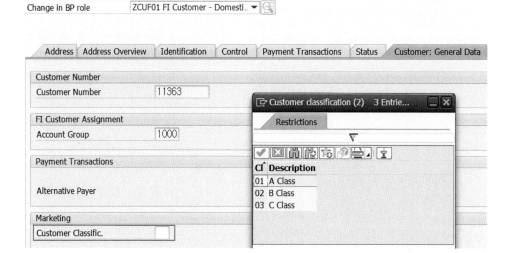

>다른 여러 가지 필드들도 동일한 방식으로 등록하여 관리할 수 있다.

※ 참고) Business Partner 관련 주요 테이블

Table	Table Name
BUT000	BP: General data I
BUT020	BP: Addresses
BUT021	BP: Address usages
BUT050	BP relationships/role Definitions: General data
BUT051	BP Relationship: Contact Person Relationship
BUT052	BP Relationship: Addresses
BUT0BK	BP: Bank Details
BUT100	BP: Roles

Document Posting

이번 장에서는 FI 모듈에서 직접 기표하는 회계전표에 대해 다룰 예정입니다. 회계전표(Financial Accounting Document)가 어떤 구조로 이루어져있고 입력 화면은 어떻게 구성 되는지, 필드들은 어떤 설정에 의해 통제되는지 살펴보겠습니다. 전표를 이루는 Header / Lineitem 관련 설정들과 시스템이 제공해주는 Default value 들에 대한 설정들에 대해서도 살펴볼 것입니다. 전표 입력과 관련된 User별 설정과, 보다 쉽게 전표를 입력할 수 있도록 SAP에서 제공해주는 Posting Tip에 대해 알아보겠습니다. 또한 SAP에서 기본으로 제공되는 통화(Currency)관련 기능과 부가세 신고를 위한 Tax 기능에 대해서도 살펴보도록 하겠습니다.

1. Document Control

● Document Control Overview

▶ 아래 용어들이 이번 장에서 다룰 FI 전표 관련 주요 용어들이며 각각에 대해서 상세히 살펴볼 예정이다.

▶ Document Header : 전표 유형/전표 번호 등 전표를 대표하는 정보들을 가지고 있다.
○ Document Types : 전표 유형
○ Document Number Ranges : 전표번호범위

▶ Line Items : 차변 라인/대변 라인에 대한 Posting Key(전기키)/계정/금액/Cost Object 등의 정보들을 가지고 있다.
○ Posting Keys : 전기키
○ Field Status in Posting Keys : 전기키를 통한 필드상태
○ Field Status Groups : G/L Account 필드상태그룹(FSG)

▶ Posting Periods : 회계 전기기간을 Control 하는 기능
▶ Posting Authorizations : 전기권한. 전표 포스팅 유저에 따라 권한 조정가능
            (전표 건별 Maximum Amount를 지정할 수 있음)
▶ FI Documents 입력 방법에 대한 기본적인 설명도 진행할 예정이다.

● FI Document Overview

▶ FI Document : 한 개의 Header와 차변/대변 최소 2개 이상 최대 999개 이하의

Line Items으로 구성(선금지급요청 등 Noted Item의 경우 Line Item이 1개인 경우도 있으나 보편적으로 2개 라인 이상 존재한다.)

▶ Header : Document Number, Company Code, Fiscal Year, Document Date, Posting Date, Period 등의 필드들로 구성되어 있다.

▶ FI-General Ledger-Document Entry-FB50 - Enter G/L Account Document 트랜잭션 화면을 보자.

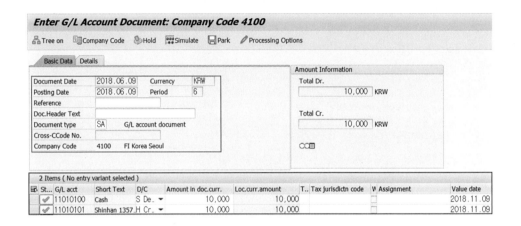

○ 위쪽의 붉은색 박스 Basic Data tab으로 보이는 부분이 Header 부분이고 아래쪽에 파란색박스에 라인으로 되어 있는 부분이 Line Items 부분이다(Document Date / Posting Date / Document type / G/L Account / D/C indicator / Amount 등 필수 입력 필드에 값을 입력해보자.)

○ 전기일자(Posting Date) : 실제 총계정원장상에 시산이 반영되는 일자이다. 이 일자가 속한 월이 Posting Period(전기월)가 되며 12월 전기일의 경우 13~16월의 Period로 변경할 수 있다.

○ 증빙일자(Document Date) : 이 Transaction이 실제로 발생한 거래일자. AR/AP 거래의 경우 세금계산서 발행일자가 된다.

○ **전표 유형(Document Type)** : 이번 챕터에서 다룰 회계 전표를 대표하는 중요한 개념이며, 전표를 각 성격별로 분류해놓은 유형으로 볼 수 있다. 뒤에서 자세히 살펴보자.

○ 참조(Reference) / 전표헤더텍스트(Document Header Text) : 입력하고 있는 전표의 제목성격의 적요 입력 필드이다. 이 필드를 이용해 세금계산서 번호를 관리하거나 Web

비용시스템의 품의서No를 관리하거나 하는 등으로 활용할 수 있다. 일반적으로 전 표 유형별로 어떤 값을 이 필드에 관리할지 논의하여 결정한다.

○ G/L Account : 전표 Lineitem에서 필수로 입력해야 하는 G/L계정과목이다.

○ D/C indicator(차/대 지시자) : 입력중인 Lineitem이 차변인지 대변인지를 결정하는 지시자이다.

○ Amount in doc.curr(전표금액) : 입력중인 Lineitem 계정의 금액을 입력한다. 전 표 금액 필드에 값을 입력하면 자동으로 Loc.curr.amount(로컬통화금액)이 입력된 다. 외화의 경우 해당 전기일자의 환율을 가지고 자동으로 로컬통화금액(원화)을 계 산해준다.

○ 기준일(Value date) : 은행관련 계정들의 경우 은행 입/출금 거래가 발생한 날짜를 입 력할 수 있는 기준일을 입력한다. 시스템일자를 기본값으로 입력하도록 세팅할 수 있 다.

○ CO Object Field(Cost Center/Internal Order/WBS/Project/PA Segment etc…) : P&L 계 정 입력시 비용/수익이 귀속될 CO 모듈의 Object Field. 위 전표 예제는 P&L 계정이 없으므로 이 필드들을 입력할 필요가 없으나 P&L 계정이 있을 경우엔 CO Object를 필수로 입력해야 한다.

○ 그림에서 보는것과 같이 전표Lineitem 상의 차변/대변 금액 합계가 서로 일치하면 ○○□ (녹색) 아이콘으로 표시되며 이 상태가 되어야 전표를 전기할 수 있다.

※ 혹 화면상의 Document Type/Posting Period 등의 필드가 보이지 않을 경우 🖉 Processing Options 버튼을 클릭하여 옵션을 조정할 수 있다.

Special options for single screen transactions	
☐ Hide transaction	Doc.type option 2 Document type ready for … ▾
☐ Propose final amount	☐ Document date equals pstg date
☐ D/C indicator as +/- sign	☐ Complex Search for Business Partner
✓ Display periods	☐ Propose Last Tax Code
✓ Posting in special periods possible	☐ Tax Code: Only Display Short Text
☐ Always Use Payment Base Deadline	

다양한 Option 들이 있으므로 F1 도움말 키를 활용하여 설정 해보자.

○ 입력 필수 필드에 값을 입력한 후 상단의 ⬚⬚⬚Simulate 버튼을 클릭하여 에러가 있는지 체크한다.

Display Overview

Display currency ｜ i ｜ Taxes ↻ Reset

Document Date	2018.06.09
Posting Date	2018.06.09
Document Number	INTERNAL
Reference	
Doc.Header Text	

Type	SA
Period	6
Fiscal Year	2018

Company Code	4100
Currency	KRW
Translation dte	2018.06.09
Cross-CCode No.	
Trading part.BA	

CoCd	Itm	Key	SG	AccTy	Account	Description	G/L Acc	G/L account name	D/C	Amount	Crcy	Amount LC	LCurr	Tx	Assign.	Text
4100	1	40		S	11010100	Cash	11010100	Cash	S	10,000	KRW	10,000	KRW			
4100	2	50		S	11010101	Shinhan 135792468	11010101	Shinhan 135792468	H	10,000-	KRW	10,000-	KRW			

※ 시뮬레이션 화면에서 위와 같은 ALV Grid 형식이 아니라 아래와 같은 List 형식으로 조회되는 경우 T-Code : FB00 에서 Option을 조정하여 ALV Grid 형식으로 조회할 수 있다.

```
Doc.Type : SA ( G/L account document ) Normal document
Doc. Number              Company Code    4100        Fiscal Year    2018
Doc. Date      2018.06.09  Posting Date   2018.06.09   Period         06
Calculate Tax  ☐
Doc. Currency  KRW
```

Itm	PK	Account	Account short text	Assignment	Tx	Amount
1	40	11010100	Cash			10,000
2	50	11010101	Shinhan 135792468			10,000-

〉T-Code : FB00 (뒤에서 몇 가지 Option에 대해 더 살펴보기로 하자.)

Screen templates and line layout variant for document entry		
G/L account items fast entry	SAP01 ▢	Standard one-line
Inv./cr.memo fast entry	SAP01	Standard one-line
Park document	SAP01	Standard one-line
Act assignment model	SAP01	Standard one-line
Doc. overview line layout	SAP	SAP standard
Document Overview as ALV Grid Control		✔

Document Overview as ALV Grid Control 에 체크, 그 위의 Screen Templates 들은 전표 입력 화면들에 대한 Default 입력 Templates 이다. 사용자가 원하는 레이아웃대로 생성하여 등록할 수 있다.

○ 잘못된 부분이 없으면 포스팅(🖫) 처리를 한다.

> ✔️ Document 100000009 was posted in company code 4100

○ 위와 같은 전표 No.를 갖는 전표가 생성된다. 등록한 전표내역을 확인하려면 [메뉴-Document-Display] 화면으로 들어가서 내용을 확인해 볼 수 있다. 방금전에 입력한 전표를 바로 조회해 볼 수 있다.(전표 번호(Document Number필드)가 채워진 상태로 보여진다.)

○ Document Overview-Display화면의 메뉴 중에서 🖨 모양의 아이콘을 클릭하게 되면 헤더정보가 보여진다.

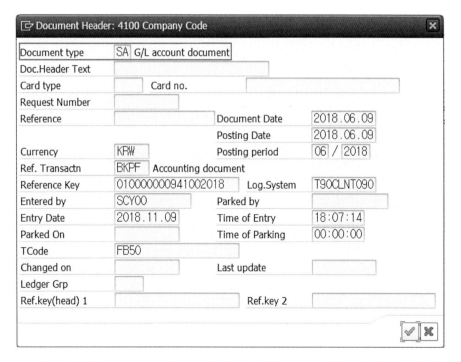

Header 정보 중 **Document Type**이 헤더 정보를 Control하는 가장 중요한 키값이다.

○ 앞의 개요화면에서 특정 Line Item의 상세정보를 보고자 한다면 해당 Line을 클릭한 후 메뉴에서 🔍아이콘을 클릭한다. 혹은 해당 Line Item을 더블클릭해도 된다.

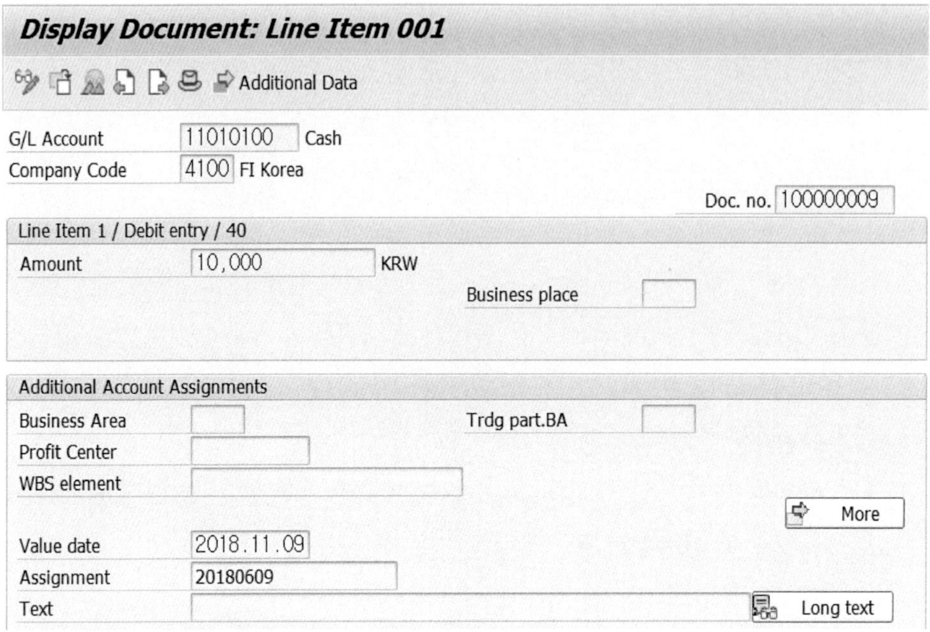

Display Document: Line Item 001

🔧 📑 📷 📄 📄 🖨 📄 Additional Data

G/L Account	11010100	Cash
Company Code	4100	FI Korea

Doc. no. 100000009

Line Item 1 / Debit entry / 40

Amount	10,000	KRW	
		Business place	

Additional Account Assignments

Business Area		Trdg part.BA	
Profit Center			
WBS element			

⇨ More

Value date	2018.11.09
Assignment	20180609
Text	

📑 Long text

• ⇨ **More** 버튼 또는 상단의 Additional Data버튼을 클릭하여 추가 입력정보를 볼 수 있다.

○ 다시 Overview 화면으로 빠져나갈려면 상단의 📷(Overview)아이콘을 클릭하면 된다.

○ FI 전표 구조에 대해 간단하게 살펴보았다.

● **SAP Document Principle(전표생성 기본 원칙)**

: **차대일치(대차평균원리)** : 대변, 차변의 합이 일치가 안된 상태에서 포스팅 하게 될 경우 에러메시지 발생

● **FI Document Header**

▶ 각 전표별로 하나만 존재 - 🖨아이콘 클릭시 상세조회

▶ **Document Type(전표 유형) : 헤더를 컨트롤하는 키값**

○ 전표 유형 : 여러가지 전표를 구분해준다. 전표 유형만 봐도 어떤 전표인지 구분이 가능하다.

○ Client 레벨에서 생성됨, 2자리 키값으로 구성된다.

○ **Document Type : 전표 번호의 Number Range 결정, 해당 전표에서 어떤 계정유형을 사용할지 결정하는 역할(→ Major Control Function)**

• Number Range Intervals : 년도, From, To 번호 정보를 가지고 있고, 해당 범위 내에 전표번호가 발생함

• Account Types Allowed : 해당 전표 유형에서 어떤 계정유형이 사용가능한지 결정할 수 있다.

○ IMG-FI-Financial Accounting Global Settings-Document-Document Types-Define Document Types for Entry View 화면 : 전표 유형 정의

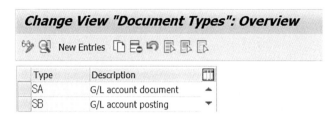

• 위와 같이 각 전표처리 유형별로 Document Type이 정의되어 있는 것을 알 수 있다(SA를 예로 보자.)

• SA 라인 선택 후 더블클릭으로 들어가면 다음과 같은 화면이 나타난다.

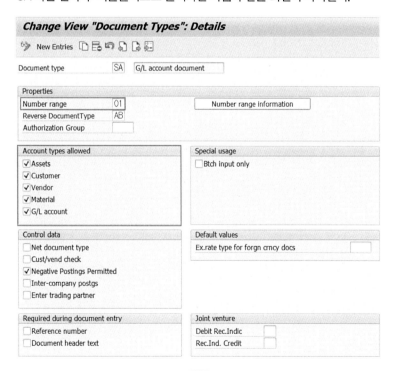

• 상단의 Number range [01] 부분에 지정된 값을 이용해 전표번호의 범위를 Control 한다. [Number range information] 버튼을 클릭하고 들어가면 다음 화면이 뜬다.

하단의 Intervals 버튼 클릭.

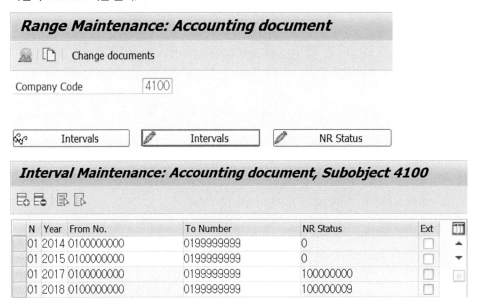

위에서 01이라는 Number Range Variant키값은 2018년도에 From(0100000000)~ To(0199999999) Range에서 전표번호를 발생시킨다. SA라는 전표 유형으로 전표를 발생시킬 경우 해당 Range의 최종번호(NR Status) 다음 번호로 전표번호가 자동 생성된다. 현재까지 생성된 전표번호는 NR Status 부분에서 확인해볼 수 있다.

- 중간에 Account Types Allowed부분을 보자. 어떠한 유형의 계정유형(Account Type)을 사용할 지 제어한다.

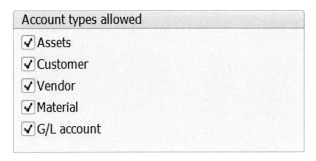

위와 같이 사용하고자 하는 계정타입을 지정. 위 그림에서는 모든 계정유형을 다 사용하는 케이스이다. 만약 Vendor 체크를 해제할 경우 그 전표 유형으로는 Vendor 관련 라인아이템을 입력할 수 없다.

○ Document Type의 Further Control Function
- Header Text, Reference No 필드를 필수로 지정할 수 있다.

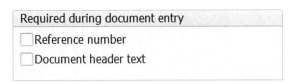

Document header text 체크박스에 체크할 경우 해당 전표는 Header Text 필드를 반드시 입력 해야 한다.

전표 등록 시 필수로 입력하지 않을 경우 오류가 발생한다.

🛈 For document type SA, an entry is required in field Document header text Header Text값이 입력 안되어 에러발생

- Net 방식의 Invoice를 생성할 수 있는지 없는지를 컨트롤 할 수 있다(Net Document type 체크박스)

Document type	KN	Net vendors

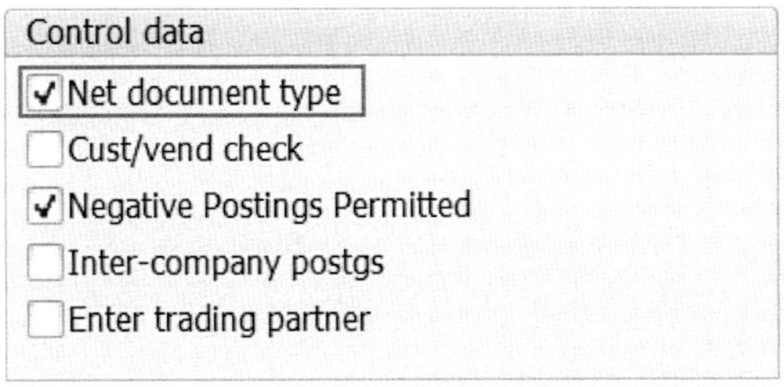

Control data
- ☑ Net document type
- ☐ Cust/vend check
- ☑ Negative Postings Permitted
- ☐ Inter-company postgs
- ☐ Enter trading partner

KN과 같은 Document Type의 경우 ☑ Net document type 필드가 체크되어 있다. (Net방식이 무엇인지는 Posting Control 부분에서 상세히 보도록 한다. Net document type 방식은 국내에서는 잘 사용되지 않는 회계처리 방법이므로 참고로만 알아둔다.)

○ Original Documents(원시증빙:전표생성 근거자료)를 가지고 전표 유형을 선택한 후 전표를 생성한다(Customer Payment → DZ, Vendor Invoice → KR 등) 원시증빙 번호를 헤더 Reference 필드에 기입하여 관리할 수 있다. 원시증빙과 전표를 상호 레퍼런스 할 수 있다. **이런 관리를 위해 Reference Number 필드를 필수로 지정할지 결정**한다.

○ 전표 유형별 각기 다른 용도로 Reference Number Field를 사용할 수도 있으며 이는 프로젝트시 각 전표 유형별 비즈니스를 고려해 결정한다.

○ **Document Type : SAP에서 제시하는 기본 전표 유형의 형태**

>아래 조합을 이용하여 비즈니스에 맞는 전표 유형을 선택하면 된다. 예를 들어 KR의 경우 Vendor Invoice가 되며, DG의 경우 Customer Credit Memo가 된다. 이는 스탠다드 전표 유형이며 별도로 신규 생성한 전표 유형들은 생성 용도에 맞게 사용하면 된다(ex- E1 : E-Accounting 비용전표 처리, E2 : E-Accounting 출장비 정산 등)

Master Data	Account Type		전표 유형 둘째자리
G/L Account	S	+	A → G/L Posting
Customer	D	+	R → Invoice
			G → Credit Memo
Vendor	K		Z → Payment
			Cf)N → Net방식
Asset	A	+	A → Asset Posting
			F → Dep. Document(감가상각)
예외 : AB → General Document(모든 계정 사용가능)			

○ **Document Number Range** : 앞에서 살펴본 Number range information 화면에 대한 내용

• Number Range-External numbering 체크박스 : 시스템이 자동으로 전표번호를 매겨주는 것이 아니라 유저가 매뉴얼하게 입력하여 전표번호를 생성시킨다(비어있는 번호 발생 가능, Current No(NR Status) 관리 안 함) (←→ Internal Numbering은 시스템이 Interval내의 번호를 순차적으로 자동 발생시킨다) 전표번호의 경우 External로 설정하는 경우는 거의 없다. SD-Billing 문서번호와 동일한 전표번호를 생성하고자 할 경우에 External로 설정할 수 있다.

• Internal Numbering은 두 가지 방식으로 구성 : Per(매 Fiscal year별로 새로 Numbering), Until(특정 Fiscal Year까지 넘버링이 계속 누적되어 발생한다.) 두 방식 모두 Current Number(NR Status)가 관리된다.

Interval Maintenance: Accounting document, Subobject 4100

N	Year	From No.	To Number	NR Status	Ext	
01	2014	0100000000	0199999999	0	☐	
01	2015	0100000000	0199999999	0	☐	
01	2017	0100000000	0199999999	100000000	☐	
01	2018	0100000000	0199999999	100000009	☐	

위 그림을 보면 2014, 2015년도는 Per방식이고 2016~2017년도는 Until방식이다(2016년도 기준이 없다.) 2016년 전표를 입력하면, 2017년도 Number Range Status에 전표번호가 Update 된다.

● FI Document Line Items

▶ 최소 2개 이상의 LineItem 존재. 최대 999개까지 입력 가능(Noted Item의 경우 1개 Lineitem 존재)

▶ **Posting Key : 전기키-라인아이템을 식별하는 키값**(Unique 의미 아님)

① 전표의 차변/대변을 결정하는 기능을 함

② Account Type을 결정하는 기능을 함(Customers, Vendors, G/L, Assets, Materials)

③ 라인 아이템의 필드 상태(Field Status)를 결정하는 역할을 함

○ **Standard PK** : PK는 일정한 룰을 가지고 결정된다(**PK값은 Standard를 그대로 쓰도록 한다**).

(차)Customer(대)	
01	11
02	12
03	13
04	14
05	15
06	16
07	17
08	18
09	19

(차) Vendor (대)	
21	31
22	32
23	33
24	34
25	35
26	36
27	37
28	38
29	39

(차) G/L (대)	
40	50

(차) Asset (대)	
70	75

(차)Materials(대)	
8X	9X

- 각각의 Account Type(Customers, Vendors, G/L, Assets, Materials)별로 PK룰이 결정된다.
- 첫째자리 : Customers(0/1), Vendors(2/3), G/L(4/5), Assets(7/7), Materials(8/9)로 시작됨 (차변/대변)
- 둘째자리 : Customers(1~9), Vendors(1~9), G/L(40/50), Assets(70/75), Materials(0~6)으로 끝남 G/L의 80~86/90~96번호대는 Materials Management용이며, 자산은 70/75로 생각하면 된다.

○ IMG-FI-Financial Accounting Global Settings-Document-Define Posting Keys
화면

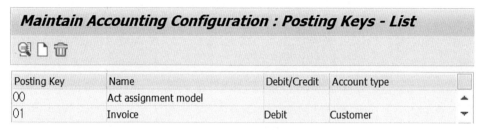

- 01 PK를 더블클릭하여 들어가자. 아래 그림과 같은 설정으로 되어 있다.

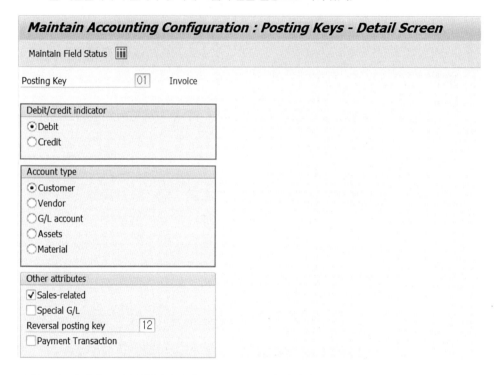

- 다른 PK들의 설정도 각 ①차/대변과 ②Account Type이 설정되어 있다.

○ [Posting Key + Account + Amount] : 전표기표를 위해 라인아이템에 입력되어야
하는 가장 기본이 되는 정보
- 전표의 라인아이템을 입력하는 각각의 예를 살펴보도록 하자
- [차)현금 100 / 대)당좌예금 100] → G/L(40)+11010100+100 / G/L(50)+11010101+100
- [차)A/R 100 / 대)Rev 100] → Customer(01)+Customer Account No+100 / G/
L(50)+80000099+100 위에서 Customer Account No는 Account Receivables - domestic라는
Reconciliation Account를 물고 있으며 G/L로는 그 계정으로 전표가 기표된다.

- [차)Exp 100 / 대)A/P 100] → G/L(40)+54002100+100 / Vendor(31)+Vendor Account No+100 위에서 Vendor Account No는 Account Payables - domestic라는 Reconciliation Account를 물고 있으며 G/L로는 그 계정으로 전표가 기표된다.
- [차)건물 100 / 대)A/P 100] → Asset(70)+Asset Account+100 / Vend(31)+Vendor Account No+100 Asset Account는 Account Determination Key값을 가지고 있어서 해당 자산과 매핑되는 건물이라는 계정으로 전표가 기표되게 된다. 고정자산의 경우 [PK + Account + Amount] 에다 + Transaction Key 값을 추가로 입력해주어야 한다. 이에 대한 자세한 사항은 〈8장. Asset Accounting〉부분에서 살펴보도록 한다.

○ Field Status : Posting Key의 ③번째 기능(Posting Key 40번에 대한 예를 보도록 하자. 40번 더블클릭)

| 40 | Debit entry | Debit | G/L account |

- 상단의 Maintain Field Status 버튼을 클릭해서 들어가도록 하자.

Maintain Field Status Group: Overview

Subgroup list

General Data

Posting keys   ;40 Debit entry

Page   1 / 1

Select Group

Select Group
General data
Additional account assignments
Materials management
Payment transactions
Asset Accounting
Taxes
Foreign payments
Consolidation
Real estate management
Financial assets management

- 위 리스트는 전표상의 각각의 필드를 그룹핑한 필드그룹이다. 어떠한 필드그룹에 있는 필드에 대해 필드상태를 변경할지 선택하는 화면이다. 맨위의 General Data 부분을 더블클릭한다. 그럼 아래와 같이 각 필드별 상태값을 선택할 수 있는 화면이 나타나게 된다.

Maintain Field Status Group: General data

📄 Field check

General Data   Page   1 / 1

Posting keys   ;40 Debit entry

General data

	Suppress	Req. Entry	Opt. entry
Assignment number	○	○	◉
Text	○	○	◉
Invoice Reference	○	○	◉
Hedging	○	○	◉
Collective Invoice	○	○	◉
Reference specification 1/2	◉	○	○
Reference specification 3	◉	○	○
Inflation Index	◉	○	○

- Suppress : 화면에서 안보이게 함, Req. Entry : 필수입력 엔트리, Opt. entry : 선택입력 엔트리
- Posting Key(전기키)는 전표 입력시 해당 전기키를 사용하여 전표라인을 입력할 경우, 각 필드상태를 필수입력으로 할 것인지 선택입력으로 할 것인지, 화면에 안보이게 할 것인지를 결정해주는 역할을 한다.

〉F-02 트랜잭션에서 테스트 해볼 수 있다. Assignment number필드를 Req.Entry로 수정 후 Test

	Suppress	Req. Entry	Opt. entry
Assignment number	○	◉	○

Enter G/L Account Posting: Header Data

Held Document   Account Model   📝G/L item fast entry   ☐Post with Reference   ✏Processing Options

Document Date	2018.07.05	Type	SA	Company Code	4100
Posting Date	2018.07.05	Period	11	Currency/Rate	KRW
		MD Exchange Rate			
Document Number				Translation dte	
Reference				Cross-CCode No.	
Doc.Header Text					
Trading part.BA					

First line item

PstKy	40	Account	11010100	SGL Ind		TType	

만약 Req.Entry로 설정되어 있는 필드가 있을 경우 필드입력란에 ☑ 표시가 보이게 된다.

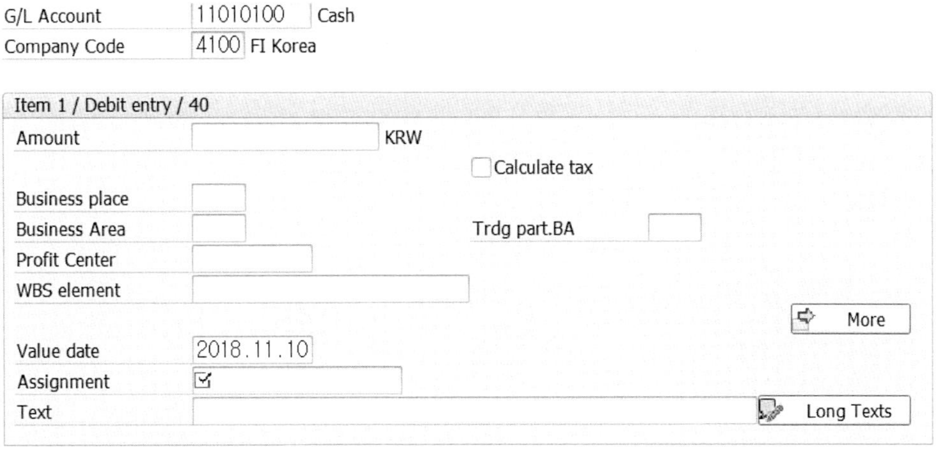

만약 Text필드의 필드 Status가 Suppress설정이면 아래와 같이 Assignment(지정)필드 아래쪽에서 사라진다.

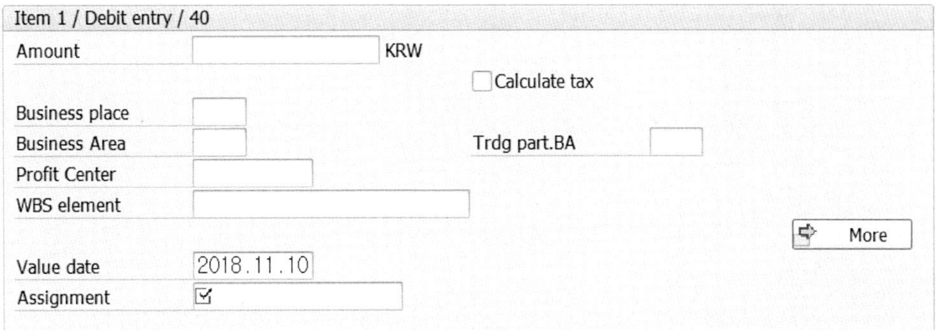

- 일반적으로 전기키를 이용한 Field Status제어는 잘 사용하지 않는다. 전기키의 Field Status는 모두 Optional로 설정하고 계정과목에 의한 Field Status 관리를 통해 제어하는 것이 주로 사용되는 방식이다.

◼ Field Status

: 전표 Line Item의 Field Status 는 총 3가지 Factor에 의해서 결정지어진다.

▶ Account Type(Customers, Vendors, G/L, Assets, Materials), ②Posting Key, ③G/L Account(계정과목)

① Account Type : 시스템이 자동으로 결정한다(고객/구매처 조정계정의 경우 CO Object 를 입력 못한다던지, 금액 필드는 필수로 입력해야 한다던지 등) 일반적인 필드라면 다음 2가지 필드 상태(②, ③)를 가지고 결정된다.

② PK Field Status : 앞에서 살펴본 Setting 내용

③ Account Field status : FS00 트랜잭션 화면에서 설정

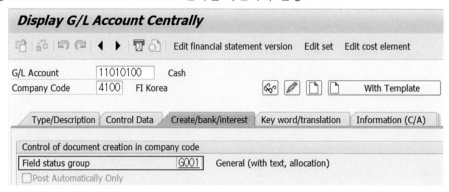

○ FS00-G/L Account Master Data 화면에서 11010100계정의 Create/bank/interest tab의 Field status group 부분을 보게 되면 G001이라는 Field Status Group이 등록되어 있다.

○ IMG-FI-Financial Accounting Global Settings(New)-Ledgers-Fields-Define Field Status Variants 화면 : G001값을 확인해보자.

위 그림에서 4100 Field Status Variant를 선택하고 좌측의 Field status group을 더블클릭한다.

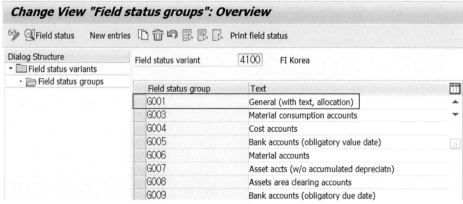

우측 화면 리스트 중에 G001을 더블클릭한다.

Maintain Field Status Group: Overview

🔍 Subgroup list

General Data	Page	1 / 1

Field status variant 4100　　Group G001

General (with text, allocation)

Select Group

General data
Additional account assignments
Materials management
Payment transactions
Asset Accounting
Taxes
Foreign payments
Consolidation
Real estate management
Financial assets management

General Data	Page	1 / 1

Field status variant 4100　　Group G001

General (with text, allocation)

General data

	Suppress	Req. Entry	Opt. entry
Assignment number	○	○	⦿
Text	○	○	⦿
Invoice Reference	⦿	○	○
Hedging	⦿	○	○
Collective Invoice	⦿	○	○
Reference specification 1/2	⦿	○	○
Reference specification 3	⦿	○	○
Inflation Index	⦿	○	○

PK때와 마찬가지로 전표 입력 화면의 각 필드그룹별 Status를 선택할 수 있는 화면
이 뜨게 된다.

Field check 버튼을 클릭하거나 각 Field 항목을 더블클릭하면 실제 전표 입력시 사
용되는 필드명을 볼 수 있다.

Reference Key 1과 2 필드는 동시에 제어될 수 밖에 없는 항목이다.

○ 위와 같이 Account Field Status를 지정할 수 있다.

: 만약 Posting Key의 Field Status와 G/L Account의 Field Status가 서로 다를 경우 시스템은 다음과 같은 우선순위에 의해 상태를 결정한다. → 우선순위 : Suppress > Required > Optional

: 단, Suppress or Optional? (S>O) Required or Optional? (R>O) 비교시에는 비교가 가능하나, Suppress or Required? 비교시에는 에러가 발생한다. 하나는 안보여주는 설정이고 하나는 꼭 입력해야 하는 설정이므로 시스템이 아래와 같은 에러를 발생시킨다.

\> Posting Key Setting에서 Assignment 필드를 Required 로 설정했었다. 11010100계정이 물고 있는 FSG G001의 Assignment 필드를 Suppress로 설정한 후 전표를 입력해보자.

Maintain Field Status Group: General data

```
  Field check
```

General Data				Page	1 / 1

Field status variant 4100   Group G001
General (with text, allocation)

General data	Suppress	Req. Entry	Opt. entry
Assignment number	◉	○	○
Text	○	○	◉

위와 같이 설정한 후 F-02에서 전기키 40에 11010110 계정을 입력하면 아래 오류가 발생한다.

First line item

PstKy [40]🔍 count 11010100   SGL Ind   TType

⚠ Rules for posting key 40 and acct 11010100 set incorrectly for "ZUONR" field

ZUONR 필드 즉, Assignment 필드의 Field Status Rule 잘못되어 있다는 메시지이다.

▶ 그렇다면 왜 위와 같이 Posting Key와 Account를 비교하여 필드 상태를 결정짓도록 했을까?

○ Line Item의 기본룰 - [PK + Account + Amount] 으로 만약 다음과 같이 전표가 기표된다고 생각해보자.

○ [40 + 현금계정 + 1,000] vs [40 + 비용계정 + 1,000]

같은 Posting Key 40이라고해서 두 경우 모두 전기키에 의해 필드 상태가 결정된다면 현금인지 비용인지에 따라 달라질 수 있는 필드들이 존재할텐데 그에 대한 제어를 할 수 없게 된다. 따라서 전기키뿐 아니라 각 G/L Account별로도 필드상태를 제어할 수 있도록 유연성을 부여한 것이다.

○ 앞서도 설명했지만, 실제 프로젝트시에는 Posting Key에 대한 Field Status는 모두 Optional로 두고, G/L Account 별로 Field Status를 제어하는 방식을 주로 사용한다.

※ 예외 사항 : Business Area를 사용할 경우 BA필드는 Required or Optional 중 선택해야 한다. / Tax관련 Field는 G/L Account Master의 Tax 속성에 의해 Field Status가 결정된다.

▶ G/L Account의 Field Status Group 설정 Process

① 성격이 유사한 G/L 계정들을 그룹핑 한다.

② Field Status Group을 묶을 Field Status Variant를 생성

IMG-FI-Financial Accounting Global Settings(New)-Ledgers-Fields-Define Field Status Variants 화면

③ 앞서 ①에서 그룹핑한 각각의 필드상태그룹을 대표할 그룹코드 생성 → Field Status Groups

IMG-FI-Financial Accounting Global Settings(New)-Ledgers-Fields-Define Field Status Variants 화면(동일화면)

④ Company Code에 Assign

IMG-FI-Financial Accounting Global Settings(New)-Ledgers-Fields-Assign Company Code to Field Status Variants

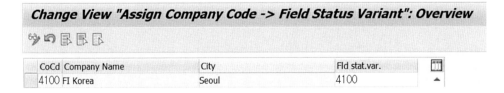

CoCd	Company Name	City	Fld stat.var.	
4100	FI Korea	Seoul	4100	▲

⑤ 각 G/L계정코드 마스터에 해당 Field Status Group 코드를 지정(FS00화면)

● Posting Period - 회계 전기기간 관리(Financial Closing)

During the Fiscal Year

1월	2월	3월	4월	5월	**Open** 6월	7월	8월	9월	10월	11월	12월

Year-End Closing

8월	9월	10월	11월	**Open** 12월	1월	**Open** 2월	3월	4월	5월	6월	7월

13월	14월	15월	16월

▶ During the Fiscal Year : 연중 회계기간 관리(6월-해당월만 열어놓고 사용)

▶ Year-End Closing : 연말결산시 회계기간 관리(전년 12월 연말결산에 대한 조정처리가 2월까지 끝나지 않고 있을 경우 13~16월까지의 Special Posting Period에 조정전표처리를 할 수 있다. 또한 현재월인 2월은 오픈되어 있어야 한다) → 연중이냐 연말이냐에 따라 열려있는 Posting Period가 달라진다.

▶ IMG-FI-Financial Accounting Global Settings (New)-Ledgers-Fiscal Year and Posting Periods-Posting Periods-①Define Variants for Open Posting Periods : Variant값을 정의하는 단계

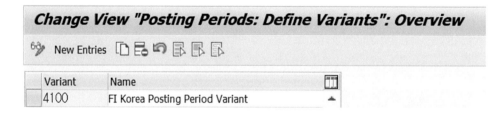

Change View "Posting Periods: Define Variants": Overview

New Entries

	Variant	Name
	4100	FI Korea Posting Period Variant

▶ IMG-FI-Financial Accounting Global Settings (New)-Ledgers-Fiscal Year and Posting Periods-Posting Periods-②Open and Close Posting Periods

Change View "Posting Periods: Specify Time Periods": Overview

New Entries

Pstng period variant　4100

Posting Periods: Specify Time Periods

A	From acct	To account	From per.1	Year	To Per. 1	Year	AuGr	From Per.2	Year	To Per. 2	Year	From Per.3	Year	To Per. 3	Year
+			1	2017	12	2019		1	2018	12	2019				
A		ZZZZZZZZZ	1	2017	12	2019		1	2018	12	2019				
D		ZZZZZZZZZ	1	2017	12	2019		1	2018	12	2019				
K		ZZZZZZZZZ	1	2017	12	2019		1	2018	12	2019				
M		ZZZZZZZZZ	1	2017	12	2019		1	2018	12	2019				
S		ZZZZZZZZZ	1	2017	12	2019		1	2018	12	2019				

○ 해당 Variant에 대해 어떤 Period를 Open할지 Close 할지를 속성값 정의

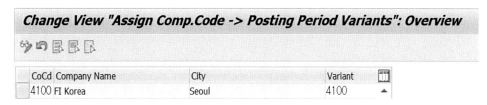

ⓐ 현재 2018년 7월인 경우 일반 사용자에겐 7월을 Open 해주고, 1000번 권한그룹
(Authorization Group)을 가진 회계팀에겐 6~7월 기간을 Open한다는 의미

ⓑ 현재월이 2019년 1월인경우 일반 사용자에겐 2019년 1월을 Open 해주고, 2018년 연
결산을 하는 담당자들에겐 2018년 13월~16월(Special Period)를 Open 하겠다는 의미
(Special Period는 전표 입력 화면에서 Header 부분의 Posting Period에 직접 13월을 입력하면
된다.)

▶ IMG-FI-Financial Accounting Global Settings (New)-Ledgers-Fiscal Year and
Posting Periods-Posting Periods-③Assign Variants to Company Code

Change View "Assign Comp.Code -> Posting Period Variants": Overview

CoCd	Company Name	City	Variant
4100	FI Korea	Seoul	4100

○ 각 Company Code에 해당 Variant값을 지정한다.

▶ Posting Period Variant 하나는 여러 개의 Company Code에 연결될 수 있다.

○ Posting Period Variant의 마감기간을 바꾸게 되면 모든 Company Code가 함께
적용된다.

○ 즉, **마감룰을 동일하게 적용**할 수 있다.

○ 일반적으로는 Company Code 별 마감기간이 다르므로 Posting Period Variant를
각기 생성하여 관리한다.

▶ Posting Period는 Account Type별로 관리가 가능하다.

○ Document Header → '+' : 헤더 레벨-전기일자로 기간을 Control 한다. 가장 상위
레벨에서 관리할 수 있는 Account Type 단위이다..

○ S,D,K,A,M : Line Item레벨에서 Account Type별로 기간을 Control 한다(S:G/L,
D:Customer, K:Vendor, A:Asset)

○ IMG-FI-Financial Accounting Global Settings (New)-Ledgers-Fiscal Year and Posting Periods-Posting Periods-Open and Close Posting Periods 화면

Change View "Posting Periods: Specify Time Periods": Overview

New Entries 🗋 🖧 🔄 🖹 🖷 🖳

Pstng period variant　4100

Posting Periods: Specify Time Periods

A	From acct	To account	From per.1	Year	To Per. 1	Year	AuGr	From Per.2	Year	To Per. 2	Year	From Per.3	Year	To Per. 3	Year
+			1	2017	12	2019		1	2018	12	2019				
A		ZZZZZZZZZZ	1	2017	12	2019		1	2018	12	2019				
D		ZZZZZZZZZZ	1	2017	12	2019		1	2018	12	2019				
K		ZZZZZZZZZZ	1	2017	12	2019		1	2018	12	2019				
M		ZZZZZZZZZZ	1	2017	12	2019		1	2018	12	2019				
S		ZZZZZZZZZZ	1	2017	12	2019		1	2018	12	2019				

- 위와 같이 +와 A,D,K,M,S로 Account Type이 구분되어 Open/Close Rule이 정의되어 있다.
- 아래와 같은 상황에서 FB50 화면에서 Close된 Period에 대하여 전표를 생성할 경우(2018년 5월 전표입력)

A	From acct	To account	From per.1	Year	To Per. 1	Year	AuGr	From Per.2	Year	To Per. 2	Year
+			6	2018	7	2018	1000	7	2018	7	2018

Enter G/L Account Document: Company Code 4100

🔲 Tree on　🔳 Company Code　🖨 Hold　⠿ Simulate　💾 Park　✏ Processing Options

| Basic Data | Details |

			Amo
Document Date	2018.05.10	Currency	KRW	To
Posting Date	2018.05.10	Period	05	☐

❗ Posting period 005 2018 is not open 에러 메시지가 나타나게 된다. 위 경우 헤더부분에서 체크되었다.

○ +의 경우는 헤더에서 체크하는 로직이므로 계정과목과 무관하게 체크하지만 A,D,K,M,S의 경우는 각 Account Type별로 그 안에 Account별로 나눠서 마감 체크를 할 수 있다.

Posting Periods: Specify Time Periods

	A	From acct	To account	From per.1	Year	To Per. 1	Year	AuGr	From Per.2	Year	To Per. 2	Year
	S	11010100	11010199	7	2018	7	2018		7	2018	7	2018
	S		ZZZZZZZZZZ	1	2018	12	2019		1	2018	12	2019

- S Account Type에 대해 11010100~11010199계정은 2018/07월에 대해서만 기표할 수 있도록 설정하였다.

○ 만약 11010100계정에 대해 6월에 전표 기표를 하게 되면

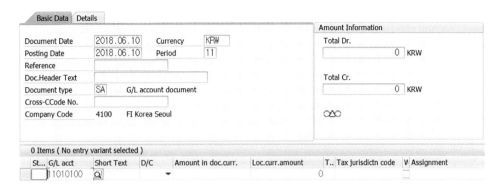

Period 006/2018 is not open for account type S and G/L 11010100 라는 오류가 발생한다. Line-item레벨에서 체크됨.

• 이와 같이 특정 계정유형별, 특정 Account별로 마감기간을 관리할 수 있다.

▶ Two Period Ranges : 연말에 2개의 Posting Period가 Open된다.

○ 해당월 Posting Period Open → Range2 이용

○ 연말 결산 작업용 기간설정 → 12월 연말결산을 위한 Special Posting Period Open

○ Range1 & **권한그룹 이용**

A	From acct	To account	From per.1	Year	To Per. 1	Year	AuGr	From Per.2	Year	To Per. 2	Year
+		6	2018	7		2018	1000	7	2018	7	2018
A		ZZZZZZZZZZ 6	2018	7		2018		7	2018	7	2018
D		ZZZZZZZZZZ 6	2018	7		2018		7	2018	7	2018
K		ZZZZZZZZZZ 6	2018	7		2018		7	2018	7	2018
M		ZZZZZZZZZZ 6	2018	7		2018		7	2018	7	2018
S		ZZZZZZZZZZ 6	2018	7		2018		7	2018	7	2018

Posting Periods: Specify Time Periods

- + 라인에 권한 그룹을 설정할 수 있다. 1000번 권한 그룹을 가진 User는 Range1에 해당하는 2018년 6~7월에 대한 전기권한을 갖게 된다. 그 외의 권한그룹을 가지거나 아예 권한그룹이 없는 User는 Range2에 해당하는 2018년 7월에 대한 전기권한만을 갖게 된다.
- 만일 권한그룹 설정을 하지 않는 경우 기간1 or 기간2 둘 중 어느 기간이든 전표기표가 가능하다. 위의 그림에서는 기간1=6~7월, 기간2=7월 이므로 6~7월에 대한 전기처리가 가능
- 위 권한 그룹은 권한 오브젝트 '**F_BKPF_BUP**'에 설정된 값에 따라 지정이 된다. 회계팀 Role권한 설정시 해당 권한 오브젝트에 1000번을 입력해 놓을 경우, 이 회계팀 Role을 가진 담당자는 6월 전표도 입력할 수 있게 된다(아래 그림 참고)

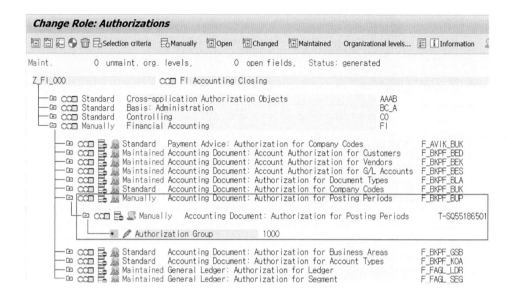

회계팀내에서도 1000번 권한을 가진 사람, 2000번 권한을 가진 사람, 3000번 권한을 가진 사람을 나누어 마감기간 관리를 할 수 있다.

※ 참고) Fiscal Year (Variant) : 회계연도 관리

▶ Fiscal Year Variant : Posting Periods(결산 구분 기간)를 설정하는 회계연도 Variant(12월 결산법인의 경우 1월부터 12월까지 12개의 Posting Period를 갖는다.) 아래 두가지 설정 방식이 있다.

① Year-Independent : 매년 회사가 유지하고자 하는 Posting Period 가 동일할 경우

Calendar Year

月	1월	2월	3월	4월	5월	6월	7월	8월	9월	10월	11월	12월
Period	01	02	03	04	05	06	07	08	09	10	11	12

Non-Calendar Year (6월 결산법인)

月	1월	2월	3월	4월	5월	6월	7월	8월	9월	10월	11월	12월
Period	07	08	09	10	11	12	01	02	03	04	05	06
Year	-1	-1	-1	-1	-1	-1	0	0	0	0	0	0

○ Calendar Year : 달력상의 월과 Posting Period가 동일한 경우(12월 결산 법인)

○ Non-Calendar Year : 달력상의 월과 Posting Period가 다른 경우(3월 결산법인, 6월 결산법인 등)

- 달력상의 7월이 Posting Period 1월이 된다. 다음년도 6월이 Posting Period 12월이 된다.
- 년도가 넘어가는 Posting Period 7~12월은 년도에 -1을 해주어서 정상적으로 연도가 인식되도록 한다. 예를 들어 달력상의 월이 2019년 1월인 경우, Year는 2019 - 1 = 2018년이 되고 07월이 Posting Period가 된다.

② Year-Dependent : Posting Period가 매년 변동되는 경우(ex-2011년-6개, 2012년-4개, 2014년-12개 운영)

Full Years

Year	1월	2월	3월	4월	5월	6월	7월	8월	9월	10월	11월	12월
2016	04	05	06	07	08	09	10	11	12	01	02	03
2017	07	08	09	10	11	12	01	02	03	04	05	06
2018	10	11	12	01	02	03	04	05	06	07	08	09
2019	01	02	03	04	05	06	07	08	09	10	11	12

Shortened Fiscal Year

Year	1월	2월	3월	4월	5월	6월	7월	8월	9월	10월	11월	12월
2019	01	02	03	04	05	06	07					

○ Full Year : 매년 Posting Period 값이 변동된다. 단, 1월부터 12월까지 모든 월을 Posting Period로 사용

○ Shortened Fiscal Year : 일부월만 사용, 회사가 청산되거나 매각되는 경우에 이런 방식을 사용

▶ 1~12월 Posting Period : General(or Standard) Posting Period라고 한다.

▶ 13~16월 Posting Period : Special Posting Period를 의미한다. 연말 결산을 위해 사용되는 Posting Period이다.

○ 12월 말에 연말결산할 경우 1차마감 후 조정 포스팅을 할 것이다(2차 마감~, 3차 감사인 감사 후~)

○ 이와 같은 경우 조정 포스팅시 13~16월의 별도 Posting Period를 가지고 조정분개를 반영한다.

○ 2018년도 연말결산 조정전표 생성시 Posting Date를 2018.12.31일로 입력해야 2018년도로 귀속된다. 이때 Posting Period는 13월로 입력한다.

○ 이 Special Posting Period는 필수로 사용해야 하는 기능은 아니다. 다만, 연결산 조정전표에 대해 구분 관리를 하고자 할 경우 사용하도록 한다. 각 조정에 대한 전표내역을 확인하는 경우 각 Period별로 내역을 조회해 볼 수 있어 편리하다. 만약 이런 방식으로 관리하지 않을 경우 모든 전표가 12월에 귀속되어 있어 적요, 입력일 등을 보고 구분해야 한다.

▶ IMG-FI-Financial Accounting Global Settings (New)-Ledgers-Fiscal Year and Posting Periods-Maintain Fiscal Year Variant (Maintain Shortened Fisc. Year) 화면 : Fiscal Year Variant에 대한 속성값 정의

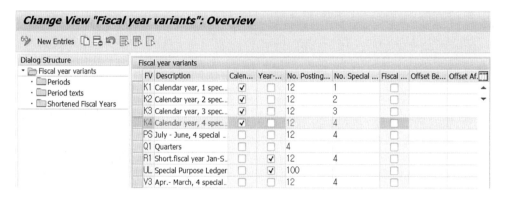

○ 국내 대부분의 회사들은 K4 Variant를 사용한다. K4 Variant의 경우 Year-dependent 필드에 언체크 되어 있으므로 Year-Independent이다. 12개월의 General Posting Period, 4개월의 Special Posting Period 를 가진다. Calendar yr 필드에 체크되어 있으므로 Calendar Year 기준의 Posting Period 를 가짐을 알 수 있다.

| V3 Apr.- March, 4 special_ | ☐ | ☐ | 12 | 4 | ☐ |

○ V3 Variant의 경우는 Year-Independent이며 Non-Calendar year방식이다. 3월결산법인용 Variant.

○ V3를 선택한 상태에서 좌측 트리의 📂Periods 더블클릭하면

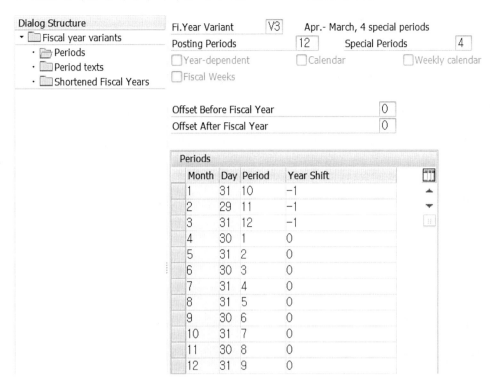

○ 위에서처럼 실제 달력월(Month)과 Posting Period를 매핑해줄 수 있다. 달력 1~3월
은 전년도 회계기간에 속해야 하므로 Year Shift -1 로 되어 있다.

UL Special Purpose Ledger	☐	☑ 100		☐

○ UL의 경우 Year-dependent 형식. 100개의 Posting period를 운영한다.
📂Periods 를 더블클릭하고 들어가면 아래 팝업이 보여진다. 몇 년도 기준의 Post-
ing period값을 볼지 선택한다.

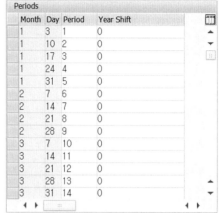

○ 100개의 Posting period를 정의한 화면을 볼 수 있다.

▶ IMG-FI-Financial Accounting Global Settings (New)-Ledgers-Fiscal Year and Posting Periods-Assign Company Code to a Fiscal Year Variant 화면 : Company Code별로 Fiscal Year값 지정

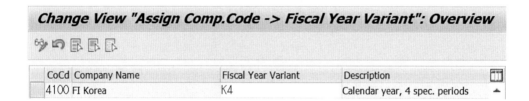

○ 위 화면에서 Fiscal Year Variant값을 각 Company Code별로 지정한다.

● **Maximum Amounts : 전표 입력 허용 최대금액 관리**

▶ 전표를 생성하는 사람이 누구냐에 따라 전표 한 건당 포스팅 할 수 있는 최대 금액 (Amount Limit)을 지정할 수 있다. 국내에서는 거의 사용되지 않는 기능이나 기본 세팅이 되어 있어야 전표를 입력할 수 있으므로 참고로 알아둔다.

▶ User Group : 각 User별 허용한도그룹을 설정

① 일반적으로 직급별로 유저를 그룹핑한다(팀 레벨로 그룹핑 해도 되고 다른 방식으로 해도 된다)

② 각각 그룹을 Tolerance Group Variant(T.G.V) 를 부여하여 지정한다.

③ 각각에 T.G.V마다 Maximum Amount를 지정한다.

④ T.G.V를 각각의 User ID에 Assign 한다.

▶ IMG-FI-Financial Accounting Global Settings(New)-Document-Tolerance Groups-Define Tolerance Groups for Employees 화면 ③

더블클릭하면 아래와 같은 상세화면이 나오게 된다.

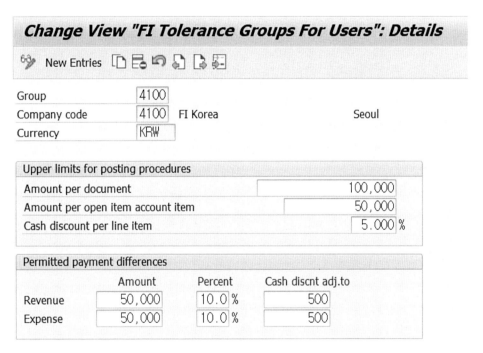

○ Amount per document : 전표 한 건당 입력할 수 있는 최대금액

○ Amount per open item account item : Open Item 한 건당 입력할 수 있는 최대금액

○ Cash discount per line item : Line Item당 최대로 Cash discount할 수 있는 %

○   Permitted payment differences   : 이 부분은 뒤에서 살펴보도록 한다.

▶ IMG-FI-Financial Accounting Global Settings(New)-Document-Tolerance Groups-Assign User/Tolerance Groups 화면④

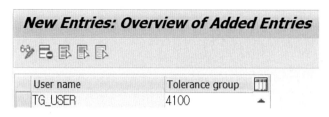

New Entries: Overview of Added Entries

User name	Tolerance group
TG_USER	4100

○ 각 유저ID에 T.G.V를 Assign한다.

▶ Tolerance Group Test : 허용한도그룹 설정에 대해 테스트 해보자.

○ TG_USER로 FB50 트랜잭션에서 전표기표 Test를 해보자(Max amount Test →
100,000원을 초과해서 입력)

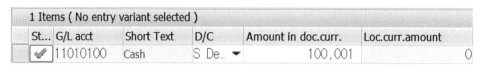

1 Items (No entry variant selected)

St...	G/L acct	Short Text	D/C	Amount in doc.curr.	Loc.curr.amount
✔	11010100	Cash	S De... ▼	100,001	0

🛈 You may only post documents up to KRW 100,000

위와 같은 에러메시지를 띄우면서 전표기표에 실패하게 된다.

○ FB70 트랜잭션에서 A/R Invoice기표 Test를 해보자(Open Item Max amount Test →
50,000원을 초과해서 입력)

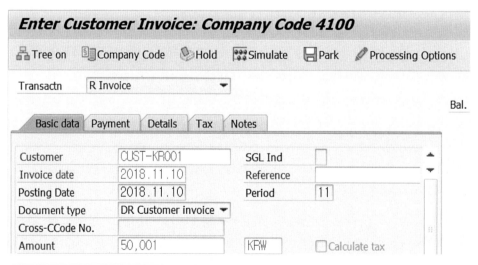

Enter Customer Invoice: Company Code 4100

🛈 You may only enter amounts up to KRW 50,000

위와 같은 에러메시지를 띄우면서 전표기표에 실패하게 된다.

○ F-28 트랜잭션에서 수금처리 Test를 해보자(Cash Discount % Test → 5%을 초과해서 입력해보자)

위와 같은 에러메시지를 띄우면서 전표기표에 실패하게 된다(Cash Discount기능은 국내에서 잘 사용되지 않음)

○ 위와 같이 각 유저별 전표 포스팅시 각 최대 금액(or %)등을 정의하여 사용할 수 있다(Tolerance Rule)

▶ Tolerance Group 설정방식 : Tolerance Group을 공백으로 생성하고, 이 경우 Low Limits(낮은 수준의 금액)으로 설정한 후 일반적인 유저들(Accounting clerks)에게 지정한다. 그룹 Variant가 지정된 경우는 Higher Limits(높은 수준의 금액)로 지정하여 각각 User Id(회계/자금팀 등)에 assign 하는 방식으로 설정한다.

▶ 국내서는 이렇게 Tolerance를 관리하지 않기 때문에 Tolerance Group을 공백으로 입력한 1개의 Variant에 최대 금액을 등록하는 정도로 설정을 끝낸다(아래 그림 참조) User별 Tolerance Group을 등록하지 않을 경우 자동으로 이 공백인 Group을 인식한다. 이게 등록되지 않으면 전표 입력이 되지 않으므로 꼭 등록해야 한다.

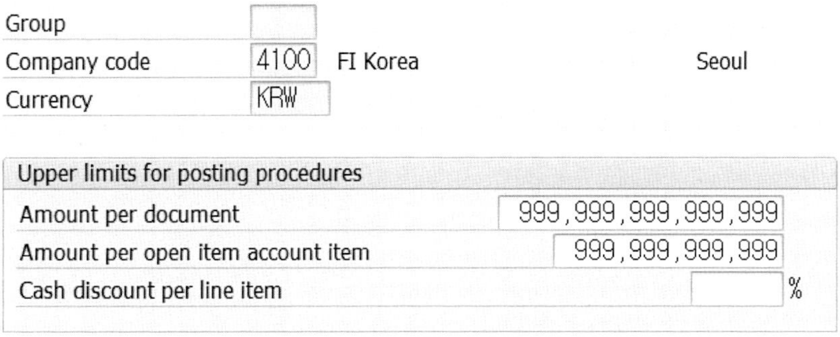

Group		
Company code	4100	FI Korea Seoul
Currency	KRW	

Upper limits for posting procedures	
Amount per document	999,999,999,999,999
Amount per open item account item	999,999,999,999
Cash discount per line item	%

● Basic FI Postings T-Code

▶ G/L Account Postings : FI G/L에서 포스팅 되어지는 일반적인 전표처리

○ FI-General Ledger-Document Entry-FB50 - Enter G/L Account Document(신)

○ FI-General Ledger-Document Entry-F-02 - General Posting(구)

▶ A/R Invoice Postings : FI AR, 매출전표

○ FI-Accounts Receivable-Document Entry-FB70 - Invoice(신)

○ FI-Accounts Receivable-Document Entry-F-22 - Invoice-general(구)

▶ A/R Credit Memo Postings : FI AR, A/R Invoice에 대한 반품 등 거래처리

○ FI-Accounts Receivable-Document Entry-FB75 - Credit memo(신)

○ FI-Accounts Receivable-Document Entry-F-27 - Credit memo-general(구)

▶ A/P Invoice Postings : FI AP, 매입전표

○ FI-Accounts Payable-Document Entry-FB60 - Invoice(신)

○ FI-Accounts Payable-Document Entry-F-43 - Invoice-general(구)

▶ A/P Credit Memo Postings : FI AP, A/P Invoice에 대한 반품 등 거래처리

○ FI-Accounts Payable-Document Entry-FB65 - Credit memo(신)

○ FI-Accounts Payable-Document Entry-F-41 - Credit memo-general(구)

FI Basic Postings	신 트랜잭션 코드	구 트랜잭션 코드
G/L Account Postings	FB50	F-02
A/R Invoice Postings	FB70	F-22
A/R Credit Memo Postings	FB75	F-27
A/P Invoice Postings	FB60	F-43
A/P Credit Memo Postings	FB65	F-41

2. Posting Control

이번 챕터에서는 전표입력 관련 유용한 여러가지 IMG설정과 역분개 처리 등 전표처리 관련 사항을 살펴보고자 한다.

● **Default Values :** 전표 입력시 기본으로 설정되는 기본값 등에 대한 설정

▶ User Default Setting : 유저별 기본 세팅(유저가 편리하게 사용하기 위한 기능)

○ Parameter ID : 앞서 Navigation 챕터에서 살펴봤던 사항이다.

• [메뉴-시스템-User Profile-Own Data]에 들어가서 지정

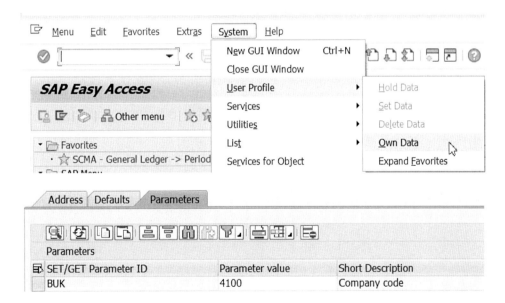

• 특정 필드에 마우스 커서를 놓고 F1을 누른 후 Technical Information 버튼을 누르고 들어가게 되면 해당 필드의 Parameter ID를 알 수 있다. 해당 Parameter ID에 Default Value를 지정할 수 있다.
• Ex) FI-GL-Document-FB03-Display 화면에서 Company Code 필드를 항상 4100으로 지정하고 싶을 경우

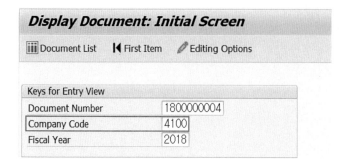

>해당 필드에 커서를 놓고 아이콘을 클릭(혹은 F1키)하여 들어간 다음

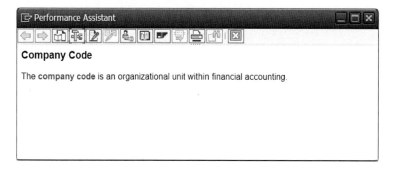

> 버튼을 클릭한다.

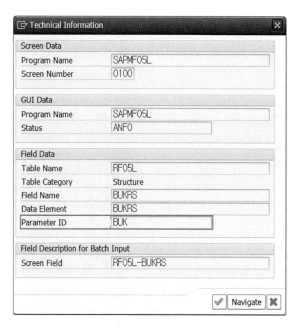

>Technical Information 화면에서 Parameter ID(BUK) 값을 알 수 있다.

>BUK 파라메터에 대한 값을 세팅한다.

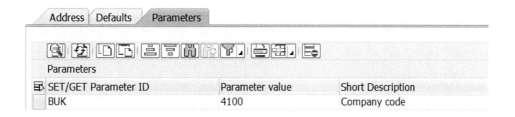

SET/GET Parameter ID	Parameter value	Short Description
BUK	4100	Company code

위와 같이 입력하면 항상 Company Code 필드에 기본값 4100을 띄워주게 된다.

○ **Processing Options**(화면상의 Processing Options 란 버튼을 클릭하여 지정가능 or FB00
T-Code 실행)
- Processing Options 혹은 **Editing Options** 으로 표시되기도 한다.
- Change Screen Layout : 화면상에서 필요한 필드만 보이도록 지정이 가능함 → General Entry
Options
  Ex)FI-General Ledger-Document Entry-F-02 - General Posting 화면

Enter G/L Account Posting: Header Data

Held Document   Account Model   ✎G/L item fast entry   ☐Post with Reference   ✎Processing Options

Document Date	2018.06.30	Type	SA	Company Code	4100
Posting Date	2018.06.30	Period	6	Currency/Rate	KRW
Document Number				Translation dte	
Reference					
Doc.Header Text					

First line item

PstKy 40 Account [   ] SGL Ind [TType [   ]

Document Date를 입력(필수항목이므로 먼저 입력)한 후 상단의 ✎Processing Options 버튼을 클릭.

Accounting Editing Options

Document entry	Doc.display	Open items	Line items	Credit mgt	P.adv	Cash Jrnl

General Entry Options

- ☐ Documents only in local currency
- ☐ Amount fields only for document currency
- ☐ Exchange rate from first line item
- ☐ No special G/L transactions
- ☐ Documents not cross-company code
- ☐ Documents must be complete for parking
- ☐ No partner business area in head.screen
- ☐ Calculate taxes on net amount
- ☐ Copy text for G/L account entry
- ☐ Do not copy tax code
- ☐ Fast entry via ISR number
- ☐ ISR Entry with Control Display
- ☐ Do not update control totals
- ☐ Automatic Negative Posting

Default document currency

- ⦿ Local currency
- ○ Last document currency used
- ○ None

Default Company Code

- ☐ No Company Code Proposal

Screen templates and line layout variant for document entry

G/L account items fast entry	SAP01	Standard one-line
Inv./cr.memo fast entry	SAP01	Standard one-line
Park document	SAP01	Standard one-line
Act assignment model	SAP01	Standard one-line
Doc. overview line layout	SAP	SAP standard
Document Overview as ALV Grid Control		☑

- ☐Documents only in local currency : 체크하면

Currency/Rate	KRW	
Translation dte		

필드가 사라진다.

User가 외화거래에 대해 처리하지 않는 경우 필요 없는 필드(환율/환산일)를 없앨 수 있다.

- ☐Documents not cross-company code : 체크하면

Cross-CCode No.	

필드가 사라진다.

Company Code간에 발생하는 거래가 없어 Cross Company Code no가 없을 경우 위와 같이 세팅

- ☐No special G/L transactions : 체크하면 SGL Ind ☐ 필드가 사라진다.

  Special G/L 거래에 대해 처리하지 않는 경우 위와 같이 세팅한다.

- Default Screen templates : 여러 유형에 대한 화면 템플릿 지정(ex-Fast Data Entry화면 기본 템플릿)
  Processing Options 화면 하단을 보면 아래와 같은 세팅 부분이 있다.

Screen templates and line layout variant for document entry		
G/L account items fast entry	SAP01	Standard one-line
Inv./cr.memo fast entry	SAP01	Standard one-line
Park document	SAP01	Standard one-line
Act assignment model	SAP01	Standard one-line
Doc. overview line layout	SAP	SAP standard
Document Overview as ALV Grid Control	✓	

>G/L account items fast entry : Fast Entry 등록 화면의 기본 템플릿으로 SAP01을 사용하겠

다는 의미

> ✏️G/L item fast entry 버튼 클릭(구 화면 단점을 개선하기 위해 여러 Line을 한꺼번에 입력할 수 있는 화면)

(구화면은 입력한 계정에 대한 금액을 다음 화면에서 입력해야 한다. 즉, 여러 화면에 걸쳐서 입력해야 한다.)

위 그림에서 보는 것처럼 한꺼번에 데이터를 빠르게 입력할 수 있도록 구성되어 있다.

위 화면의 기본 필드 레이아웃을 세팅하는 부분이 바로 G/L account Items fast entry 설정

부분이다.

○ User Master Record : 사용자 기본 설정

• [메뉴-시스템-User Profile-Own Data]에 들어가서 지정

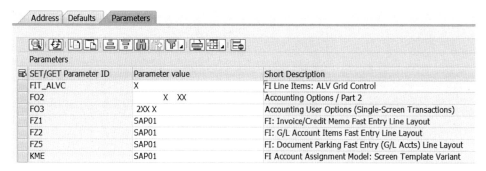

| Address | Defaults | Parameters |

Defaults 탭:

Start menu	
Logon Language	
Decimal Notation	X 1,234,567.89 ▼
Date Format	4 YYYY.MM.DD ▼
Time Format (12/24h)	0 24 Hour Format (Example: 12:05:10) ▼

Spool Control

Output Device	
☐ Print Now	
☐ Delete After Output	

Personal Time Zone

| Time Zone | CET |
| System Zone | UTC+9 |

CATT

☐ Test Status

• 언어, Data 포맷, 프린터 Device Name(Output Device), Decimal notation 지정

※ 참고)앞서 살펴보았던 Processing Options(Editing Options)설정들도 Parameters에 값이 저장되어 있다.

| Address | Defaults | Parameters |

Parameters

SET/GET Parameter ID	Parameter value	Short Description
FIT_ALVC	X	FI Line Items: ALV Grid Control
FO2	X XX	Accounting Options / Part 2
FO3	2XX X	Accounting User Options (Single-Screen Transactions)
FZ1	SAP01	FI: Invoice/Credit Memo Fast Entry Line Layout
FZ2	SAP01	FI: G/L Account Items Fast Entry Line Layout
FZ5	SAP01	FI: Document Parking Fast Entry (G/L Accts) Line Layout
KME	SAP01	FI Account Assignment Model: Screen Template Variant

▶ System Default Setting : 시스템이 자동으로 세팅하는 부분(유저가 변경 할 수 있는 부분이 아님)

○ Posting Date : 항상 오늘일자로 뿌려주고 있음(Posting Date 2018.07.10)

○ Document Principle : 항상 차변과 대변금액이 일치해야 한다는 원리(대차평균의 원리)

▶ Accounting Default Setting : FI 관점에서 시스템을 편하게 사용하기 위한 IMG 디폴트 세팅

○ Document Type / Posting Key 기본값 설정

• 각 트랜잭션 화면별로 Document Type(DT)와 Posting Key(PK)를 지정해서 디폴트로 뿌려주게 해준다.

F-02 트랜잭션 화면에 들어가면 자동으로 DT: Type SA PK: PstKy 40 을 뿌려준다.

F-43 트랜잭션 화면에 들어가면 자동으로 DT: Type KR PK: PstKy 31 을 뿌려준다.

F-22 트랜잭션 화면에 들어가면 자동으로 DT: Type DR PK: PstKy 01 을 뿌려준다.

• IMG-FI-Financial Accounting Global Settings (New)-Document-Default Values-Define Default Values 화면

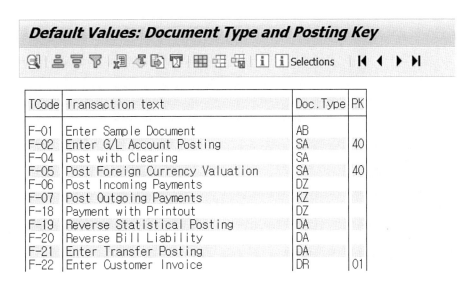

Default Values: Document Type and Posting Key

TCode	Transaction text	Doc.Type	PK
F-01	Enter Sample Document	AB	
F-02	Enter G/L Account Posting	SA	40
F-04	Post with Clearing	SA	
F-05	Post Foreign Currency Valuation	SA	40
F-06	Post Incoming Payments	DZ	
F-07	Post Outgoing Payments	KZ	
F-18	Payment with Printout	DZ	
F-19	Reverse Statistical Posting	DA	
F-20	Reverse Bill Liability	DA	
F-21	Enter Transfer Posting	DA	
F-22	Enter Customer Invoice	DR	01

F-02를 더블클릭하여 값 세팅

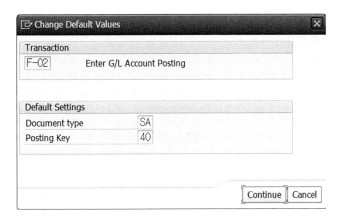

(※Cross-client 설정이므로 한 Client에서 적용하면 동일 서버 내 모든 Client에 동일하게 적용된다.)

○ Debit/Credit Posting Key definitions
- Posting Key가 가지고 있는 차/대변을 결정하는 기능. Standard 설정을 그대로 사용하는 것이 좋다.
- IMG-FI-Financial Accounting Global Settings (New)-Document-Define Posting Keys 화면

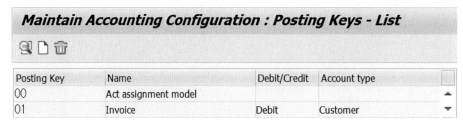

PK 01 더블클릭. 아래 그림처럼 차/대를 결정하는 설정 존재.

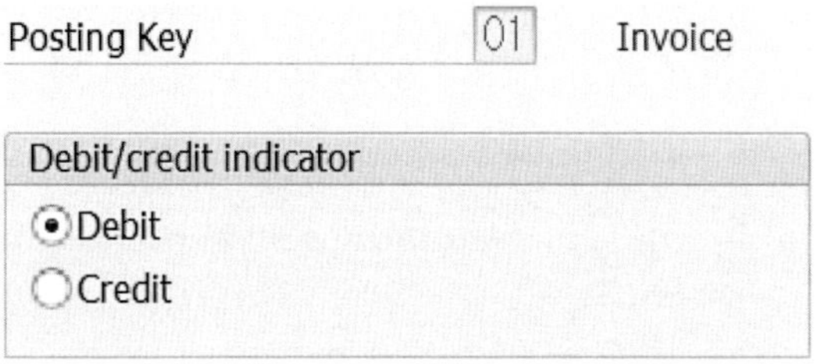

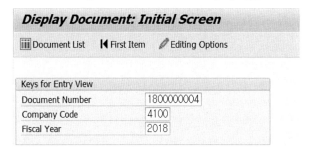

○ Fiscal Year Proposal : 회계연도 기본값 지정
- 올해의 Fiscal Year를 자동으로 지정해줄 것인지 지정
- FI-General Ledger-Document-FB03 - Display 화면

Fiscal Year 필드가 자동으로 2018년도로 표시되는 것을 볼 수 있다.
이와 같이 자동으로 세팅되도록 할 것인가를 IMG 세팅으로 지정할 수 있다.

- IMG-FI-Financial Accounting Global Settings (New)-Document-Default Values-Enable Fiscal Year Default 화면

Change View "Default Fiscal Year": Overview

	CoCd	Company Name	City	Propose fiscal year
	4100	FI Korea	Seoul	✓

위와 같이 Propose fiscal year 필드에 체크되어 있으면 자동으로 트랜잭션 화면에 세팅해준다.

○ Value Date Proposal : Value date라는 필드를 항상 디폴트로 세팅해 줄 것인가를 지정

- Value Date : 실제로 돈이 들어오고 나가는 날짜(타점 수표 같은 경우 오늘 받더라도 실제 돈은 내일 들어오기 때문에 내일이 Value date가 된다.)
- F-02 트랜잭션 화면

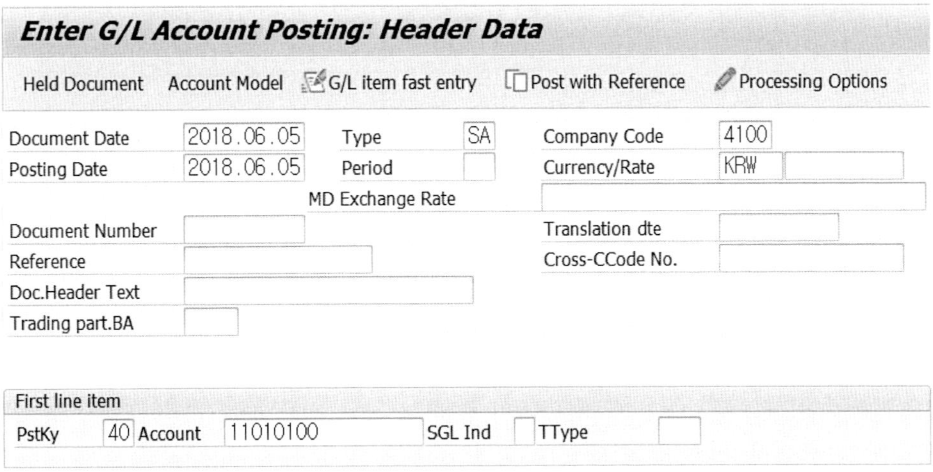

Enter G/L Account Posting: Header Data

Held Document   Account Model   📝G/L item fast entry   ☐ Post with Reference   ✏ Processing Options

Document Date	2018.06.05	Type	SA	Company Code	4100
Posting Date	2018.06.05	Period		Currency/Rate	KR₩

MD Exchange Rate

Document Number

Translation dte

Reference

Cross-CCode No.

Doc.Header Text

Trading part.BA

First line item

PstKy 40 Account 11010100   SGL Ind   TType

> 위와 같이 입력한 후 엔터(다음화면으로 이동)

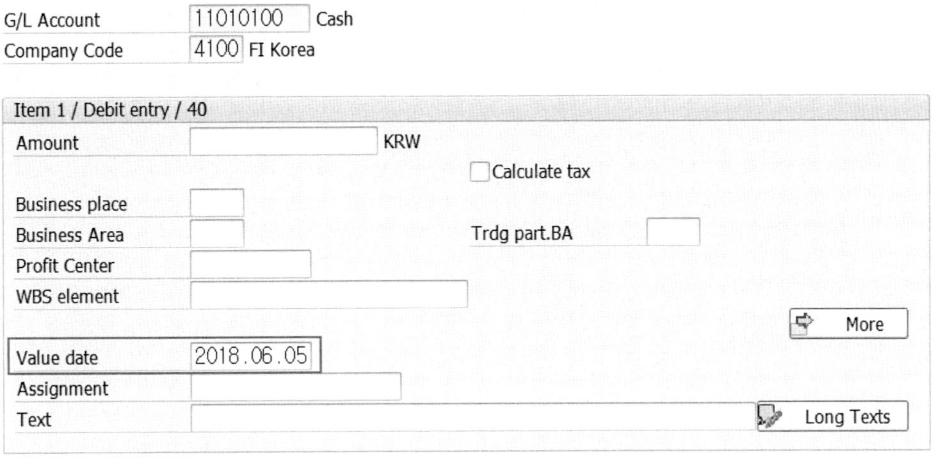

G/L Account 11010100 Cash
Company Code 4100 FI Korea

Item 1 / Debit entry / 40

Amount _____ KRW

☐ Calculate tax

Business place
Business Area   Trdg part.BA
Profit Center
WBS element

➪ More

Value date 2018.06.05
Assignment
Text   🖉 Long Texts

화면을 보게 되면 계정 11010100 이 Cash계정이기 때문에 Value date필드가 보이는 것을 확인할 수 있다.

이 필드값을 자동으로 오늘날짜로 세팅해줄 것인가를 IMG 세팅에서 할 수 있다.

- IMG-FI-Financial Accounting Global Settings (New)-Document-Default Values-Default Value Date 화면

Change View "Company Code: Default Value Date": Overview

CoCd	Company Name	City	Propose value date
4100	FI Korea	Seoul	☑

위와 같이 Propose value date 필드에 체크되어 있으면 트랜잭션 화면에 자동으로 기본값을 세팅해준다.

○ Maximum Exchange Rate deviation : 환율차이 발생시 Warning 처리
- 외화와 관련된 거래시, 내가 입력한 환율과 DB에 저장된 환율과의 차이가 몇%(일정 비율) 벗어날 경우 오류를 발생시킬 것인지를 지정하는 부분
- IMG-FI-Financial Accounting Global Settings(New)-Global Parameters for Company Code-Currencies- Maximum Exchange Rate Difference-Define Maximum Exchange Rate Difference per Company Code 화면

Change View "Maximum Difference Between Exchange Rates": Overview

CoCd	Company Name	City	Max.exch.rate dev.
4100	FI Korea	Seoul	10 %

4100 Company Code는 10%이상 차이가 날 경우 경고가 발생하도록 되어 있다.

F-22 트랜잭션 화면에서 Test 해보자. 먼저 환율을 조회해보면 8월 31일 USD 환율은 1,135원이다.

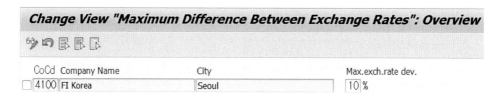

Change View "Currency Exchange Rates": Overview

ExRt	ValidFrom	Indir.quot.	X	Ratio(from)	From	=	Dir.quot.	X	Ratio (to)	To
M	2018.08.31		X		1 USD	=	1,135.00000	X		1 KRW
M	2018.08.18		X		1 USD	=	1,140.00000	X		1 KRW

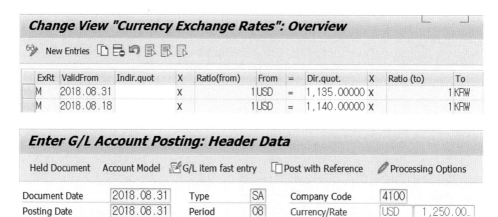

Enter G/L Account Posting: Header Data

Held Document   Account Model   G/L item fast entry   Post with Reference   Processing Options

Document Date	2018.08.31	Type	SA	Company Code	4100
Posting Date	2018.08.31	Period	08	Currency/Rate	USD 1,250.00

전표 Header 에서 환율을 직접 입력해보자. 1USD에 1,250원으로 값을 입력하게 되면

⚠ Exchange rate 1,250.00000 deviates from table rate 1,135.00000 by 10.13 %

위와 같이 등록된 환율정보와 10% 이상 차이난다는 경고 메시지를 출력해준다. SAP에서 경고메시지(Warning Message)는 Enter 키를 누름으로써 무시하고 다음단계로 넘어갈 수 있다.

> 만약 전표 Header에서 환율 정보를 입력하지 않고 다음과 같이 입력해보자.

Enter G/L Account Posting: Header Data

Held Document   Account Model   📝G/L item fast entry   ☐ Post with Reference   🖊 Processing Options

Document Date	2018.08.31	Type	SA	Company Code	4100
Posting Date	2018.08.31	Period	11	Currency/Rate	USD
		MD Exchange Rate			
Document Number				Translation dte	
Reference				Cross-CCode No.	
Doc.Header Text					
Trading part.BA					

First line item

PstKey 40 Account 11010100 ☐ L Ind   TType

위와 같이 Header와 전기키 계정정보를 입력하고 다음 화면으로 이동하여 1USD를 입력한다.

| G/L Account | 11010100 | Cash |
| Company Code | 4100 | FI Korea |

Item 1 / Debit entry / 40

| Amount | 1.00 | USD | Amt.in loc.cur. | 1,135 | KRW |
| | | | ☐ Calculate tax | | |

엔터를 치는 순간 1USD에 대한 환율 1,135KRW 값이 자동으로 입력되어진다.

여기서 원화금액을 1,250원으로 변경하게 되면

⚠ Calculated rate 1,250.00000 deviates from document header rate 1,135.0000 by   10.13 %

마찬가지로 위와 같은 경고 메시지가 뜨게 된다.

몇 % 차이가 날 때 위 경고 메시지를 뿌려줄지를 결정해주는 세팅이 Maximum exchange rate deviation이다.

● Change Documents Control : 전표 포스팅 후 변경시 Rule 설정.

▶ 2 levels 변경관리 : Document Header/Line Item 레벨에서 각기 Rule을 설정할 수 있다.

▶ 특정필드 변경 불가 : Amount, Posting key, Tax Code etc… (중요 필드들은 아예 변경이 불가능 함)

▶ 그 외 필드들은 설정에 따라 변경 가능 : Text(적요), Assignment(지정)(Reference, Document Header Text)등의 필드들은 IMG세팅을 통해서 변경 가능하도록 설정할 수 있다.

▶ System이 모든 전표 변경사항에 대한 이력을 Tracking 해준다.

▶ Test) 이러한 세팅을 어느 IMG 화면을 통해서 세팅하는지 확인 해보자.

○ FB50 트랜잭션에서 일반적인 전표 한 건을 기표한다.

Enter G/L Account Document: Company Code 4100

🔲 Tree on 📋 Company Code ✋ Hold 🔳 Simulate 🔲 Park ✏ Processing Options

| Basic Data | Details |

Document Date	2018.06.10	Currency	KRW
Posting Date	2018.06.10	Period	6
Reference			
Doc.Header Text			
Document type	SA	G/L account document
Cross-CCode No.			
Company Code	4100	FI Korea Seoul

Amount Information

| Total Dr. | 5,000 | KRW |
| Total Cr. | 5,000 | KRW |

2 Items (No entry variant selected)

St...	G/L acct	Short Text	D/C	Amount in doc.curr.	Loc.curr.amount	T..	Value date	Tax jurisdictn code	V	Assignm
✓	11010100	Cash	H Cr.. ▼	5,000	5,000		2018.11.10		☐	
✓	11010101	Shinhan 1357.S De.. ▼		5,000	5,000		2018.11.10		☐	

✅ Document 100000012 was posted in company code 4100

○ FI-General Ledger-Document-FB02-Change 트랜잭션에서 기표된 전표
  100000012를 변경한다.

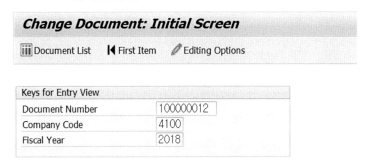

>위와 같이 입력한 후 실행하게 되면 해당 전표 내역을 보여준다.

Itm	Key	SG	AccTy	Account	Description	G/L Acc	G/L account name	D/C	Amount	Curr.	Amount LC	LCurr	Tx	Assign.	Text
1	50		S	11010100	Cash	11010100	Cash	H	5,000-	KRW	5,000-	KRW		20180610	
2	40		S	11010101	Shinhan 135792468	11010101	Shinhan 135792468	S	5,000	KRW	5,000	KRW			

>상단의 🖨 아이콘을 클릭하여 헤더 정보를 보자.

☞ Document Header: 4100 Company Code

Document type	SA	G/L account document
Doc.Header Text		
Card type		Card no.
Request Number		
Reference		Document Date	2018.06.10
		Posting Date	2018.06.10
Currency	KRW	Posting period	06 / 2018
Ref. Transactn	BKPF	Accounting document
Reference Key	010000001241002018	Log.System	T90CLNT090
Entered by	SCY00	Parked by	
Entry Date	2018.11.10	Time of Entry	19:39:24
Parked On		Time of Parking	00:00:00
TCode	FB50		
Changed on		Last update	
Ledger Grp			
Ref.key(head) 1		Ref.key 2	

Doc.Header Text, Reference 필드만 열려있는 것을 볼 수 있다.

>첫 번째 Line Item을 더블 클릭하여 들어가자.

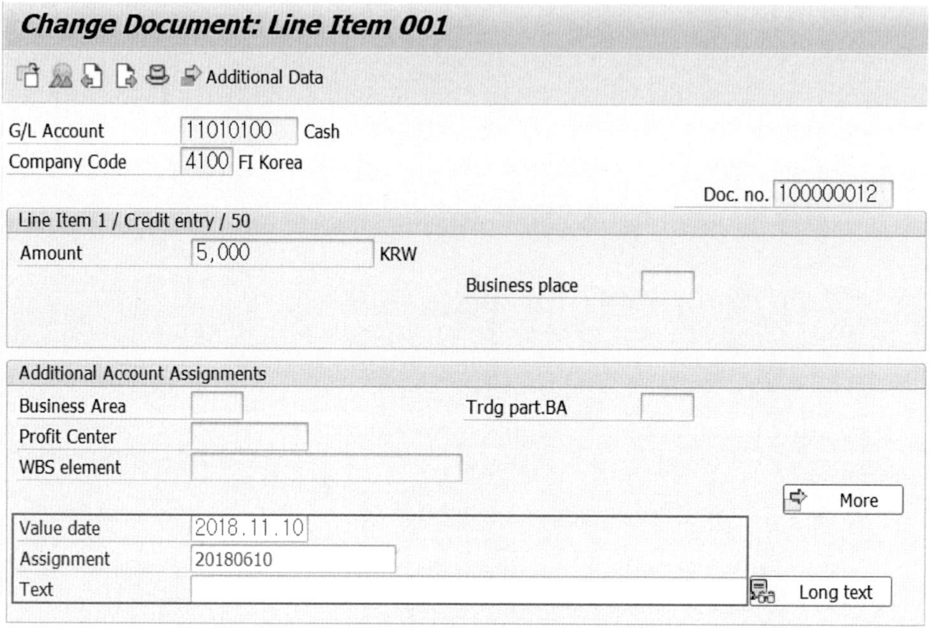

Change Document: Line Item 001

🗋 🐜 🎦 🗋 🖨 🖘 Additional Data

| G/L Account | 11010100 | Cash |
| Company Code | 4100 | FI Korea |

Doc. no. 100000012

Line Item 1 / Credit entry / 50

| Amount | 5,000 | KRW |
| | | Business place |

Additional Account Assignments

Business Area		Trdg part.BA	
Profit Center			
WBS element			

⇨ More

Value date	2018.11.10
Assignment	20180610
Text		🔛 Long text

Value date, Assignment, Text 필드만 열려있는 것을 볼 수 있다.

○ IMG-FI-Financial Accounting Global Settings(New)-Document-Rules for Changing Documents-Document Change Rules, Document Header 화면 : Header 부분 변경 가능 필드 정의

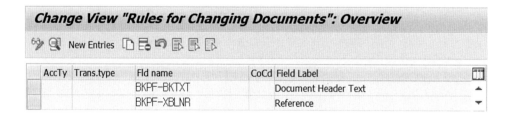

Change View "Rules for Changing Documents": Overview

🌤 🔍 New Entries 🗋 🖺 🕤 🖺 🖺 🖺

	AccTy	Trans.type	Fld name	CoCd	Field Label	
			BKPF-BKTXT		Document Header Text	▲
			BKPF-XBLNR		Reference	▼

>이 2개의 필드를 변경가능한 필드로 하겠다는 의미이다. 첫번째 필드를 더블클릭해서 들어가면

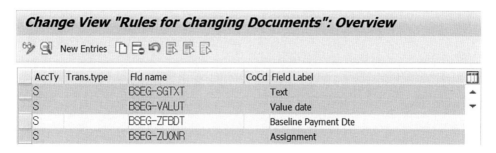

☑Field Can Be Changed 필드에 체크가 되어 있는 것을 볼 수 있다(언체크할 경우 변경불가)

○ IMG-FI-Financial Accounting Global Settings(New)-Document-Rules for Changing Documents-Document Change Rules, Line Item 화면 : Line Item 부분 변경 가능 필드 정의

Change View "Rules for Changing Documents": Overview

☆ ☒ New Entries [ ] 🗐 🗟 🔄 🗟 🗟 🗟

AccTy	Trans.type	Fld name	CoCd	Field Label	
S		BSEG-SGTXT		Text	▲
S		BSEG-VALUT		Value date	▼
S		BSEG-ZFBDT		Baseline Payment Dte	
S		BSEG-ZUONR		Assignment	

위 세팅 내역을 보면 동일한 필드라 하더라도 Account Type별로 설정할 수 있다.

> 더블클릭하면 Header 정보와 마찬가지로 다음 화면이 뜬다.

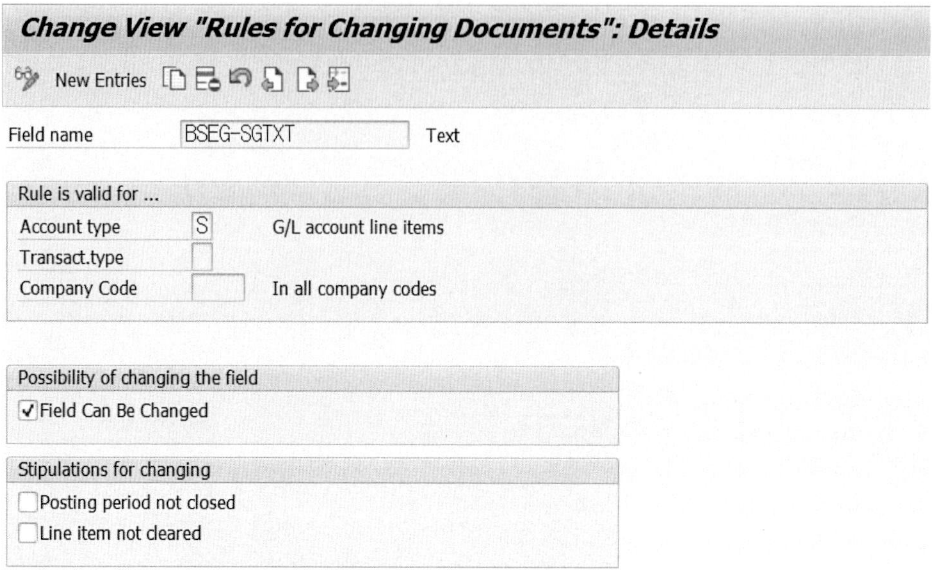

Change View "Rules for Changing Documents": Details

New Entries

Field name   BSEG–SGTXT   Text

Rule is valid for ...

Account type	S	G/L account line items
Transact.type		
Company Code		In all company codes

Possibility of changing the field

☑ Field Can Be Changed

Stipulations for changing

☐ Posting period not closed
☐ Line item not cleared

> ☑ Field Can Be Changed 필드에 체크해야 변경가능하다.

> 전표 변경 룰 : 다음 3가지 항목 Dependent하게 변경할 수 있도록 설정이 가능하다.

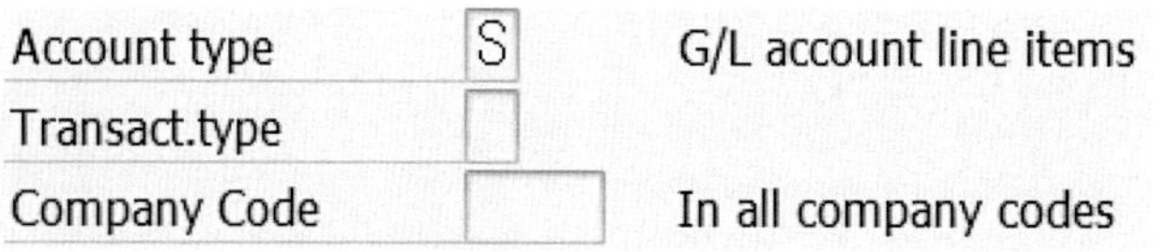

Account type	S	G/L account line items
Transact.type		
Company Code		In all company codes

(Account Type, Transaction Type, Company code)

○ System이 모든 전표 변경사항에 대해 Tracking 해주는지 Test 해보자.

○ 앞서 Test 한 전표 100000012를 FI-General Ledger-Document-FB02 - Change 트랜잭션 화면에서 변경해보자.

○ 두 번째 Line Item을 더블클릭하여 수정화면으로 들어간다.

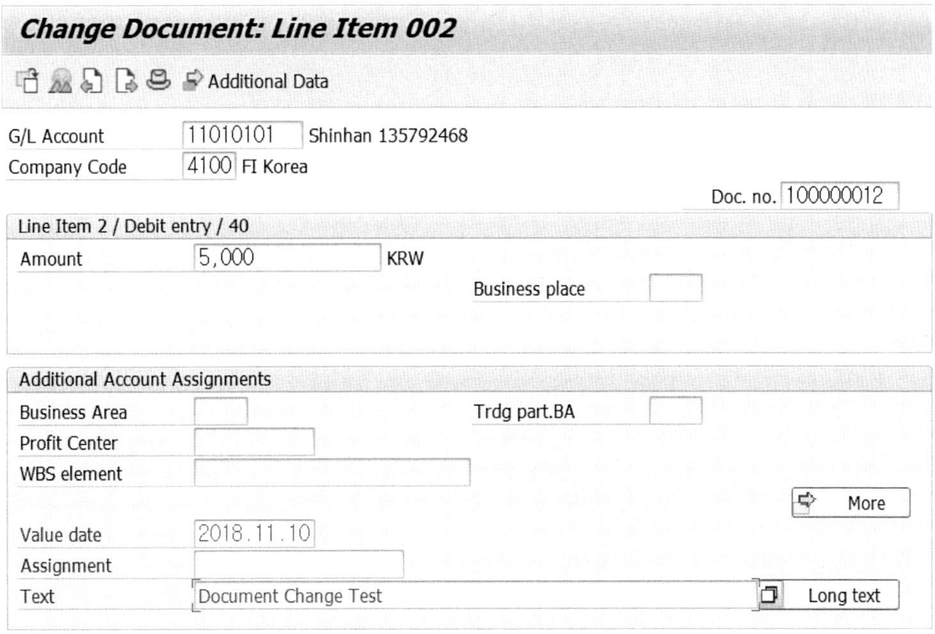

Change Document: Line Item 002

🗂 🖼 🗐 📄 🖨 🖅 Additional Data

G/L Account 11010101 Shinhan 135792468
Company Code 4100 FI Korea

Doc. no. 100000012

Line Item 2 / Debit entry / 40

Amount 5,000 KRW

Business place

Additional Account Assignments

Business Area		Trdg part.BA	
Profit Center			
WBS element			

⇨ More

Value date 2018.11.10
Assignment
Text Document Change Test 🗗 Long text

아까 입력하지 않았던 Text 필드에 "Document Change Test" 란 값을 입력한 후 저장한다.

○ FI-General Ledger-Document-FB04 - Display Changes 화면으로 들어간다.

〉전표 번호를 입력한 후 실행

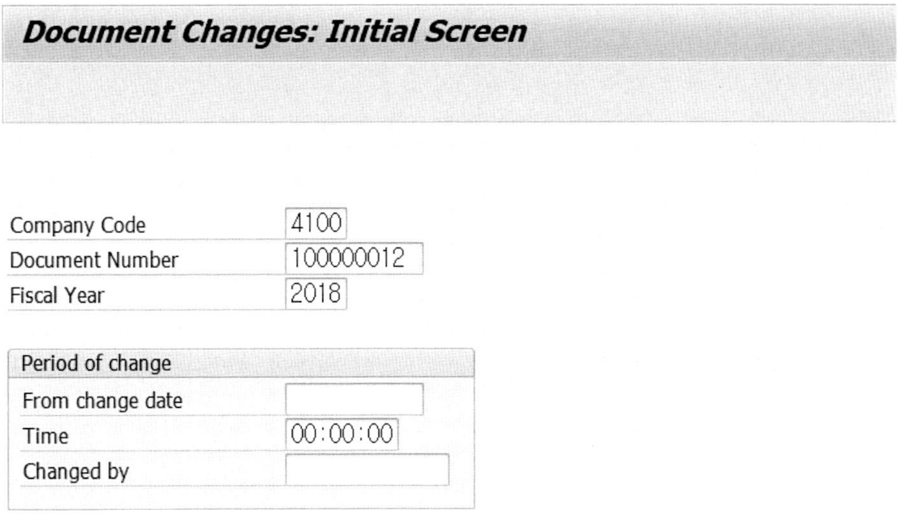

Document Changes: Initial Screen

Company Code 4100
Document Number 100000012
Fiscal Year 2018

Period of change

From change date	
Time	00:00:00
Changed by	

〉아래와 같이 Text 필드값이 수정되었다고 나타난다.

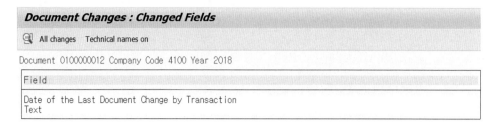

〉더블클릭하면 더 세부정보를 볼 수 있다(Old값 New값 확인)

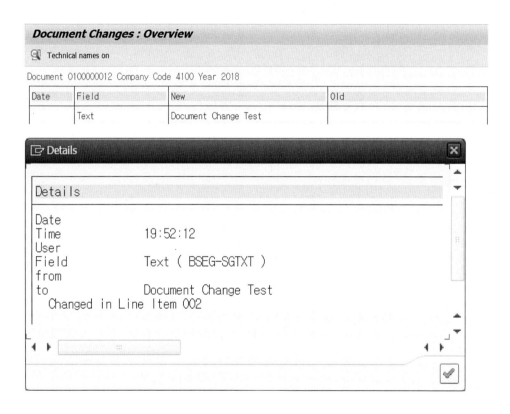

▶ 특정 조건을 충족시켜야만 필드변경이 가능하도록 설정할 수 있다.

IMG-FI-Financial Accounting Global Settings(New)-Document-Rules for Changing Documents-Document Change Rules, Line Item 화면 : BSEG-ZUNOR 필드 설정을 살펴보자.

Field name ___BSEG-ZUONR___ Assignment

Rule is valid for ...		
Account type	D	Customer line items
Transact.type		Payments, invoices, credit memos, ...
Company Code		In all company codes

Possibility of changing the field
✓ Field Can Be Changed

Stipulations for changing
☐ Posting period not closed
☐ Line item not cleared
☐ Customer Debit or Vendor Credit
☐ No invoice-related credit memo
☐ No credit memo from down payment

Stipulations for changing 필드 그룹에서 설정할 수 있다.

○ ☐Posting period not closed : Posting Period가 close 되어 있지 않은 경우에만 변경가능 하도록 하겠다.

○ ☐Line item not cleared : Line item이 Clear되지 않은 상태. 반제되지 않은 경우에만 변경가능 하도록 하겠다. (미결항목에 대해 반제처리를 하게되면 Clear된다.)

○ ☐Customer Debit or Vendor Credit : Customer Debit / Vendor Credit 에서만 변경가능 하도록 하겠다.

☐No invoice-related credit memo
○ ☐No credit memo from down payment : Invoice-related credit memo / down payment credit memo 인 경우에는 변경하지 못하도록 하겠다.

● **Payment Terms : Customer 수금조건/Vendor 지급조건 & Discounts : 할인율**

▶ **Payment Terms Sample: Test를 통해 지급조건 관련 내용을 살펴보도록 하자.**

○ FK02(구매처 변경) 트랜잭션 화면으로 이동

>Company Code Data - Payment Transactions 부분을 선택한 후 실행

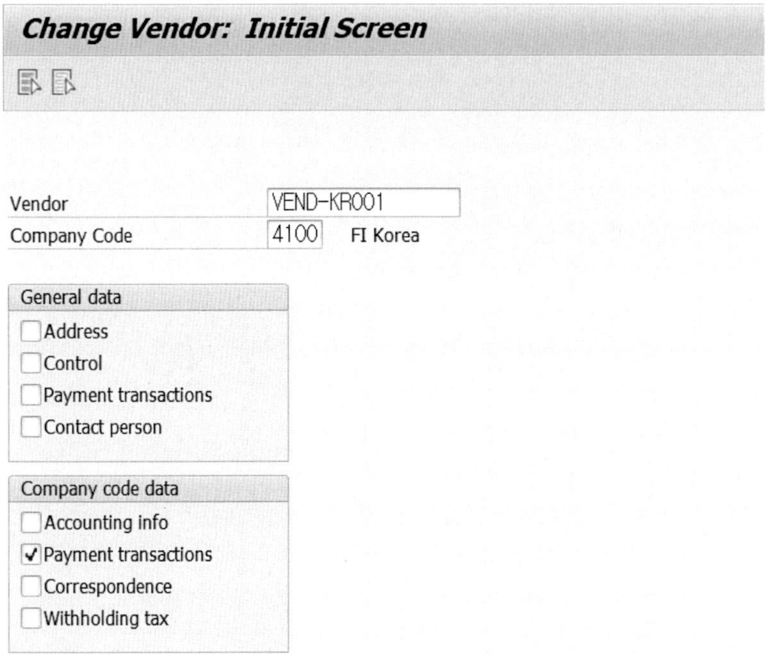

Change Vendor: Initial Screen

Vendor　　　　　　　　　VEND-KR001
Company Code　　　　　4100　　FI Korea

General data
- ☐ Address
- ☐ Control
- ☐ Payment transactions
- ☐ Contact person

Company code data
- ☐ Accounting info
- ☑ Payment transactions
- ☐ Correspondence
- ☐ Withholding tax

>아래 Payment terms로 되어 있는 부분에 대해 살펴보고자 한다.

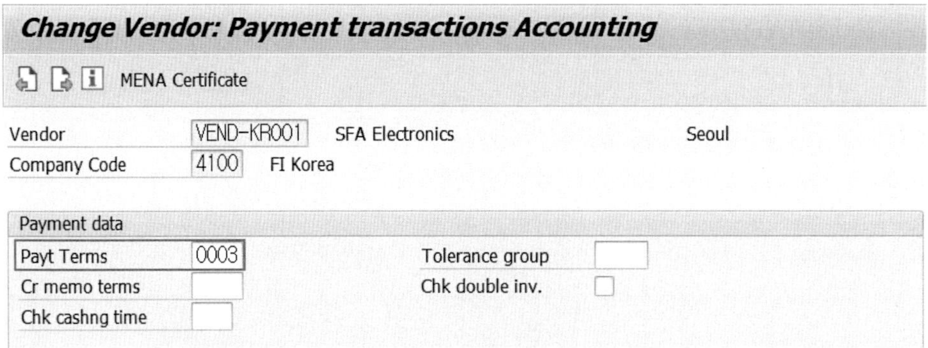

Change Vendor: Payment transactions Accounting

🔲 🔲 ⓘ MENA Certificate

Vendor　　　　　　VEND-KR001　　SFA Electronics　　　　　　　　Seoul
Company Code　　4100　　FI Korea

Payment data

Payt Terms	0003	Tolerance group	
Cr memo terms		Chk double inv.	☐
Chk cashng time			

> Payt Terms　　　　　0003 🔲 부분의 Possible Entry를 클릭

PayT	Own explanation
0003	For incoming invoices until 15 of the month
	within 14 days 2 % cash discount
	within 30 days 1.5 % cash discount
	within 45 days Due net
	Baseline date on 30 of the month
	For incoming invoices until End of the month
	within 14 days 2.125 % cash discount
	within 30 days 1.5 % cash discount
	within 45 days Due net
	Baseline date on 15 of next month

위와 같은 Payment Rule을 가진 0003이란 키값이 VEND-KR001에 세팅되어 있다.

그렇다면 0003이란 Payment Terms 키값은 IMG 어느 부분에서 세팅되는지 살펴보자.

○ IMG-FI-Accounts Receivable and Accounts Payable-Business Transactions-Incoming Invoices/Credit Memos-Maintain Terms of Payment 화면 : Payment Terms 설정 화면

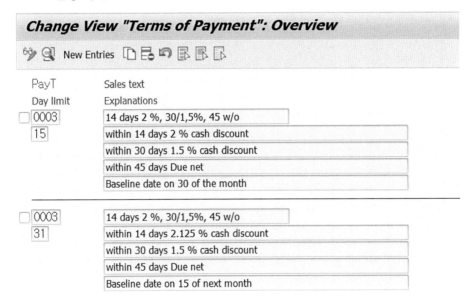

○ Payment Terms - '0003'값에 대한 내용을 자세하게 살펴보도록 하자.

• PT 0003은 위 그림처럼 2가지로 구성되어 있으며 Day Limit로 구분되어 있다.

〉'0003'-'15'를 더블클릭하여 들어가자.

Change View "Terms of Payment": Details

New Entries

| Payt Terms | 0003 | Sales text | 14 days 2 %, 30/1,5%, 45 w/o |
| Day limit | 15 | Own explanation | |

Account type
- ☑ Customer
- ☑ Vendor

Baseline date calculation
- Fixed day `30`
- Additional months `   `

Pmnt block/pmnt method default
- Block key ☐ ☐
- Payment Method ☐ ☐

Default for baseline date
- ○ No default
- ○ Document date
- ● Posting date
- ○ Entry date

Payment terms
- ☐ Installment payment
- ☐ Rec. Entries: Supplement fm Master

Term	Percentage	No. of days	/	Fixed date	Additional months
1.	2.000 %	14			
2.	1.500 %	30			
3.		45			

Explanations

| within 14 days 2 % cash discount | within 30 days 1.5 % cash discount |
| within 45 days Due net | Baseline date on 30 of the month |

☐ Hide Entry in Input Help

- Account type : Customer와 거래할 때 사용할 Payment Terms인가, Vendor와 거래할 때 사용할 Payment Terms인가 결정

Account type
- ☑ Customer
- ☑ Vendor

(둘 다 사용가능한 지급조건이란 의미)

- **Pmnt block/pmnt method default** : Block key값과 지급방법 지정

| Block key | ☐ | ☐ |
| Payment Method | ☐ | ☐ |

- Block key ☐ ☐ 값이 'A'로 설정되었다면 해당 Payment Terms를 사용하는 모든 Customer/Vendor 거래시 Default로 Payment Block을 걸겠다는 의미. 옆에 체크박스는 Payment Terms를 변경할 때 다시 Block Key를 재설정할 것인지 여부를 지정하는 체크박스이다.

Block ind.	Description
	Free for payment
*	Skip account
A	Blocked for payment
B	Blocked for payment
F	Fraud Management
N	IP postprocessing
P	Payment request
R	Invoice verification
V	Payment clearing

- Payment Method ☐ ☐ : Payment Terms 에 따라 지급 방법을 디폴트로 지정한다.

• Baseline date(=기산일) : Due date(=만기일) 계산의 시작일

Baseline date calculation	
Fixed day	30
Additional months	

Default for baseline date	
○ No default	⦿ Posting date
○ Document date	○ Entry date

- **Default for baseline date** : 어떤 일자를 기준으로 Baseline date를 정할 것인지 결정

(○ **No default** : 유저가 입력한 일자 기준, ○ **Entry date** : System Date 기준)

• Payment Terms 상세 설정

Payment terms					
☐ Installment payment			☐ Rec. Entries: Supplement fm Master		
Term	Percentage	No. of days	/	Fixed date	Additional months
1.	2.000 %	14		☐	☐
2.	1.500 %	30		☐	☐
3.		45		☐	☐

- Day limit ☐ 15 : Baseline date가 1일~Day limit(15일) 사이인 경우 Additional Months(공백=당월) Fixed day(30일)자를 기산일로 해서 해당 Term(No.of days)이내이면 해당 %만큼 할인.

Ex)거래일자가 1월1일이라면 당월(1월) 30일자(Fixed day)를 기준으로 14일 이내에 수금될 경우 2%, 30일이내에 수금될 경우 1.5%, 45일이내에 수금될 경우 0% 할인해주겠다는 뜻이다. 45일이 되는 날이 최종 만기일이다.

- • 🗋 아이콘을 클릭하면 '0003'-'31' 내용을 살펴볼 수 있다.

Payt Terms	0003	Sales text	14 days 2 %, 30/1,5%, 45 w/o	🖉
Day limit	31	Own explanation		

Account type
- ✔ Customer
- ✔ Vendor

Baseline date calculation

Fixed day	15
Additional months	1

Pmnt block/pmnt method default

Block key	☐ ☐
Payment Method	☐ ☐

Default for baseline date
- ○ No default
- ● Posting date
- ○ Document date
- ○ Entry date

Payment terms

☐ Installment payment   ☐ Rec. Entries: Supplement fm Master

Term	Percentage	No. of days	/	Fixed date	Additional months
1.	2.125 %	14			
2.	1.500 %	30			
3.		45			

- **Day limit**   31   : Baseline date가 16일~Day limit(31일) 사이인 경우 Additional Months(1:다음달) Fixed day(15일)를 기산일로 해당 Term(No.of days) 이내이면 해당 %만큼 할인 Ex)거래일자가 1월20일이라면 2월15일자를 기준으로 14일 이내에 수금될 경우 2.125%, 30일이 내에 수금될 경우 1.5%, 45일이내에 수금될 경우 0% 할인해주겠다는 뜻이다. 45일이 되는 날이 최종 만기일이다.

※ 만약 Day limit이 0인 경우 일자에 independent하게 결정됨('0006'-'0'을 보도록 하자.)

Payt Terms	0006	Sales text	End of Month 4%, 15ofM w/o	🖉
Day limit	0	Own explanation		

Account type
- ✔ Customer
- ✔ Vendor

Baseline date calculation

Fixed day	
Additional months	

Pmnt block/pmnt method default

Block key	☐ ☐
Payment Method	☐ ☐

Default for baseline date
- ● No default
- ○ Posting date
- ○ Document date
- ○ Entry date

Payment terms

☐ Installment payment   ☐ Rec. Entries: Supplement fm Master

Term	Percentage	No. of days	/	Fixed date	Additional months
1.	4.000 %			31	
2.	2.000 %			15	1
3.				15	2

Day Limit가 0이므로 일자에 무관한 설정이며 Baseline date가 No default이므로 유저가 직접 입력한 날짜를 기산일로 한다. Payment Terms부분에 Fixed date부분에 값이 있으므로 Additional months 공백(당월) Fixed date(31일)까지는 4% 할인, 다음월 15일까지는 2%할인, 2개월 후 15일까지 수금완료(0%) 만기일로 계산되게 된다.

○ **Installment Payment Terms**(Holdback/Retainage) : 'MF01' 지급조건을 살펴보자. 여러 Payment Terms를 복합적으로 연결해서 사용할 수 있다(각 연결 대상이 되는 Payment Terms를 묶어주는 작업이 필요하다.)

• MF01 지급조건 더블클릭

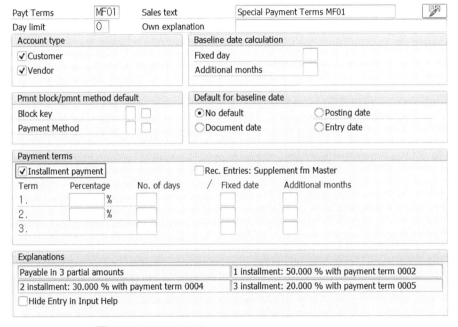

다른 설정은 없고 ☑Installment payment 부분에 체크되어 있다.

• 설명 부분에 있는 Payment Terms 0002 + 0004 + 0005 내역을 살펴보자.

PayT	Sales text
Day limit	Explanations
☐ 0002	30 days 2 %, 14/3%, 45 w/o
0	within 30 days 2 % cash discount
	within 45 days Due net
	within 14 days 3 % cash discount

0004	14 days 3%, 30/1%, 60 w/o
0	within 30 days 1 % cash discount
	within 60 days Due net
	within 14 days 3 % cash discount

0005	10 days 2%, 30/1%, 50 w/o
0	within 30 days 1 % cash discount
	within 50 days Due net
	within 10 days 2 % cash discount

〉각 내역을 더블클릭해서 확인해보면 각각의 지급조건 설정을 볼 수 있다.

〉아직 지급조건 0002/0004/0005에 대한 연관관계가 정의되어 있지 않다.

- IMG-FI-Accounts Receivable and Accounts Payable-Business Transactions-Incoming Invoices/Credit Memos-Define Terms of Payment for Installment Payments 화면 : **Installment Payment Terms 연관관계 정의**

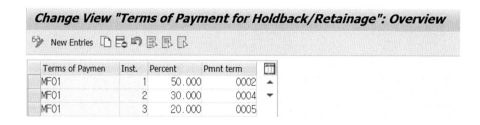

Change View "Terms of Payment for Holdback/Retainage": Overview

New Entries

Terms of Paymen	Inst.	Percent	Pmnt term	
MF01	1	50.000	0002	▲
MF01	2	30.000	0004	▼
MF01	3	20.000	0005	

1차로 50%금액은 0002 기준으로, 2차 30%금액은 0004 기준으로, 3차 20%금액은 0005 기준으로 대금을 지급하겠다는 의미이다. 1차,2차,3차를 Installment Number라고 하고 Pmnt term을 Payment Terms of installment라고 한다. Installment Payment Terms를 이용해서 전표를 입력할 경우 자동으로 Lineitem이 각 %금액만큼 쪼개진다. 위 MF01의 경우를 예로 들면 AP가 10,000원 발생할 경우, 10,000원 금액이 5,000만큼은 0002로, 3,000원만큼은 0004로, 남은 2,000원만큼은 0005로 Line이 쪼개져 Lineitem이 생성된다.

- FB70에서 다음과 같이 전표를 입력해보자.

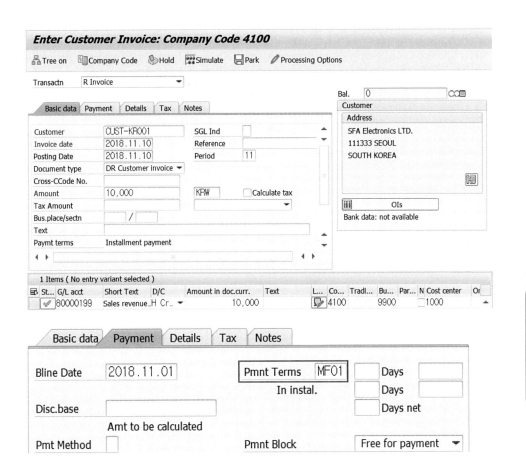

AR에 대한 지급조건을 MF01로 설정하였다.

 을 돌린 후 전표를 포스팅(💾)하자.

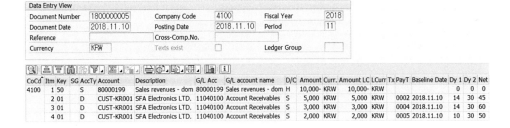

CoCd	Itm	Key	SG	AccTy	Account	Description	G/L Acc	G/L account name	D/C	Amount	Curr.	Amount LC	LCurr	Tx	PayT	Baseline Date	Dy 1	Dy 2	Net
4100	1	50		S	80000199	Sales revenues - dom	80000199	Sales revenues - dom	H	10,000-	KRW	10,000-	KRW				0	0	0
	2	01		D	CUST-KR001	SFA Electronics LTD.	11040100	Account Receivables	S	5,000	KRW	5,000	KRW		0002	2018.11.10	14	30	45
	3	01		D	CUST-KR001	SFA Electronics LTD.	11040100	Account Receivables	S	3,000	KRW	3,000	KRW		0004	2018.11.10	14	30	60
	4	01		D	CUST-KR001	SFA Electronics LTD.	11040100	Account Receivables	S	2,000	KRW	2,000	KRW		0005	2018.11.10	10	30	50

AR 입력한 10,000원이 각 Installment Rule에 따라 3개의 라인으로 쪼개진 것을 볼 수 있다. 50%, 30% 20% Rule로 금액이 쪼개지고 각 Lineitem에 1차,2차,3차 Payment Terms 가 입력되었다.

○ Payment Terms는 실제 전표 기표시 사용자가 변경할 수 있다.
• FB60 트랜잭션에서 Vender Invoice를 발생시켜보자.

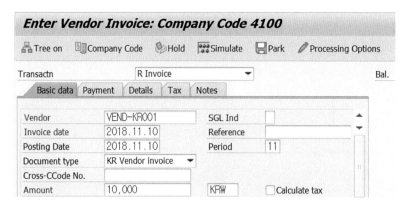

>Payment tab으로 이동해서 보면 ZB01이라는 Payment Terms가 자동으로 지정되어 있는 것을 볼 수 있다.

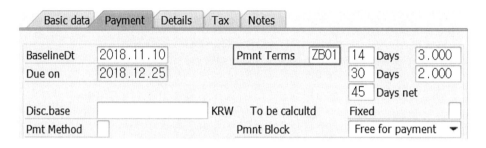

>여기에서 ZB01을 0003으로 변경이 가능하다.

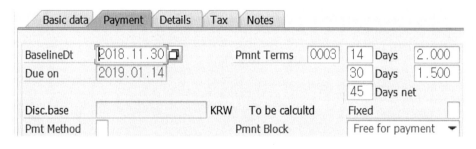

>지급조건이 변경되었으니 확인하라는 메시지가 뜬다. → ⚠ Terms of payment changed; Check

- 위에서 Payment를 입력하는 Tab부분이 마치 Header를 입력하는 것처럼 느껴질 수 있으나 Payment Terms는 Line Item에 귀속되는 정보이다. F-43 트랜잭션에서 확인해보자.

>아래 그림 Header쪽에는 Payment Terms정보를 입력하는 부분이 없다.

Enter Vendor Invoice: Header Data

Held Document   Account Model   G/L item fast entry   Post with Reference   Processing Options

Document Date	2018.11.10	Type	KR	Company Code	4100
Posting Date	2018.11.10	Period	11	Currency/Rate	KRW
		MD Exchange Rate			
Document Number				Translation dte	
Reference				Cross-CCode No.	
Doc.Header Text					

〉VEND-KR001에 대해 입력하겠다고 Line Item PK, Account를 입력하고 들어가면

First line item

PstKy 31 Account VEND-KR001   SGL Ind   TType

Vendor	VEND-KR001	SFA Electronics	G/L Acc	20020100
Company Code	4100			
FI Korea		Seoul		

Item 1 / Invoice / 31

Amount		KRW		
Tax Amount				
	□ Calculate tax	Tax Code	**	BusPlace/Sectn	/
Bus. Area				
Payt Terms	ZB01	Days/percent	14 3.000 / 30 2.000 / 45
Bline Date	2018.11.10	Fixed	
Disc. base			
Pmnt Block		Pmt Method	
Assignment			
Text			Long Texts

〉위에서 보는 것과 같이 Payment Terms에 대한 정보가 나타나게 된다. 즉 Line Item 레벨이다.

▶ Payment Terms in Invoices : Invoice에 적용될 지급조건이 어떤 Master Data에 속한 것인지 결정하는 Rule

· SD에서 Billing처리시점에 사용되는 Customer Master에는 Sales Area Segment(SD)와 Company Code Segment(FI) 2군데에 Payment Terms가 존재한다.

· MM에서 IV처리시점에 사용되는 Vendor master에는 Purchasing Organization Segment(MM)와 Company Code Segment(FI) 2군데에 Payment Terms가 존재한다.

· 즉, 이것은 구매(MM), 판매(SD), 회계(FI)의 Payment Terms가 서로 상이할 수 있음을 의미한다. 예를 들어, 관리부서에서 소모품을 구입하는 것과 구매부서에서 대량으로 물품을 구매하는 것은 다른 지급조건을 가진 거래로 볼 수 있다. 동일한 거래처에 대해서 거래 상황에 맞도록 Payment Terms가 지정되어야 한다.

- SD쪽에서 A/R Invoice가 발생하면 Sales Area Segment(SD)에 물려있는 Payment Terms가 적용되고 FI쪽에서 A/R Invoice가 발생하면 Company Code Segment(FI)에 물려있는 Payment Terms가 적용된다. MM쪽도 MM쪽에서 A/P Invoice가 발생하면 Purchasing Organization Segment(MM)에 물려있는 Payment Terms가 적용되고 FI쪽에서 A/P Invoice가 발생하면 Company Code Segment(FI)에 물려있는 Payment Terms가 적용된다.
- XK02 - 구매처 Central Change 트랜잭션 화면(그림처럼 체크한 후 엔터)

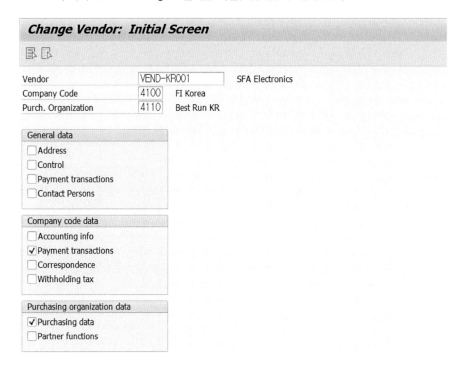

>Company Code Segment에 Payment Terms가 존재

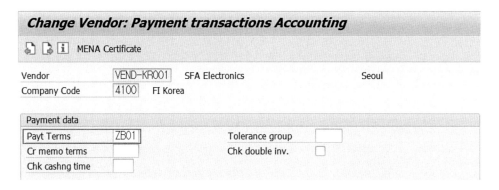

> 🗋 아이콘을 클릭하여 Purchasing Org. Segment 내용을 보자.

Change Vendor: Purchasing data

🗋 🗋 ⓘ 🗋Different Data 🔠Sub-ranges MENA Certificate

Vendor   VEND-KR001 SFA Electronics   Seoul
Purchasing Org.   4110   Best Run KR

Conditions

Order currency	KRW	South Korean Won
Terms of paymnt	0002	
Incoterms	EXW	
Minimum order value		
Schema Group, Vendor		Standard procedure vendor
Pricing Date Control		No Control
Order optim.rest.		

※ XD02 - 고객 Central Change 트랜잭션 화면에서도 마찬가지로 Customer-Company Code Segment / Sales Area Segment에 물려있는 Payment Terms를 확인해볼 수 있다.

Change Customer: Company Code Data

🗋Other Customer General Data Sales Area Data 🗋 🗋 Additional Data, Empties Additional Data, DSD

Customer   CUST-KR001 SFA Electronics LTD.   Seoul
Company Code   4100   FI Korea

Account Management | Payment Transactions | Correspondence | Insurance

Payment data

Terms of payment	0001	Tolerance group	
		Known/neg.leave	
B/e charges payt term			
Time until check paid		☐Payment history record	

Change Customer: Sales Area Data

🗋Other Customer General Data Company Code Data 🗋 🗋 Additional Data, Empties Additional Data, D!

Customer   CUST-KR001 SFA Electronics LTD.   Seoul
Sales Org.   4110   KR Sales org.
Distr. Channel 10   Final customer sales
Division   00   Cross-division

Sales | Shipping | Billing Documents | Partner Functions

Billing document

☐Subs. invoice processing   ☐Rebate   ☐Price determin.
Invoicing dates
InvoicingListDates

Delivery and payment terms

Incoterms
Terms of payment   0003

▶ Payment Terms in Credit Memos : 반품 등 적자 거래 발생시 지급조건을 어떻게 지정할 것인가?

① Invoice-Related Credit Memo : Invoice Reference에 원시 A/R Invoice Document Number를 입력한 경우, 원시 Payment Terms가 그대로 반영된다(즉, 원시 invoice와 동일한 Payment Terms 지정)

② Other Credit memo

    ⓐ Invoice Reference에 아무것도 안 넣은 경우 : 즉시 Credit Memo처리 한다는 의미

    ⓑ Invoice Reference 부분 V 표시를 하고 Payment Terms에 원하는 값을 입력하는 경우 : 입력한 Payment Terms 값으로 처리

○ 적자 거래 발생에 대한 Payment Terms 설정 Test
• FB60 트랜잭션 화면에서 A/P Invoice 생성

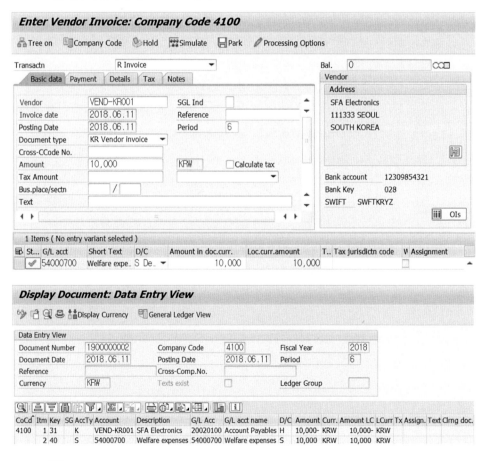

포스팅(🖫) - 1900000002 전표 기표완료

- FI-Accounts Payable-Document Entry-FB65 - Credit Memo 화면에서 적자 Invoice를 발생시켜 보자.

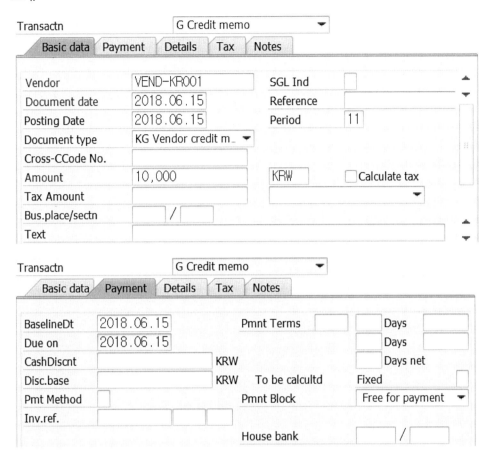

>그림에서 Inv.ref. 필드에 원시 Invoice No를 입력하면 ①Invoice-related Credit memo 방식이 된다.

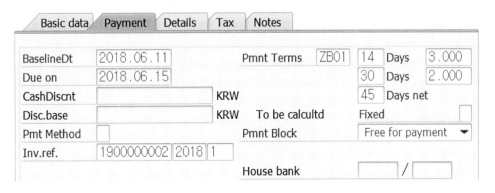

원시 Invoice No값을 입력하고 엔터를 치면 그림처럼 원시 Invoice Payment Terms값이 자동 으로 반영된다.

>그림에서 Inv.ref. 필드에 아무것도 입력하지 않으면 ②Other Credit memo 방식이 된다.

Transactn	G Credit memo ▼

Basic data | **Payment** | **Details** | **Tax** | **Notes**

BaselineDt	2018.06.15	Pmnt Terms			Days	
Due on	2018.06.15				Days	
CashDiscnt		KRW			Days net	
Disc.base		KRW	To be calcultd		Fixed	
Pmt Method		Pmnt Block			Free for payment ▼	
Inv.ref.						
			House bank		/	

BaselineDT가 전기일자로 되어 있다. Due on Date도 동일한 일자로 설정된다. 이것은 할인 없이 즉시 Credit Memo처리가 된다는 의미이다. Payment Terms에 값을 입력해도 Due on date는 변경되지 않는다.

BaselineDt	2018.06.15	Pmnt Terms	ZB01	14	Days	3.000
Due on	2018.06.15			30	Days	2.000
CashDiscnt		KRW		45	Days net	
Disc.base		KRW	To be calcultd		Fixed	
Pmt Method		Pmnt Block			Free for payment ▼	
Inv.ref.						

>V값을 입력하고 Pmnt terms에 ZB01을 입력해보자.

BaselineDt	2018.06.15	Pmnt Terms	ZB01	14	Days	3.000
Due on	2018.07.30			30	Days	2.000
CashDiscnt		KRW		45	Days net	
Disc.base		KRW	To be calcultd		Fixed	
Pmt Method		Pmnt Block			Free for payment ▼	
Inv.ref.	V					

입력한 Payment Terms ZB01을 기준으로 Due on Date가 설정됨을 볼 수 있다.

▶ Cash Discount Base Amount : Discount시 Base가 되는 금액을 어떤 것으로 할 것인가를 지정하는 부분

○ Cash Discount 기능은 국내에선 잘 사용하지 않는 기능이므로 간단히 참고로만 살펴보기로 한다.

① Net Cash Discount Base : Tax를 포함하지 않음(순수한 물품대 기준)

② Gross Cash Discount Base : Tax를 포함한 금액으로 할인율 적용(우리나라 회계처리는 이 방식을 주로 사용)

○ IMG-FI-Accounts Receivable and Accounts Payable-Business Transactions-Outgoing(Incoming) Invoices/Credit Memos-Define Cash Discount Base for Outgoing(Incoming) Invoices 화면

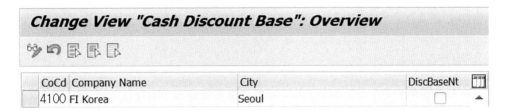

- DiscBaseNt 필드 체크(Discount Base is Net) 되면 Net 방식 체크하지 않으면 Gross 방식

○ IMG-FI-Financial Accounting Global Settings (New)-Global Parameters for Company Code-Enter Global Parameters 화면 : 이 화면에서도 동일한 설정 가능

- 우측 하단 ☐Discount base is net value 체크하면 Net방식, 언체크일 경우 Gross방식

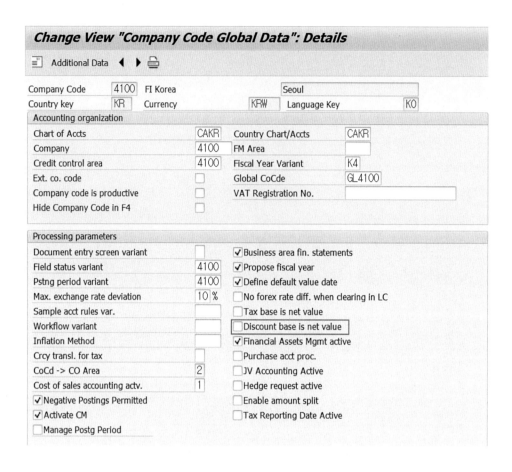

Change View "Company Code Global Data": Details

 ☰ Additional Data ◀ ▶ 🖨

Company Code	4100	FI Korea		Seoul	
Country key	KR	Currency	KRW	Language Key	KO

Accounting organization

Chart of Accts	CAKR	Country Chart/Accts	CAKR
Company	4100	FM Area	
Credit control area	4100	Fiscal Year Variant	K4
Ext. co. code	☐	Global CoCde	GL4100
Company code is productive	☐	VAT Registration No.	
Hide Company Code in F4	☐		

Processing parameters

Document entry screen variant	☐	☑ Business area fin. statements
Field status variant	4100	☑ Propose fiscal year
Pstng period variant	4100	☑ Define default value date
Max. exchange rate deviation	10 %	☐ No forex rate diff. when clearing in LC
Sample acct rules var.		☐ Tax base is net value
Workflow variant		☐ Discount base is net value
Inflation Method		☑ Financial Assets Mgmt active
Crcy transl. for tax		☐ Purchase acct proc.
CoCd -> CO Area	2	☐ JV Accounting Active
Cost of sales accounting actv.	1	☐ Hedge request active
☑ Negative Postings Permitted		☐ Enable amount split
☑ Activate CM		☐ Tax Reporting Date Active
☐ Manage Postg Period		

○ Cash Discount Base 금액 확인 Test) FB70 화면으로 이동해보자.

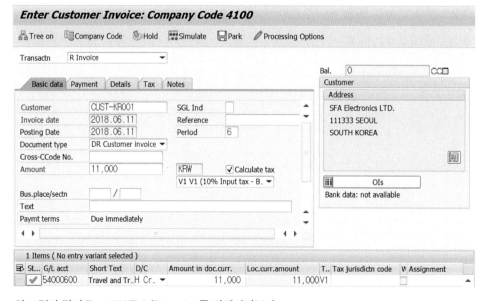

Enter Customer Invoice: Company Code 4100

🔲 Tree on 🗐 Company Code 🔷 Hold 🎛 Simulate 🗐 Park ✎ Processing Options

Transactn   R Invoice ▼

Bal.	0			⊂⊃⊐

Customer

Address

Customer	CUST-KR001	SGL Ind	☐
Invoice date	2018.06.11	Reference	
Posting Date	2018.06.11	Period	6
Document type	DR Customer invoice ▼		
Cross-CCode No.			
Amount	11,000	KRW	☑ Calculate tax
		V1 V1 (10% Input tax - B... ▼	
Bus.place/sectn	/		
Text			
Paymt terms	Due immediately		

SFA Electronics LTD.
111333 SEOUL
SOUTH KOREA

OIs
Bank data: not available

1 Items (No entry variant selected)

St...	G/L acct	Short Text	D/C	Amount in doc.curr.	Loc.curr.amount	T...	Tax jurisdictn code	W	Assignment
✓	54000600	Travel and Tr..H Cr.. ▼		11,000	11,000	V1		☐	

• 위 그림과 같이 Tax 10%로 A/R Invoice를 발생시켜보자.

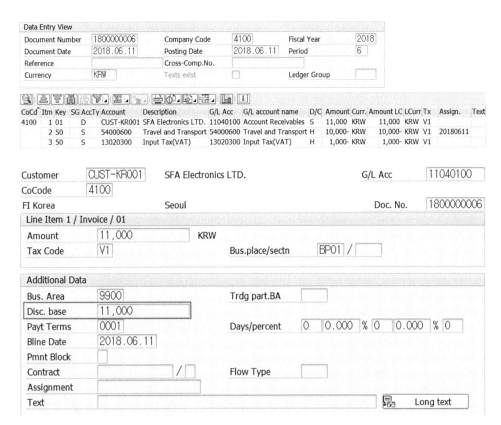

Data Entry View

Document Number	1800000006	Company Code	4100	Fiscal Year	2018	
Document Date	2018.06.11	Posting Date	2018.06.11	Period	6	
Reference		Cross-Comp.No.				
Currency	KRW	Texts exist	☐	Ledger Group		

CoCd	Itm	Key	SG	AccTy	Account	Description	G/L Acc	G/L account name	D/C	Amount	Curr.	Amount LC	LCurr	Tx	Assign.	Text
4100	1	01		D	CUST-KR001	SFA Electronics LTD.	11040100	Account Receivables	S	11,000	KRW	11,000	KRW	V1		
	2	50		S	54000600	Travel and Transport	54000600	Travel and Transport	H	10,000-	KRW	10,000-	KRW	V1	20180611	
	3	50		S	13020300	Input Tax(VAT)	13020300	Input Tax(VAT)	H	1,000-	KRW	1,000-	KRW	V1		

Customer	CUST-KR001	SFA Electronics LTD.	G/L Acc 11040100
CoCode	4100		
FI Korea		Seoul	Doc. No. 1800000006

Line Item 1 / Invoice / 01

Amount	11,000	KRW
Tax Code	V1	Bus.place/sectn BP01 /

Additional Data

Bus. Area	9900	Trdg part.BA	
Disc. base	11,000		
Payt Terms	0001	Days/percent 0	0.000 % 0 0.000 % 0
Bline Date	2018.06.11		
Pmnt Block			
Contract	/	Flow Type	
Assignment			
Text			Long text

- 위와 같이 전표 입력 후 Customer Lineitem을 더블클릭하여 들어가보면 Disc. Base 필드 금액이 Tax가 포함되어 있는 것을 확인할 수 있다. 이는 Gross 방식으로 설정 되어 있기 때문에 세금까지 포함된 금액이 Base Amount가 된 것이다. 만약 Net방식이었다면 10,000 금액만큼이 base 금액이 되었을 것이다.

○ Cash Discount Posting 방식(Gross Procedure vs Net Procedure)
- 거래조건: 10일이내 3%, 20일이내 2%, 30일이내 0%

거래유형		Gross Procedure		Net Procedure	
		AR	AP	AR	AP
1)AR/AP발생시점		AR1,000 / Rev1,000	Exp1,000 / AP1,000	N/A	Exp970 / AP1,000 CD Clng 30 /
2)수금/지급시점	3%조건)	Bank970 / AR1,000 Exp 30 /	AP1,000 / Bank970 / Rev 30	N/A	AP1,000 / Bank970 / CD Clng30
	2%조건)	Bank980 / AR1,000 Exp 20 /	AP1,000 / Bank980 / Rev 20	N/A	AP1,000 / Bank980 Exp10 / CD Clng30
	0%조건)	Bank1,000 / AR1,000	AP1,000 / Bank1,000	N/A	AP1,000 / Bank1,000 Exp30 / CD Clng30

G/L계정→ AR할인시 **Exp**(Expense) : Cash Discount Granted Account, **Rev**(Revenue) : Cash Discount Taken Account, CD Clng : Cash Discount Clearing
- Net Cash Discount 방식으로 Posting될 경우 Net Document Type으로 전표처리 해야 한다. (ex-AN/KN 등)

IMG-FI-Financial Accounting Global Settings (New)-Document-Document Types-Define Document Types for Entry View 화면 : Document Types - KN을 더블클릭하여 살펴보자.

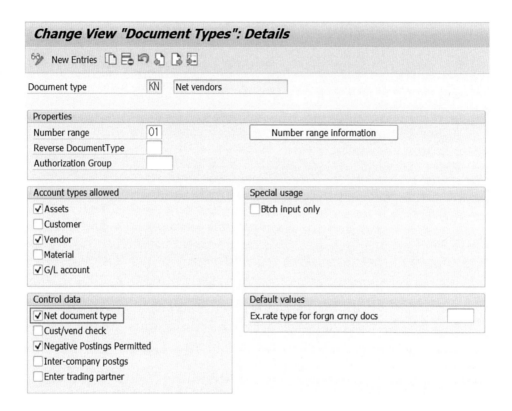

- 일반적으로 우리나라에서는 Gross 회계 처리 방식을 사용한다. 그러나 위와 같이 Payment Terms 를 이용한 Cash Discount 기능은 잘 사용하지 않는다. 수금/지급 처리시 직접 할인비용/수익 계정을 기표하는 식으로 전표처리를 한다.

● Cross-Company Code Transactions

▶ 하나의 Client 밑에 2개의 Company Code가 있을 경우 2개의 Company Code 사이에서 Cross한 거래가 발생하는 경우(ex-공동구매해서 물품 배분하는 등의 트랜잭션-Central Purchasing(=Central Procurement)) Cross-Company Code 전표 기표를 할 수 있다. 각 Company Code별 1장씩 총2장의 FI Document가 발생하게 된다. 그리고 1개의 Cross-Company Code Document number가 생성되어 2개의 전표를 링크시켜 준다.

▶ Ex) 4100 Company Code와 4200 Company Code에서 함께 물건을 구입한다고 가정(물건 구입은 4100쪽에서 발생, 4100 회사코드에선 7,000원어치, 4200 회사코드에선 3,000원어치 물건을 구입할 경우)

○ 1단계 : C.Code = 4100 → Exp 7,000, **C.ling1** 3,000 / A/P 10,000 ‖ C.Code = 4200 → Exp 3,000 / **C.ling2** 3,000

○ 2단계 : C.Code = 4200 → **C.ling2** 3,000 / Bank 3,000(4100) ‖ C.Code = 4100 → Bank 3,000 / **C.ling1** 3,000

○ 위 1단계에서 발생하는 2장의 전표는 Cross-Company Code Document No으로 묶인다.

▶ **Clearing Account1/Clearing Account2**는 IMG에서 세팅 되어 있어 자동분개 된다.

○ IMG-FI-General Ledger Accounting (New)-Business Transactions-Prepare Cross-Company Code Transactions 화면

• 거래가 발생할 Company Code를 입력

• 아래 그림과 같이 서로 상대 Company Code에 대한 채권/채무에 대한 Clearing 계정을 지정한다.

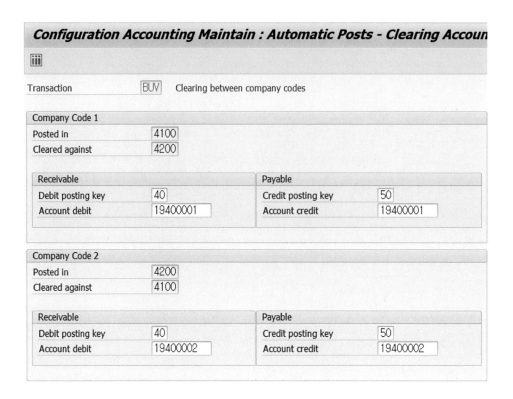

▶ Cross-Company Code Transactions Test : 앞서 설명했던 Ex)에 대한 Test를 진행
해보자.

○ FI-Accounts Payable-Document Entry-FB60 - Invoice 화면에서 거래를 일으켜보자.

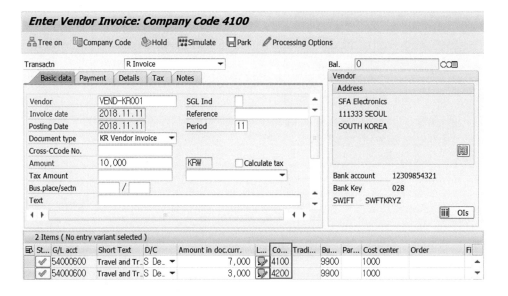

＞첫 번째 라인 54000600(Exp)계정은 4100 Company Code에 귀속된 금액이고 두번째 Expense 계정은 Company Code 4200에 귀속된 금액임(2번째 라인 Company Code를 4200으로 입력한다)

＞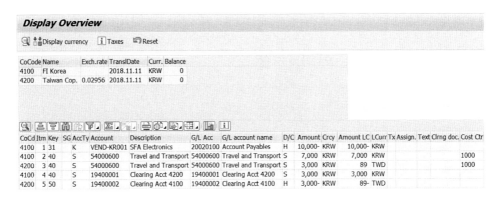 Simulate 버튼 클릭

Display Overview

Display currency | Taxes | Reset

CoCode	Name	Exch.rate	TranslDate	Curr.	Balance
4100	FI Korea		2018.11.11	KRW	0
4200	Taiwan Cop.	0.02956	2018.11.11	KRW	0

CoCd	Itm	Key	SG	AccTy	Account	Description	G/L Acc	G/L account name	D/C	Amount	Crcy	Amount LC	LCurr	Tx	Assign.	Text	Clrng doc.	Cost Ctr
4100	1	31		K	VEND-KR001	SFA Electronics	20020100	Account Payables	H	10,000-	KRW	10,000-	KRW					
4100	2	40		S	54000600	Travel and Transport	54000600	Travel and Transport	S	7,000	KRW	7,000	KRW					1000
4200	3	40		S	54000600	Travel and Transport	54000600	Travel and Transport	S	3,000	KRW	89	TWD					1000
4100	4	40		S	19400001	Clearing Acct 4200	19400001	Clearing Acct 4200	S	3,000	KRW	3,000	KRW					
4200	5	50		S	19400002	Clearing Acct 4100	19400002	Clearing Acct 4100	H	3,000-	KRW	89-	TWD					

앞서 IMG 세팅되어 있었던 계정 19400001 / 19400002 으로 Clearing Lineitem이 생성된 것을 확인할 수 있다.

＞포스팅(💾) 처리

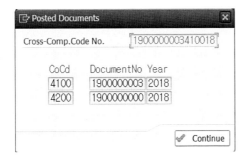

Posted Documents

Cross-Comp.Code No.   1900000003410018

CoCd	DocumentNo	Year
4100	1900000003	2018
4200	1900000000	2018

Continue

＞각 Company Code에 Document가 발생하였고 Cross-Company Code Document No도 발생하였다.

○ FB03-Display 트랜잭션 화면에서 방금전에 등록한 전표내역을 조회해볼 수 있다.
  ＞4100 - 1900000003을 조회해서 들어간 후

Document Posting

2. Posting Control   295

Document Number	1900000003	Company Code	4100	Fiscal Year	2018
Document Date	2018.11.11	Posting Date	2018.11.11	Period	11
Reference		Cross-Comp.No.	1900000003410018	
Currency	KRW	Texts exist	☐	Ledger Group	

CoCd	Itm	Key	S	AccTy	Account	Description	G/L Acc	G/L account name	D/C	Amount	Curr.	Amount LC	LCu	T	Assign.	Text
4100	1	31		K	VEND-KR001	SFA Electronics	20020100	Account Payables	H	10,000-	KRW	10,000-	KRW			
	2	40		S	54000600	Travel and Transport	54000600	Travel and Transport	S	7,000	KRW	7,000	KRW		20181111	
	3	40		S	19400001	Clearing Acct 4200	19400001	Clearing Acct 4200	S	3,000	KRW	3,000	KRW			

4200 회사코드로부터 받을 돈에 대해 19400001 Clearing 계정으로 Lineitem이 입력되어

있다

> 상단의 Cross-Comp.No. 1900000003410018 를 더블클릭 하면 아래 화면이 뜬다(T-Code

: FBU3)

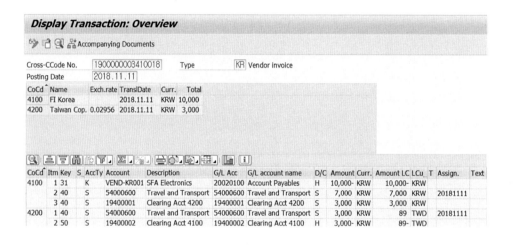

Display Transaction: Overview

Accompanying Documents

Cross-CCode No.	1900000003410018	Type	KR Vendor invoice
Posting Date	2018.11.11		

CoCd	Name	Exch.rate	TranslDate	Curr.	Total
4100	FI Korea		2018.11.11	KRW	10,000
4200	Taiwan Cop.	0.02956	2018.11.11	KRW	3,000

CoCd	Itm	Key	S	AccTy	Account	Description	G/L Acc	G/L account name	D/C	Amount	Curr.	Amount LC	LCu	T	Assign.	Text
4100	1	31		K	VEND-KR001	SFA Electronics	20020100	Account Payables	H	10,000-	KRW	10,000-	KRW			
	2	40		S	54000600	Travel and Transport	54000600	Travel and Transport	S	7,000	KRW	7,000	KRW		20181111	
	3	40		S	19400001	Clearing Acct 4200	19400001	Clearing Acct 4200	S	3,000	KRW	3,000	KRW			
4200	1	40		S	54000600	Travel and Transport	54000600	Travel and Transport	S	3,000	KRW	89	TWD		20181111	
	2	50		S	19400002	Clearing Acct 4100	19400002	Clearing Acct 4100	H	3,000-	KRW	89-	TWD			

> 상단의 Accompanying Documents 버튼을 클릭하면 관련 Company Code별 전표내역을

확인해볼 수 있다.

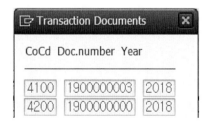

Transaction Documents

CoCd	Doc.number	Year
4100	1900000003	2018
4200	1900000000	2018

>4200 - 1900000000 전표번호를 클릭

Data Entry View

Document Number	1900000000	Company Code	4200	Fiscal Year	2018
Document Date	2018.11.11	Posting Date	2018.11.11	Period	11
Reference		Cross-Comp.No.	1900000003410018		
Currency	KRW	Texts exist	☐	Ledger Group	

CoCd	Itm	Key	S	AccTy	Account	Description	G/L Acc	G/L account name	D/C	Amount	Curr.	Amount LC	LCu	T	Assign.	Text
4200	1	40	S		54000600	Travel and Transport	54000600	Travel and Transport	S	3,000	KRW	89	TWD		20181111	
	2	50	S		19400002	Clearing Acct 4100	19400002	Clearing Acct 4100	H	3,000-	KRW	89-	TWD			

4100 회사코드로 줄 돈에 대해 19400002 계정으로 Lineitem이 입력되어 있다.

▶ Cross-Company Code Document Number : 1900000003410018 번호 채번 구조

○ 첫 번째 Company Code의 Document Number(1900000003) + 첫번째 Company Code(4100) + Fiscal Year(18)

▶ Tax의 경우 전기하는 회사코드에 귀속되므로 주의해야 한다. 이에 대한 대체분개는 RFBUST10 프로그램에서 가능.

▶ SD/MM Transaction 처리시에도 위 기능을 이용하여 전표처리가 가능하다.

● **Reversing Documents :** 원시 전표가 잘못 발생한 경우 전표 역분개 처리

▶ 아래와 같은 순서로 전표 취소처리를 진행한다.

1. Document entered incorrectly : 전표 오입력

2. Document corrected by Reversal : 전표 취소처리

3. Document re-entered correctly : 정상 전표 재입력

▶ 1.Document entered incorrectly : 전표를 잘못 입력함-증빙은 2,500인데 2,050으로 기표한 경우

○ 원시) [차)Exp 2,050 / 대)Bank 2,050]

▶ 2.Document corrected by Reversal : 잘못 기표된 전표 역분개

① Reverse with a standard reversal posting(Standard Reversal 방식) : [차)Bank 2,050 / 대)Exp 2,050] (Reversal reason(01-당월,02-마감된월)으로 선택한 경우)

② Reverse with a negative posting(Negative Posting 방식) : [차)Exp -2,050 / 대)
Bank -2,050] (Reversal reason(03-당월,04-마감된월)으로 선택한 경우)

○ Test) ①Standard Reversal 방식(Reason Code 01,02을 선택한 경우)
• FB50 트랜잭션에서 일반 전표 발생(9월달 전표) → 증빙 금액과 다르게 기표된 전표라고 가정

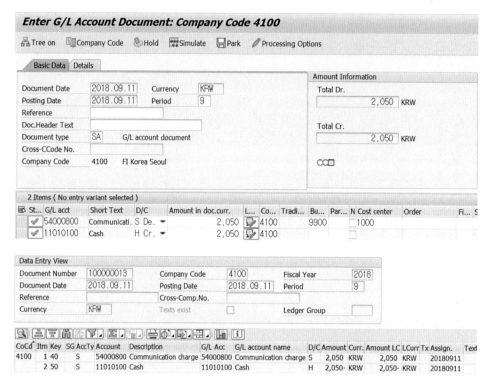

>전표 Posting 완료 ☑ Document 100000013 was posted in company code 4100 생성

만약 이 100000013 전표의 금액이 잘못 발생된 것이라면 취소분개를 해야 한다.
• FI-General Ledger-Account-FS10N - Display Balances 화면(계정 잔액 조회 화면)

>아래와 같이 입력한 후 실행

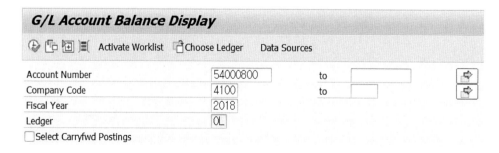

>9월에 발생한 비용계정 잔액이 차변 2,050이다.

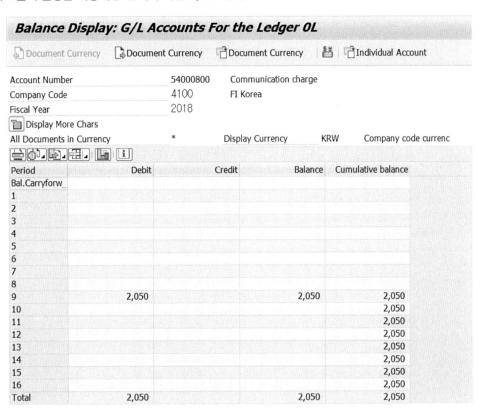

Balance Display: G/L Accounts For the Ledger OL

Document Currency   Document Currency   Document Currency   Individual Account

Account Number	54000800	Communication charge
Company Code	4100	FI Korea
Fiscal Year	2018	

Display More Chars

All Documents in Currency   *   Display Currency   KRW   Company code currenc

Period	Debit	Credit	Balance	Cumulative balance
Bal.Carryforw				
1				
2				
3				
4				
5				
6				
7				
8				
9	2,050		2,050	2,050
10				2,050
11				2,050
12				2,050
13				2,050
14				2,050
15				2,050
16				2,050
Total	2,050		2,050	2,050

- FI-General Ledger-Document-Reverse-FB08 - Individual Reversal 화면 : Reverse 처리

Reverse Document: Header Data

Display Before Reversal   Document List   Mass Reversal

Document Details

Document Number	100000013
Company Code	4100
Fiscal Year	2018

Specifications for Reverse Posting

Reversal Reason	☑		
Posting Date		Tax Reporting Date	
Posting period			

Check management specifications

Void reason code	

Reason	Text
01	Reversal in current period
02	Reversal in closed period
03	Actual reversal in current period
04	Actual reversal in closed period
05	Accrual
06	Asset transaction reversal
07	Incorrect document date

〉Reverse 할 Document No를 입력한 후 Reason 코드를 선택한다(Reason Code 01,02중에서 선택)

※ 참고- &⁊'Display Before Reversal 버튼을 클릭하면 Reverse 대상이 되는 원시 전표를 조회해볼 수 있다.

〉①Reason Code를 01로 선택한 후 포스팅(💾)처리([메뉴-Document-Display] 클릭하여 Reverse 전표를 확인)

Data Entry View

Document Number	100000014	Company Code	4100	Fiscal Year	2018
Document Date	2018.09.11	Posting Date	2018.09.11	Period	9
Reference		Cross-Comp.No.			
Currency	KRW	Texts exist	☐	Ledger Group	

CoCd	Itm	Key	SG	AccTy	Account	Description	G/L Acc	G/L account name	D/C	Amount	Curr.	Amount LC	LCurr	Tx	Assign.	Text
4100	1	50		S	54000800	Communication charge	54000800	Communication charge	H	2,050-	KRW	2,050-	KRW		20180911	
	2	40		S	11010100	Cash	11010100	Cash	S	2,050	KRW	2,050	KRW		20180911	

원시전표와 반대로 차/대변 계정이 서로 바뀌어 Reversal 된 것을 볼 수 있다.

• FI-General Ledger-Account-FS10N-Display Balances 화면 : 다시 계정 잔액을 확인해보자.

Period	Debit	Credit	Balance	Cumulative balance
Bal.Carryforw...				
1				
2				
3				
4				
5				
6				
7				
8				
9	2,050	2,050		
10				
11				
12				
13				
14				
15				
16				
Total	2,050	2,050		

계정 잔액 보는 화면에서 다시 조회해 보면 위와 같이 차/대변 금액이 2,050씩 보이고 잔액은 0이된다.

- Standard Reversal : 차변/대변 잔액이 모두 증가된 상태

○ Test) ②Negative Reversal 방식 : Reason Code 03,04을 선택한 경우

- FB50 트랜잭션에서 일반 전표 발생(10월 전표)

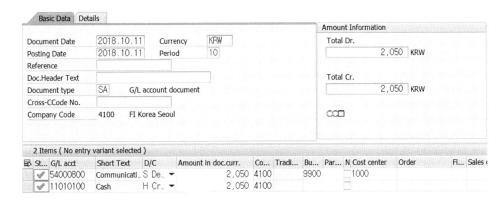

>전표 Posting - ☑ Document 100000015 was posted in company code 4100   생성

>이 100000015 전표의 금액이 잘못 입력된 것을 발견하고 취소분개를 해야 하는 상황이다.

○ FI-General Ledger-Account-FS10N - Display Balances 화면 : 먼저 계정 잔액을 확인해보자.

>10월에 발생한 계정 잔액이 차변 2,050임을 알 수 있다.

Period	Debit	Credit	Balance	Cumulative balance
Bal.Carryforw				
1				
2				
3				
4				
5				
6				
7				
8				
9	2,050	2,050		
10	2,050		2,050	2,050
11				2,050
12				2,050
13				2,050
14				2,050
15				2,050
16				2,050
Total	4,100	2,050	2,050	2,050

• FI-General Ledger-Document-Reverse-FB08 - Individual Reversal 화면 : Reverse 처리

>전표번호를 모를 경우 [iii] Document List 를 이용하여 찾을 수 있다.

Search for own documents
☑Own documents only

찾을 때 조건값에 Own documents only 를 체크하게 되면 자신이 입력한 전표만 찾을 수 있다.

Document Details	
Document Number	100000015
Company Code	4100
Fiscal Year	2018

Specifications for Reverse Posting			
Reversal Reason	03 🔍		
Posting Date		Tax Reporting Date	
Posting period			

Reason	Text
01	Reversal in current period
02	Reversal in closed period
03	Actual reversal in current period
04	Actual reversal in closed period
05	Accrual
06	Asset transaction reversal
07	Incorrect document date

>Reverse할 Document No를 입력한 후 Reason 코드를 선택한다(Reason Code 03,04중에서 선택)

>②Reason Code를 03로 선택한 후 포스팅 처리([메뉴-Document-Display] 를 클릭하여 Reverse 전표를 확인)

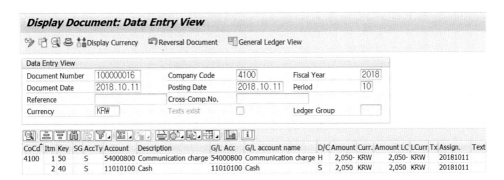

Display Document: Data Entry View

Display Currency | Reversal Document | General Ledger View

Data Entry View						
Document Number	100000016	Company Code	4100	Fiscal Year		2018
Document Date	2018.10.11	Posting Date	2018.10.11	Period		10
Reference		Cross-Comp.No.				
Currency	KRW	Texts exist	☐	Ledger Group		

CoCd	Itm	Key	SG	AccTy	Account	Description	G/L Acc	G/L account name	D/C	Amount	Curr.	Amount LC	LCurr	Tx	Assign.	Text
4100	1	50		S	54000800	Communication charge	54000800	Communication charge	H	2,050-	KRW	2,050-	KRW		20181011	
	2	40		S	11010100	Cash	11010100	Cash	S	2,050	KRW	2,050	KRW		20181011	

이것 역시 차/대변 계정이 서로 바뀌어 Reversal 기표된 것을 볼 수 있다.

• FI-General Ledger-Account-FS10N-Display Balances 화면 : 다시 계정 잔액을 확인해보자.

Period	Debit	Credit	Balance	Cumulative balance
Bal.Carryforw...				
1				
2				
3				
4				
5				
6				
7				
8				
9	2,050	2,050		
10				
11				
12				
13				
14				
15				
16				
Total	2,050	2,050		

>계정 잔액 보는 화면에서 다시 조회해 보면 위와 같이 10월 차/대변 금액이 모두 0으로 보여진다.

• **Negative Reversal 방식도 Line Item 레벨에서는 Standard 방식과 같은 분개(차/대 반대분개)가 일어난다. 다만 G/L Account Balance Display(Transaction Figure Table)등에서 볼 때 금액이 0으로 보여지는 차이가 있다**(국내회사들은 Negative 방식을 주로 사용하며, 외국기업들의 경우 Standard 방식을 주로 사용한다.)

○ Reversal Reason Code(역분개 사유코드) : IMG-FI-General Ledger Accounting (New)-Business Transactions-Adjustment Posting/Reversal-Define Reasons for Reversal

Change View "Reasons for Reverse Posting": Overview

New Entries

	Reason	Text	Neg.postng	Alt.pos.dt	
	01	Reversal in current period	☐	☐	
	02	Reversal in closed period	☐	☑	
	03	Actual reversal in current period	☑	☐	
	04	Actual reversal in closed period	☑	☑	
	05	Accrual	☑	☑	
	06	Asset transaction reversal	☑	☑	
	07	Incorrect document date	☑	☐	

• 01,02 : Standard Reversal(Neg.Postng 부분에 언체크)
• 03,04 : Negative Reversal(Neg.Postng 부분에 체크)

※ Alternative Posting Date(Alt.pos.dt) 부분에 체크된 경우 원시전표 전기일자와 다른 전기일자를 입력하여 Reverse할 수 있도록 허용해주겠다는 의미이다. 이미 마감된 월의 전표를 마감월로 역분개할 수 없는 상황인 경우 익월로 역분개하는 식으로 사용한다.

▶ 3. Document re-entered correctly(올바른 전표를 다시 기표한다 : [차)Exp 2500 / 대) Bank 2500])

▶ 우리나라에서는 Standard 방식을 선호하지 않는다. 역분개를 통해 발생한 금액인지 실제 발생한 금액인지 구분하기 어렵기 때문이다(합계잔액시산표 기준으로는 차/대변 금액이 과대계상되는 것처럼 보인다.) Negative 방식은 총 Balance금액이 0이 되어 아예 발생하지 않은 것처럼 보이기 때문에 이쪽을 선호한다. Negative 방식을 사용하기 위해서는 Company Code별로 허용처리를 해줘야한다. 또한 Document Type IMG쪽에서도 각 Document Type별로 Negative Posting 가능하도록 체크해야 한다.

○ IMG-FI-General Ledger Accounting (New)-Business Transactions-Adjustment Posting/Reversal-Permit Negative Posting 화면 : Company Code 레벨에서 Negative Posting 허용처리

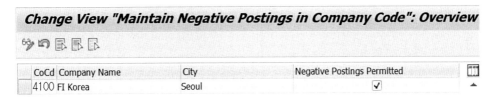

위와 같이 Permit 체크 해주어야 Negative Posting 기능을 사용할 수 있음

○ IMG-FI-Financial Accounting Global Settings (New)-Document-Document Types-Define Document Types for Entry View 화면 : 전표 유형에도 Negative Posting 허용처리를 해주어야 한다.

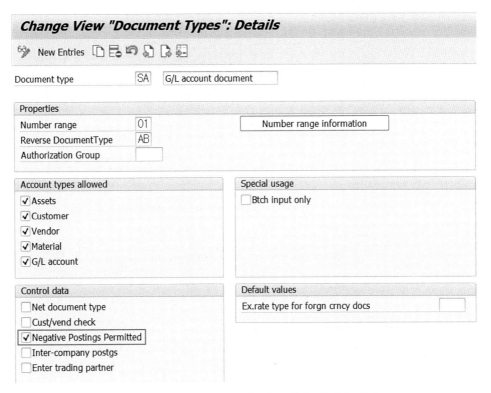

위 그림처럼 Negative Postings allowed 가 체크되어 있어야 한다.

※ 참고) 역분개 처리시 전표헤더 BKPF 테이블 STBLG/STJAH 필드에 역분개 전표번호 값이 업데이트 된다.

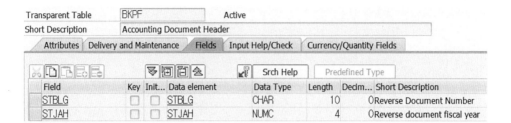

ECC 버전까지는 MM등 타모듈에서 역분개 처리될 경우 위 필드에 역분개 전표번호가 업데이트 되지 않기 때문에 별도로 역분개 여부를 체크하는 로직을 고려해야 한다.

※ 참고) S/4 HANA 버전에서는 BKPF에 타모듈 역분개 여부도 업데이트 된다.

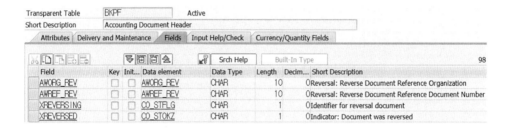

XREVERSING : 역분개 전표일 경우 체크됨 / XREVERSED : 역분개된 원전표일 경우 체크됨 / AWREF_REV : Reference Document는 타모듈 Document 번호가 업데이트 된다.

3. Posting Tips

● **Posting Tips - 신(Enjoy)/구(Classic) 전표 입력 화면에서 전표 입력시 활용 가능 한 Tips**

▶ <u>Reference Documents</u>[신/구(예:FB50/F-02)]

○ 기 Posting된 전표번호를 참조하여 새로운 Document를 생성하는 방법

>FB50 트랜잭션에서 아래와 같이 간단하게 전표 1건을 생성한다.

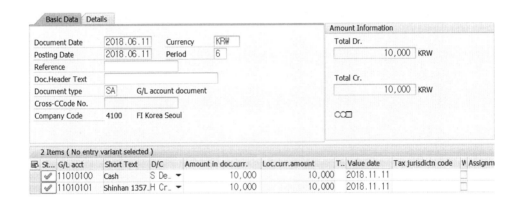

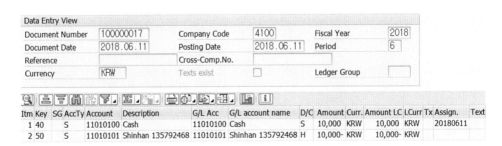

이 전표와 유사한 형태의 전표를 생성하고자 한다.

○ [메뉴-Goto-Post With Reference] 메뉴 선택

>이전에 생성한 전표 100000017를 선택하여 동일한 유형의 전표를 생성한다.

Post Document: Header Data

Reference

Document Number	100000017
Company Code	4100
Fiscal Year	2018

Flow control

- ☐ Generate reverse posting
- ☐ Enter G/L account items
- ☐ Do not propose amounts
- ☐ Recalculate days and percentages
- ☐ Display line items
- ☐ Copy texts
- ☐ Transfer functional area
- ☐ Recalculate Local Currency Amounts
- ☐ Copy Segment and Partner Segment

- ☐ Generate reverse posting : 전표를 참조하되 Reverse 포스팅(반대분개) 처리를 할 경우 체크

- ☐ Enter G/L account items : G/L 계정과목 필드를 변경할 경우 체크

- ☐ Do not propose amounts : 금액을 가져와 보여주지 않고 직접 입력하도록 할 경우 체크

(Flow Control 설정을 이용하여 다양하게 Copy하여 사용이 가능함)

▶ Sample Document(General Ledger로 반영 되지 않음)[신/구(예:FB50/F-02)]

○ 자주 사용하는 몇 개의 Document를 Sample로 만들어 이를 이용하여 새로운 전표 생성

○ FI-General Ledger-Document Entry-Reference Documents-F-01 - Sample Document 화면에 들어가서 샘플로 사용할 전표를 생성한다.

〉아래와 같이 샘플전표를 생성(아래 그림은 Line Item 값 입력 후 Overview 한 화면임)

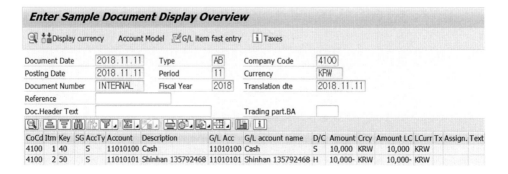

Enter Sample Document Display Overview

🔍 ⬆⬇Display currency   Account Model 📝G/L item fast entry   ℹ Taxes

Document Date	2018.11.11	Type	AB	Company Code	4100
Posting Date	2018.11.11	Period	11	Currency	KRW
Document Number	INTERNAL	Fiscal Year	2018	Translation dte	2018.11.11
Reference					
Doc.Header Text			Trading part.BA		

CoCd	Itm	Key	SG	AccTy	Account	Description	G/L Acc	G/L account name	D/C	Amount	Crcy	Amount LC	LCurr	Tx	Assign.	Text
4100	1	40		S	11010100	Cash	11010100	Cash	S	10,000	KRW	10,000	KRW			
4100	2	50		S	11010101	Shinhan 135792468	11010101	Shinhan 135792468	H	10,000-	KRW	10,000-	KRW			

〉저장버튼을 클릭하면 샘플전표No가 생성된다.

☑ Document 9200000000 was stored in company code 4100

Sample 전표이므로 Posted가 아니라 **Stored**로 메시지가 보여진다(시산에는 반영되지 않는 Document)

○ [메뉴-Goto-Post With Reference] 메뉴 선택. 앞의 Reference Document와 동일한 방식

○ Flow Control을 이용하여 다양하게 Copy하여 사용이 가능함

▶ Hold Data[신/구(예:FB50/F-02)]

○ G/L, AR, AP전표 입력 중간에 잠시 외출 등의 사유로 인하여 지금까지 만들어놓은 상태로 전표를 저장하였다가 향후 다시 Open하여 계속 입력하고 싶은 경우에 사용(→ **Log Off 된 후 Hold된 Data는 사라짐**)

○ 전표를 등록하던 중에 Hold를 하고 싶은 경우 [메뉴-System-User Profile-Hold Data]를 선택한다.

〉FB50 트랜잭션에서 아래와 같이 전표를 입력한다.

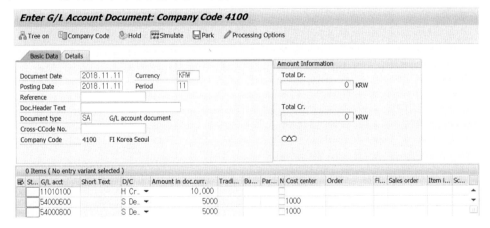

입력 도중에 자리를 비울 상황이 되어 홀드시킨다. [메뉴-System-User Profile-Hold Data]

☑ Data was held 라는 메시지가 뿌려지면서 각 계정, 금액등의 데이터가 붉은색이 된다.

○ 해당 트랜잭션을 나갔다 다시 들어가더라도 입력되던 값들은 Hold되어 있다. Hold된 데이터를 이용하여 전표 포스팅을 한 후에 다시 해당 트랜잭션을 나갔다 들어가도 홀드된 데이터는 그대로 계속 존재한다.

○ 설정 해제는 [메뉴-System-User Profile-Delete Data]를 선택한다. 그럼 홀드된 데이터가 사라진다 ☑ Data has been reset 라는 메시지가 뿌려지면서 홀드 데이터가 없어진다.

▶ Set Data[신/구(예:FB50/F-02)]
○ G/L전표 입력시마다 매번 1~몇 개의 Line Item은 계속 동일하게 입력되는 경우에 그 반복되는 Line Item을 고정시키는 기능(→ **Log Off된 후에는 Set Data는 사라짐**)
○ 전표를 등록하던 중에 Set를 하고 싶은 경우 [메뉴-System-User Profile-Set Data]를 선택한다.
  >아래 그림과 같이 2개의 Line Item을 자주 사용하는 경우 Set 시킬 수 있다.

⊞	St...	G/L acct	Short Text	D/C		Amount in doc.curr.	Loc.curr.amount	T..	Tax jurisdictn code	W
		54000600		S De..	▼		0			
		54000800		S De..	▼		0			

  >메뉴-System-User Profile-Set Data 를 하게 되면 ☑ Data was set 메시지가 뿌려지면서 다음처럼 된다.

⊞	St...	G/L acct	Short Text	D/C		Amount in doc.curr.	Loc.curr.amount	T..	Tax jurisdictn code	W
		54000600		S De..	▼		0			
		54000800		S De..	▼		0			

  >입력된 계정, 차/대 구분 필드가 고정되어 수정할 수 없게 된다.

○ 해당 트랜잭션을 나갔다 들어가더라도 입력되던 값들은 Set되어 있다.
○ 설정 해제는 [메뉴-System-User Profile-Delete Data]를 선택한다. 그럼 Set된 데이터가 사라진다.

▶ Hold Document[신/구(예:FB50/F-02)]
○ G/L 전표 입력 중간에 그 전표 자체를 임시로 저장하고 싶은 경우에 사용
  → **Log Off된 후에도 Document Hold 기능이 유지되나 한번 사용하면 Hold Document는 사라짐**
○ 전표 화면에서 🖫Hold 버튼(F5)을 클릭 or [메뉴-Document-Hold]선택한 후 Temporary Document NO를 입력하면 된다.
  >아래와 같이 전표를 입력하다가 Hold 해야 하는 상황(외근 등)이 발생하였다.

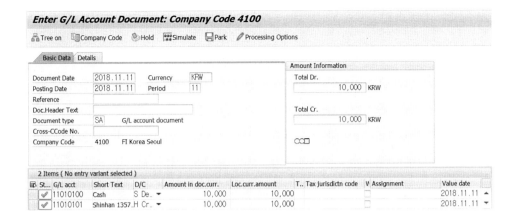

>Temporary Document NO를 입력한 후 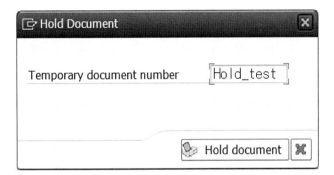 Hold document 버튼 클릭

☑ Document HOLD_TEST was held   메시지 발생

※만약 최초 🖱Hold 버튼 클릭시 아래 오류가 발생할 경우 SE38 T-Code에서 RFTMPBLU

프로그램을 실행한다.

🖱 Held documents must be converted; read long text

Converting Held Documents

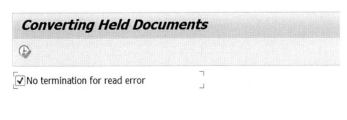

☑No termination for read error

☑ Held documents successfully converted

○ Hold Document를 찾는 방법은 화면상단의 ⊞Tree on 버튼을 클릭한다. 그럼 왼쪽 트리메뉴에 Held Document가 보인다(한번 Posting 하고 나면 없어짐) 또는 [메뉴-Edit-Select held document]를 선택해서 찾을 수도 있다.

>Temp Doc No선택 후 더블클릭, ⊞Tree off 버튼을 클릭하여 트리를 닫은 후에 전표 포스팅 하면 된다.

(HOLD_TEST 더블클릭시 위와 같이 저장된 내역이 불러와진다.)

▶ Account Assignment Template[신(예:FB50)] : 신화면(Enjoy)에서만 사용가능

○ 자주 사용하는 전표를 하나의 표본으로 만들어놓고 계속적으로 이용하고자 할 때 사용되는 기능(Sample Document와 비슷한 기능이지만 신 트랜잭션 화면(Enjoy)에서만 사용이 가능하다.)

→ **Log Off된 후에도 / 한번 참조하여 사용한 후에도 Template이 그대로 유지됨**

○ 템플릿이 될 전표를 작성

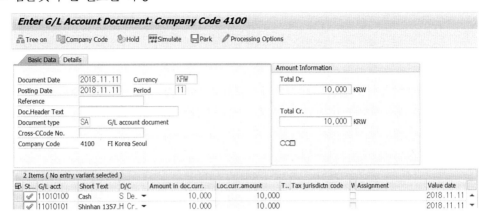

>[메뉴-Edit-Acct Assignment Templates-Save Account Assignment Template] 선택(Act asst temp. No를 지정)

○ 사용은 🔲Tree on 을 클릭한후 Account Assignment Template에서 작성한 템플릿을 더블클릭하면 된다. 🔲Tree off 버튼 클릭 후, Posting한다. 포스팅된 후에도 사라지지 않고 남아있다([메뉴-Edit-Acct Assignment Templates-Select Account Assignment Template(Ctrl+F7)]를 클릭 후 Possible Entry로 찾아도 된다.)

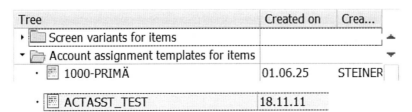

▶ <u>Account Assignment Model</u>[구(예:F-02,F-43,F-22)] : 구화면(Classic)에서만 사용가능

○ 구 GL,AR,AP Posting 화면(F-02)에서 계속 반복되는 비슷한 유형의 전표를 매번 Posting하기 귀찮으므로 하나의 Model 전표를 생성하여 향후에 반복적으로 이용하고자 할 경우에 생성함

> **→ 전표 자체의 입력/저장 기능뿐만 아니라 Cost Center(특정 Factor)별 금액배부 등의 기능도 있음**

○ FI-General Ledger-Document Entry-Reference Documents-FKMT - Account Assignment Model 화면

• 모델명을 입력한 후에 ▯(신규생성)아이콘을 클릭

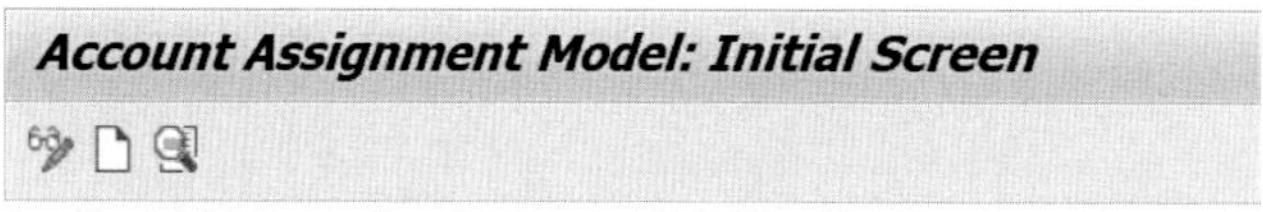

Account Assignment Model: Initial Screen
﴾ ▯ ▧

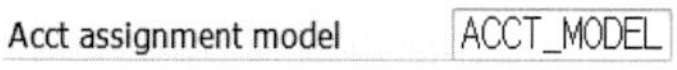

Acct assignment model	ACCT_MODEL

> 기존 모델과 유사하게 만들려면 Reference 필드에 Acct Assignment Model 코드값을 입력

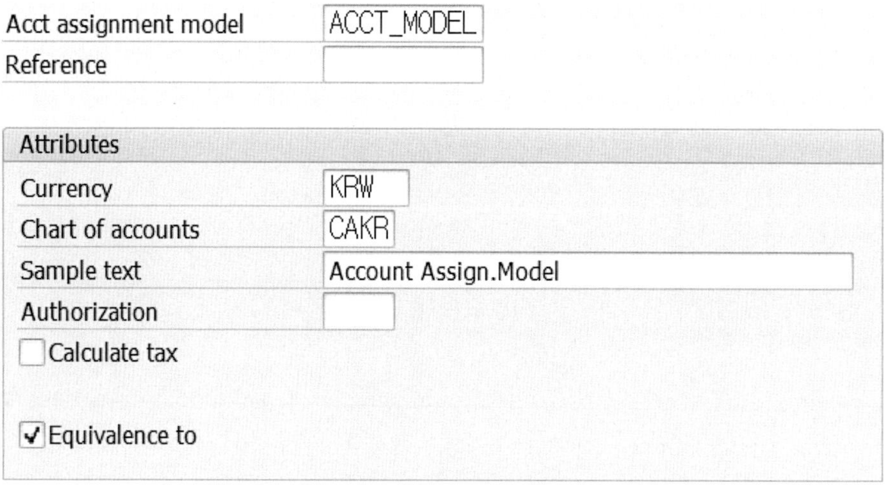

Acct assignment model	ACCT_MODEL
Reference	

Attributes	
Currency	KRW
Chart of accounts	CAKR
Sample text	Account Assign.Model
Authorization	
☐ Calculate tax	
☑ Equivalence to	

- Currency, COA는 모델 전표에 적용될 기준값을 입력한다.

- Authorization : 생성할 모델을 사용할 권한 Object(F_KMT_MGMT)를 설정 할 수 있다.

- Equivalence to : 금액 기준이 아니라 비율 기준으로 자동으로 금액을 배부해준다는 의미

• 상단의 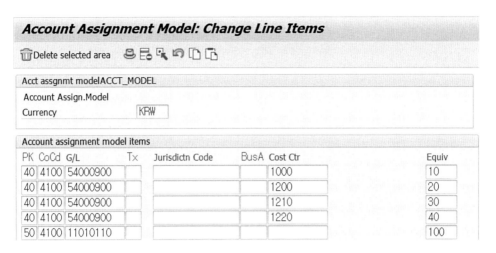 아이콘을 클릭하여 Line Item 레벨 데이터를 작성

Account Assignment Model: Change Line Items

Delete selected area

Acct assgnmt modelACCT_MODEL

Account Assign.Model
Currency   KRW

Account assignment model items

PK	CoCd	G/L	Tx	Jurisdictn Code	BusA	Cost Ctr		Equiv
40	4100	54000900				1000		10
40	4100	54000900				1200		20
40	4100	54000900				1210		30
40	4100	54000900				1220		40
50	4100	11010110						100

- Cost Ctr과 Equiv사이에 공간이 비어있는 이유는 Amount 필드가 안보여서 그렇다(Equiv.to

  체크했기 때문)

- Equiv 에는 금액에 대한 비율을 입력하여 전표 포스팅 되는 순간에 금액이 결정될 수 있도록

  한다.

※ [메뉴-Settings-Screen Templates] 클릭하여 작성된 스크린 템플릿 중에서 원하는 형태를

  선택할 수 있다.

※ 화면상에 입력하길 원하는 필드가 없을 경우 IMG에서 스크린 템플릿을 작성할 수 있다.

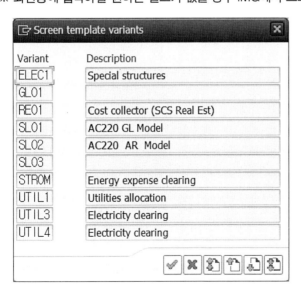

Variant	Description
ELEC1	Special structures
GL01	
RE01	Cost collector (SCS Real Est)
SL01	AC220 GL Model
SL02	AC220 AR Model
SL03	
STROM	Energy expense clearing
UTIL1	Utilities allocation
UTIL3	Electricity clearing
UTIL4	Electricity clearing

저장버튼을 클릭하면 ☑ Account assignment model was saved 메시지가 뜬다.

○ 사용하기 위해 F-02등의 구 트랜잭션 화면에서 [Account Model] 버튼을 클릭한다. 생성 했던 모델을 선택한다.

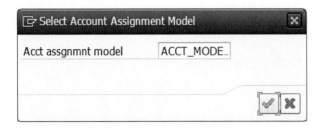

Account Assignment Model: Entry for Posting

Delete selected area

Acct assgnmt modelACCT_MODEL

Account Assign.Model		Company Code	4100
Currency	KRW		
Debit distribution	10,000	Credit distribution	10,000

Account assignment model items

PK	CoCd	G/L	Tx	Jurisdictn Code	BusA	Cost Ctr	Amount	Equiv
40	4100	54000900				1000	1,000	10
40	4100	54000900				1200	2,000	20
40	4100	54000900				1210	3,000	30
40	4100	54000900				1220	4,000	40
50	4100	11010100					10,000	100

위처럼 차/대금액을 입력하고 엔터를 치면 자동으로 배부 %에 따라 금액이 배부된다.

○ 포스팅을 하게 되면 오류발생한 부분에 대해서 수정하도록 표시해주고 수정 후 포스 팅이 가능하다.

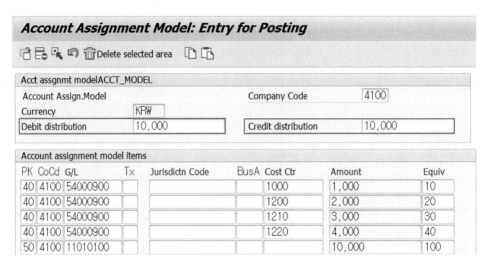

Document Date	2018.10.11	Type	SA	Company Code	4100
Posting Date	2018.11.11	Period	11	Currency	KRW
Document Number	INTERNAL	Fiscal Year	2018	Translation dte	2018.11.11
Reference				Cross-CCode No.	
Doc.Header Text				Trading part.BA	

Co	Itm	Key	S	AccTy	Account	Description	G/L Acc	G/L account name	D/C	Amount	Crcy	Amount LC	LCu	T	Assign.	Text
410	1	40	S		54000900	Heat and water exp_	54000900	Heat and water exp_	S	1,000	KRW	1,000	KRW			
410	2	40	S		54000900	Heat and water exp_	54000900	Heat and water exp_	S	2,000	KRW	2,000	KRW			
410	3	40	S		54000900	Heat and water exp_	54000900	Heat and water exp_	S	3,000	KRW	3,000	KRW			
410	4	40	S		54000900	Heat and water exp_	54000900	Heat and water exp_	S	4,000	KRW	4,000	KRW			
410	5	50	S		11010100	Cash	11010100	Cash	H	10,000-	KRW	10,000-	KRW			

○ 위 화면을 보면 005라인을 보면 파란색으로 오류가 있음을 표시해준다

(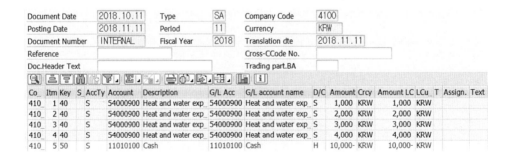 Correct the marked line items)

>더블클릭하여 필수입력 필드를 입력한 후 다시 Overview(▲▲)버튼을 클릭.

G/L Account   11010100   Cash
Company Code   4100 FI Korea

Item 5 / Credit entry / 50

Amount	10,000	KRW

☐ Calculate tax

Business place

Business Area   Trdg part.BA

Profit Center

WBS element

⇨ More

Value date   ☑

Assignment

Text   Long Texts

CoCd	Itm	Key	SG	AccTy	Account	Description	G/L Acc	G/L account name	D/C	Amount	Crcy	Amount LC	LCurr	Tx	Assign.	Text
4100	1	40		S	54000900	Heat and water expen	54000900	Heat and water expen	S	1,000	KRW	1,000	KRW			
4100	2	40		S	54000900	Heat and water expen	54000900	Heat and water expen	S	2,000	KRW	2,000	KRW			
4100	3	40		S	54000900	Heat and water expen	54000900	Heat and water expen	S	3,000	KRW	3,000	KRW			
4100	4	40		S	54000900	Heat and water expen	54000900	Heat and water expen	S	4,000	KRW	4,000	KRW			
4100	5	50		S	11010100	Cash	11010100	Cash	H	10,000-	KRW	10,000-	KRW			

>파란색으로 표시된 라인이 없으면 포스팅 된다.

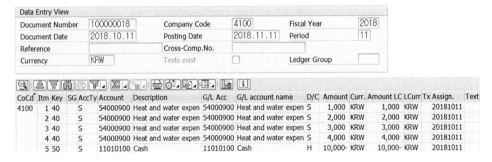

Data Entry View

Document Number	100000018	Company Code	4100	Fiscal Year	2018
Document Date	2018.10.11	Posting Date	2018.11.11	Period	11
Reference		Cross-Comp.No.			
Currency	KRW	Texts exist	☐	Ledger Group	

CoCd	Itm	Key	SG	AccTy	Account	Description	G/L Acc	G/L account name	D/C	Amount	Curr.	Amount LC	LCurr	Tx	Assign.	Text
4100	1	40		S	54000900	Heat and water expen	54000900	Heat and water expen	S	1,000	KRW	1,000	KRW		20181011	
	2	40		S	54000900	Heat and water expen	54000900	Heat and water expen	S	2,000	KRW	2,000	KRW		20181011	
	3	40		S	54000900	Heat and water expen	54000900	Heat and water expen	S	3,000	KRW	3,000	KRW		20181011	
	4	40		S	54000900	Heat and water expen	54000900	Heat and water expen	S	4,000	KRW	4,000	KRW		20181011	
	5	50		S	11010100	Cash	11010100	Cash	H	10,000-	KRW	10,000-	KRW		20181011	

▶ <u>Parking Document</u>[신/구(예:FB50/F-02)](임시전표)

○ General Ledger에 반영되지 않는 임시전표를 생성하고 권한이 있는 자의 승인시 Real Posting되게 하는 임시전표 생성기능

○ FI-General Ledger-Document Entry-F-65 - General Document Parking 화면으로 들어간다.

Park Document: Document Header

📝 Fast Data Entry　　📝 Acct model

Document Date	2018.11.11	Doc. Type	SA	Company Code	4100	
Posting Date	2018.11.11	Period	11	Currency	KRW	
		MD Exchange Rate				
Document Number				Translation dte		
Reference						
Doc.Header Text						
Partner BArea						

Control

☑ Only transfer amnts in document curr.in invoice

First line item

PstKy	40	Account	54000600		SGL Ind		TType	

> 잠시, Classic 전표 입력화면에 대해 살펴보도록 한다. Classic 전표 입력화면에서 입력하는 방식도 신 전표입력 화면(Enjoy)에서 입력하는 방식과 유사하나 Posting Key를 직접 입력해야 하는 점이 가장 다르다. 즉, 현재 입력하려고 하는 라인이 어떤 Sub-Ledger와 관련된 라인이며 차변인지 대변인지를 확실히 인지하고, Posting Key를 선택해서 입력해야 한다.

> Posting Key를 입력하는 순간 Account의 성격이 결정된다. 40을 입력하게 되면 Account는 G/L 계정이 되고, 01을 입력할 경우 Customer Account가 된다. 31이면 Vendor Account 가 된다. Posting Key를 모두 외우면 좋겠지만 Possible Entry 를 클릭해서 조회해 골라도 된다.

PK	AccTy	D/C	Posting key name
31	V	C	Invoice
32	V	C	Reverse credit memo
34	V	C	Other payables
35	V	C	Incoming payment
36	V	C	Payment difference
37	V	C	Other clearing
38	V	C	Payment clearing
39	V	C	Special G/L credit
40	G	D	Debit entry
50	G	C	Credit entry

AccTy 필드가 어느 SubLedger 인지 알도록 해준다. V(Vendor) C(Customer) G(G/L) A(Asset), 그리고 D/C(차/대 지시자) 필드가 차변(Debit)인지 대변(Credit)인지 보여준다.

>Posting Key와 그에 맞는 Account를 첫화면에서 입력하고 엔터를 치는 순간 상세내역을 입력하는 화면으로 이동하게 되는데 이때 Posting Key와 G/L Account의 FSG에 의해 화면의 Field Status가 결정되어 화면이 나타난다.

G/L Account 　54000600　Travel and transportation expenses
Company Code 　4100 FI Korea

Item 1 / Debit entry / 40
Amount	10000		KRW
Tax Code			☐ Calculate tax
Business place			
Cost Center		Order	
WBS element		Profit. segment	⇨
Network		Real estate obj	⇨
Functional Area		Sales Order	
			⇨ Mehr
		Quantity	
		Due On	
Assignment			
Text	Parking Document		🖺 Long Texts

Next Line Item
PostKey 50 Account 11010100 　 SGL Ind 　 TType 　 New Co.Code

>첫 번째 라인에 대한 정보를 입력하고 마찬가지로 두번째 라인에 대한 Posting Key / Account 정보를 하단에 입력한 후 엔터를 치면 두번째 라인에 대한 상세 정보를 입력하는 화면으로 이동한다.

G/L Account 　11010100　Cash
Company Code 　4100 FI Korea

Item 2 / Credit entry / 50
Amount	10000		KRW
Business place			
Business Area		Trdg part.BA	
Profit Center			
WBS element			
			⇨ More
Value date	2018.11.11		
Assignment			
Text			🖺 Long Texts

위와 같이 두 번째 Lineitem 도 입력한다.

○ SAVE(🖫)버튼을 클릭한다. 임시전표 입력시에는 필수 필드 체크(Field Status Check)
를 하지 않는다(Posting(승인) 될 때 체크함) Document 번호가 생성되며 Parking된
다. (✅ Document 100000020 4100 was parked)

>만약 임시전표 저장시 필수 필드 입력체크 및 차/대 금액 일치 여부 등을 체크하고자 할 경우
Park Document 기능을 사용하지 않고 Complete 기능을 이용하여 임시전표를 생성하면 된
다. [메뉴-Document-Complete] 클릭

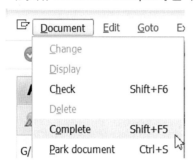

○ Parking 된 전표는 FI-General Ledger-Document-Parked Documents-FBV0 -
Post/Delete 화면으로 들어가서 승인한다. Posting 대상 전표 선택 - Parking Doc-
ument No선택하고 들어가서 전표를 확인한다.

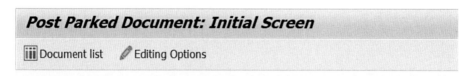

>다음 그림처럼 Parking된 전표 내역을 보여준다.

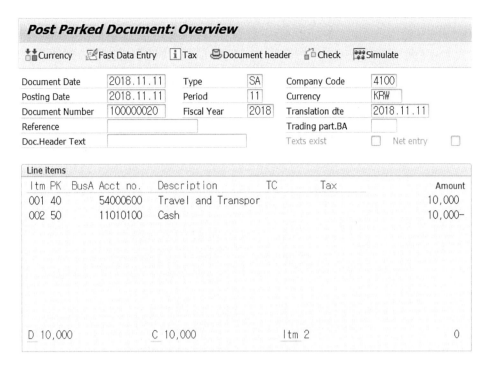

Post Parked Document: Overview

Currency　　Fast Data Entry　Tax　Document header　Check　Simulate

Document Date	2018.11.11	Type	SA	Company Code	4100
Posting Date	2018.11.11	Period	11	Currency	KRW
Document Number	100000020	Fiscal Year	2018	Translation dte	2018.11.11
Reference				Trading part.BA	
Doc.Header Text				Texts exist ☐　Net entry ☐

Line items

Itm	PK	BusA	Acct no.	Description	TC	Tax	Amount
001	40		54000600	Travel and Transpor			10,000
002	50		11010100	Cash			10,000-

D 10,000　　　　C 10,000　　　　Itm 2　　　　　　0

임시전표 조회시에도 ALV GRID List 형태로 조회할 수 있는 Editing Option이 있다. FB00 화면

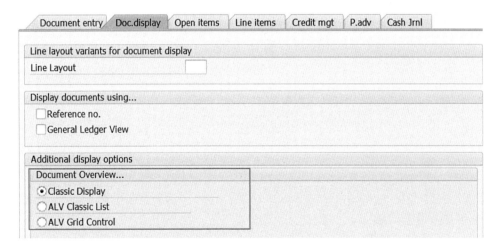

| Document entry | Doc.display | Open items | Line items | Credit mgt | P.adv | Cash Jrnl |

Line layout variants for document display

Line Layout [　　]

Display documents using...

☐ Reference no.
☐ General Ledger View

Additional display options

Document Overview...
◉ Classic Display
○ ALV Classic List
○ ALV Grid Control

※ 참고)Parking 전표를 삭제하고자 할때는 [메뉴-Document-Delete]로 삭제가 가능하다.

〉[메뉴-Document-Check] 를 하게 되면 필수 입력필드 등을 체크하여 필요시 입력하도록 화면
에 보여준다.

아래 그림과 같이 파란색으로 지정된 부분에 누락된 값이 있을 경우 입력하도록 한다.

Account 54000600 requires an assignment to a CO object (CO Object 관련 필드 필수입력 누락 오류)

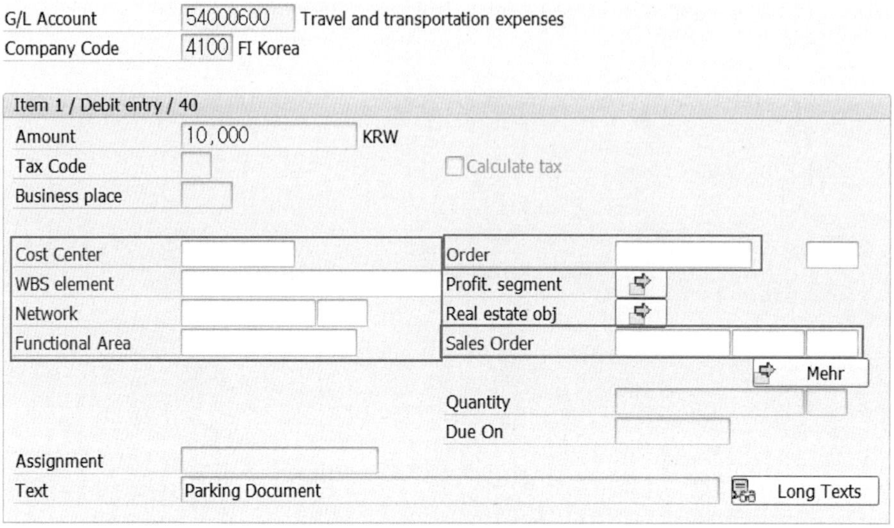

G/L Account
54000600
Travel and transportation expenses
Company Code
4100
FI Korea
Item 1 / Debit entry / 40
Amount
10,000
KRW
Tax Code
Calculate tax
Business place
Cost Center
WBS element
Network
Functional Area
Order
Profit. segment
Real estate obj
Sales Order
Mehr
Quantity
Due On
Assignment
Text
Parking Document
Long Texts

>정상적으로 다 입력하고 엔터를 치게 되면 Check successful 메시지가 뜨게 된다.

>[메뉴-Document-Complete](1차확정) 한다.

(Preliminarily posted document 100000020 4100 was changed)

완성된 전표형태로 임시전표로 저장된다. 이 단계를 생략하고 바로 다음 단계인 Posting 처리를 해도 된다.

>[메뉴-Document-Post](2차 최종승인)하면 된다.

(Document 100000020 was posted in company code 4100)

Log Display
Technical Information
Help
0
0
0
1
Type CoCd DocumentNo Year Message Text
4100 100000020 2018 Document 100000020 was posted in company code 4100

▶ <u>Recurring Document</u>[신/구(예:FB50/F-02)](반복전표)

○ 매달 같은 계정, 같은 금액이 Posting되는 경우에 지정된 Posting기간동안 미리 Posting내역을 입력/저장 후 매달 Session 수행 작업만으로 자동 Posting이 일어나게 하는 기능

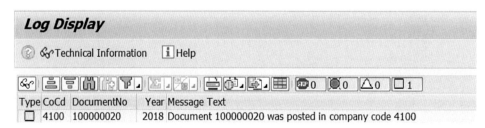

○ FI-General Ledger-Document Entry-Reference Documents-FBD1 - Recurring
Document 화면

Enter Recurring Entry: Header Data

G/L item fast entry   Account Assignment Model   ☐ Post with Reference

Company Code   4100

Recurring entry run
First run on	2018.06.01
Last run on	2018.12.31
Interval in months	01
Run date	31
Run schedule	

☐ Transfer amounts in local currency   ☐ Copy texts
☐ Transfer tax amounts in local currency

Document header information
Document type	SA	Currency/Rate	KRW
Reference		Translation dte	
Document Header Text			
Trading part.BA			

First line item
PstKy 40 Account 54000600   SGL Ind   TType

- 반복전표에 대한 Rule을 결정한다.
- First run on, Last run on : 시작/종료일을 입력한다.
- Interval in months : 한 달에 몇번 발생시킬 것인가(1-매월 한번)
- Run date : 언제발생시킬것인가(31 입력시 매달 말일)
- Run Schedule : 특정한 일자가 아니라 스케줄을 잡을수도 있음

Run	Description
1000	Last Friday in the month
3000	Last Friday in the month
5000	20th of each month
8000	JVA Revenue Distribution Demo
RU01	Run schedule for INV-11
TAC1	Run schedule for AC010

- Line Item: 전표 생성시 필요한 정보를 입력한다. 다 입력하게 되면 해당 Document No가 저장된다.

>아래와 같이 입력한 후 저장(아래 그림은 Line Item입력 후 Overview 한 상태임)

Enter Recurring Entry Display Overview

Display currency   Account Model   G/L item fast entry   i Taxes

Document Date	2018.11.11	Type	SA	Company Code	4100
Posting Date	2018.11.11	Period	11	Currency	KRW
Document Number	INTERNAL	Fiscal Year	2018	Translation dte	2018.11.11
Reference					
Doc.Header Text				Trading part.BA	

CoCd	Itm	Key	SG	AccTy	Account	Description	G/L Acc	G/L account name	D/C	Amount	Crcy	Amount LC	LCurr	Tx	Assign.	Text
4100	1	40	S		54000600	Travel and Transport	54000600	Travel and Transport	S	10,000	KRW	10,000	KRW			
4100	2	50	S		11010100	Cash	11010100	Cash	H	10,000-	KRW	10,000-	KRW			

>저장하게 되면 ☑ Document 9100000000 was stored in company code 4100 메시지가 뜬다(Stored)

• 위와 같이 저장된 전표 룰에 의해 스케줄링하여 지정된 시점에 자동 포스팅이 일어나도록 한다.

○ FI-General Ledger-Periodic Processing-Recurring Entries-F.14 - Execute 화면으로 들어간다.

• 대상이 되는 조건값을 입력, Batch input session name 입력. 정산일자(Settlement period)를 해당월 말일자를 입력하면 앞서 등록했던 반복전표가 대상으로 포함되어 Session이 생성된다.

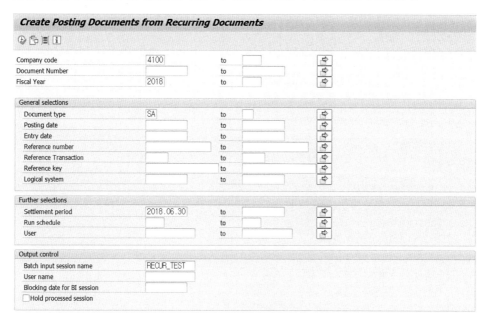

• 실행을 클릭하게 되면 Session이 생성된다. (☑ Session RECUR_TEST was created) Session이란 화면들의 일련의 입력/처리과정을 하나로 묶어 놓은 Transaction 개념이며 사용자는 이 Session을 Process시킴으로써 전표를 생성하거나 거래처를 생성하는 등의 작업을 수행하고 확인 할 수 있다.
• [메뉴-System-Services-Batch Input-Sessions]에서 생성된 세션을 처리한다.

>생성된 세션을 선택한후  버튼 클릭

- Foreground인지 Background인지 Mode 선택 후 Process 버튼 클릭. Background 모드로 실행해 본다.

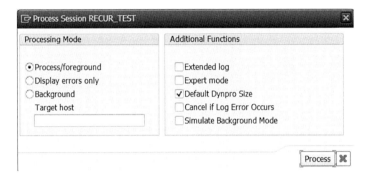

- Process/foreground : 작업과정을 한 스텝, 한 스텝 직접 확인해가면서 처리하는 Mode
- Display errors only : Background로 작업이 돌다가 에러가 발생할 경우 Foreground로 화면을 전환한다.
- Background : 작업이 Background에서 돌아가고 유저는 다른 일을 할수 있다. 작업 로그를 별도로 확인한다.

- 정상적으로 실행되면 아래 메시지가 뜬다.

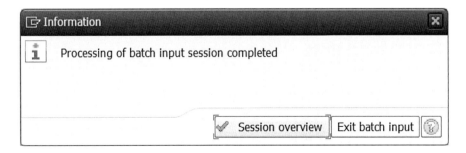

- 버튼 클릭, 원래 화면으로 돌아온 후 Log 버튼을 클릭하여 처리된 내역을 확인한다.

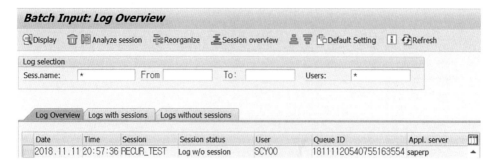

> 더블 클릭하여 아래 그림처럼 로그내역을 확인해볼 수 있다.

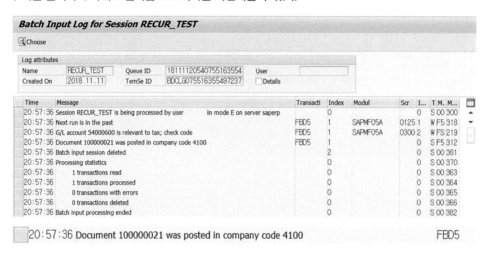

| | 20:57:36 Document 100000021 was posted in company code 4100 | | FBD5 |

- 위 로그에 찍힌 Document No로 해당 내역을 조회해보자.

○ FB03 트랜잭션 화면에서 조회

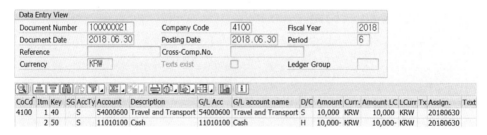

○ 이런 형식의 기간비용 처리(선급비용 등)를 손쉽게 할 수 있다.

▶ G/L Fast Entry[구(예:F-02)]

○ F-02 구트랜잭션을 좀 더 빠르고 편리하게 입력하도록 하기 위한 메뉴
(화면상단 G/L item fast entry 버튼)

Enter G/L account document: Add G/L account items

Account Model   G/L item fast entry   i Taxes

Company Code   4100   FI Korea   ☐ Calculate tax

G/L account items

PK	Account	Amount	KRW	T	B...	Cost Center	Order	CoCd

○ Entry 화면 역시 [메뉴-Settings-Input Template] 화면으로 들어가서 원하는 Screen Variant를 선택하여 입력필드 형태를 변경할 수 있다. Screen Template는 IMG에서 여러 개를 만들어놓고 이렇게 선택할 수 있다

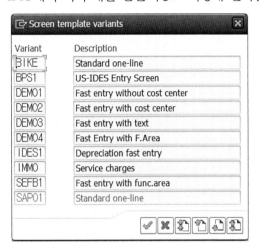

DEM03 - Fast entry with text 을 선택해보자. 아래 그림과 같이 Layout 이 변경된다.

G/L account items

PK	Account	Tx	Amount	Cost Ctr
			Text	

○ IMG-FI-Accounts Receivable and Accounts Payable-Business Transactions-Incoming Invoices/Credit Memos-Make and Check Document Settings-Maintain Fast Entry Screens for G/L Account Items 화면 : Screen Template 생성

Maintain Screen Variant: List

Deactivate

Program   Post document
Application   G/L account items fast entry

Variants

Variant	Lines	Name	Act.	Release
BIKE	1	Standard one-line	✓	750
BPS1	2	US-IDES Entry Screen	✓	750
DEM01	1	Fast entry without cost center	✓	750
DEM02	1	Fast entry with cost center	✓	750
DEM03	2	Fast entry with text	✓	750
DEM04	1	Fast Entry with F.Area	✓	750
IDES1	1	Depreciation fast entry	✓	750
IMMO	1	Service charges	✓	750
SEFB1	1	Fast entry with func.area	✓	750
SAP01	1	Standard one-line	✓	750
SAP02	2	Standard two lines	✓	750

Program   Post document
Application   G/L account items fast entry
Variant   Standard one-line

Fields of the Variant

Column	Offset	Lgth	Current Fields	Possible Fields
1	3	2	Posting Key	Account
2	6	15	Account	Activity
3	22	16	Amount	Activity Code GI Tax
4	40	2	Tax Code	Amount
5	49	10	Cost Center	Assignment
6	60	12	Order	BUSINESS LINE
7	74	4	Company Code	Base Unit of Measure
				Building
				Business Area
				Business Entity
				Business partner
				City
				Collective lease-out
				Commitment item

추가하고자 하는 필드를 우측 Possible Fields에서 더블클릭하여 추가할 수 있으며, Current Fields에 있는 필드를 삭제할 수 있다. 첫 화면에서는 사용하고자 하는 Variant만 Active 상태로 두고, 사용하지 않는 Variant는 Deactivate 할 수 있다.

4. Currency & Tax

● **Currency : 통화 관리 - 통화에 대한 기본적인 Concept에 대해 살펴보자.**

▶ 달러-USD, 파운드-GBP, 엔화-JPY, 원화-KRW 등 거의 모든 국가의 통화키가 기본
적으로 등록되어 있다.

○ IMG-SAP NetWeaver-General Settings-Currencies-Check Currency code

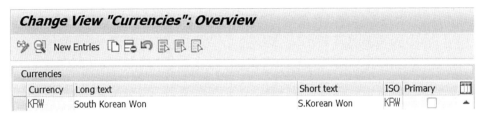

▶ 환율 타입별로 통화간 금액이 환산된다.

○ IMG-SAP NetWeaver-General Settings-Currencies-Check Exchange rate types

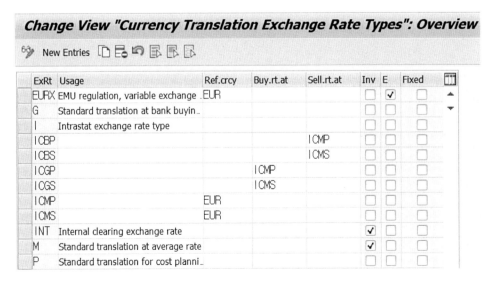

위와 같은 환율 타입들이 존재한다. 전표 입력시 사용되는 환율 타입 = 'M' Type

▶ Translation factors : 통화간 환산 비율을 지정

○ 달러:파운드 → 1:1, 달러:엔화 → 1:100 으로 환산 비율을 관리하는 부분

○ IMG-SAP NetWeaver-General Settings-Currencies-Define translation ratios for currency translation

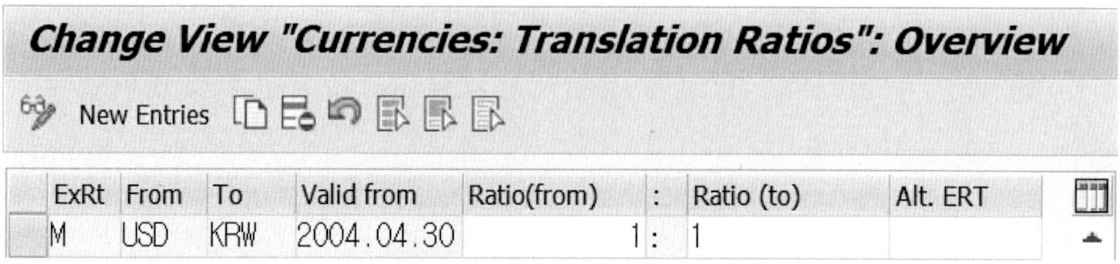

Change View "Currencies: Translation Ratios": Overview

New Entries

	ExRt	From	To	Valid from	Ratio(from)	:	Ratio (to)	Alt. ERT	
	M	USD	KRW	2004.04.30	1	:	1		

Exchange Rate Type별로 통화간 환산 비율을 지정한다.

▶ Exchange Rates : 환율 입력

○ IMG-SAP NetWeaver-General Settings-Currencies-Enter Exchange Rates 화면

Change View "Currency Exchange Rates": Overview

New Entries

	ExRt	ValidFrom	Indir.quot	X	Ratio(from)	From	=	Dir.quot.	X	Ratio (to)	To	
	M	2018.08.31		X		1USD	=	1,135.00000	X		1 KRW	
	M	2018.08.18		X		1USD	=	1,140.00000	X		1 KRW	
	M	2018.08.01		X		1USD	=	1,130.00000	X		1 KRW	

○ 환율 테이블 - Exchange rate type, from, to currency, Valid from, Exchange rates 등의 필드를 가지고 있다.

○ 모든 통화에 대해 Manual로 한 건씩 입력하는 것은 불가능 할 것이다. Manual 방식(건 by 건으로 입력), File Upload 방식(외환은행에서 고시하는 환율을 그대로 업로드 하여 사용), Data-Feed 방식(금융시장에서 거래하는 값을 실시간으로 연동하여 관리하는 방식)이 있다. 국내 회사들은 Firm Banking 시스템을 구축하고 은행으로부터 매일 아침에 외환은행 최초 고시환율 기준으로 데이터를 연동 받아 등록, 관리하는 식으로 많이 사용한다.

※ 참고) 환율 업로드 T-Code : TBDM - Import (아래 그림과 같은 Layout)

Data Class	Key 1	Key 2	Market Data Type	Date	N	Value	N	Ratio	Ratio2
01	USD	KRW	M	07022018		1300.00		1	1

▶ Exchange Rate Spreads

○ 매매 기준 환율(Average Rate M Type)과 은행 Selling Rate B Type의 차이를 +Spread

○ 은행 Buying Rate G Type과 매매 기준 환율(Average Rate M Type)의 차이를 -Spread

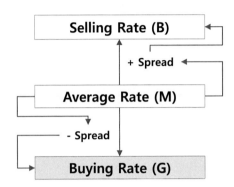

○ 즉, M타입의 기준환율과 +,- Spread 값만 알고 있다면 Selling, Buying Rate를 구할 수 있다.

○ 국내에선 실제로 Spread를 이용하여 처리하지는 않으므로 개념만 이해하도록 한다.

▶ Base Currency

○ 통화 간 환율 계산시 공통적으로 적용되는 통화를 Base Currency로 잡고 Base Currency와 다른 Currency간의 환율 Combination을 기초로 시스템이 다른 제3의 통화간 환율을 계산해내는 Rule을 의미한다.

○ 달러/파운드, 달러/엔화 환율을 알고 있을 때 엔화/파운드 환율값을 달러를 기준으로 구할 수 있다는 의미, 여기서 달러가 Base Currency다. 〈1USD = a GBP, 1USD = b JPY 인 경우, Base Currency USD를 기준으로 1GBP = c JYP 를 계산할 때 , c = 1 * b / a 로 계산할 수 있다.〉

▶ 환율 Quotation

○ Base Currency가 원화(KRW)인 경우

○ Direct Quotation : Local Currency(KRW)가 답이 되는 방식(달러를 원화로 1USD = 900KRW), 이 방식을 사용할 경우 화면상에 [통화=USD, 환율=900] 으로 보여준다.

○ Indirect Quotation : Foreign Currency(USD)가 답이 되는 방식(원화를 달러로 1KRW = 0.xx USD), 이 방식을 사용할 경우 화면상에 [통화=USD 환율=/0.xx] 로 보여준다. FB70 - AR invoice 화면에서 확인해보자.

＞화면에서 통화를 KRW(Local Currency)에서 USD로 변경한 후 엔터를 치면 ［ Local currency ］ tab이 나타난다.

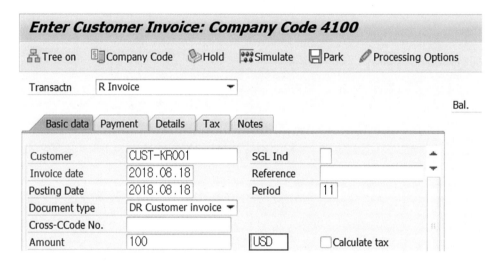

＞Local currency tab으로 이동

100 USD가 114,000 KRW이라는 것을 보여준다. Exchange rate : 1,140 이다.

＞환율 표시 앞에 / 가 없으므로 Direct Quotation 방식이다. IMG 화면에서 확인해보면 아래와 같다.

ExRt	ValidFrom	Indir.quot	X	Ratio(from)	From	=	Dir.quot.	X	Ratio (to)	To
M	2018.08.18		X		1 USD	=	1,140.00000	X		1 KRW

>Indirect Quotation 방식인 경우 전표입력 화면에서 아래와 같이 표시된다.

Payment	Details	Tax	Withholding tax	Notes	Local currency

Translation dte	2018.08.18	Exchange rate	/0.00087
Amount	100.00	USD	
Amt.in loc.cur.	114,943	KRW	

>환율 입력 화면에 Indir.quot 부분에 환율이 입력되어 있다.

ExRt	ValidFrom	Indir.quot	X	Ratio(from)	From	=	Dir.quot.	X	Ratio (to)	To
M	2018.08.18	0.00087	X		1 USD	=		X		1 KRW

○ 각기 다른 Prefix를 IMG에서 설정할 수 있다. [Direct | Indirect → * | +] 등으로 지정 가능하다.

• IMG-SAP NetWeaver-General Settings-Currencies-Enter Prefixes for Direct/Indirect Quotation Exchange Rates

>아래 그림처럼 아무값도 정의되어 있지 않다. 즉 디폴트일 경우 앞에서 본 것처럼 Indirect Quotation의 경우만 '/' Prefix가 보이게 된다.

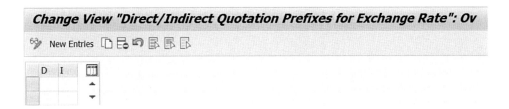

Change View "Direct/Indirect Quotation Prefixes for Exchange Rate": Ov

New Entries

D	I	

>위 화면에서 원하는 Prefix값들을 지정할 수 있다.

● **Parallel Currency (S/4 HANA)**

▶ S/4 HANA 버전에서는 Parallel Currency 관련 설정이 변경되었다.

>ECC 버전 : IMG-FI-Financial Accounting Global Settings (New)-Ledgers-Ledger-Define Currencies of Leading Ledger

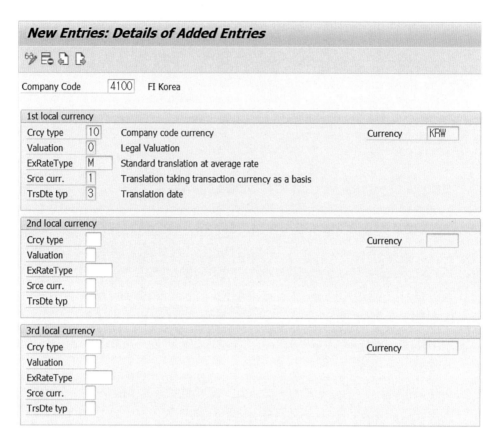

3개의 Parallel Currency를 등록하여 관리할 수 있다.

>IMG-CO-General Controlling-Organization-Maintain Controlling Area

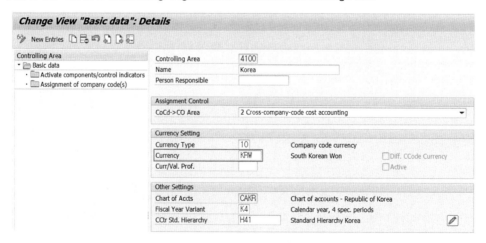

ECC버전에서는 Controlling Area Currency를 위 화면에서 지정한다.

\>S/4 HANA : IMG-FI-Financial Accounting Global Settings (New)-Ledgers-Ledger-Define Settings for Ledgers and Currency Types : 이 화면에서 Parallel Currency / CO Currency 등 관련 Currency를 모두 설정한다.

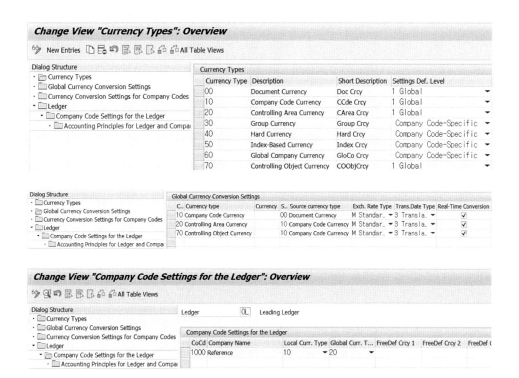

Freely Defined Additional Currency를 8개까지 추가 지정할 수 있다. 총 10개의 Currency 지정.

더블클릭하여 상세 설정을 살펴볼 수 있다.

● Tax - 부가세(VAT) 관련

▶ 국내에선 Localization Setting 후 사용한다. 이번 챕터에서는 Standard한 설정에 대해 살펴보자.

▶ Tax Procedure : 국가별로 지정

Country = 'KR'				
Tax Procedure				
Step	**Condition Types**		**From Step**	**Account Key**
100	BASB	Base Amount		
110	KROT	Output Tax KR	100	MWS
111	MWAS	Output Tax	100	MWS
120	MWAS	Input Tax KR	100	VST
NNN	XXXX		NNN	XXX

○ Step : Tax 프로세스의 각 단계(순서), Condition types : Tax Calculation rules(IMG 에서 세팅), From : 어떤 STEP 금액을 기준으로 Tax를 계산할 것인가, Tax Account key : G/L accounts assigned per rules(Tax 계정 설정)

○ IMG-FI-Financial Accounting Global Settings (New)-Tax on Sales/Purchases-Basic Settings-Check Calculation Procedure 화면 : Tax Procedure 관련 Configuration 화면, Standard 설정을 그대로 사용해도 된다.

Activities	
Per...	Name of Activity
	Access Sequences
	Define Condition Types
	Define Procedures

• Define Procedures 선택

우측 화면에서 TAXKR를 선택한다.

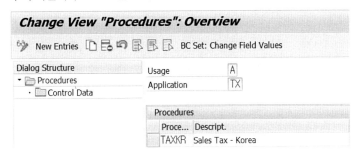

- 좌측 트리에서 Control Data부분을 클릭한다.

- Ctyp : Condition types, 각 Step별로 지정되어있다. Tax계산 룰을 지정하는 키값

- From : 어떤 금액을 Base로 계산할 것인가(100이면 100번 Step을 기초로 해서 계산한다는 의미)

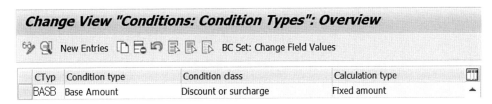

210 Step은 200 Step(100번을 기초로해서 나온 금액)을 기준으로 계산

- ActKy : Tax와 관련된 G/L 계정과목을 결정하는 키값

- Define Condition Types 화면에서 Condition type 키값들을 정의한다.

>BASB 선택 후 더블클릭

Change View "Conditions: Condition Types": Overview

⚙ 🔍 New Entries 🗋 🗟 🕤 🖹 🖹 🖹 BC Set: Change Field Values

CTyp	Condition type	Condition class	Calculation type	
BASB	Base Amount	Discount or surcharge	Fixed amount	▲

> 어떠한 특성을 갖는 키값인지 정의한 화면이 나온다. Standard 설정을 그대로 따르면 된다.

Change View "Conditions: Condition Types": Details

New Entries   BC Set: Change Field Values

Condit. type	BASB Base Amount	Access seq.	

Records for access

Control data 1

Cond. class	A Discount or surcharge	Plus/minus	positive a
Calculat.type	B Fixed amount		
Cond.category	K Base amount excluding tax		
Rounding rule	Commercial		
StrucCond.			

Group condition

| Group cond. | GrpCond.routine | |
| RoundDiffComp | | |

Changes which can be made

Manual entries	D Not possible to process manually		
Header condit.		Amount/percent	Qty relation
✓ Item condition	Delete	Value	Calculat.type

Master data

| valid from | Today's date | PricingProc | |
| Valid to | 31.12.9999 | Delete fr. DB | Do not delete (set the deletion fl... ▼ |

Scales

Scale basis		Scale formula	
Check value	None	Unit of meas.	
Scale type	can be maintained in con		

▶ Tax Code : 회사에서 부가세 신고시 필요한 세금코드 레벨을 정의하여 Configuration 해야 한다.

○ Tax 금액을 검증, 금액 계산

○ Tax type을 Verify

○ 세율 결정, G/L 계정 결정

○ Tol. per. rate - 허용 % 결정

▶ Tax Rates : 세율 지정

○ Tax Code가 세율을 결정한다.

○ IMG-FI-Financial Accounting Global Settings (New)-Tax on Sales/Purchases-Calculation-Define Tax Codes for Sales and Purchases 화면

>국가 입력 (KR 입력)

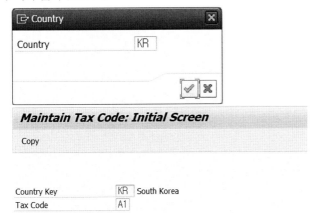

>Tax code의 Possible Entry를 클릭해보면 다양한 Tax Code가 보여진다.

Tx	Description
A0	0% Output tax(OT) - Invoice(I)
A1	10% Output tax(OT) - Invoice(I)
V0	Exemption for Input tax - Bill
V1	10% Input tax - Bill

>A1를 선택한 후 엔터키 입력

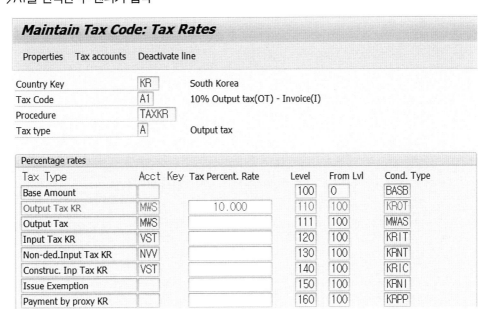

한국에서 TAXKR 이라는 프로시져를 기반으로 한, Tax type이 Output Tax인 Tax code A1을
정의하는 화면

Tax Code A1에 지정된 세율은 10%, 100번 Step을 기준으로 해서 10% 금액을 세금으로 인식
하겠다는 의미

> 상단의 [Tax accounts] 버튼을 클릭하고 들어간다(COA: CAKR 입력)

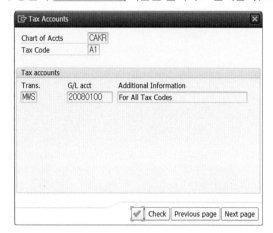

Account Key MWS에 지정된 G/L계정은 200801000이다. 즉 부가세가 발생할 때 이 계정으
로 전표가 기표된다.

○ FB70 트랜잭션에서 Test

> 아래와 같이 입력한 후 Simulation. Revenue 계정의 금액은 부가세 포함한 금액을 입력한다

(Calculate tax 체크)

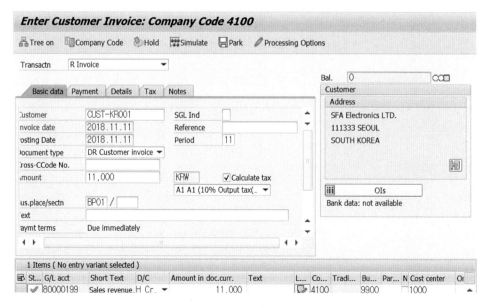

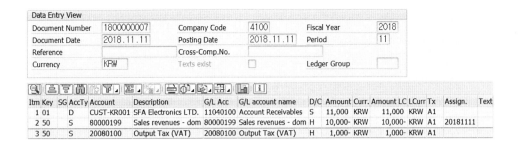

위 그림을 보면 20080100 계정으로 매출부가세 라인이 생성된 것을 확인할 수 있다. Base Amount인 매출라인 금액 10,000원의 10%인 1,000원 만큼의 부가세가 인식되었다.

▶ Tax Account Assignment : Account Key - G/L계정 연결.

○ Tax Code에 Tax Rate와 Account Key값이 지정되어 있다. Account Key값은 COA별 Tax Account(계정)값을 가지고 있다. 따라서 Tax Code를 선택하면 그에 해당하는 Tax Account가 Assign되어 자동 분개된다.

○ 차/대변 Dependent 하게 또는 Tax Code Dependent 하게 세팅이 가능하다.

○ Posting Key값들도 세팅이 가능하다.

○ IMG-FI-Financial Accounting Global Settings (New)-Tax on Sales/Purchases-Posting-Define Tax Accounts 화면

〉MWS(매출부가세) 선택 후 Rules 부분을 더블클릭

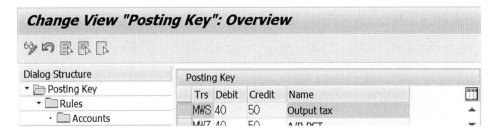

〉CAKR COA 를 선택하고 Accounts 더블클릭

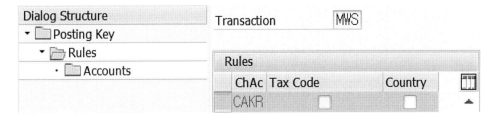

>앞서 테스트 했을 때 자동으로 생성되었던 20080100 계정이 설정되어 있다.

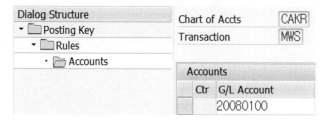

>만약 Tax Code별로 계정을 다르게 설정하고자 한다면 Tax Code 필드의 체크박스에 체크하

고 설정하면 된다.

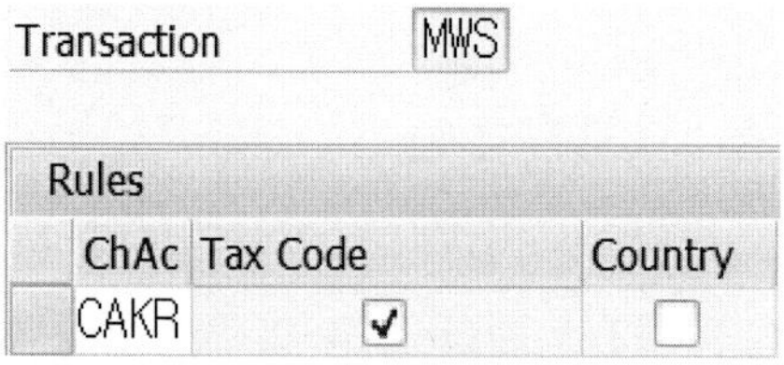

Transaction   MWS

	ChAc	Tax Code	Country
	CAKR	✔	☐

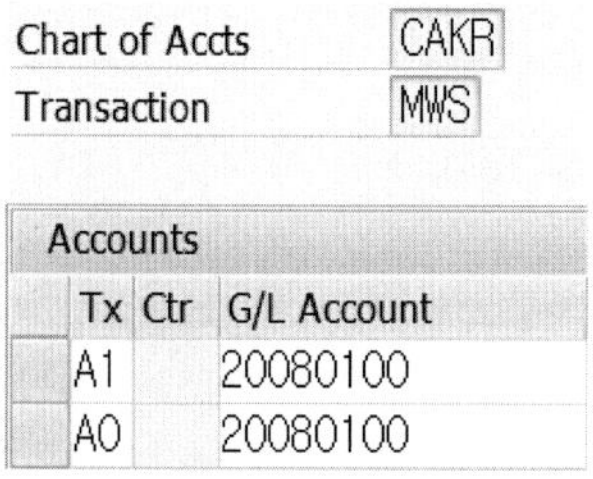

Chart of Accts   CAKR
Transaction   MWS

Accounts

Tx	Ctr	G/L Account
A1		20080100
A0		20080100

Tax Code Dependent 하게 계정과목을 지정할 수 있다.

>VST(매입부가세) 도 동일한 구조로 설정되어 있다.

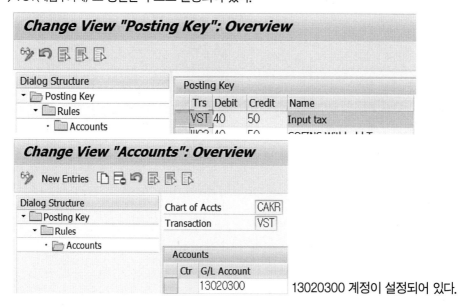

13020300 계정이 설정되어 있다.

▶ Tax Accounts : 부가세 G/L Account

○ G/L 계정과목 마스터 - FS00 트랜잭션으로 이동. 20080100 매출부가세 계정을 조회
해보자.

>Control Data tab의 Tax Category 부분(> : Output tax account)

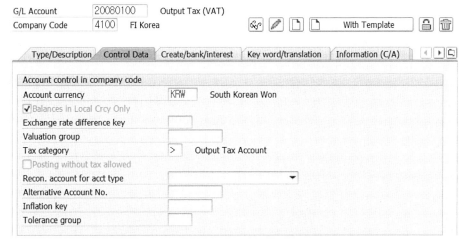

20080100 계정은 매출부가세(Output Tax)에 계정이라는 뜻이다.

>Tax category는 아래와 같은 Possible Entry를 보여준다.

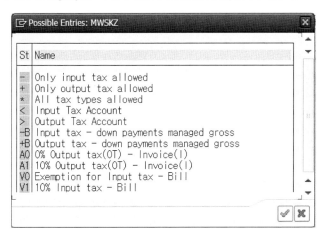

부가세 관련 거래에서 사용되는 계정과목 마스터에 Tax 카테고리를 미리 지정해두어 오류를
줄일 수 있다.

〉Create/bank/interest tab

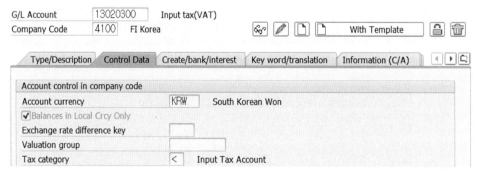

Post Automatically Only : 체크되어 있을 경우 이 계정은 직접 입력할 수 없는 계정이며 시스템이 자동으로 분개를 해주는 계정임을 의미한다. User가 Tax Code를 입력함에 따라 그에 물려있는 계정과목으로 자동 분개처리 된다. 이렇게 부가세라인을 자동으로 생성하는 기능만 사용할 경우엔 체크해도 되지만, 수동으로 부가세 라인을 입력하기 위해서는 위 체크를 해제해야 한다.

○ 13020300 매입부가세 계정도 살펴보면 아래와 같이 설정되어 있다.

○ 〈 : Input tax account, 〉 : Output tax account

▶ Other G/L Accounts : 그 외 G/L 계정들의 Tax Category는?

○ 직접적으로 Tax와 관련된 계정은 아니지만 Tax와 연동이 되어 기표될 수 밖에 없는 G/L 계정들을 어떻게 Master 레코드에서 관리할 것인가?

○ Company Code Dependent 하게 Tax Category를 관리할 수 있다(Company Code Data Segment)

○ G/L 계정과목 마스터 - FS00 트랜잭션으로 이동

>Control data tab의 Tax Category 부분

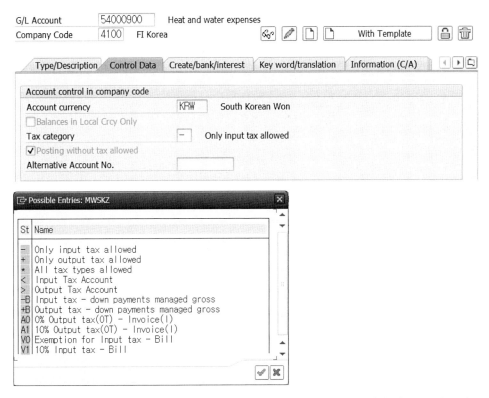

| G/L Account | 54000900 | Heat and water expenses |
| Company Code | 4100 | FI Korea |

Type/Description | Control Data | Create/bank/interest | Key word/translation | Information (C/A)

Account control in company code

Account currency   KRW   South Korean Won

☐ Balances in Local Crcy Only

Tax category   –   Only input tax allowed

☑ Posting without tax allowed

Alternative Account No.

Possible Entries: MWSKZ

St	Name
–	Only input tax allowed
+	Only output tax allowed
*	All tax types allowed
<	Input Tax Account
>	Output Tax Account
–B	Input tax – down payments managed gross
+B	Output tax – down payments managed gross
A0	0% Output tax(OT) – Invoice(I)
A1	10% Output tax(OT) – Invoice(I)
V0	Exemption for Input tax – Bill
V1	10% Input tax – Bill

※ – : Only input tax allowed → 매입부가세 세금코드가 아닌 매출부가세 관련 세금코드가 들어오면 오류가 발생된다. 비용계정의 경우 '–'로 설정하고 수익계정의 경우 '+'로 설정하는 식으로 제한을 걸 수 있다.

○ FB50 트랜잭션에서 테스트해보자.

>54000900 계정에 대해 라인아이템 입력- Tax Code 선택시 A1(Output tax)를 선택

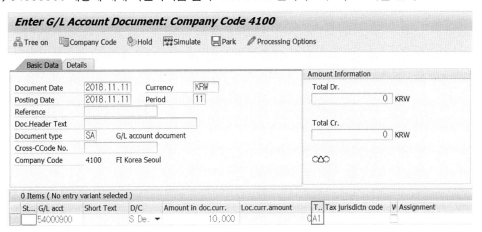

Enter G/L Account Document: Company Code 4100

🔲 Tree on   🔲 Company Code   🔘 Hold   📊 Simulate   🔲 Park   🖉 Processing Options

Basic Data | Details

Document Date	2018.11.11	Currency	KRW
Posting Date	2018.11.11	Period	11
Reference			
Doc.Header Text			
Document type	SA	G/L account document	
Cross-CCode No.			
Company Code	4100	FI Korea Seoul	

Amount Information

Total Dr.   0   KRW

Total Cr.   0   KRW

0 Items (No entry variant selected)

St...	G/L acct	Short Text	D/C	Amount in doc.curr.	Loc.curr.amount	T..	Tax jurisdictn code	W	Assignment
	54000900		S De... ▼	10,000		A1			

에러 메시지 발생 ![] Only input tax is allowed for account 54000900 4100, A1 is not allowed

이런식으로 계정과목 마스터 별로 Tax 룰을 지정할 수 있다.

○ 만약 Tax Category에 아무 값도 없을 경우는 Tax Code에 아무것도 입력하지 말라
는 의미이다.

>아래 54000700계정은 Tax Category 필드값이 공백으로 되어있다. 이 계정을 이용하여 Test
해보자.

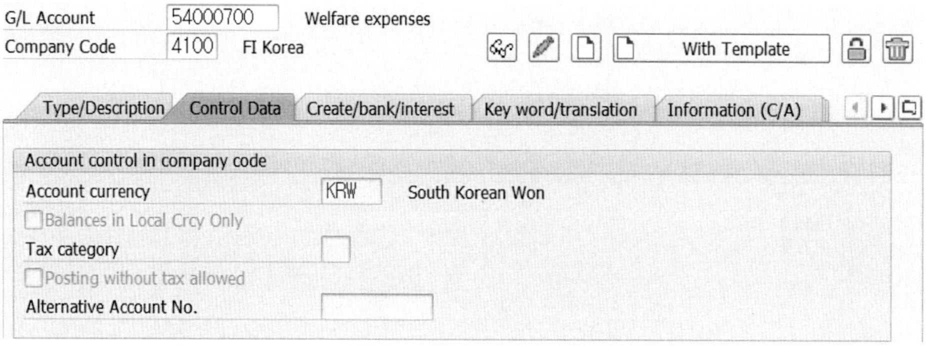

| G/L Account | 54000700 | Welfare expenses |
| Company Code | 4100 | FI Korea |

With Template

Type/Description | **Control Data** | **Create/bank/interest** | **Key word/translation** | **Information (C/A)**

Account control in company code

Account currency	KRW	South Korean Won
☐ Balances in Local Crcy Only		
Tax category		
☐ Posting without tax allowed		
Alternative Account No.		

>FB50 트랜잭션에서 테스트

>아래 그림처럼 54000700계정을 입력하고 Tax Code를 입력한다.

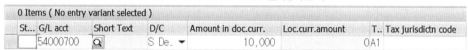

>워닝 메시지 발생 ⚠ Account is not tax-relevant, tax code will be ignored (무시하고 엔터)

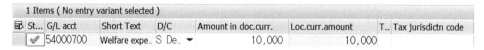

Tax Code가 자동으로 clear 되어 화면에 저장됨을 볼 수 있다. Tax와 관련 없는 Lineitem이
된다.

○ 공백 : non tax-relevant, - : only postings with input tax codes, + : Only post-
ings with output tax codes, * : all tax codes allowed, XX : predefined tax code
○ Postings without tax allowed(세금없이 전기허용) 체크 : 세금코드를 입력해야 하는
계정이나 입력하지 않아도 전기할 수 있도록 허용한다. Tax Category가 설정되어 있
고 이 필드에 체크하지 않을 경우 반드시 세금코드를 입력해야 한다.

AR&AP Transactions

이번 장에서는 Customer/Vendor와 관련된 전표 입력 방법에 대해 살펴볼 예정입니다. Customer/Vendor 마스터에 있는 Standard Reconciliation Account(조정계정)로 전표를 입력하는 방법 이외에 Alternative Reconciliation Account(대체조정계정)으로 채권/채무를 발생시키는 방법을 익히고, 선수금/선급금 등을 처리할 때 이용하는 Special G/L Indicator에 대해서도 살펴보도록 하겠습니다. 그리고, 발생된 Customer/Vendor 관련 Open Item들을 어떻게 반제처리(Clearing) 하는지에 대해서도 처리 방법과 관련 IMG Configuration에 대해 알아보겠습니다. A/P 중 원천세 관련 처리에 대하여 알아보고, A/R 처리 중 Credit Management에 대해서도 살펴보겠습니다. 또한 결산(Closing) Step 중 하나인 외화평가(Foreign Currency Valuation)에 대해 알아보겠습니다. AR/AP Transaction 중 외화관련 Open Item들에 대한 외화평가방법과 외화 G/L Balance 계정에 대한 평가에 대해 살펴볼 예정입니다.

1. A/R & A/P Transactions

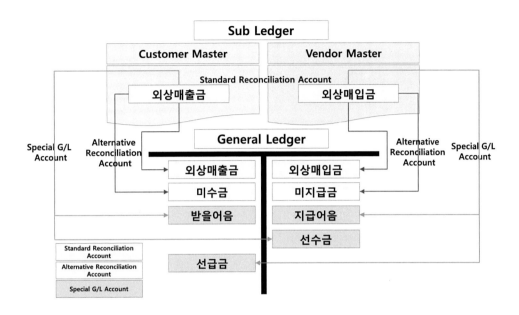

● **A/R&A/P Subsidiary Ledger**에서는 전표 입력시 G/L계정과목을 직접 입력하는 것이 아니라 Sub-Ledger Master Account(Customer / Vendor)를 입력하고 이 Master Data와 연결된 조정계정(Reconciliation Account)을 통해 General Ledger에 반영한다. 이때 동일한 Master Data에 대해 시산에 반영해야 할 G/L 계정과목은 상황에 따라 달라질 수 있다. 어떤 방법으로 상황에 맞는 G/L 계정을 설정하는지 살펴보도록 한다.

● **Alternate Reconciliation Account** : 대체 조정계정

▶ Customer, Vendor와 거래를 할 때 마스터에 등록된 Standard Reconciliation Account(조정계정) 외에 다른 Reconciliation Account를 이용해서 채권/채무 거래를 일으킬 수 있다. 이때 사용되는 G/L 계정코드를 Alternate Reconciliation Account- 대체 조정계정이라고 한다.

▶ Sub-Ledger 에서는 [Posting Key + Account + Amount] 형식으로 거래가 입력된

다. 예를 들어 [01(Posting Key) + Customer Account# + 1,000(Amount)] 이와 같은 형식으로 Lineitem이 입력되는데 이때 Customer Account Master Data - Company Code Data Segment의 Reconciliation Account-외상매출금 계정으로 General Ledger에 기표 된다.

▶ 하지만 모든 거래가 Master Data에 지정되어 있는 Reconciliation Account(외상매출금)로만 발생되는 것이 아니라 미수금/받을어음/선수금 등의 다른 조정계정으로도 거래가 일어날 수 있다. 이 중 미수금 같은 계정의 경우 거래를 일으키는 사용자가 직접 계정을 변경할 수 있는데 이러한 계정이 Alternate Reconciliation Account-대체조정계정이다.

▶ Alternate Reconciliation Account - 대체조정계정 설정 방법
○ T-Code : FS00 - G/L Account Master Recon.acct ready for input 세팅

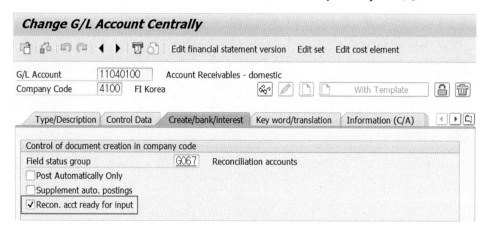

>위 필드에 체크할 경우 Customer Reconciliation Account 필드가 입력가능하도록 열리게 된다. FB70 화면

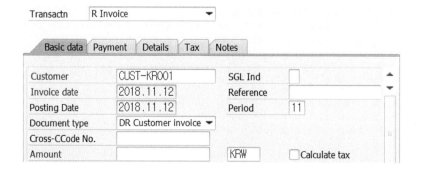

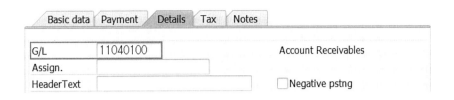

>Detail Tab 에 보면 G/L 계정을 변경할 수 없게 되어 있다. 계정 속성을 변경하면 아래와 같이
입력 가능해진다.

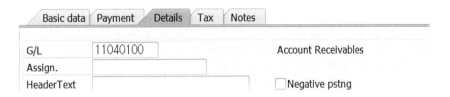

○ Alternative Reconciliation Account 등록 : IMG-FI-Accounts Receivable and
Accounts Payable-Business Transactions-Postings with Alternative Reconcilia-
tion Account-Define Alternative Reconciliation Accounts

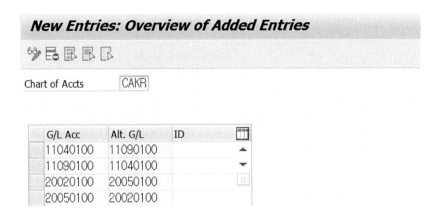

조정계정(G/L Acc) 11040100 계정은 대체조정계정(Alt. G/L) 11090100로 변경 할 수
있다는 의미이다. 이때 대체조정계정에 해당하는 11090100 계정에 대해서도 Recon.
acct ready for input 필드에 체크가 되어 있어야 전표 입력시 변경처리가 가능하다.

▶ T-Code : FB70 화면에서 고객에 대한 조정계정을 변경하는 Test 를 진행해보자.

>위와 같이 입력하고 Details Tab을 보면 Customer Master Data에 있는 조정계정이 그대로 조회된다.

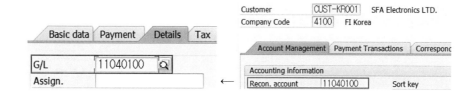

>Possible Entry를 클릭해보면 앞서 등록했던 11090100 계정이 조회된다.

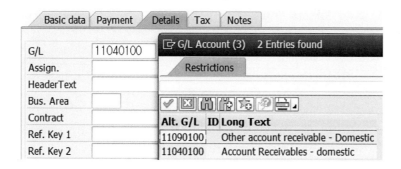

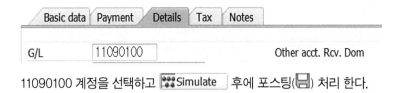

G/L   11090100   Other acct. Rcv. Dom

11090100 계정을 선택하고  Simulate 후에 포스팅(🖫) 처리 한다.

>[메뉴-Document-Display] 클릭하여 전표 조회

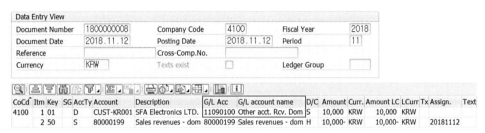

CoCd	Itm	Key	SG	AccTy	Account	Description	G/L Acc	G/L account name	D/C	Amount	Curr.	Amount LC	LCurr	Tx	Assign.	Text
4100	1	01		D	CUST-KR001	SFA Electronics LTD.	11090100	Other acct. Rcv. Dom	S	10,000	KRW	10,000	KRW			
	2	50		S		80000199 Sales revenues - dom	80000199	Sales revenues - dom	H	10,000-	KRW	10,000-	KRW		20181112	

변경한 대체조정계정(11090100)으로 정상적으로 전표처리가 됨을 확인할 수 있다.

▶ T-Code : FB60 화면에서 구매처에 대한 조정계정 변경 Test 도 진행해보자.

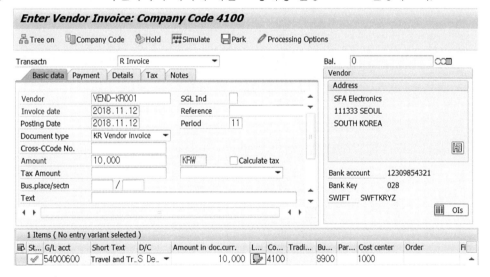

>Details Tab 에 Vendor Master Data 기준으로 입력된 조정계정을 대체조정계정으로 변경

한다.

>아래 그림처럼 20050100 계정으로 변경한 후 포스팅(💾) 처리

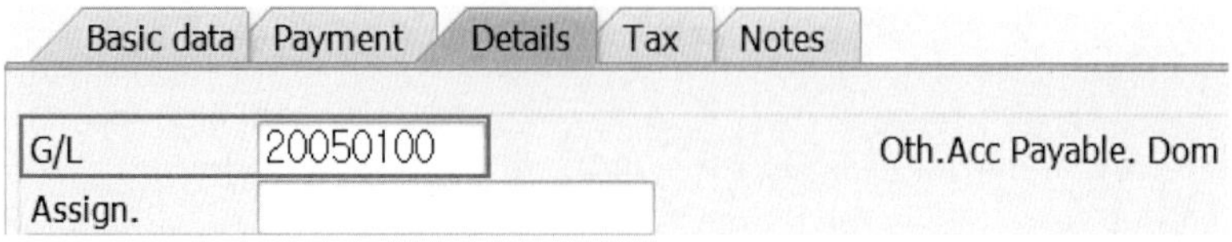

Basic data	Payment	Details	Tax	Notes

G/L	20050100	Oth.Acc Payable. Dom
Assign.		

>[메뉴-Document-Display] 클릭하여 전표 조회

Data Entry View

Document Number	1900000004	Company Code	4100	Fiscal Year	2018
Document Date	2018.11.12	Posting Date	2018.11.12	Period	11
Reference		Cross-Comp.No.			
Currency	KRW	Texts exist	☐	Ledger Group	

Itm	Key	SG	AccTy	Account	Description	G/L Acc	G/L account name	D/C	Amount	Curr.	Amount LC	LCurr	Tx	Assign.	Text
1	31	K		VEND-KR001	SFA Electronics	20050100	Oth.Acc Payable. Dom	H	10,000-	KRW	10,000-	KRW			
2	40	S		54000600	Travel and Transport	54000600	Travel and Transport	S	10,000	KRW	10,000	KRW		20181112	

입력한 20050100 계정으로 전표가 정상적으로 기표되었다.

● Special G/L Transaction 이란?

▶ Special G/L Transaction : 대체 조정계정(Alternative Reconciliation Account)과 유사한 개념으로, Customer, Vendor와 거래를 할 때 마스터에 등록된 기본 Reconciliation Account 외에 특별하게 관리되는 G/L Account로 발생되는 모든 채권, 채무거래를 Special G/L Transaction 라고 한다.

▶ 이를 위해 [Posting Key + Account + Amount] + **Special G/L Indicator**(1자리) 형식으로 거래를 발생시킨다.

▶ 예를 들면 매출채권 발생시 선수금으로 1,000원을 받았을 경우 이에 대한 거래도 기표할 수 있어야 한다. 이 선수금 계정을 Special G/L Indicator로 관리한다(Vendor는 선급금)

▶ Special G/L Indicator는 한자리로 A~Z(26개), 0~9(10개)까지 총 36개의 타입으로 구성 가능하다. 각 타입별로 Special GL 계정이 연결되어 있다.

● **Special G/L Transaction의 유형** - Sub Ledger에서 발생한 Customer/Vendor와의 거래가 어떻게 G/L로 업데이트 되느냐에 따른 분류기준 : ①Automatic Statistical offsetting entry(상대계정 자동 입력방식) ②Noted Item(상대계정이 발생되지 않는 방식) ③ Freely Definable Offsetting Entries(상대계정을 직접 지정하는 방식)

▶ 각 유형별로 어떻게 전표처리가 되고 어떤 세팅이 되어 있는지 확인해보자.

▶ **①Automatic Statistical offsetting entry (상대계정 자동 입력방식)**

○ 두 줄의 Line Item이 미리 정의해놓은 계정으로 포스팅 된다(예수보증금,지급보증금 등) 처리하고자 하는 계정에 대해 Special G/L Indicator를 지정해놓고 이에 대한 상대계정도 미리 Setting 해둔다. 전표처리 시점에 해당 Special G/L Indicator를 입력하면 상대계정 Lineitem도 자동으로 기표되는 방식이다.

○ 예수보증금 : 회사에서 Customer와 물품거래계약을 맺을 때 보증금으로 미리 돈을 받는 경우

- 1)예수보증금 수령기일(F-38) : 차)<u>예수보증금-Clearing 1,000</u> / 대)예수보증금 1,000(19+Cust#+G)

- 2)예수보증금 입금시점(F-28) : 차)Bank 1,000 / 대)예수보증금-Clearing 1,000

- 3)예수보증금 반환시점(F-31) : 차)예수보증금 1,000(09+Cust#+G) / 대)Bank 1,000

- <u>예수보증금 Special G/L Transaction Test (20100900 - 예수보증금, 20100999-예수보증금-Clearing)</u>

- 1)예수보증금 수령기일(F-38) : 차)<u>예수보증금-Clearing 1,000</u> / 대)예수보증금 1,000(19+Cust#+G)

  → **예수보증금에 대한 상대Clearing계정을 시스템이 자동기표**(Automatic Statistical offsetting entry)

  → User는 예수보증금 1,000(19+Cust#+G)(20100900)라인만 등록하면 된다(G : Sp.GL Indicator)

  → FI-Accounts Receivable-Document Entry-Other-F-38 - Statistical Posting 화면(수령기일 : 6/1, 금액 : 1,000)

Enter Statistical Posting: Header Data

Document Date	2018.06.01	Type	DA	Company Code	4100	
Posting Date	2018.06.01	Period	6	Currency/Rate	KRW	
Document Number				Translation dte	2018.06.01	
Reference						
Doc.Header Text						
Trading part.BA						

Line Item

Posting Key	19			
Special G/L ind	G			
Account	CUST-KR001		Business Area	
Amount	1,000		Amt.in loc.cur.	1,000

Due on	2018.06.30		Dunning Key	
Dunning Block			Dunning Area	
Assignment			Specl G/L assgt	
Text				

위와 같이 PK:19, Sp.G/L ind.:G를 입력하여 전표를 기표한다. ← 예수보증금에 대한
내역만 입력함

>포스팅(💾)처리 후에 [메뉴-Document-Display] 로 내역을 확인해보자.

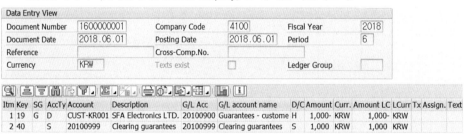

Itm	Key	SG	AccTy	Account	Description	G/L Acc	G/L account name	D/C	Amount	Curr.	Amount LC	LCurr	Tx	Assign.	Text
1	19	G	D	CUST-KR001	SFA Electronics LTD.	20100900	Guarantees - custome	H	1,000-	KRW	1,000-	KRW			
2	40		S	20100999	Clearing guarantees	20100999	Clearing guarantees	S	1,000	KRW	1,000	KRW			

입력한 적이 없는 2번째 20100999계정 Line Item이 자동으로 기표된 것을 확인할 수 있다.

- **2)예수보증금 입금시점(F-28) : 차)Bank 1,000 / 대)예수보증금-Clearing 1,000**
  → FI-Accounts Receivable-Document Entry-F-28 - Incoming payment 화면(예수
  보증금 입금시점 : 6/2)

>다음 그림과 같이 입력. 11010101 은행 계좌계정으로 1,000원이 입금. 이때 예수보증금-Clearing 계정을 반제대상으로 선택하기 위해 Open Item Selection 필드에 입력한다. G/L 계정이므로 Account type은 'S'를 선택한다.

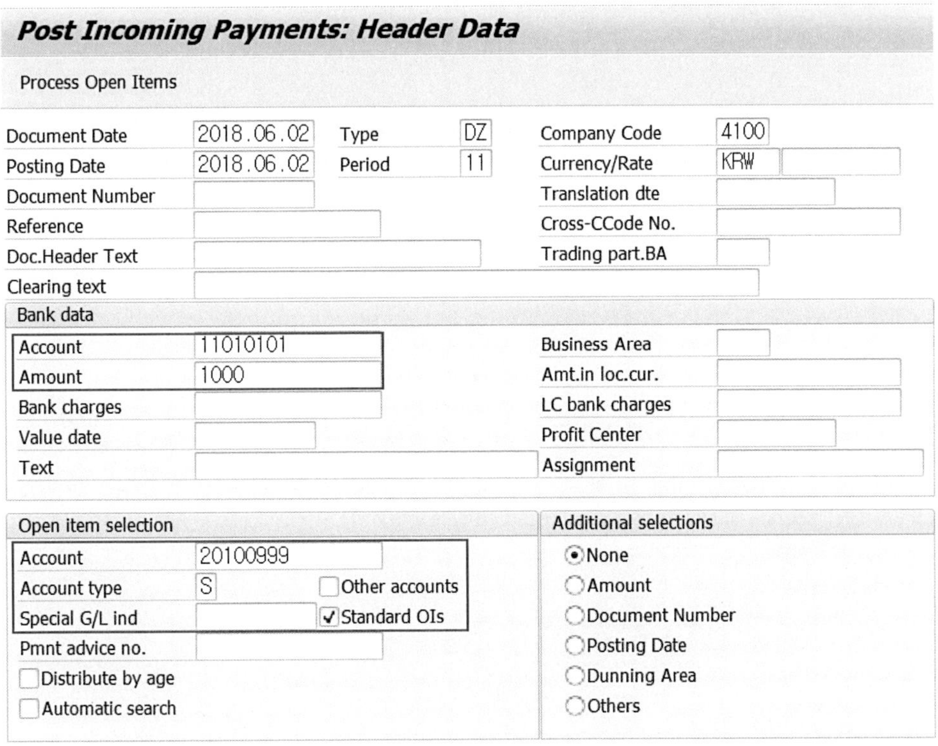

Post Incoming Payments: Header Data

Process Open Items

Document Date	2018.06.02	Type	DZ	Company Code	4100
Posting Date	2018.06.02	Period	11	Currency/Rate	KRW
Document Number				Translation dte	
Reference				Cross-CCode No.	
Doc.Header Text				Trading part.BA	
Clearing text					

Bank data

Account	11010101	Business Area	
Amount	1000	Amt.in loc.cur.	
Bank charges		LC bank charges	
Value date		Profit Center	
Text		Assignment	

Open item selection

Account	20100999
Account type	S □ Other accounts
Special G/L ind	☑ Standard OIs
Pmnt advice no.	
□ Distribute by age	
□ Automatic search	

Additional selections

⦿ None
○ Amount
○ Document Number
○ Posting Date
○ Dunning Area
○ Others

>상단의 │ Process Open Items │ 버튼을 클릭하여 반제처리할 Item을 선택한다.

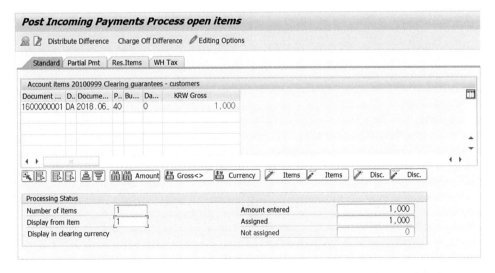

Post Incoming Payments Process open items

🔍 📝 Distribute Difference   Charge Off Difference   ✏ Editing Options

| Standard | Partial Pmt | Res.Items | WH Tax |

Account items 20100999 Clearing guarantees - customers

Document ...	D..	Docume...	P..	Bu..	Da...	KRW Gross
1600000001	DA	2018.06_	40		0	1,000

🔍 📊 📊 📊 📊 Amount 📊 Gross<> 📊 Currency ✏ Items ✏ Items ✏ Disc. ✏ Disc.

Processing Status

Number of items	1	Amount entered	1,000
Display from item	1	Assigned	1,000
Display in clearing currency		Not assigned	0

반제 처리할 대상 금액 필드를 더블 클릭하여 Activate 상태(1,000 → 1,000)로 만든다.

› [메뉴-Document-Simulate]를 하게 되면 반제라인이 자동 생성되는 것을 볼 수 있다. 포스팅 (💾) 처리.

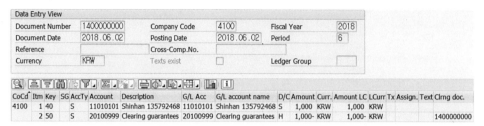

CoCd	Itm	Key	SG	AccTy	Account	Description	G/L Acc	G/L account name	D/C	Amount	Curr.	Amount LC	LCurr	Tx	Assign.	Text	Clrng doc.
4100	1	40	S		11010101	Shinhan 135792468	11010101	Shinhan 135792468	S	1,000	KRW	1,000	KRW				
	2	50	S		20100999	Clearing guarantees	20100999	Clearing guarantees	H	1,000-	KRW	1,000-	KRW				1400000000

첫화면에서 입력한 부분이 첫번째 라인에 대한 부분이고, Process Open Items 을 클릭해서 Item을 선택하는 작업이 Clearing이라는 반제처리 작업이다. 이러한 Open Item Clearing에 대한 자세한 설명은 다음 챕터에서 상세하게 살펴보도록 한다.

· 3)예수보증금 반환시점(F-31) : 차)예수보증금 1,000(09+Cust#+G) / 대)Bank 1,000

→ FI-Accounts Receivable-Document Entry-Other-F-31 - Outgoing Payments화면(예수 보증금 반환시점 : 6/30)

Post Outgoing Payments: Header Data

Process Open Items

Document Date	2018.06.30	Type	DZ	Company Code	4100
Posting Date	2018.06.30	Period	11	Currency/Rate	KRW
Document Number				Translation dte	
Reference				Cross-CCode No.	
Doc.Header Text				Trading part.BA	
Clearing text					

Bank data

Account	11010101	Business Area	
Amount	1000	Amt.in loc.cur.	
Bank charges		LC bank charges	
Value date	2018.06.30	Profit Center	
Text		Assignment	

Open item selection

Account	CUST-KR001
Account type	D ☐Other accounts
Special G/L ind	G ✓Standard OIs
Pmnt advice no.	
☐Distribute by age	
☐Automatic search	

Additional selections

◉ None
○ Amount
○ Document Number
○ Posting Date
○ Dunning Area
○ Others

위와 같이 입력. CUST-KR001에 물려있는 예수보증금을 반제해야 하므로 Sp.GL.ind. G를 입력해야 한다.

〉상단의 ⎡Process Open Items⎤ 버튼을 클릭하여 반제처리할 Item을 선택한다.

Post Outgoing Payments Process open items

🔍 📝   Distribute Difference   Charge Off Difference   🖉 Editing Options   ∅ Cash Disc. Due   Create Dispute Case

Standard | Partial Pmt | Res.Items | WH Tax

Account items CUST-KR001 SFA Electronics LTD.

Document ...	D..	Docume...	P..	Bu...	Da...	KRW Gross	CashDiscount	CDPer.
1600000001	DA	2018.06_	19		0	1,000-		

Processing Status			
Number of items	1	Amount entered	1,000-
Display from item	1	Assigned	1,000-
Reason code		Difference postings	
Display in clearing currency		Not assigned	0

〉[메뉴-Document-Simulate]를 하게 되면 반제라인이 생성되는 것을 볼 수 있다. 포스팅(💾) 처리.

Data Entry View

Document Number	1400000001	Company Code	4100	Fiscal Year	2018
Document Date	2018.06.30	Posting Date	2018.06.30	Period	6
Reference		Cross-Comp.No.			
Currency	KRW	Texts exist	☐	Ledger Group	

CoCd	Itm	Key	SG	AccTy	Account	Description	G/L Acc	G/L account name	D/C	Amount	Curr.	Amount LC	LCurr	Tx	Assign.	Text	Clrng.doc.
4100	1	50		S	11010101	Shinhan 135792468	11010101	Shinhan 135792468	H	1,000-	KRW	1,000-	KRW				
	2	09	G	D	CUST-KR001	SFA Electronics LTD.	20100900	Guarantees - custome	S	1,000	KRW	1,000	KRW				1400000001

예수 보증금 부채계정이 차변으로 반제처리(Clearing) 됨을 확인할 수 있다(Clearing Doc 번호가 생김)

- 회계의 정확성을 위해 3단계로 처리했으나 1,2단계를 합쳐서 바로 은행에 돈이 들어온 것으로 처리할 수도 있다. 시점 차이를 관리하기 위해서 3단계로 처리하기로 프로세스를 정의하였다면 이 기능을 이용하여 처리할 수 있다.
- 20100999 계정은 Post Automatically Only가 반드시 체크되어 있어야 한다. 또한 Open Item관리를 해야한다.

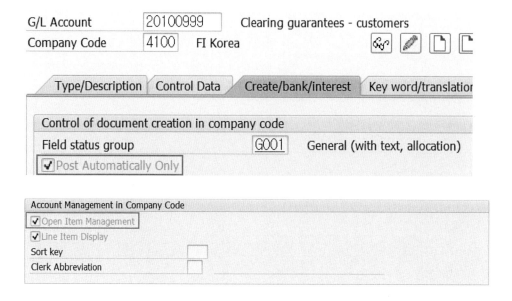

○ 지급보증금 : 회사에서 Vendor와 물품거래계약을 맺을 때 보증금으로 미리 돈을 주
　는 경우(동일한 프로세스)

- **1) 지급보증금 지급기일(F-55) : 차)지급보증금 1,000(29+Vendor#+G) / 대)지급보증**
　금-Clearing 1,000

- **2) 지급보증금 지급시점(F-53) : 차)지급보증금-Clearing 1,000 / 대)Bank 1,000**

- **3) 지급보증금 환수시점(F-52) : 차)Bank 1,000 / 대)지급보증금 1,000(39+Vendor#+G)**

- **지급보증금 Special G/L Transaction Test (11100900 - 지급보증금, 11100999 - 지급보**
　증금-Clearing)

- **1) 지급보증금 지급기일(F-55) : 차)지급보증금 1,000(29+Vendor#+G) / 대)지급보증**
　금-Clearing 1,000

　　→ 지급보증금에 대한 상대Clearing계정을 시스템이 자동기표(Automatic Statisti-
　　cal offsetting entry)

　　→ FI-Accounts Payable-Document Entry-Other-F-55 - Statistical Posting

Enter Statistical Posting: Header Data

Document Date	2018.06.01	Type	KA	Company Code	4100
Posting Date	2018.06.01	Period	6	Currency/Rate	KRW
Document Number				Translation dte	2018.06.01
Reference					
Doc.Header Text					
Trading part.BA					

Line Item

Posting Key	29		
Special G/L ind	G		
Account	VEND-KR001	Business Area	
Amount	1,000	Amt.in loc.cur.	1,000
Due on	2018.06.30	Dunning Key	
Dunning Block		Dunning Area	
Assignment		Specl G/L assgt	
Text			

위와 같이 PK:29, Sp.G/L ind.:G를 입력하여 전표를 기표한다. ← 지급보증금에 대한 내역만 입력함

>포스팅(🖫)처리 후에 [메뉴-Document-Display] 로 내역을 확인해보자.

Data Entry View

Document Number	1700000000	Company Code	4100	Fiscal Year	2018
Document Date	2018.06.01	Posting Date	2018.06.01	Period	6
Reference		Cross-Comp.No.			
Currency	KRW	Texts exist	☐	Ledger Group	

CoCd	Itm	Key	SG	AccTy	Account	Description	G/L Acc	G/L account name	D/C	Amount	Curr.	Amount LC	LCurr	Tx	Assign.	Text
4100	1	29	G	K	VEND-KR001	SFA Electronics	11100900	Guarantees - vendors	S	1,000	KRW	1,000	KRW			
	2	50		S	11100999	Clearing guarantees	11100999	Clearing guarantees	H	1,000-	KRW	1,000-	KRW			

2번째 11100999계정 Line Item이 자동으로 기표된 것을 확인할 수 있다.

- **2)지급보증금 지급시점(F-53) : 차)지급보증금-Clearing 1,000 / 대)Bank 1,000**

  → FI-Accounts Payable-Document Entry-Other-F-53 - Post

  >다음 그림과 같이 입력. 11010101 은행 계좌계정으로 1,000원이 출금. 이때 지급보증금-Clearing 계정을 반제대상으로 선택하기 위해 Open Item Selection 필드에 입력한다. G/L 계정이므로 Account type은 'S'를 선택한다.

Post Outgoing Payments: Header Data

Process Open Items

Document Date	2018.06.02	Type	KZ	Company Code	4100
Posting Date	2018.06.02	Period	11	Currency/Rate	KRW
Document Number				Translation dte	
Reference				Cross-CCode No.	
Doc.Header Text				Trading part.BA	
Clearing text					

Bank data

Account	11010101		Business Area	
Amount	1000		Amt.in loc.cur.	
Bank charges			LC bank charges	
Value date	2018.06.02		Profit Center	
Text			Assignment	

Open item selection

Account	11100999
Account type	S	Other accounts
Special G/L ind	✓ Standard OIs
Pmnt advice no.	
Distribute by age	
Automatic search	

Additional selections

- ◉ None
- ◯ Amount
- ◯ Document Number
- ◯ Posting Date
- ◯ Dunning Area
- ◯ Others

> 상단의 Process Open Items 버튼을 클릭하여 반제처리할 Item을 선택한다.

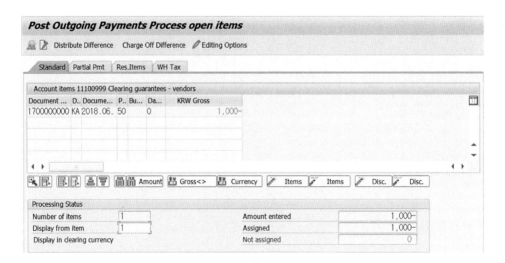

Post Outgoing Payments Process open items

 Distribute Difference   Charge Off Difference   Editing Options

Standard | Partial Pmt | Res.Items | WH Tax

Account items 11100999 Clearing guarantees - vendors

Document ...	D..	Docume...	P..	Bu...	Da...	KRW Gross
1700000000	KA	2018.06_	50		0	1,000–

 Amount   Gross<>   Currency   Items   Items   Disc.   Disc.

Processing Status

Number of items	1	Amount entered	1,000–
Display from item	1	Assigned	1,000–
Display in clearing currency		Not assigned	0

반제 처리할 대상 금액 필드를 더블 클릭하여 Activate 상태(1,000 → 1,000)로 만든다.

>[메뉴-Document-Simulate]를 하게 되면 반제라인이 생성되는 것을 볼 수 있다. 포스팅(💾) 처리.

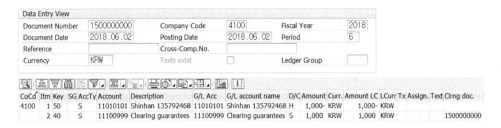

Data Entry View

Document Number	1500000000	Company Code	4100	Fiscal Year	2018
Document Date	2018.06.02	Posting Date	2018.06.02	Period	6
Reference		Cross-Comp.No.			
Currency	KRW	Texts exist	☐	Ledger Group	

CoCd	Itm	Key	SG	AccTy	Account	Description	G/L Acc	G/L account name	D/C	Amount	Curr.	Amount LC	LCurr	Tx	Assign.	Text	Clrng doc.
4100	1	50		S	11010101	Shinhan 135792468	11010101	Shinhan 135792468	H	1,000-	KRW	1,000-	KRW				
	2	40		S	11100999	Clearing guarantees	11100999	Clearing guarantees	S	1,000	KRW	1,000	KRW				1500000000

- **3)지급보증금 환수시점**(F-52) : 차)**Bank 1,000 / 대)지급보증금 1,000**(39+Vendor#+G)

  → FI-Accounts Payable-Document Entry-Other-F-52 - Incoming Payment

Post Incoming Payments: Header Data

Process Open Items

Document Date	2018.06.30	Type	KZ	Company Code	4100
Posting Date	2018.06.30	Period	11	Currency/Rate	KRW
Document Number				Translation dte	
Reference				Cross-CCode No.	
Doc.Header Text				Trading part.BA	
Clearing text					

Bank data

Account	11010101	Business Area	
Amount	1000	Amt.in loc.cur.	
Bank charges		LC bank charges	
Value date	2018.06.30	Profit Center	
Text		Assignment	

Open item selection

Account	VEND-KR001
Account type	K	☐ Other accounts
Special G/L ind	G	☐ Standard OIs
Pmnt advice no.	
☐ Distribute by age	
☐ Automatic search	

Additional selections

- ⦿ None
- ○ Amount
- ○ Document Number
- ○ Posting Date
- ○ Dunning Area
- ○ Others

>상단의 Process Open Items 버튼을 클릭하여 반제처리할 Item을 선택한다.

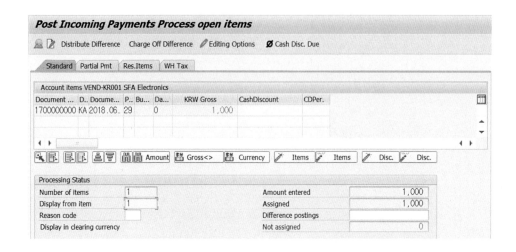

>[메뉴-Document-Simulate]를 하게 되면 반제라인이 생성되는 것을 볼 수 있다. 포스팅(💾)

처리.

• 마찬가지로 2단계로 처리가 가능, 반드시 3단계로 처리해야 하는 것은 아님. 프로젝
트시 협의하여 결정

○ Automatic Statistical offsetting entry는 G/L로는 기표가 되지만 결산시 B/S에는
잔액이 0이되는 가계정 성격의 계정이다.

○ 예수보증금/지급보증금에 대해 자동으로 Clearing계정을 지정하는 부분에 대해 살
펴보자.

>IMG-Accounts Receivable and Accounts Payable-Business Transactions-Posting with Alterna-
tive Reconciliation Account-Other Special G/L Transaction-Define Accounts for Automatic Off-
setting Entry

Configuration Accounting Maintain : Automatic Posts - Accounts

📄 📋 📇 Posting Key   Rules

| Chart of Accounts | CAKR | Chart of accounts - Republic of Korea |
| Transaction | SGA | Automatic statistical offsetting entry |

Account assignment

Acct type/s...	Account
DG	20100999
KG	11100999

DG : Customer(D)+Special G/L Indicator(G-보증)을 만나면 상대계정에 20100999계정을 자동분개(예수보증금)

KG : Vendor(K)+Special G/L Indicator(G-보증)을 만나면 상대계정에 11100999계정을 자동분개(지급보증금)

○ 위처럼 해당 Account Type + Special G/L Indicator에 맞는 계정이 지정되어 있기 때문에 자동 분개가 가능하다.

▶ ②Noted Items : 상대계정이 발생되지 않는 방식

○ 한 줄의 Line Item이 미리 지정된 계정으로 포스팅된다(General Ledger 시산잔액으로 업데이트 되지 않는다)

○ 선급요청 : Vendor가 물품대의 10%를 선급금으로 달라고 요청한 경우

• **1)선급요청시**(F-47)   :   X   / 대)선급요청 1,000(39+Vendor#+F)

• **2)선급금지급시점**(F-48) : 차)선급금 1,000(29+Vendor#+A) / Bank 1,000

• 선급요청 Special G/L Transaction Test

• **1)선급요청시**(F-47)   :   X   / 대)선급요청 1,000(39+Vendor#+F)

→ 구매팀 선급요청시, 선급요청 계정(Noted Item)은 G/L, B/S어디에도 반영되지 않는 정보성 데이터이다.

→ 선급요청 계정은 대변 Line만 기표되는 One Line Item이다. → 〈Noted Item〉

→ FI-Accounts Payable-Accounts Payable-Down Payment-F-47 - Request (선급요청 시점 : 6/1)

Down Payment Request: Header Data

New Item

Document Date	2018.06.01	Type	KA	Company Code	4100
Posting Date	2018.06.01	Period	11	Currency/Rate	KRW
Document Number				Translation dte	
Reference					
Doc.Header Text	Noted Item Test				
Trading part.BA				Tax Report Date	

Vendor

Account	VEND-KR001
Trg.sp.G/L ind.	A

위 화면과 같이 입력한다. Vendor정보 입력시 Special G/L Indicator를 선급요청(F : Down payment request)을 넣는 것이 아니라 선급금 Special G/L Indicator 'A'를 입력해야 한다. Target Indicator를 지정하는 필드기 때문에 그러하며 처리시 자동으로 F로 변경되어 처리된다.

> New Item 버튼 클릭(금액 1,000, 만기일자 : 6/30 입력)

Down Payment Request Correct Vendor item

More data   New Item

Vendor	VEND-KR001	SFA Electronics		G/L Acc	20069000
Company Code	4100				
FI Korea		Seoul			

Item 1 / Down payment request 39 F

Amount	1100		KRW	
Tax Amount				
Tax Code	V1	✓Calculate tax	Bus./sectn	BP01
Bus. Area				
Due On	2018.06.30			
Pmnt Block			Pmt Method	
Disc.perc.			Disc. Amount	
				Real estate ☐
			Profit Ctr	Flow Type
Contract	/ ☐			
Assignment				
Text				Long Texts

첫 화면에서는 A를 입력했지만, F로 자동 변경된 것을 확인할 수 있다.

>포스팅(💾) 처리

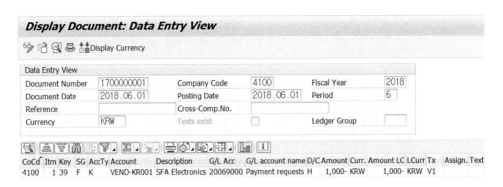

하나의 Line Item만 발생한 것을 볼 수 있다. 해당 Sp.GL.Ind가 F로 기표되어 있는 것을 볼 수 있다.

>Line Item을 더블클릭하여 G/L 계정을 확인해보자(20069000 - 선급요청계정(Payment requests))

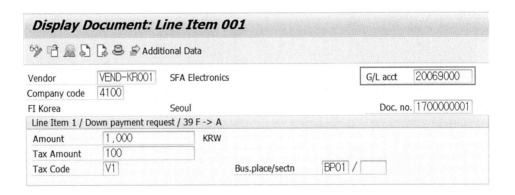

부가세 금액 100원까지 포함한 1,100원이 총 선급금액이 된다.

→ FI-Accounts Payable-Account-FBL1N - Display/Change Line Items 화면(Vendor에 대한 거래내역

조회)

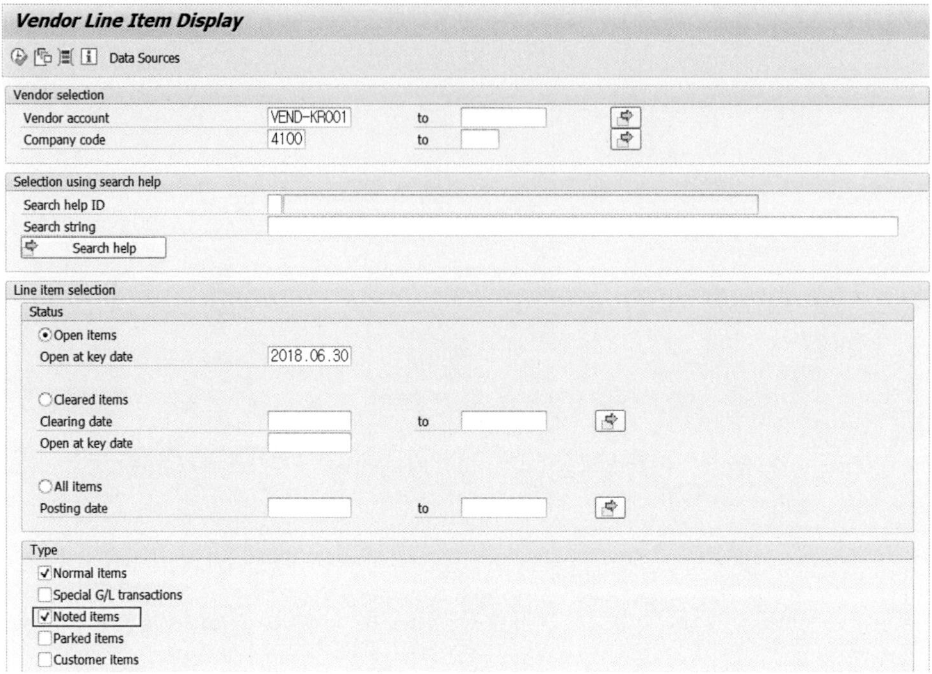

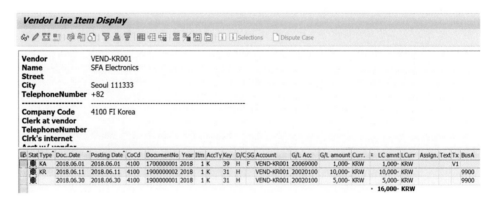

Vendor Line Item Display

⊕ ⎙ ☰ ⅈ Data Sources

Vendor selection

| Vendor account | VEND-KR001 | to | | ⇨ |
| Company code | 4100 | to | | ⇨ |

Selection using search help

Search help ID	
Search string	
⇨ Search help	

Line item selection

Status

◉ Open items
Open at key date   2018.06.30

○ Cleared items
| Clearing date | | to | | ⇨ |
| Open at key date | | | |

○ All items
| Posting date | | to | | ⇨ |

Type

☑ Normal items
☐ Special G/L transactions
☑ Noted items
☐ Parked items
☐ Customer items

>위와 같이 조건을 입력하고 조회하면 아래 그림의 결과가 나타난다(Noted Items을 체크해야 함)

Vendor Line Item Display

☆ ∥ ☰ ⚏ ⚏ ⚏ ⚏ ▽ ≞ ≡ ⊞ ⊞ ⊞ ⊠ ⅈ ⅈ Selections   ☐ Dispute Case

Vendor	VEND-KR001
Name	SFA Electronics
Street	
City	Seoul 111333
TelephoneNumber	+82

Company Code	4100 FI Korea
Clerk at vendor	
TelephoneNumber	
Clrk's internet	

Stat	Type	Doc..Date	Posting Date	CoCd	DocumentNo	Year	Itm	AccTy	Key	D/C	SG	Account	G/L Acc	G/L amount	Curr.	≡	LC amnt	LCurr	Assign.	Text	Tx	BusA
	KA	2018.06.01	2018.06.01	4100	1700000001	2018	1	K	39	H	F	VEND-KR001	20069000	1,000-	KRW		1,000-	KRW			V1	
	KR	2018.06.11	2018.06.11	4100	1900000002	2018	1	K	31	H		VEND-KR001	20020100	10,000-	KRW		10,000-	KRW				9900
		2018.06.30	2018.06.30	4100	1900000001	2018	1	K	31	H		VEND-KR001	20020100	5,000-	KRW		5,000-	KRW				9900
																▪	16,000-	KRW				

첫번째 라인을 보면 F로 Special GL Indicator가 지정되어 있는 Item을 확인해볼 수 있다. 초기화면에서 Noted Items를 체크하지 않을 경우 이 라인은 조회되지 않는다.

- **2)선급금지급시점(F-48) : 차)선급금 1,000(29+Vendor#+A) / Bank 1,000**

→ 재무팀에서 선급금 지급시(선금요청없이 바로 처리도 가능, F-48 트랜잭션에서 New Item 을 클릭)

→ FI-Accounts Payable-Document Entry-Down Payment-F-48-Down Payment (선급금 지급시점 : 6/2)

Post Vendor Down Payment: Header Data

 New Item   Requests

Document Date	2018.06.02	Type	KZ	Company Code	4100
Posting Date	2018.06.02	Period	11	Currency/Rate	KRW
Document Number				Translation dte	
Reference				Cross-CCode No.	
Doc.Header Text	DownPayment				
Trading part.BA				Tax Report Date	

Vendor

Account	VEND-KR001	Special G/L ind	A
Altern.comp.cde			

Bank

Account	11010101	Business Area	
Amount	1100	LC amount	
Bank charges		LC bank charges	
Value date	2018.06.30	Profit Center	
Text		Assignment	

위와 같이 입력. Special G/L Ind는 A를 입력한다. 지급되는 Bank G/L 계정과 금액을 입력한다.

˃상단의 Requests 버튼 클릭(※ New Item 버튼은 선급요청없이 바로 선급금 지급을 할 경우 사용한다.)

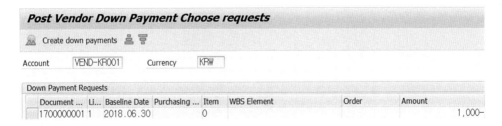

Post Vendor Down Payment Choose requests

 Create down payments

Account VEND-KR001   Currency KRW

Down Payment Requests

Document ...	Li...	Baseline Date	Purchasing ...	Item	WBS Element	Order	Amount
1700000001	1	2018.06.30		0			1,000-

한 건의 요청내역이 뜬다. 해당 라인을 더블클릭하여 선택한다.

˃ Create down payments 버튼 클릭 : 선급요청을 반제처리하고 선급금 전표를 발생시킨다.

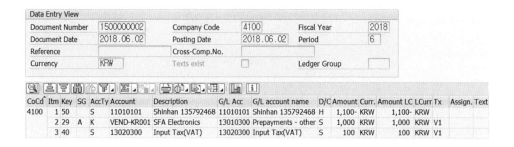

Data Entry View

Document Number	1500000002	Company Code	4100	Fiscal Year	2018
Document Date	2018.06.02	Posting Date	2018.06.02	Period	6
Reference		Cross-Comp.No.			
Currency	KRW	Texts exist	☐	Ledger Group	

CoCd	Itm	Key	SG	AccTy	Account	Description	G/L Acc	G/L account name	D/C	Amount	Curr.	Amount LC	LCurr	Tx	Assign.	Text
4100	1	50		S	11010101	Shinhan 135792468	11010101	Shinhan 135792468	H	1,100-	KRW	1,100-	KRW			
	2	29	A	K	VEND-KR001	SFA Electronics	13010300	Prepayments - other	S	1,000	KRW	1,000	KRW	V1		
	3	40		S	13020300	Input Tax(VAT)	13020300	Input Tax(VAT)	S	100	KRW	100	KRW	V1		

PK 29의 SP.GL.Ind A를 가진 선급금 전표가 발생됨을 볼 수 있다. 선급요청시 부가세 100원 (세금코드V1)을 입력했기 때문에 부가세 라인도 자동으로 발생된다.

→ FI-Accounts Payable-Account-FBL1N - Display/Change Line Items(Vendor 거래내역을 다 시 확인해보자)

> 아래 조건처럼 All Items로 조회

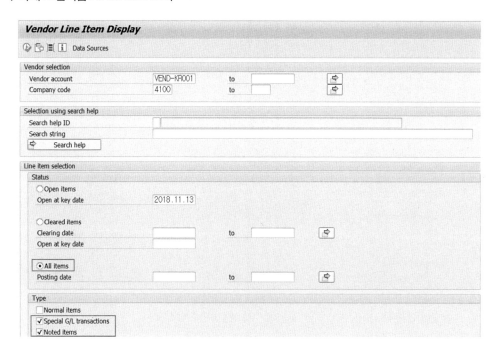

>아래 그림처럼 선급요청은 ▢-Clear되고 선급금으로 기표된 것(◉-Open)을 확인할 수 있다. 선급요청은 반제되었지만, 반제전표에 반제된 라인이 생성되지는 않는다. Noted Item 이기 때문.

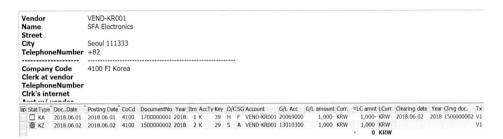

선급금에 대한 Open Item은 물품대금 지급시 반제 될 것이다. ③번 Special G/L유형에서 살펴보도록 한다.

- 선급요청에 대한 지급의 경우 위와 같이 [F-48 - Down Payment] T-Code 에서 수동으로 처리해도 되지만 [F110 - Payments(자동지급 Program)] T-Code에서도 Automatic Payment 기능으로 처리할 수 있다.

○ 선수요청 : Customer에게 물품대의 10%를 선수금으로 달라고 요청한 경우
- 1)선수요청시(F-37) : 차)<u>선수요청 1,000</u>(09+Customer#+F / X
- 2)선수금수령시점(F-29) : 차)Bank   1,000 / 대)선수금 1,000(19+Customert#+A)
- <u>선수요청 Special G/L Transaction Test</u>
- 1)선수요청시(F-37) : 차)<u>선수요청 1,000</u>(09+Customer#+F / X
    → 영업팀 선수요청시, 선수요청 계정(Noted Item)은 G/L, B/S어디에도 반영되지 않는 정보성 데이터이다.
    → 선수요청 계정은 차변 Line만 기표되는 One Line Item이다. Noted Item
    → FI-Accounts Receivable-Document Entry-Down Payment-F-37 - Request

Customer Down Payment Request: Header Data

New Item

Document Date	2018.06.01	Type	DZ	Company Code	4100
Posting Date	2018.06.01	Period	11	Currency/Rate	KRW
Document Number				Translation dte	
Reference					
Doc.Header Text	Noted Item Test				
Trading part.BA				Tax Report Date	

Customer

Account	CUST-KR001
Trg.sp.G/L ind.	A

> [New Item] 버튼 클릭(금액 1,000, 만기일자 : 6/30 입력)

Customer Down Payment Request Add Customer item

More data   New Item

Customer	CUST-KR001	SFA Electronics LTD.		G/L Acc	13019000
Company Code	4100				
FI Korea		Seoul			

Item 1 / Down payment request / 09 F

Amount	1100	KRW
Tax Amount		
Tax Code	A1	✓ Calculate tax Bus./sectn
Bus. Area		
Due On	2018.06.30	

> 포스팅(💾) 처리

Data Entry View					
Document Number	1400000002	Company Code	4100	Fiscal Year	2018
Document Date	2018.06.01	Posting Date	2018.06.01	Period	6
Reference		Cross-Comp.No.			
Currency	KRW	Texts exist	☐	Ledger Group	

CoCd	Itm	Key	SG	AccTy	Account	Description	G/L Acc	G/L account name	D/C	Amount	Curr.	Amount LC	LCurr	Tx	Assign.	Text
4100	1	09	F	D	CUST-KR001	SFA Electronics LTD.	13019000	Payment requests - c	S	1,000	KRW	1,000	KRW	A1		

- **2)선수금수령시점**(F-29) : 차)Bank　1,000 / 대)선수금 1,000(19+Customert#+A)
  - → 재무팀에서 선수금 수령시
  - → FI-Accounts Receivable-Document Entry-Down Payment-F-29 - Down Payment

Post Customer Down Payment: Header Data

New Item　Requests

Document Date	2018.06.02	Type	DZ	Company Code	4100
Posting Date	2018.06.02	Period	11	Currency/Rate	KRW
Document Number				Translation dte	
Reference				Cross-CCode No.	
Doc.Header Text	DownPayment				
Trading part.BA				Tax Report Date	

Customer

Account	CUST-KR001	Special G/L ind	A
Altern.comp.cde			

Bank

Account	11010101	Business Area	
Amount	1100	LC amount	
Bank charges		LC bank charges	
Value date	2018.06.30	Profit Center	
Text		Assignment	

> 상단의 Requests 버튼 클릭(※ New Item 버튼은 선수 요청없이 바로 선수금 입금을 할 경우 사용한다.)

Post Customer Down Payment Choose requests

New Item　Create down payments

Account	CUST-KR001	Currency	KRW

Down Payment Requests

	Document ...	Li...	Baseline Date	Sales Docu...	I	WBS Element	Amount
	1400000002	1	2018.06.30		0		1,000

> Create down payments 버튼 클릭(선수요청을 반제처리하고 선수금 전표를 발생시킨다.)

CoCd	Itm	Key	SG	AccTy	Account	Description	G/L Acc	G/L account name	D/C	Amount	Curr.	Amount LC	LCurr	Tx	Assign.	Text
4100	1	50		S	11010101	Shinhan 135792468	11010101	Shinhan 135792468	H	1,100-	KRW	1,100-	KRW			
	2	29	A	K	VEND-KR001	SFA Electronics	13010300	Prepayments - other	S	1,000	KRW	1,000	KRW	V1		
	3	40		S	13020300	Input Tax(VAT)	13020300	Input Tax(VAT)	S	100	KRW	100	KRW	V1		

PK 19의 SP.GL.Ind A를 가진 선수금 전표가 발생됨을 볼 수 있다. 선수요청시 부가세 100원 (세금코드A1)을 입력했기 때문에 부가세 라인도 자동으로 발생된다.

- FI-Accounts Receivable-Account-FBL5N - Display/Change Line Items(Customer 거래내역을 확인해보자)

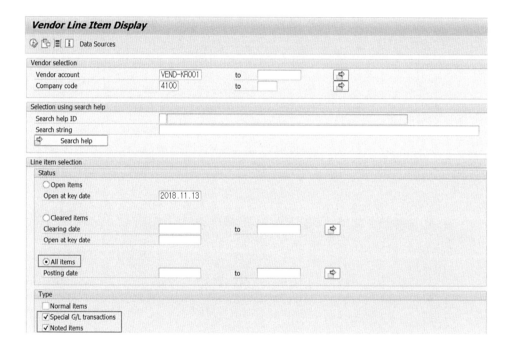

>다음 그림처럼 선수요청은 □-Clear되고 선수금으로 기표된 것(◉-Open)을 확인할 수 있다. 선수요청은 반제되었지만, 반제전표에 반제된 라인이 생성되지는 않는다. Noted Item 이기 때문.

Customer	CUST-KR001
Name	SFA Electronics LTD.
Street	
City	Seoul 111333
TelephoneNumber	

-------------------- --

Company Code	4100 FI Korea
Customer user	
Act.clk tel.no.	
Clrk's internet	

	Stat	Type	Doc..Date	Posting Date	CoCd	DocumentNo	Year	Itm	AccTy	Key	D/C	SG	Account	G/L Acc	G/L amount	Curr.	±LC amnt	LCurr	Clearing date	Year	Clrng doc.	Tx
□		DZ	2018.06.01	2018.06.01	4100	1400000002	2018	1	D	09	S	F	CUST-KR001	13019000	1,000	KRW	1,000	KRW	2018.06.02	2018	1400000003	A1
▣		DZ	2018.06.02	2018.06.02	4100	1400000003	2018	2	D	19	H	A	CUST-KR001	20060100	1,000-	KRW	1,000-	KRW				A1
																	0 KRW					

○ 위와 같이 동작하도록 IMG를 어떻게 세팅하는지는 뒤에서 살펴보도록 한다.

▶ ③Freely Definable Offsetting Entries(상대계정을 직접 지정하는 방식)

○ 유저가 거래를 Entry하는 시점에 Special G/L 거래를 입력하면서 자유롭게 상대계정을 지정하는 방식(2줄의 Line Item이 발생하는 정상적인 전표형태) <u>국내 회사에서는 앞에 두 방식보다는 이 방식을 일반적으로 사용한다.</u>

○ 선수금을 예로 들어 살펴보자. 물품대 10,000원의 10%(1,000원)를 선수금으로 받는 경우

- 1)선수금수령시(F-29) : 차)<u>Bank 1,000</u> / 대)선수금 1,000(19+Customer#+A)
- 2)A/R Invoice 생성(FB70/F-22) : 차)A/R 11,000 / 대)Revenue 10,000, Tax 1,000
- 3)선수금 상계(F-39) : 차)선수금 1,000(09+Customer#+A) / 대)A/R 1,000
- 4)대금 수금(F-28) : 차)Bank 10,000 / 대)A/R 10,000
- <u>Freely Definable Offsetting Entries(상대계정을 직접 지정하는 방식) 선수금 Test</u>
- 1)선수금수령시(F-29) : 차)<u>Bank 1,000</u> / 대)선수금 1,000(19+Customer#+A)
  - → 상대계정을 Free하게 지정할 수 있다. Noted Item처리 없이 바로 선수금을 발생하는 방식으로 Test
    - → FI-Accounts Receivable-Document Entry-Down Payment-F-29 - Down Payment 화면

> 아래 그림과 같이 값을 입력(선수금 수령시점 : 6/1-1,000)

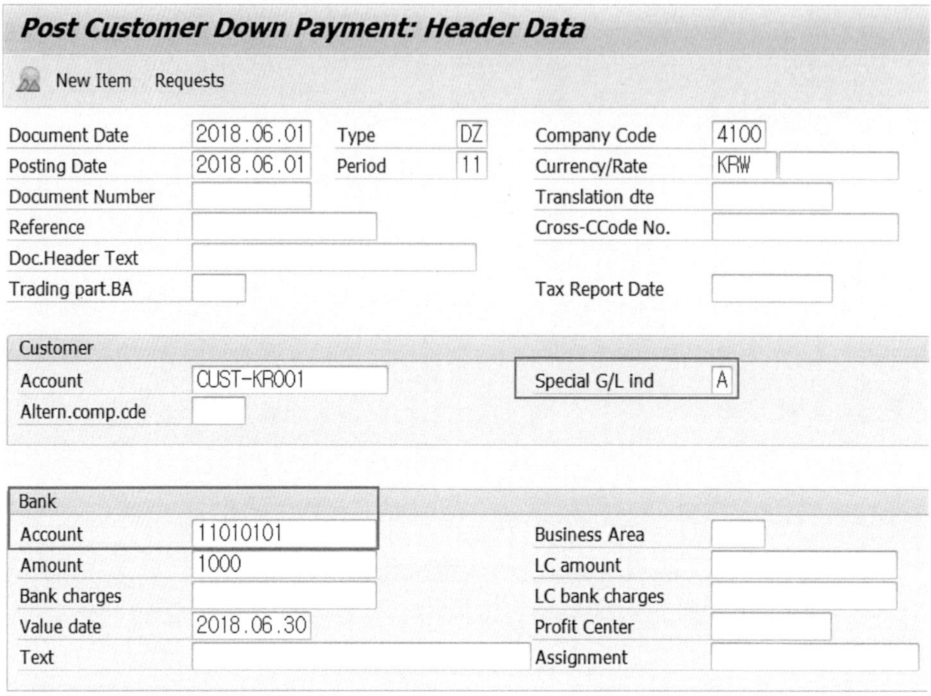

Post Customer Down Payment: Header Data

New Item   Requests

Document Date	2018.06.01	Type	DZ	Company Code	4100	
Posting Date	2018.06.01	Period	11	Currency/Rate	KRW	
Document Number				Translation dte		
Reference				Cross-CCode No.		
Doc.Header Text						
Trading part.BA				Tax Report Date		

Customer

Account	CUST-KR001		Special G/L ind	A
Altern.comp.cde				

Bank

Account	11010101	Business Area	
Amount	1000	LC amount	
Bank charges		LC bank charges	
Value date	2018.06.30	Profit Center	
Text		Assignment	

Bank

Account	11010101

Bank Account:원하는 값을 Free하게 선택, 현금

계정도 선택 가능

> New Item 버튼 클릭하여 아래처럼 금액을 입력

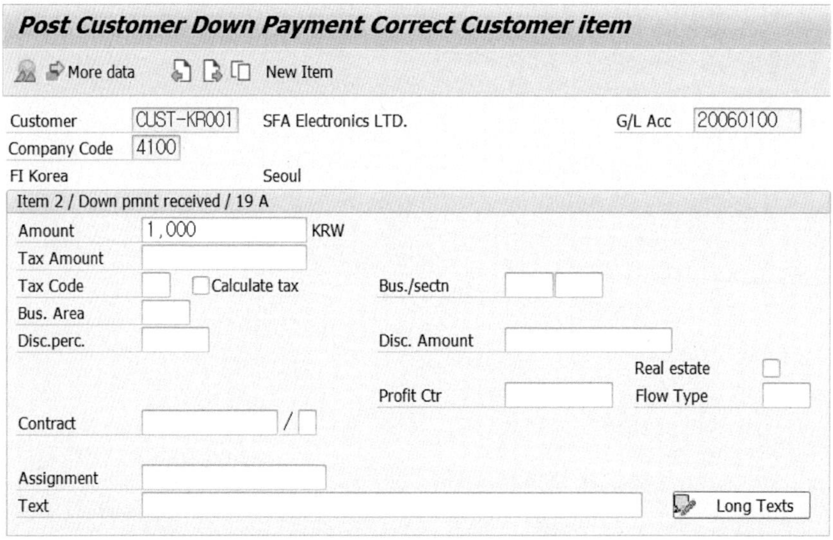

Post Customer Down Payment Correct Customer item

More data   New Item

Customer	CUST-KR001	SFA Electronics LTD.	G/L Acc	20060100
Company Code	4100			
FI Korea		Seoul		

Item 2 / Down pmnt received / 19 A

Amount	1,000	KRW		
Tax Amount				
Tax Code		Calculate tax	Bus./sectn	
Bus. Area				
Disc.perc.			Disc. Amount	
			Real estate	☐
			Profit Ctr	Flow Type
Contract	/ ☐			
Assignment				
Text				Long Texts

> 시뮬레이션 후 포스팅(💾) 처리

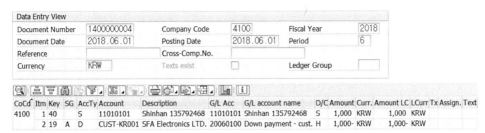

PK:19, SP.GL.Ind:A 의 선수금 계정으로 전표가 기표된 것을 확인할 수 있다.

→ FI-Accounts Receivable-Account-FBL5N - Display/Change Line Items(Customer 거래내역을 확인해보자)

> 아래와 같은 조회조건을 입력하고 실행

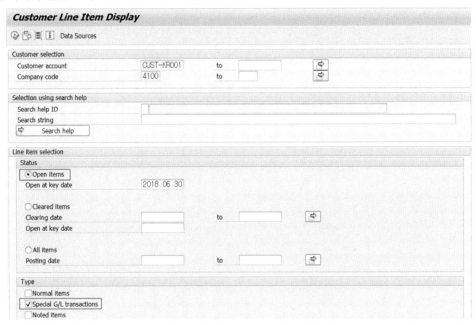

한 건의 Open Item이 조회된다(선수금 내역)

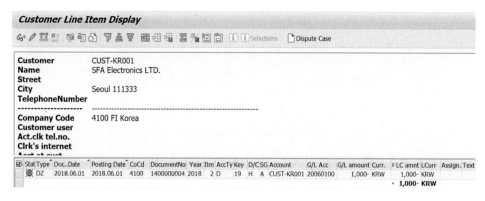

Customer Line Item Display

	Stat Type	Doc..Date	Posting Date	CoCd	DocumentNo	Year	Itm	AccTy	Key	D/C	SG	Account	G/L Acc	G/L amount	Curr.	LC amnt	LCurr	Assign.	Text
	DZ	2018.06.01	2018.06.01	4100	1400000004	2018	2	D	19	H	A	CUST-KR001	20060100	1,000-	KRW	1,000-	KRW		
															·	1,000-	KRW		

전기키 19, Special G/L Indicator : A 미결항목(Open Item) 1건이 조회된다.

• **2)A/R Invoice 생성(FB70/F-22) : 차)A/R 11,000 / 대)Revenue 10,000, Tax 1,000**

>FB70 트랜잭션 화면

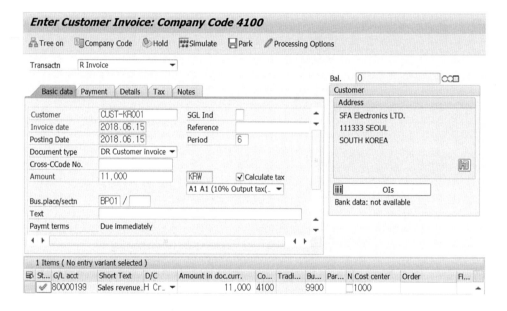

>위 그림과 같이 입력하고 엔터를 치면 아래 메시지가 뜬다.

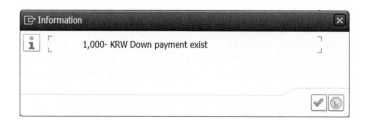

선수금이 존재한다는 메시지 → IMG에서 메시지가 뜨도록 세팅했기 때문에 뜨는 것이다.

Data Entry View

Document Number	1800000011	Company Code	4100	Fiscal Year	2018
Document Date	2018.06.15	Posting Date	2018.06.15	Period	6
Reference		Cross-Comp.No.			
Currency	KRW	Texts exist	☐	Ledger Group	

CoCd	Itm	Key	SG	AccTy	Account	Description	G/L Acc	G/L account name	D/C	Amount	Curr.	Amount LC	LCurr	Tx	Assign.	Text
4100	1	01		D	CUST-KR001	SFA Electronics LTD.	11040100	Account Receivables	S	11,000	KRW	11,000	KRW	A1		
	2	50		S	80000199	Sales revenues - dom	80000199	Sales revenues - dom	H	10,000-	KRW	10,000-	KRW	A1	20180615	
	3	50		S	20080100	Output Tax (VAT)	20080100	Output Tax (VAT)	H	1,000-	KRW	1,000-	KRW	A1		

위와 같이 전표가 발생한다.

〉FI-Accounts Receivable-Account-FBL5N - Display/Change Line Items 화면(Customer 거래

내역 조회)

Customer	CUST-KR001
Name	SFA Electronics LTD.
Street	
City	Seoul 111333
TelephoneNumber	
--------------------	--
Company Code	4100 FI Korea
Customer user	
Act.clk tel.no.	
Clrk's internet	

	Stat	Type	Doc..Date	Posting Date	CoCd	DocumentNo	Year	Itm	AccTy	Key	D/C	SG	Account	G/L Acc	G/L amount	Curr.	Σ LC amnt	LCurr	Assign.	Text	Tx
	DR	2018.06.15	2018.06.15	4100	1800000011	2018	1	D	01	S		CUST-KR001	11040100	11,000	KRW	11,000	KRW			A1
	DZ	2018.06.01	2018.06.01	4100	1400000004	2018	2	D	19	H	A	CUST-KR001	20060100	1,000-	KRW	1,000-	KRW			
																	· 10,000	KRW			

A/R Invoice 11,000과 선수금 1,000 두 개의 Open Item이 발생한 것을 확인할 수 있다.

- **3)선수금 상계(F-39) : 차)선수금 1,000(09+Customer#+A) / 대)A/R 1,000**

→ FI-Accounts Receivable-Document Entry-Down Payment-F-39-Clearing 화면

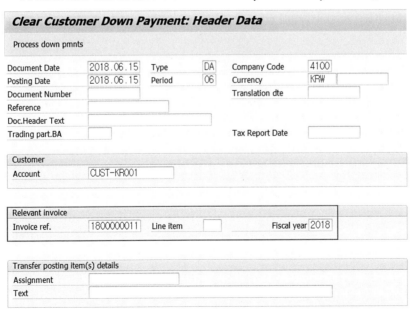

Invoice Ref. 전표 필드에 Clearing 할 AR Invoice 전표번호를 입력한다.

> | Process down pmnts | 버튼 클릭(입력한 거래처로 발생한 Down Payment 리스트가 조회된다.)

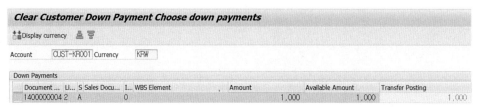

Clear Customer Down Payment Choose down payments

Display currency

| Account | CUST-KR001 | Currency | KRW |

Down Payments

Document ...	Li...	S	Sales Docu...	I...	WBS Element	.	Amount	Available Amount	Transfer Posting
1400000004	2	A		0			1,000	1,000	1,000

선수금 내역을 더블클릭하여 Activate 시킨다.

> 포스팅(🖫) 처리

Data Entry View

Document Number	1600000002	Company Code	4100	Fiscal Year	2018
Document Date	2018.06.15	Posting Date	2018.06.15	Period	6
Reference		Cross-Comp.No.			
Currency	KRW	Texts exist	☐	Ledger Group	

CoCd	Itm	Key	SG	AccTy	Account	Description	G/L Acc	G/L account name	D/C	Amount	Curr.	Amount LC	LCurr	Tx	Clrng doc.
4100	1	09	A	D	CUST-KR001	SFA Electronics LTD.	20060100	Down payment - cust.	S	1,000	KRW	1,000	KRW		1600000002
	2	16		D	CUST-KR001	SFA Electronics LTD.	11040100	Account Receivables	H	1,000-	KRW	1,000-	KRW		

선수금(PK : 09A)과 A/R Invoice(PK : 16)가 서로 상계 처리됨을 볼 수 있다. 선수금은 완전반제
처리되었고(Clearing Document 필드에 반제전표번호가 존재) 2번 라인의 경우 원A/R Invoice 전표
번호를 Reference 하고 있는 부분반제로 처리 되었다.

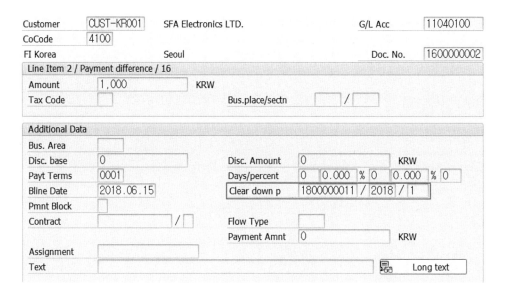

Customer	CUST-KR001	SFA Electronics LTD.	G/L Acc	11040100
CoCode	4100			
FI Korea		Seoul	Doc. No.	1600000002

Line Item 2 / Payment difference / 16

| Amount | 1,000 | KRW |
| Tax Code | | Bus.place/sectn | / |

Additional Data

Bus. Area			
Disc. base	0	Disc. Amount	0	KRW
Payt Terms	0001	Days/percent	0	0.000 % 0	0.000 % 0
Bline Date	2018.06.15	Clear down p	1800000011 / 2018 / 1
Pmnt Block			
Contract	/	Flow Type	
		Payment Amnt	0	KRW
Assignment			
Text			🔖 Long text

> FI-Accounts Receivable-Account-FBL5N - Display/Change Line Items 화면(Customer 거래

내역 조회)

	Stat	Type	DocDate	Posting Date	CoCd	DocumentNo	Year	Itm	AccTy	Key	D/C	SG	Account	G/L Acc	G/L amount	Curr.	∓	LC amnt	LCurr	Clearing date	Year	Clrng doc.
☐		DZ	2018.06.01	2018.06.01	4100	1400000004	2018	2	D	19	H	A	CUST-KR001	20060100	1,000-	KRW		1,000-	KRW	2018.06.15	2018	1600000002
☐		DA	2018.06.15	2018.06.15	4100	1600000002	2018	1	D	09	S	A	CUST-KR001	20060100	1,000	KRW		1,000	KRW	2018.06.15	2018	1600000002
◉		DA	2018.06.15	2018.06.15	4100	1600000002	2018	2	D	16	H		CUST-KR001	11040100	1,000-	KRW		1,000-	KRW			
◉		DR	2018.06.15	2018.06.15	4100	1800000011	2018	1	D	01	S		CUST-KR001	11040100	11,000	KRW		11,000	KRW			
															· 10,000	**KRW**						

> 선수금이 떨리면서 반제되고 A/R Invoice만 10,000원 남은 것을 확인할 수 있다.

- **4)대금 수금(F-28) : 차)Bank 10,000 / 대)A/R 10,000**

→ FI-Accounts Receivable-Document Entry-F-28 - Incoming payment

Post Incoming Payments: Header Data

Process Open Items

Document Date	2018.06.30	Type	DZ	Company Code	4100
Posting Date	2018.06.30	Period	06	Currency/Rate	KRW
Document Number				Translation dte	
Reference				Cross-CCode No.	
Doc.Header Text				Trading part.BA	
Clearing text					

Bank data

Account	11010101	Business Area	
Amount	10000	Amt.in loc.cur.	
Bank charges		LC bank charges	
Value date	2018.06.30	Profit Center	
Text		Assignment	

Open item selection			Additional selections
Account	CUST-KR001		⦿ None
Account type	D	☐ Other accounts	○ Amount
Special G/L ind		✓ Standard OIs	○ Document Number
Pmnt advice no.			○ Posting Date
☐ Distribute by age			○ Dunning Area
☐ Automatic search			○ Others

Special G/L 항목에 대한 반제가 아니라, A/R 건에 대한 반제처리이므로 Standard Open Items만 선택

> 상단의 Process Open Items 버튼을 클릭하여 반제처리할 Item을 선택한다.

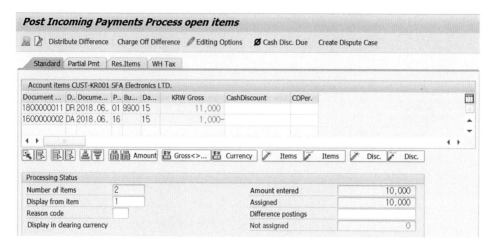

위와 같이 Clear할 A/R Invoice Item을 Activate 상태로 만든다. 금액 더블클릭(파란색으로 변경됨)

> 포스팅(💾) 처리

그림처럼 A/R Invoice가 모두 반제 되고 은행에 돈이 입금됨을 볼 수 있다.

> FI-Accounts Receivable-Account-FBL5N - Display/Change Line Items 화면(Customer 거래

내역 조회)

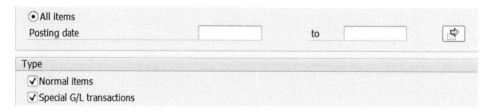

Stat	Type	DocDate	Posting Date	CoCd	DocumentNo	Year	Itm	AccTy	Key	D/C	SG	Account	G/L Acc	G/L amount	Curr.	±LC amnt	LCurr	Clearing date	Year	Clrng doc.
□	DZ	2018.06.01	2018.06.01	4100	1400000004	2018	2	D	19	H	A	CUST-KR001	20060100	1,000-	KRW	1,000-	KRW	2018.06.15	2018	1600000002
□	DA	2018.06.15	2018.06.15	4100	1600000002	2018	1	D	09	S	A	CUST-KR001	20060100	1,000	KRW	1,000	KRW	2018.06.15	2018	1600000002
□	DA	2018.06.15	2018.06.15	4100	1600000002	2018	2	D	16	H		CUST-KR001	11040100	1,000-	KRW	1,000-	KRW	2018.06.30	2018	1400000005
□	DR	2018.06.15	2018.06.15	4100	1800000011	2018	1	D	01	S		CUST-KR001	11040100	11,000	KRW	11,000	KRW	2018.06.30	2018	1400000005
□	DZ	2018.06.30	2018.06.30	4100	1400000005	2018	2	D	08	S		CUST-KR001	11040100	1,000	KRW	1,000	KRW	2018.06.30	2018	1400000005
□	DZ	2018.06.30	2018.06.30	4100	1400000005	2018	3	D	15	H		CUST-KR001	11040100	11,000-	KRW	11,000-	KRW	2018.06.30	2018	1400000005

| | | | | | | | | | | | | | | **0 KRW** | | | | | | |

○ 선급금 : Vendor쪽에 물품대 10%를 선급금으로 주는 경우

- 1)선급금지급시(F-48) : 차)선급금 1,000(29+Vendor#+A) / 대)Bank 1,000

- 2)A/P Invoice 생성(FB60/F-43) : 차)Expense 10,000 Tax 1,000 / 대)A/P 11,000

- 3)선급금 상계(F-54) : 차)A/P 1,000 / 대)선급금 1,000(39+Vendor#+A)

- 4)대금 지급(F-53) : 차)A/P 10,000 / 대)Bank 10,000

- Freely Definable Offsetting Entries(상대계정을 직접 지정하는 방식) 선급금 Test

- 1)선급금지급시(F-48) : 차)선급금 1,000(29+Vendor#+A) / 대)Bank 1,000

  → 상대계정을 Free하게 지정할 수 있다. Noted처리 없이 바로 선급금을 발생시키는 방식

Post Vendor Down Payment: Header Data

New Item   Requests

Document Date	2018.06.01	Type	KZ	Company Code	4100	
Posting Date	2018.06.01	Period	11	Currency/Rate	KRW	
Document Number				Translation dte		
Reference				Cross-CCode No.		
Doc.Header Text						
Trading part.BA				Tax Report Date		

Vendor

Account	VEND-KR002		Special G/L ind	A
Altern.comp.cde				

Bank

Account	11010101		Business Area	
Amount	1000		LC amount	
Bank charges			LC bank charges	
Value date	2018.06.01		Profit Center	
Text			Assignment	

상대계정 Bank(11010101)를 자유롭게 사용자가 선택하여 입력할 수 있다.

> New Item 버튼 클릭하여 아래처럼 금액을 입력

Post Vendor Down Payment Correct Vendor item

More data 　 　 New Item

| Vendor | VEND-KR002 | SFA Logistics | G/L Acc | 13010300 |
| Company Code | 4100 | | | |

FI Korea 　　　　　　서울시 강남구

Item 2 / Down payment made / 29 A

Amount	1,000	KRW
Tax Amount		
Tax Code		☐ Calculate tax	Bus./sectn		
Bus. Area		
Disc.perc.			Disc. Amount	

Real estate ☐

Profit Ctr 　　　　　　Flow Type

Contract 　　　　　 / ☐

Assignment

Text 　　　　　　　　　　　　　　　　　　　Long Texts

> Overview 아이콘을 클릭하여 내역을 확인해보자. 포스팅(💾) 처리

Data Entry View

Document Number	1500000003	Company Code	4100	Fiscal Year	2018
Document Date	2018.06.01	Posting Date	2018.06.01	Period	6
Reference		Cross-Comp.No.			
Currency	KRW	Texts exist	☐	Ledger Group	

CoCd	Itm	Key	SG	AccTy	Account	Description	G/L Acc	G/L account name	D/C	Amount	Curr.	Amount LC	LCurr	Tx	Assign.	Text
4100	1	50		S	11010101	Shinhan 135792468	11010101	Shinhan 135792468	H	1,000-	KRW	1,000-	KRW			
	2	29	A	K	VEND-KR002	SFA Logistics	13010300	Prepayments - other	S	1,000	KRW	1,000	KRW			

PK:29, SP.GL.Ind:A 의 선급금 계정으로 전표가 기표된 것을 확인할 수 있다.

→ FI-Accounts Payable-Account-FBL1N - Display/Change Line Items(Vendor 거래내역을 확

인해보자)

〉아래와 같은 조회조건을 입력하고 실행

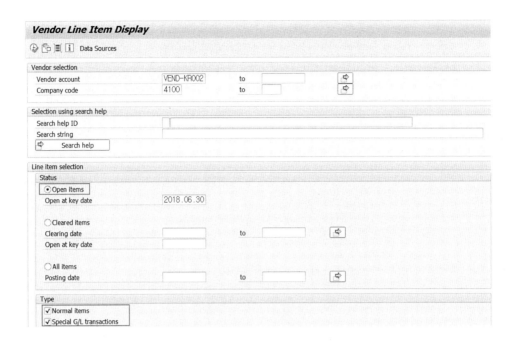

〉한 건의 Open Item이 조회된다(선급금 내역)

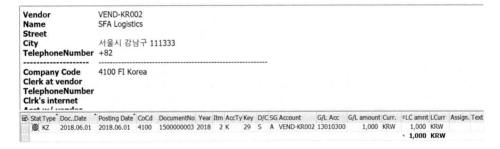

전기키 29, Special G/L Indicator : A 로 미결항목(Open Item) 1건이 조회된다.

- **2)A/P Invoice 생성(FB60/F-43) : 차)Expense 10,000 Tax 1,000 / 대)A/P 11,000**
  → Expense 대신, 고정자산, 재고 등의 다른 계정이 발생할 수도 있다.

>FB60 트랜잭션 화면

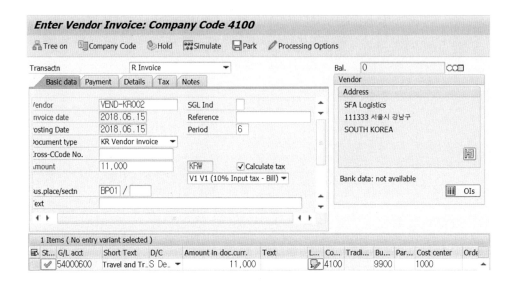

>위 그림과 같이 입력하고 엔터를 치면 아래 메시지가 뜬다.

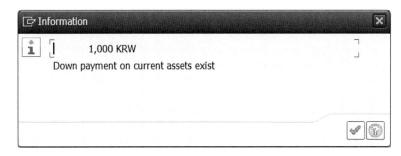

선급금이 존재한다는 메시지 → IMG에서 메시지가 뜨도록 세팅했기 때문에 뜨는 것이며 뒤에서 살펴보자.

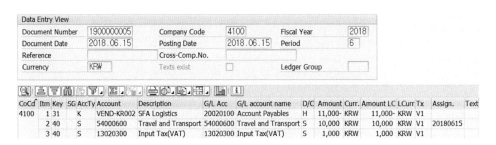

위와 같이 전표가 발생한다.

→ FI-Accounts Payable-Account-FBL1N - Display/Change Line Items(Vendor 거래내역을 확
  인해보자)

Vendor Line Item Display

&? ✎ 🔳 🔳 | 🔳 🔳 🔳 | 🔳 🔳 🔳 | 🔳 🔳 🔳 | 🔳 🔳 🔳 🔳 | ⓘ ⓘ Selections | 🗎 Dispute Case

Vendor	VEND-KR002	
Name	SFA Logistics	
Street		
City	서울시 강남구 111333	
TelephoneNumber	+82	
-------------------	--	
Company Code	4100 FI Korea	
Clerk at vendor		
TelephoneNumber		
Clrk's internet		

🗐 Stat Type	Doc..Date	Posting Date	CoCd	DocumentNo	Year	Itm	AccTy	Key	D/C	SG	Account	G/L Acc	G/L amount	Curr.	≠	LC amnt	LCurr	Assign.	Text	Tx
⊙ KR	2018.06.15	2018.06.15	4100	1900000005	2018	1	K	31	H		VEND-KR002	20020100	11,000-	KRW		11,000-	KRW			V1
⊙ KZ	2018.06.01	2018.06.01	4100	1500000003	2018	2	K	29	S	A	VEND-KR002	13010300	1,000	KRW		1,000	KRW			
													• 10,000-	KRW						

A/P Invoice(11,000)과 선급금(1,000) 두개의 Open Item이 발생한 것을 확인할 수 있다.

- •3)선급금 상계(F-54) : ~~차)A/P 1,000 / 대)선급금 1,000(39+Vendor#+A)~~

  → FI-Accounts Receivable-Document Entry-Down Payment-F-39-Clearing 화면

  ≻이번에는 3)번 단계를 생략하고 4)번 단계에서 지급 및 선급금 반제처리를 진행해보자.

- •4)대금 지급(F-53) : ~~차)A/P 10,000 / 대)Bank 10,000~~

  → **4)대금 지급(F-53) : 차)A/P 11,000 / 대)Bank 10,000, 선급금 1,000(39+Vendor#+A)**

  → FI-Accounts Payable-Document Entry-Outgoing Payment-F-53 - Post

Post Outgoing Payments: Header Data

Process Open Items

Document Date	2018.06.30	Type	KZ	Company Code	4100	
Posting Date	2018.06.30	Period	11	Currency/Rate	KRW	
Document Number				Translation dte		
Reference				Cross-CCode No.		
Doc.Header Text				Trading part.BA		
Clearing text						

Bank data

Account	11010101	Business Area	
Amount	10000	Amt.in loc.cur.	
Bank charges		LC bank charges	
Value date	2018.06.30	Profit Center	
Text		Assignment	

Open item selection

				Additional selections
Account	VEND-KR002			⊙ None
Account type	K	☐ Other accounts		○ Amount
Special G/L ind	A	✓ Standard OIs		○ Document Number
Pmnt advice no.				○ Posting Date
☐ Distribute by age				○ Dunning Area
☐ Automatic search				○ Others

Special G/L 항목과 A/P 건에 대한 반제처리이므로 Standard Open Items 체크 및 Sp.G/L

Ind : A 모두 설정

> 상단의 | Process Open Items | 버튼을 클릭하여 반제처리 할 Item을 선택한다.

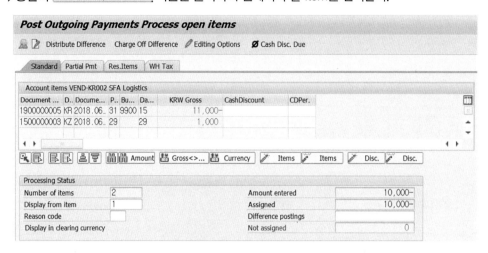

위와 같이 Clear할 A/P Invoice 와 선급금 Item을 Activate(금액이 파란색으로 변경됨)

> 포스팅(💾) 처리

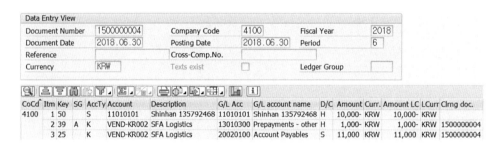

그림처럼 A/P Invoice, 선급금이 모두 반제 되고 은행에 돈이 지급됨을 볼 수 있다.

→ FI-Accounts Payable-Account-FBL1N - Display/Change Line Items(Vendor 거래내역을 확

인해보자)

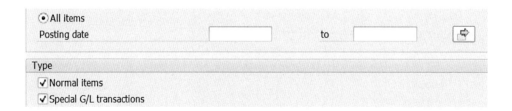

Vendor	VEND-KR002
Name	SFA Logistics
Street	
City	서울시 강남구 111333
TelephoneNumber	+82
--------------------	---
Company Code	4100 FI Korea
Clerk at vendor	
TelephoneNumber	
Clrk's internet	

Stat	Type	DocDate	Posting Date	CoCd	DocumentNo	Year	Itm	AccTy	Key	D/C	SG	Account	G/L Acc	G/L amount	Curr.	LC amnt	LCurr	Clearing date	Year	Clrng doc.
☐	KZ	2018.06.01	2018.06.01	4100	1500000003	2018	2	K	29	S	A	VEND-KR002	13010300	1,000	KRW	1,000	KRW	2018.06.30	2018	1500000004
☐	KR	2018.06.15	2018.06.15	4100	1900000005	2018	1	K	31	H		VEND-KR002	20020100	11,000-	KRW	11,000-	KRW	2018.06.30	2018	
☐	KZ	2018.06.30	2018.06.30	4100	1500000004	2018	2	K	39	H	A	VEND-KR002	13010300	1,000-	KRW	1,000-	KRW	2018.06.30	2018	
☐	KZ	2018.06.30		4100	1500000004	2018	3	K	25	S		VEND-KR002	20020100	11,000	KRW	11,000	KRW	2018.06.30	2018	
																0	**KRW**			

선급금과 A/P Invoice가 모두 반제되어 Clear 된 것을 확인할 수 있다.

● **IMG Configuration of Special G/L Transaction** : 특별G/L 거래에 대한 IMG 설정에 대해 알아보자.

▶ Special G/L Indicators

Customer			Special G/L		Vendor		
Posting Key		거래유형	Indicator	거래유형		Posting Key	
차변	대변					차변	대변
09	19	선수금	A	선급금		29	39
		선수요청	F	선급요청			
		예수보증금	G	지급보증금			
		받을어음	W	지급어음			
		대손충당금	E				
			...				

▶ Special G/L Transaction은 Standard System에서 어느 정도 제공되고 있다

→ A : Down payment, G : Guarantees, W : Bill of exchange rec. E : Reserve for bad dept.

▶ A : Down payment, G : Guarantees, W : Bill of exchange rec. E : Reserve for bad dept. : 시스템이 기본으로 Configure 해서 제공해주는 Special G/L Indicators 이다. 사용자가 별도로 생성하여 구성할 수도 있고, 시스템에서 제공해주는 것을 그 대로 사용해도 무방하다. 아래 IMG Configuration 화면에서 Special G/L Indicator 를 지정할 수 있다.

○ A:Down payment : IMG-FI-Accounts Receivable and Accounts Payable-Business Transactions-Down Payment Received(Made)-Define Reconciliation Accounts for Customer Down Payments(Define Alternative Reconciliation Account for Down Payments) 화면

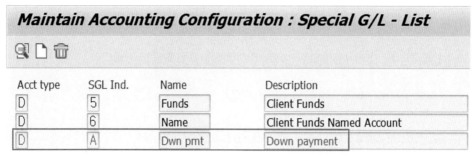

(Customer-선수금)

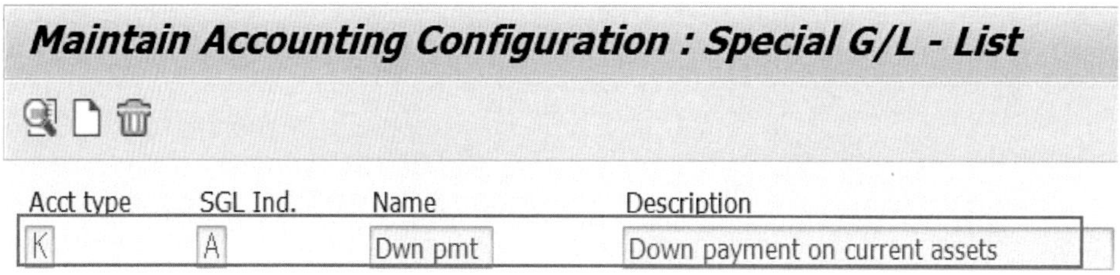

Maintain Accounting Configuration : Special G/L - List

Acct type	SGL Ind.	Name	Description
K	A	Dwn pmt	Down payment on current assets

(Vendor-선급금)

○ G:Guarantees : IMG-FI-Accounts Receivable and Accounts Payable-Business Transactions-Postings with Alternative Reconciliation Account-Other Special G/L Transactions-Define Alternative Reconciliation Account for Customers(Vendors) 화면

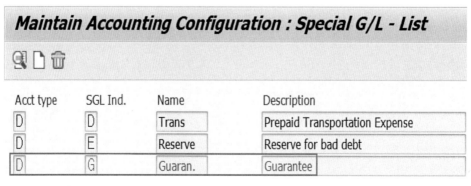

(Customer-예수보증금)

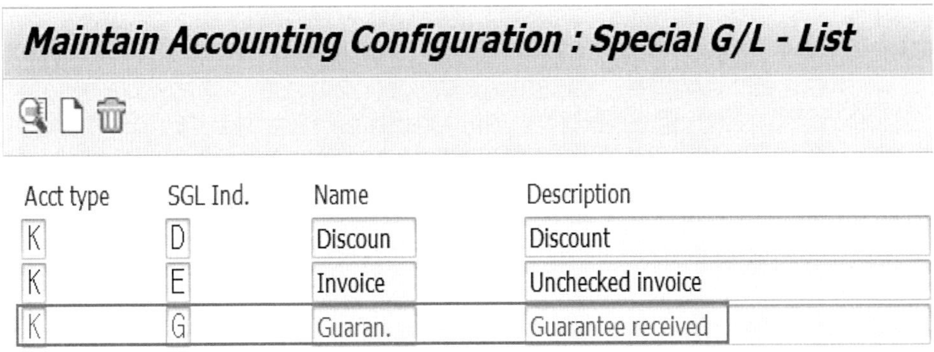

Maintain Accounting Configuration : Special G/L - List

Acct type	SGL Ind.	Name	Description
K	D	Discoun	Discount
K	E	Invoice	Unchecked invoice
K	G	Guaran.	Guarantee received

(Vendor-지급보증금)

○ W:Bill of exchange rec. : IMG-FI-Bank Accounting-Business Transactions-Bill of Exchange Transactions-Bills of Exchange Receivable(Payable)-Post Bill of Exchange Receivable-Define Alternative Reconcil.Acct for Bills/Exch.Receivable(Define Alternative Reconciliation Account for Bills of Exchange Payable) 화면

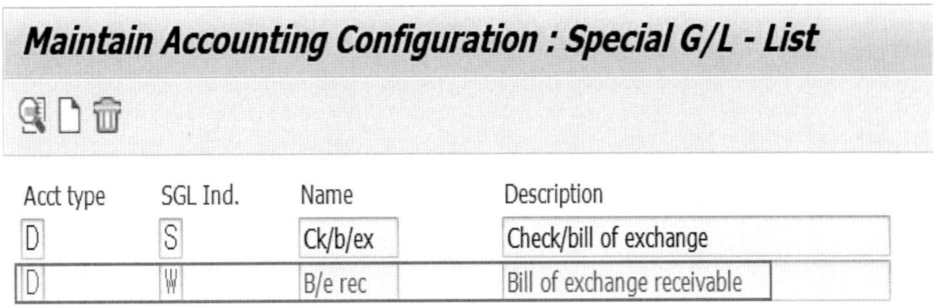

Maintain Accounting Configuration : Special G/L - List

Acct type	SGL Ind.	Name	Description
D	S	Ck/b/ex	Check/bill of exchange
D	W	B/e rec	Bill of exchange receivable

(Customer-받을어음)

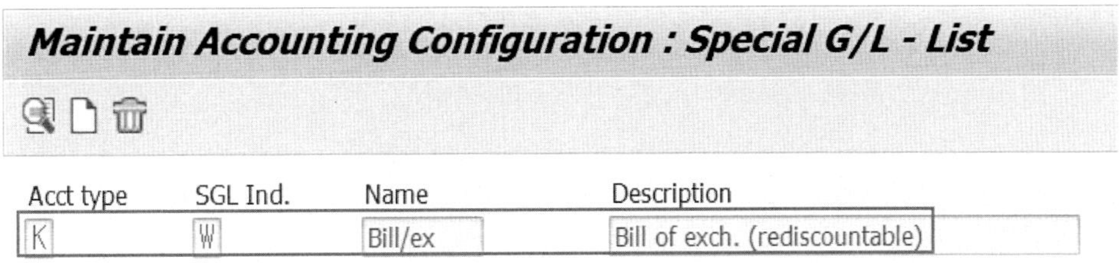

Maintain Accounting Configuration : Special G/L - List

Acct type	SGL Ind.	Name	Description
K	W	Bill/ex	Bill of exch. (rediscountable)

(Vendor-지급어음)

○ E:Reserve for bad debt. : IMG-FI-Accounts Receivable and Accounts Payable-Business Transactions-Postings with Alternative Reconciliation Account-Other Special G/L Transactions-Define Alternative Reconciliation Account for Customers(Vendors) 화면

Maintain Accounting Configuration : Special G/L - List

Acct type	SGL Ind.	Name	Description
D	D	Trans	Prepaid Transportation Expense
D	E	Reserve	Reserve for bad debt
D	G	Guaran.	Guarantee

(Customer-대손충당금)

▶ IMG Settings 항목 : Special G/L Account, Noted Item, Posting Keys, Transaction Types을 각 Special G/L Indicator 별로 설정할 수 있다.

▶ Special G/L Account(A:Down Payment 기준으로 설명) : Special G/L Indicator를 사용할 경우 어느 계정으로 전표가 발생되는지를 정의하는 IMG 설정

○ IMG-FI-AR&AP-Business Transactions-Down Payment Received(Made)-Define Reconciliation Accounts for Customer Down Payments(Define Alternative Reconciliation Account for Down Payments) 화면(A 더블클릭)

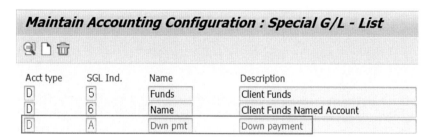

Maintain Accounting Configuration : Special G/L - List

Acct type	SGL Ind.	Name	Description
D	5	Funds	Client Funds
D	6	Name	Client Funds Named Account
D	A	Dwn pmt	Down payment

• COA-CAKR 선택 후 실행

Chart of Accounts Entry

Chart of Accounts   CAKR

Maintain Accounting Configuration : Special G/L - Accounts

🗑 📊 Properties

Chart of Accounts	CAKR	Chart of accounts - Republic of Korea
Account type	D	Customer
Special G/L ind.	A	Down payment

Account assignment

Recon. acct	Special G/L account	Planning level	Output tax clearing	
11040100	20060100			A
11040200	20060100			A
11040300	20060100			A

20060100-선수금 GL 계정

- Account Type D(Customer)가 Sp.GL.Ind A를 사용하여 전표를 기표하게 되면 해당 거래처에 지정되어 있는 Recon.Account 11040100(11040200, 11040300)으로 GL 전표가 기표되는 것이 아니라 20060100계정으로 전표가 기표되도록 정의한 것이다..
- Standard Reconciliation Account와 맞물리는 Special G/L Account를 지정한다.

▶ Special G/L Indicator Properties : 상세 설정화면에 대해 어떤 설정값들이 존재하는지 확인해보도록 한다.

○ Noted Item : 앞서 살펴본 내용 중 상대계정이 발생되지 않는 Noted Item 방식을 어떻게 설정하는지 알아보자.

○ 동일한 화면에서 Sp.G/L을 F를 선택하고 더블클릭

Maintain Accounting Configuration : Special G/L - List

🔍 📄 🗑

Acct type	SGL Ind.	Name	Description
D	5	Funds	Client Funds
D	6	Name	Client Funds Named Account
D	A	Dwn pmt	Down payment
D	C	SecDep.	IS-RE Rent deposit
D	F	Pmt req	Down payment request

○ 화면 상단의 Properties 버튼을 클릭

Maintain Accounting Configuration : Special G/L - Properties

🗑 ▦ Accounts

Account type   D   Customer
Special G/L ind.   F   Down payment request

Properties		Special G/L transaction types
Noted items	☑	◉ Down payment/Down payment request
Rel.to credit limit	☐	○ Bill of exchange/Bill request
Commitments warning	☐	○ Others
Target sp.G/L ind.	AFT	

Posting Key	
Debit	Credit
09 Down payment request	19

○ 필드중에 Noted Items 체크 부분이 존재(선수요청, 선급요청 부분이 Noted Items에 체크 되어 있음)

Information 성격의 Special G/L Indicator 인지 여부를 정하는 체크박스라고 보면 된다.

○ Target sp.G/L ind. 필드를 보면 'AFT' Indicator들이 보이는데 T-Code : F-37 - Request 등에서 이 A/F/T Indicator를 Target으로 사용할 경우 F Indicator로 자동 치환해준다는 의미이다.

Customer Down Payment Request: Header Data

New Item

Document Date	2018.06.01	Type	DZ	Company Code	4100	
Posting Date	2018.06.01	Period	11	Currency/Rate	KRW	
Document Number				Translation dte		
Reference						
Doc.Header Text						
Trading part.BA				Tax Report Date		

Customer	
Account	CUST-KR001
Trg.sp.G/L ind.	A

Trg.sp.G/L ind. 필드에 A를 입력하면 이 값을 Target sp.G/L ind. 에 가지고 있는 Noted Item Indicator F를 찾아 자동으로 변환해준다.

Customer Down Payment Request Add Customer item

More data   New Item

Customer	CUST-KR001	SFA Electronics LTD.	G/L Acc 13019000
Company Code	4100		
FI Korea		Seoul	

Item 1 / Down payment request / 09 F

Amount	1000	KRW
Tax Amount		

Special G/L Indicator F로 처리된 건은, F-29 - Down Payment 프로그램에서 Special G/L Indicator를 A로 입력할 경우 Requests 버튼 클릭시 F로 요청된 건들을 자동으로 찾게 된다.

Post Customer Down Payment: Header Data

New Item   Requests

Document Date	2018.06.02	Type	DZ	Company Code	4100
Posting Date	2018.06.02	Period	06	Currency/Rate	KRW
Document Number				Translation dte	
Reference				Cross-CCode No.	
Doc.Header Text					
Trading part.BA				Tax Report Date	

Customer

Account	CUST-KR001	Special G/L ind	A
Altern.comp.cde			

A를 Target Special G/L Indicator로 가지고 있는 Noted Item Special G/L Indicator F 전표들을 찾는다.

○ Posting Keys : 각 Special G/L Indicator별 전표 입력시 발생되는 Posting Key를 지정하고 명칭을 설정할 수 있다. Special G/L Indicator의 경우 무조건 9로 끝나는 Posting Key를 가지고 있다. Customer의 경우 09/19(차/대) Vendor의 경우 29/39(차/대)로 결정되어 있다(변경불가) 명칭의 경우 원하는대로 설정 가능하다.

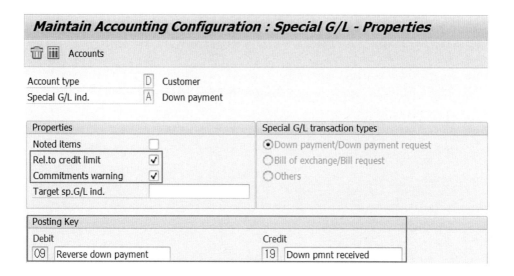

○ Rel.to credit limit : SP.G/L 거래의 경우에도 Credit Limit 영향을 줄 것인가 여부 (Noted Item은 대상아님) 예를 들어 선수금의 경우 여신한도 +효과를 가져오게 되는데 여기에 체크가 되어 있어야 이 기능이 내부적으로 동작하게 된다. 만약 회사에서 보증금의 경우 여신에 반영되지 않는 것으로 정의하였을 경우 보증금 Indicator에 대해서는 체크를 해제해야 한다(Ex-Customer A의 Credit limit가 1억이고 현재 A/R이 6천만원일 경우 남은 여신금액은 4천만원이다. 이때 선수금을 1천만원 수령했을 경우 여신금액은 5천만원이 된다. 이 부분에 대해서는 Credit Management 챕터에서 다시 살펴보기로 하자.)

○ Commitments warning : Special G/L 거래가 존재할 경우 고객/구매처 Invoice 전기시 warning 메시지 뿌려준다. 앞서 테스트 시점에 본 메시지로 선수금이 존재하는 상태에서 AR Invoice 전표를 입력할 때 아래와 같은 Warning이 발생하였었다. 체크 해제시 메시지가 출력되지 않는다.

● **Special G/L Transaction Business Transaction 관점의 유형 :** Special G/L Indicator IMG 세팅의 구분기준이 된다.

▶ ①With down Payments : 선수금, 선급금 관련 거래 유형
○ Down payment request - 선수,선급 요청
○ Down payment

▶ ②With bills of exchange : 받을어음, 지급어음 관련 거래 유형
○ Bill of exchange request
○ Bill of exchange
○ Check/Bill exchange

▶ ③Other : 기타 모든 거래 유형, 보증금, 예수금 등
○ Security deposit
○ Interest
○ User-defined

▶ Special G/L Transaction types : Special G/L Indicator 유형 결정
　→ ①Down Payment, ②Bill of Exchange, ③Others의 3가지 형태가 존재한다.
○ Special G/L Transaction types 필드그룹에 선택할 수 있는 라디오버튼이 있으나 이는 해당 IMG 화면별로 지정이 되어 있으므로 변경할 수 없다(즉, 메뉴패스를 이용해 들어가는 IMG 화면마다 자동 세팅된다.)

- ▾ Accounts Receivable and Accounts Payable
  - ▸ Customer Accounts
  - ▸ Vendor Accounts
  - ▸ Deleting Customer Master Data and Vendor Master Data
  - ▾ Business Transactions
    - ▸ Incoming Invoices/Credit Memos
    - ▸ Release for Payment
    - ▸ Outgoing Payments
    - ▸ Outgoing Invoices/Credit Memos
    - ▸ Incoming Payments
    - ▸ Payments with Payment Cards
    - ▸ Dunning
    - ▸ Open Item Clearing
    - ▾ Down Payment Received
      - ▸ Make and Check Document Settings
      - · Define Reconciliation Accounts for Customer Down Payments
      - · Define Tax Accounts for Down Payments Received | Down Payment |
      - · Define Account for Tax Clearing
    - ▾ Down Payment Made
      - ▸ Make and Check Document Settings
      - · Define Alternative Reconciliation Account for Down Payments
      - · Define Account for Tax Clearing
      - ▸ Down Payments/Down Payment Requests
    - · Bills of Exchange
    - ▸ Internal Transfer Posting
    - ▾ Postings with Alternative Reconciliation Account
      - ▾ Other Special G/L Transactions
        - ▸ Make and Check Document Settings
        - · Define Alternative Reconciliation Account for Customers | Others |
        - · Define Alternative Reconciliation Account for Vendors

---

Special G/L transaction types

- ⦿ Down payment/Down payment request
- ◯ Bill of exchange/Bill request
- ◯ Others   (A Indicator)

Special G/L transaction types

- ◯ Down payment/Down payment request
- ◯ Bill of exchange/Bill request
- ⦿ Others   (G Indicator)

```
  ▾          Bank Accounting
     ▸  🗐        Account Balance Interest Calculation
     ▸  🗐        Bank Accounts
     ▸  🗐        Bank Chains
     ▾  🗐        Business Transactions
        ▸  🗐        Check Deposit
        ▾  🗐        Bill of Exchange Transactions
           ▾  🗐        Bill of Exchange Receivable
              ▸            Request Bill of Exchange Receivable
              ▾            Post Bill of Exchange Receivable
                 ▸  🗐        Make and Check Document Settings
                 ·  🗐 ⊕    Define Alternative Reconcil.Acct for Bills/Exch.Receivable
                 ·  🗐 ⊕    Define Accounts for Bill of Exchange Transactions
                 ·  🗐 ⊕    Define Bill of Exchange Tax Codes          ┌──────────────────────┐
                 ·  🗐 ⊕    Prepare Bill of Exchange Charges Statement │ Bill of Exchange/Request │
                 ▸  🗐        Make and Check Settings for Correspondence └──────────────────────┘
                 ·  🗐 ⊕    Define Bill of Exchange Status
                 ▸            Bill or Exchange Portfolios
              ▸            Present Bill of Exchange Receivable at Bank
              ▸            Bill of Exchange Receivable: Reverse Contingent Liability
              ▸            Bill of Exchange Receivable: Failed Payment Transactions
              ▸            Country-Specific Settings
           ▾  🗐        Bill of Exchange Payable
              ▾  🗐        Create Bill of Exchange Payable
                 ▸  🗐        Make and Check Document Settings
                 ·  🗐 ⊕    Define Alternative Reconciliation Account for Bills of Exchange Payable
              ▸  🗐        Returned Bills of Exchange Payable
```

Special G/L transaction types

○ Down payment/Down payment request

◉ Bill of exchange/Bill request

○ Others   (W Indicator)

▶ 실제 프로젝트시에는 선급/선수요청(F) 프로세스를 사용하지 않고 Others 유형으로
별도의 선급금/선수금 Indicator를 정의하여 사용하는 경우도 있다. FB60/FB70등
Enjoy 화면에서 입력할 수 있는 Special G/L Indicator는 Others 유형만 가능하며
이 경우에만 Parking Document 기능을 사용할 수 있다. 하지만 Others 유형으로
정의하게 되면 〈선급금 / AP〉 전표 입력시 Profit Center를 입력하지 못하는 상황
이 발생할 수 있다. 별도 임시계정 Lineitem을 입력해 Profit Center를 입력하거나
Substitution등의 기능을 이용하는 식으로 해결할 수밖에 없다. 하지만 Down Pay-
ment 유형의 경우 선급/선수금에 대해 CO Object를 입력할 수 있게 화면 필드가 열
리게 된다(이 경우, FB60/FB70화면에서 선택할 수 없다.) 이런 차이점을 기억하고 Special
G/L Indicator를 정의해야 한다.

● Special G/L Account - Special GL에서 사용되는 계정과목들의 Master Data 관리

▶ 중요한 부분 : Recon.account for Acct Type, Line Item display, Field status group 필드 설정

▶ FI-General Ledger-Master Records-G/L Accounts-Individual Processing-FSS0- In Company Code 화면

○ Down payment from customers(선수금 계정) - Control data tab에 대해 살펴보자.

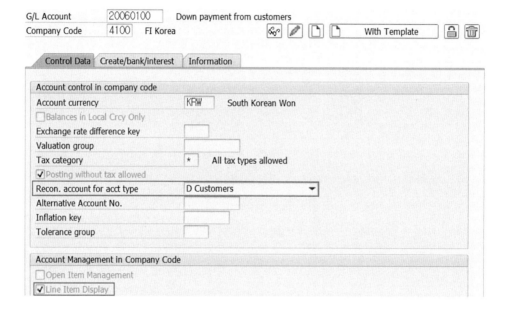

▶Recon. Account for acct type : Vendor/Customer 지정

▶Open Item Management : Recon계정들은 Sub Ledger 레벨에서 자동으로 미결관리가 되므로 언체크

▶Line Item Display : Sub Ledger레벨에서 Open Item 관리를 하기 때문에 이 부분은 반드시 체크 해야 함

(※참고-Open item management 가 체크되어 있으면 Line Item Display도 반드시 체크해야 하며,Line Item Display가 체크되어 있다고 해서 Open Item management를 반드시 체크해야 하는 것은 아니다.)

○ Create/bank/interest tab

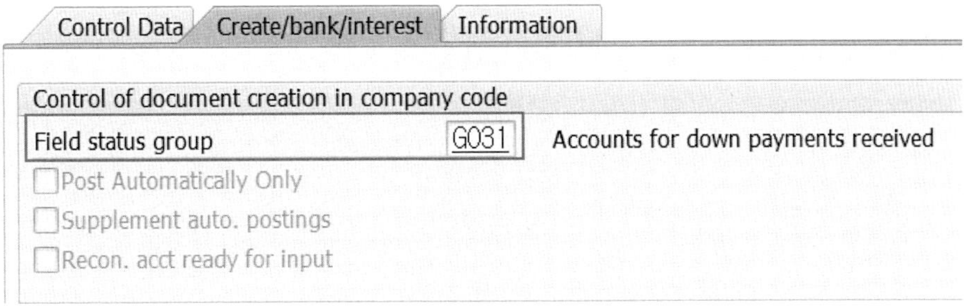

Field status group을 Business 에 맞게 지정해 주어야 한다(CO Object를 입력할 수 있게 설정할 수 있음)
선수/선급 거래 발생시 필요한 필드들의 상태를 동일하게 관리할 수가 있다.

Special G/L Transaction - Posting Key : 9로 끝나는 전기키에 대해 살펴보자.

▶ Special G/L Indicator상의 Posting Key는 지정되어 수정이 불가능하게 되어 있다. 해당 PK가 Special G/L Transaction용 Posting Key라는 것은 시스템 내부적으로 정의되어 있다.

▶ IMG-FI-Financial Accounting Global Settings (New)-Document-Define Posting Keys 화면

○ Posting Key 09/19가 이미 Special G/L Posting Key로 지정되어 있다. 09 더블클릭

Maintain Accounting Configuration : Posting Keys - List

Posting Key	Name	Debit/Credit	Account type
09	Special G/L debit	Debit	Customer
19	Special G/L credit	Credit	Customer

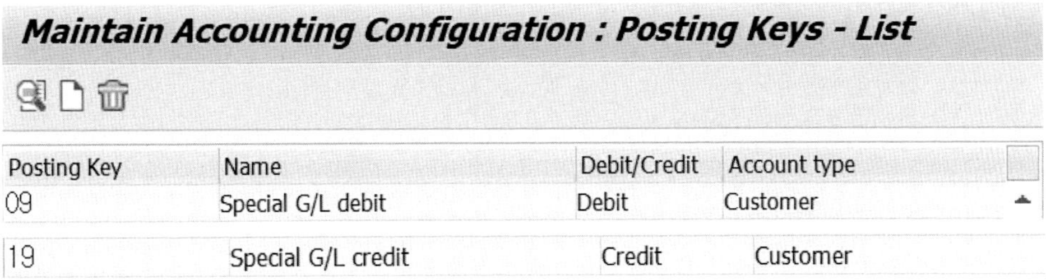

○ 아래와 같은 세팅이 되어 있다.

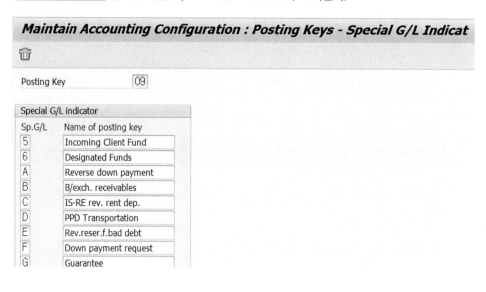

Special G/L 부분에 체크되어 있는 것을 볼 수 있다.

> Sp. G/L indicator 클릭시 대상 Special G/L Indicator가 조회된다.

Maintain Accounting Configuration : Posting Keys - Special G/L Indicat

Posting Key   09

Special G/L indicator	
Sp.G/L	Name of posting key
5	Incoming Client Fund
6	Designated Funds
A	Reverse down payment
B	B/exch. receivables
C	IS-RE rev. rent dep.
D	PPD Transportation
E	Rev.reser.f.bad debt
F	Down payment request
G	Guarantee

○ Posting Key 19, 29, 39도 동일한 형식으로 설정되어 있다.

● Bill of exchange Receivable Special G/L Indicator(W:받을어음, X:할인어음, Y:배서어음, Z:부도어음)

▶ Bill of Exchange Receivable (받을어음) Standard Process

○ 1)매출시점 : 차)A/R 1,000 / 대)Revenue 1,000

○ 2)받을어음수금 : 차)받을어음 1,000(09+Cust#+W) / 대)A/R 1,000

○ 3-1a)받을어음할인시 : 차)Bank 990, 수수료 10 / 대)할인어음 1,000(19+Cust#+X)

○ 3-1b)어음만기시 : 차)할인어음 1,000(09+Cust#+X) / 대)받을어음 1,000(19+Cust#+W)

○ 3-2a)어음부도시 : 차)부도어음 1,000(09+Cust#+Z) / 대)받을어음 1,000(19+Cust#+W)

○ 3-2b)대금수금시 : 차)Bank 1,000 / 대)부도어음 1,000(19+Cust#+Z)

○ 3-3a)받을어음배서시 : 차)A/P 1,000 / 대)배서어음 1,000(19+Cust#+Y)

○ 3-3b)어음만기시 : 차)배서어음 1,000(09+Cust#+Y) / 대)받을어음 1,000(19+Cust#+W)

▶ 받을어음 발생

○ 1)매출시점 : 차)A/R 1,000 / 대)Revenue 1,000

○ 2)받을어음수금 : 차)받을어음 1,000(09+Cust#+W) / 대)A/R 1,000

○ Bill of Exchange - 받을어음 수금 Test

○ 1)매출시점 : 차)A/R 1,000 / 대)Revenue 1,000

• FI-Accounts Receivable-Document Entry-FB70 - Invoice 화면(매출시점 : 6/1-1,000)

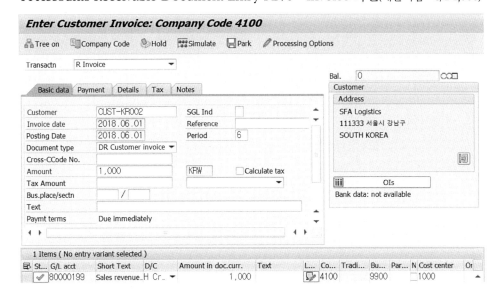

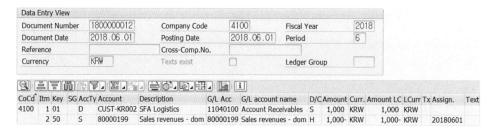

- 위와 같이 A/R Invoice를 발생시킨다.

- FI-Accounts Receivable-Account-FBL5N - Display/Change Line Items(Customer 거래내역 확인)

>방금 전에 발생시킨 A/R Invoice에 대한 Open Item내역 한 건이 조회된다.

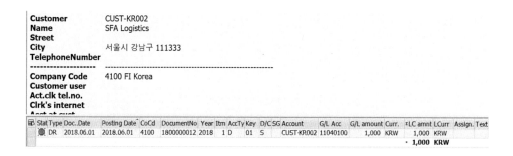

○ **2)받을어음수금 : 차)받을어음 1,000(09+Cust#+W) / 대)A/R 1,000**

- FI-Accounts Receivable-Document Entry-Bill of Exchange-F-36 - Payment 화면

  (수금시점 : 6/2-1,000)

〉아래 그림과 같이 고객코드에 대해 Posting Key 09, Special G/L Indicator W로 입력한 후 엔터

Bill of Exchange Payment: Header Data

Choose open items	Account Model				

Document Date	2018.06.02	Type	DZ	Company Code	4100
Posting Date	2018.06.02	Period	11	Currency/Rate	KRW
Document Number				Translation dte	
Reference				Cross-CCode No.	
Doc.Header Text					
Clearing text					

Transaction to be processed
- ○ Outgoing payment
- ⦿ Incoming payment
- ○ Credit memo
- ○ Transfer posting with clearing

First line item

PstKy	09	Account	CUST-KR002	SGL Ind	W	TType	

〉어음과 관련된 정보를 입력(Discount, Tax 관련 정보는 없는 것으로 가정하고 Test)

Bill of Exchange Payment Add Customer item

Choose open items   Process Open Items   More data   Account Model

Customer	CUST-KR002	SFA Logistics	G/L	11060100
Company Code	4100			
FI Korea		서울시 강남구		

Item 1 / Bill of exchange / 09 W

Amount	1000	KRW		
Assignment		Business Area		
Text	Bill of Exchange Receivable			Long Texts
Bus. Pl.				

Bill of Exchange Details

Due On	2018.06.30	☐Demand bl	Bill/ex.status		Planned usage
Issue date		☐Accepted	Bill protest ID		
Drawer	FI Korea		Seoul		
Drawee	SFA Logistics		서울시 강남구		
Domicile					
Cent.bnk loc					
Bank Country					
Control key					

발행일(Issue date), 만기일(Due On), 어음 발행자(Drawee), 수취인(Drawer) 등 어음 관련 정보 입력

> | Choose open items | 버튼 클릭(발생했던 외상매출금을 선택하여 반제처리 해보자.)

Bill of Exchange Payment Select open items

Process Open Items

Open item selection		Additional selections
Company Code	4100	⦿ None
Account	CUST-KR002	○ Amount
Account type	D	○ Document Number
Special G/L ind	☐ ☑ Normal OI	○ Posting Date
Pmnt advice no.		○ Dunning Area
		○ Reference
☐ Other accounts		○ Collective invoice
☐ Distribute by age		○ Document type
☐ Automatic search		○ Business Area
		○ Tax Code
		○ Branch account
		○ Currency
		○ Posting Key
		○ Document Date
		○ Assignment
		○ Billing Document
		○ Contract Type
		○ Contract Number

> 상단의 | Choose open items | 버튼 클릭

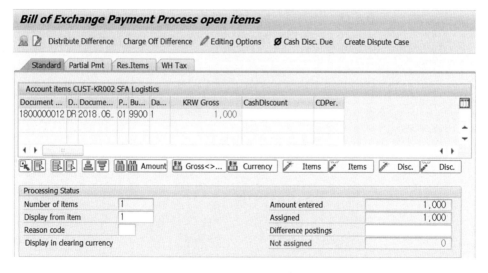

앞에서 발생시켰던 A/R Invoice 내역을 선택한다.

>포스팅(💾) 처리

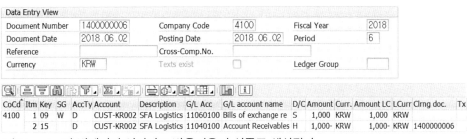

Data Entry View

Document Number	1400000006	Company Code	4100	Fiscal Year	2018	
Document Date	2018.06.02	Posting Date	2018.06.02	Period	6	
Reference		Cross-Comp.No.				
Currency	KRW	Texts exist	☐	Ledger Group		

CoCd	Itm	Key	SG	AccTy	Account	Description	G/L Acc	G/L account name	D/C	Amount	Curr.	Amount LC	LCurr	Clrng doc.	Tx
4100	1	09	W	D	CUST-KR002	SFA Logistics	11060100	Bills of exchange re	S	1,000	KRW	1,000	KRW		
	2	15		D	CUST-KR002	SFA Logistics	11040100	Account Receivables	H	1,000-	KRW	1,000-	KRW	1400000006	

A/R Invoice가 반제되어 없어지고 받을어음이 신규로 생성된다.

- FI-Accounts Receivable-Account-FBL5N - Display/Change Line Items(Customer 거래내역 확인)

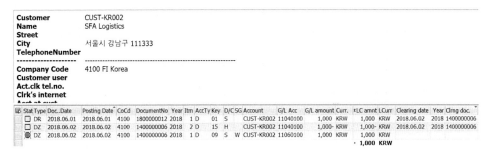

Customer	CUST-KR002			
Name	SFA Logistics			
Street				
City	서울시 강남구 111333			
TelephoneNumber				
Company Code	4100 FI Korea			
Customer user				
Act.clk tel.no.				
Clrk's internet				

Stat	Type	Doc..Date	Posting Date	CoCd	DocumentNo	Year	Itm	AccTy	Key	D/C	SG	Account	G/L Acc	G/L amount	Curr.	∓LC amnt	LCurr	Clearing date	Year	Clrng doc.
☐	DR	2018.06.01	2018.06.01	4100	1800000012	2018	1	D	01	S		CUST-KR002	11040100	1,000	KRW	1,000	KRW	2018.06.02	2018	1400000006
☐	DZ	2018.06.02	2018.06.02	4100	1400000006	2018	2	D	15	H		CUST-KR002	11040100	1,000-	KRW	1,000-	KRW	2018.06.02	2018	1400000006
◉	DZ	2018.06.02	2018.06.02	4100	1400000006	2018	1	D	09	S	W	CUST-KR002	11060100	1,000	KRW	1,000	KRW			
																· 1,000	KRW			

A/R Invoice가 반제되고 받을어음에 대한 Open Item내역 한 건이 조회된다.

▶ 받을어음 할인시(할인어음)

○ 3-1a)받을어음할인시 : 차)Bank 990, 수수료 10 / 대)할인어음 1,000(19+Cust#+X)

○ 3-1b)어음만기시 : 차)할인어음 1,000(09+Cust#+X) / 대)받을어음 1,000(19+Cust#+W)

○ **Bill of Exchange - 받을어음 할인 Test**

○ **3-1a)받을어음할인시 : 차)Bank 990, 수수료 10 / 대)할인어음 1,000(19+Cust#+X)**

- FI-Accounts Receivable-Document Entry-Bill of Exchange-F-36 - Payment 화면 (할인시점 6/15-1,000)

>아래 그림과 같이 입력. 대변 할인어음이므로 Posting Key:19, 할인어음 SP.GL.Ind:X 입력

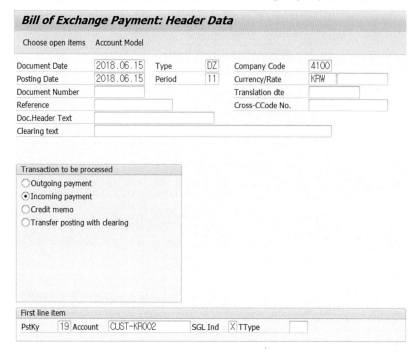

>어음과 관련된 정보를 입력

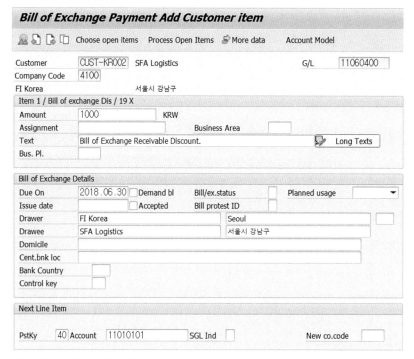

상대계정으로는 은행계정을 입력한다. Posting Key : 40(차변, G/L입력) 수수료 입력은 생략한다.

Bill of Exchange Payment Correct G/L account item

🔍 📋 📋 📋 　Choose open items　Process Open Items　➡ More data　　Account Model

G/L Account　　　　11010101　Shinhan 135792468
Company Code　　　4100　FI Korea

Item 2 / Debit entry / 40

Amount　　　　　　1,000　　　　　　　KRW

☐ Calculate tax

Business place
Business Area　　　　　　　　　　　Trdg part.BA
Profit Center
WBS element

➡ More

Value date　　　　2018.06.15
Assignment
Text　　　　　　　　　　　　　　　　　　　📝 Long Texts

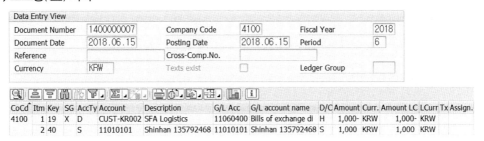

>포스팅(💾) 처리

Data Entry View

Document Number	1400000007	Company Code	4100	Fiscal Year	2018
Document Date	2018.06.15	Posting Date	2018.06.15	Period	6
Reference		Cross-Comp.No.			
Currency	KRW	Texts exist	☐	Ledger Group	

CoCd	Itm	Key	SG	AccTy	Account	Description	G/L Acc	G/L account name	D/C	Amount	Curr.	Amount LC	LCurr	Tx	Assign.
4100	1	19	X	D	CUST-KR002	SFA Logistics	11060400	Bills of exchange di	H	1,000-	KRW	1,000-	KRW		
	2	40		S	11010101	Shinhan 135792468	11010101	Shinhan 135792468	S	1,000	KRW	1,000	KRW		

할인어음이 대변에 발생하면서 은행으로 돈이 입금된 전표내역이다.

- FI-Accounts Receivable-Account-FBL5N - Display/Change Line Items(Customer 거래내역 확인)

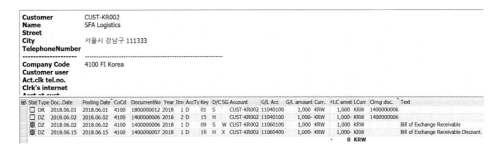

Customer	CUST-KR002
Name	SFA Logistics
Street	
City	서울시 강남구 111333
TelephoneNumber	

Company Code	4100 FI Korea
Customer user	
Act.clk tel.no.	
Clrk's internet	

	Stat	Type	Doc..Date	Posting Date	CoCd	DocumentNo	Year	Itm	AccTy	Key	D/C	SG	Account	G/L Acc	G/L amount	Curr.	±LC amnt	LCurr	Clrng doc.	Text
☐	DR		2018.06.01	2018.06.01	4100	1800000012	2018	1	D	01	S		CUST-KR002	11040100	1,000	KRW	1,000	KRW	1400000006	
☐	DZ		2018.06.02	2018.06.02	4100	1400000006	2018	2	D	15	H		CUST-KR002	11040100	1,000-	KRW	1,000-	KRW	1400000006	
◉	DZ		2018.06.02	2018.06.02	4100	1400000006	2018	1	D	09	S	W	CUST-KR002	11060100	1,000	KRW	1,000	KRW		Bill of Exchange Receivable
◉	DZ		2018.06.15	2018.06.15	4100	1400000007	2018	1	D	19	H	X	CUST-KR002	11060400	1,000-	KRW	1,000-	KRW		Bill of Exchange Receivable Discount.
																0	KRW		

할인 어음 내역도 Open Item으로 등록되어 있음을 확인할 수 있다.

○ 3-1b)어음만기시 : 차)할인어음 1,000(09+Cust#+X) / 대)받을어음 1,000(19+Cust#+W)

- FI-Accounts Receivable-Document Entry-Bill of Exchange-F-36 - Payment or
  FI-Accounts Receivable-Document Entry-Other-F-30 - Transfer with Clearing 화
  면(만기시점 6/30)

Bill of Exchange Payment: Header Data

Choose open items   Account Model

Document Date	2018.06.30	Type	DZ	Company Code	4100
Posting Date	2018.06.30	Period	06	Currency/Rate	KRW
Document Number				Translation dte	
Reference				Cross-CCode No.	
Doc.Header Text					
Clearing text					

Transaction to be processed
- ○ Outgoing payment
- ⊙ Incoming payment
- ○ Credit memo
- ○ Transfer posting with clearing

> ⟩ │ Choose open items │ 버튼 클릭(발생했던 받을어음, 할인어음 선택하여 반제)

Bill of Exchange Payment Select open items

Process Open Items

Open item selection

Company Code	4100
Account	CUST-KR002
Account type	D
Special G/L ind	WX ☐ Normal OI
Pmnt advice no.	

- ☐ Other accounts
- ☐ Distribute by age
- ☐ Automatic search

Additional selections
- ⊙ None
- ○ Amount
- ○ Document Number
- ○ Posting Date
- ○ Dunning Area
- ○ Reference
- ○ Collective invoice
- ○ Document type
- ○ Business Area
- ○ Tax Code
- ○ Branch account
- ○ Currency
- ○ Posting Key
- ○ Document Date
- ○ Assignment
- ○ Billing Document
- ○ Contract Type
- ○ Contract Number

우선 받을어음과 할인어음에 대한 Special G/L Indicator W/X를 모두 입력한다.

>상단의 Choose open items 버튼 클릭.

>다음 그림처럼 받을어음 한 건, 할인어음 한 건이 뜨고 서로 상계된 금액 0 원이 화면상에 보여진다.

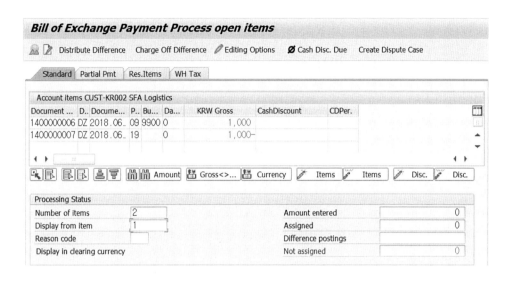

>포스팅(📙) (W:받을어음, X:할인어음 이 서로 상계되어 반제된 화면을 볼 수 있다.)

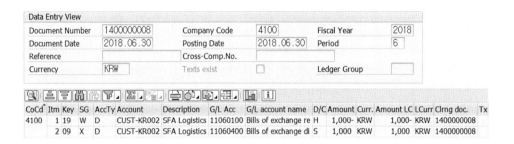

• FI-Accounts Receivable-Account-FBL5N - Display/Change Line Items(Customer 거
래내역 확인)

〉아래와 같이 모든 내역이 상계되어 완료된 것을 확인할 수 있다.

	Stat	Type	Doc..Date	Posting Date	CoCd	DocumentNo	Year	Itm	AccTy	Key	D/C	SG	Account	G/L Acc	G/L amount	Curr.	=LC amnt	LCurr	Clrng doc.	Text
		DR	2018.06.01	2018.06.01	4100	1800000012	2018	1	D	01	S		CUST-KR002	11040100	1,000	KRW	1,000	KRW	1400000006	
		DZ	2018.06.02	2018.06.02	4100	1400000006	2018	1	D	09	S	W	CUST-KR002	11060100	1,000	KRW	1,000	KRW	1400000006	Bill of Exchange Receivable
		DZ	2018.06.02	2018.06.02	4100	1400000006	2018	2	D	15	H		CUST-KR002	11040100	1,000-	KRW	1,000-	KRW	1400000006	
		DZ	2018.06.15	2018.06.15	4100	1400000007	2018	1	D	19	H	X	CUST-KR002	11060400	1,000-	KRW	1,000-	KRW	1400000008	Bill of Exchange Receivable Discount.
		DZ	2018.06.30	2018.06.30	4100	1400000008	2018	1	D	19	H	W	CUST-KR002	11060100	1,000-	KRW	1,000-	KRW	1400000008	
		DZ	2018.06.30	2018.06.30	4100	1400000008	2018	2	D	09	S	X	CUST-KR002	11060400	1,000	KRW	1,000	KRW	1400000008	

Customer CUST-KR002
Name SFA Logistics
Street
City 서울시 강남구 111333
TelephoneNumber
Company Code 4100 FI Korea
Customer user
Act.clk tel.no.
Clrk's internet

▶ 받을어음 부도어음 처리시(부도어음)

○ **3-2a)어음부도시 : 차)부도어음 1,000**(09+Cust#+Z) / **대)받을어음 1,000**(19+Cust#+W)

○ **3-2b)대금수금시 : 차)Bank 1,000 / 대)부도어음 1,000**(19+Cust#+Z)

○ Bill of Exchange - 받을어음 부도처리 Test

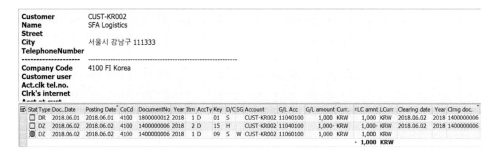

Customer CUST-KR002
Name SFA Logistics
Street
City 서울시 강남구 111333
TelephoneNumber
Company Code 4100 FI Korea
Customer user
Act.clk tel.no.
Clrk's internet

	Stat	Type	Doc..Date	Posting Date	CoCd	DocumentNo	Year	Itm	AccTy	Key	D/C	SG	Account	G/L Acc	G/L amount	Curr.	=LC amnt	LCurr	Clearing date	Year	Clrng doc.
		DR	2018.06.01	2018.06.01	4100	1800000012	2018	1	D	01	S		CUST-KR002	11040100	1,000	KRW	1,000	KRW	2018.06.02	2018	1400000006
		DZ	2018.06.02	2018.06.02	4100	1400000006	2018	2	D	15	H		CUST-KR002	11040100	1,000-	KRW	1,000-	KRW	2018.06.02	2018	1400000006
		DZ	2018.06.02	2018.06.02	4100	1400000006	2018	1	D	09	S	W	CUST-KR002	11060100	1,000	KRW	1,000	KRW			

위와 같은 받을어음 발생 상태에서 어음 부도 처리

○ **3-2a)어음부도시 : 차)부도어음 1,000**(09+Cust#+Z) / **대)받을어음 1,000**(19+Cust#+W)

Bill of Exchange Payment: Header Data

Choose open items   Account Model

Document Date	2018.06.30	Type	DZ	Company Code	4100	
Posting Date	2018.06.30	Period	11	Currency/Rate	KRW	
Document Number				Translation dte		
Reference				Cross-CCode No.		
Doc.Header Text						
Clearing text						

Transaction to be processed

- ○ Outgoing payment
- ◉ Incoming payment
- ○ Credit memo
- ○ Transfer posting with clearing

First line item

PstKy	09	Account	CUST-KR002	SGL Ind	Z	TType	

Bill of Exchange Payment Add Customer item

Choose open items   Process Open Items   More data   Account Model

Customer	CUST-KR002	SFA Logistics	G/L	11060500
Company Code	4100			
FI Korea		서울시 강남구		

Item 1 / Bill of exchange Bnk / 09 Z

Amount	1000	KRW	
Assignment		Business Area	
Text	Bill of Exchange Receivable Bankrupt.		Long Texts
Bus. Pl.			

Bill of Exchange Details

Due On	2018.06.30 ☐ Demand bl	Bill/ex.status	Planned usage ▼
Issue date	☐ Accepted	Bill protest ID	
Drawer	FI Korea	Seoul	
Drawee	SFA Logistics	서울시 강남구	
Domicile			
Cent.bnk loc			
Bank Country			
Control key			

5

AR&AP Transactions

> Choose open items 클릭

Bill of Exchange Payment Select open items

Process Open Items

Open item selection		Additional selections
Company Code	4100	⦿ None
Account	CUST-KR002	○ Amount
Account type	D	○ Document Number
Special G/L ind	W	☐ Normal OI	○ Posting Date
Pmnt advice no.		○ Dunning Area

Bill of Exchange Payment Process open items

🔍 📝 Distribute Difference   Charge Off Difference   ✏️ Editing Options   ∅ Cash Disc. Due   Create Dispute Case

| Standard | Partial Pmt | Res.Items | WH Tax |

Account items CUST-KR002 SFA Logistics

Document ...	D..	Docume...	P..	Bu...	Da...	KRW Gross	CashDiscount	CDPer.	
1400000006	DZ	2018.06..	09	9900	0	1,000			

🔲🔲 🔲🔲 🔲🔳 🔳🔳 Amount 🔳 Gross<>... 🔳 Currency 📝 Items 📝 Items 📝 Disc. 📝 Disc.

Processing Status			
Number of items	1	Amount entered	1,000
Display from item	1	Assigned	1,000
Reason code		Difference postings	
Display in clearing currency		Not assigned	0

> 포스팅(💾) 처리

Data Entry View					
Document Number	1400000009	Company Code	4100	Fiscal Year	2018
Document Date	2018.06.30	Posting Date	2018.06.30	Period	6
Reference		Cross-Comp.No.			
Currency	KRW	Texts exist	☐	Ledger Group	

🔍 🔲🔲🔲🔲🔲 🔲🔲🔲 🔲🔲🔲🔲🔲 🔲 ℹ️

CoCd	Itm	Key	SG	AccTy	Account	Description	G/L Acc	G/L account name	D/C	Amount	Curr.	Amount LC	LCurr	Clrng doc.
4100	1	09	Z	D	CUST-KR002	SFA Logistics	11060500	Bills of exchange bk	S	1,000	KRW	1,000	KRW	
	2	19	W	D	CUST-KR002	SFA Logistics	11060100	Bills of exchange re	H	1.000-	KRW	1.000-	KRW	1400000009

＞FI-Accounts Receivable-Account-FBL5N - Display/Change Line Items(Customer 거래내역 확인)

```
Customer        CUST-KR002
Name            SFA Logistics
Street
City            서울시 강남구 111333
TelephoneNumber
--------------  -------------------------------------------------------
Company Code    4100 FI Korea
Customer user
Act.clk tel.no.
Clrk's internet
```

☑ Stat Type	DocDate	Posting Date	CoCd	DocumentNo	Year	Itm	AccTy	Key	D/C	SG	Account	G/L Acc	G/L amount	Curr.	LC amnt	LCurr	Clrng doc.	Text
☐ DR	2018.06.01	2018.06.01	4100	1800000012	2018	1	D	01	S		CUST-KR002	11040100	1,000	KRW	1,000	KRW	1400000006	
☐ DZ	2018.06.02	2018.06.02	4100	1400000006	2018	1	D	09	S	W	CUST-KR002	11060100	1,000	KRW	1,000	KRW	1400000009	Bill of Exchange Receivable
☐ DZ	2018.06.02	2018.06.02	4100	1400000006	2018	2	D	15	H		CUST-KR002	11040100	1,000-	KRW	1,000-	KRW	1400000006	
☐ DZ	2018.06.30	2018.06.30	4100	1400000009	2018	2	D	19	H	W	CUST-KR002	11060100	1,000-	KRW	1,000-	KRW	1400000009	
◉ DZ	2018.06.30	2018.06.30	4100	1400000009	2018	1	D	09	S	Z	CUST-KR002	11060500	1,000	KRW	1,000	KRW		Bill of Exchange Receivable Bankrupt.
															· 1,000	KRW		

받을어음은 반제되어 없어지고, 부도어음만 미결항목으로 존재한다.

○ 3-2b)대금수금시 : 차)Bank 1,000 / 대)부도어음 1,000(19+Cust#+Z)

＞FI-Accounts Receivable-Document Entry-F-28 - Incoming Payments 화면

Post Incoming Payments: Header Data

Process Open Items

Document Date	2018.07.31	Type	DZ	
Posting Date	2018.07.31	Period	11	
Document Number				
Reference				
Doc.Header Text				
Clearing text				

Company Code	4100		
Currency/Rate	KRW		
Translation dte			
Cross-CCode No.			
Trading part.BA			

Bank data

Account	11010101	Business Area	
Amount	1000	Amt.in loc.cur.	
Bank charges		LC bank charges	
Value date	2018.07.31	Profit Center	
Text		Assignment	

Open item selection

Account	CUST-KR002
Account type	D ☐Other accounts
Special G/L ind	Z ☐Standard OIs
Pmnt advice no.	
☐Distribute by age	
☐Automatic search	

Additional selections

- ◉ None
- ○ Amount
- ○ Document Number
- ○ Posting Date
- ○ Dunning Area
- ○ Others

은행 계정에 돈이 입금되고 상대계정 Open Item은 Special G/L Ind.가 Z인 건을 대상으로 찾는다.

> | Process Open Items | 버튼 클릭

Post Incoming Payments Process open items

🔍 📝 Distribute Difference   Charge Off Difference   ✏ Editing Options   Ø Cash Disc. Due   Create Dispute Case

| Standard | Partial Pmt | Res.Items | WH Tax |

Account items CUST-KR002 SFA Logistics

Document ...	D..	Docume..	P..	Bu...	Da...	KRW Gross	CashDiscount	CDPer.	
1400000009	DZ	2018.06_	09	9900	31	1,000			

🔍📋 📋📋 🖨📋 🔍🔍 Amount   🧮 Gross<>... 🧮 Currency ✏ Items ✏ Items ✏ Disc. ✏ Disc.

Processing Status

Number of items	1	Amount entered	1,000
Display from item	1	Assigned	1,000
Reason code		Difference postings	
Display in clearing currency		Not assigned	0

> 포스팅(💾) 버튼 클릭

Data Entry View

Document Number	1400000010	Company Code	4100	Fiscal Year	2018
Document Date	2018.07.31	Posting Date	2018.07.31	Period	7
Reference		Cross-Comp.No.			
Currency	KRW	Texts exist	☐	Ledger Group	

CoCd	Itm	Key	SG	AccTy	Account	Description	G/L Acc	G/L account name	D/C	Amount	Curr.	Amount LC	LCurr	Clrng doc.	Tx
4100	1	40		S	11010101	Shinhan 135792468	11010101	Shinhan 135792468	S	1,000	KRW	1,000	KRW		
	2	19	Z	D	CUST-KR002	SFA Logistics	11060500	Bills of exchange bk	H	1,000-	KRW	1,000-	KRW	1400000010	

부도어음을 반제하고, Bank로 돈이 입금된 전표 형태이다.

> FI-Accounts Receivable-Account-FBL5N - Display/Change Line Items(Customer 거래내역 확인)

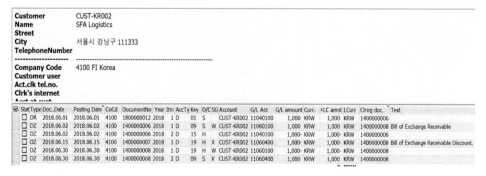

Customer	CUST-KR002
Name	SFA Logistics
Street	
City	서울시 강남구 111333
TelephoneNumber	

-------------------- --

Company Code	4100 FI Korea
Customer user	
Act.clk tel.no.	
Clrk's internet	

☒	Stat	Type	Doc..Date	Posting Date	CoCd	DocumentNo	Year	Itm	AccTy	Key	D/C	SG	Account	G/L Acc	G/L amount	Curr.	=LC amnt	LCurr	Clrng doc.	Text
☐		DR	2018.06.01	2018.06.01	4100	1800000012	2018	1	D	01	S		CUST-KR002	11040100	1,000	KRW	1,000	KRW	1400000006	
☐		DZ	2018.06.02	2018.06.02	4100	1400000006	2018	1	D	09	S	W	CUST-KR002	11060100	1,000	KRW	1,000	KRW	1400000008	Bill of Exchange Receivable
☐		DZ	2018.06.02	2018.06.02	4100	1400000006	2018	2	D	15	H		CUST-KR002	11040100	1,000-	KRW	1,000-	KRW	1400000006	
☐		DZ	2018.06.15	2018.06.15	4100	1400000007	2018	1	D	19	H	X	CUST-KR002	11060400	1,000-	KRW	1,000-	KRW	1400000008	Bill of Exchange Receivable Discount.
☐		DZ	2018.06.30	2018.06.30	4100	1400000008	2018	1	D	19	H	W	CUST-KR002	11060100	1,000-	KRW	1,000-	KRW	1400000008	
☐		DZ	2018.06.30	2018.06.30	4100	1400000008	2018	2	D	09	S	X	CUST-KR002	11060400	1,000	KRW	1,000	KRW	1400000008	

○ 3-3a)받을어음배서시 : 차)A/P 1,000 / 대)배서어음 1,000(19+Cust#+Y)

○ 3-3b)어음만기시 : 차)배서어음 1,000(09+Cust#+Y) / 대)받을어음 1,000(19+Cust#+W)

○ Bill of Exchange - 받을어음 배서처리 Test

Customer	CUST-KR002
Name	SFA Logistics
Street	
City	서울시 강남구 111333
TelephoneNumber	

Company Code	4100 FI Korea
Customer user	
Act.clk tel.no.	
Clrk's internet	
Aast at such	

Stat	Type	Doc..Date	Posting Date	CoCd	DocumentNo	Year	Itm	AccTy	Key	D/C	SG	Account	G/L Acc	G/L amount	Curr.	¤LC amnt	LCurr	Clearing date	Year	Clrng doc.
☐	DR	2018.06.01	2018.06.01	4100	1800000012	2018	1	D	01		S	CUST-KR002	11040100	1,000	KRW	1,000	KRW	2018.06.02	2018	1400000006
☐	DZ	2018.06.02	2018.06.02	4100	1400000006	2018	2	D	15		H	CUST-KR002	11040100	1,000-	KRW	1,000-	KRW	2018.06.02	2018	1400000006
◉	DZ	2018.06.02	2018.06.02	4100	1400000006	2018	1	D	09		S	W	CUST-KR002	11060100	1,000	KRW	1,000	KRW			
																· 1,000	KRW			

위와 같은 받을어음 발생 상태에서 어음 부도 처리

Data Entry View

Document Number	1900000006	Company Code	4100	Fiscal Year	2018
Document Date	2018.06.15	Posting Date	2018.06.15	Period	6
Reference		Cross-Comp.No.			
Currency	KRW	Texts exist	☐	Ledger Group	

CoCd	Itm	Key	SG	AccTy	Account	Description	G/L Acc	G/L account name	D/C	Amount	Curr.	Amount LC	LCurr	Tx	Assign.	Text
4100	1	31	K		VEND-KR002	SFA Logistics	20020100	Account Payables	H	1,000-	KRW	1,000-	KRW			
	2	40	S		54000600	Travel and Transport	54000600	Travel and Transport	S	1,000	KRW	1,000	KRW		20180615	

그림과 같은 AP 전표가 발생되어 있을 때 받을어음을 AP Vendor에 배서 처리 한 경우를 살펴보자.

○ 3-3a)받을어음배서시 : 차)A/P 1,000 / 대)<u>배서어음 1,000</u>(19+Cust#+Y)

> FI-Accounts Receivable-Document Entry-Bill of Exchange-F-36 - Payment

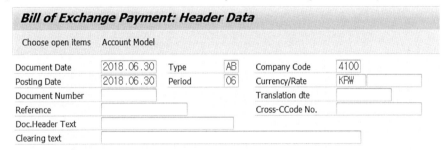

Bill of Exchange Payment: Header Data

Choose open items   Account Model

Document Date	2018.06.30	Type	AB	Company Code	4100
Posting Date	2018.06.30	Period	06	Currency/Rate	KRW
Document Number				Translation dte	
Reference				Cross-CCode No.	
Doc.Header Text					
Clearing text					

Transaction to be processed

○ Outgoing payment
◉ Incoming payment
○ Credit memo
○ Transfer posting with clearing

First line item

PstKy	19	Account	CUST-KR002	SGL Ind	Y	TType	

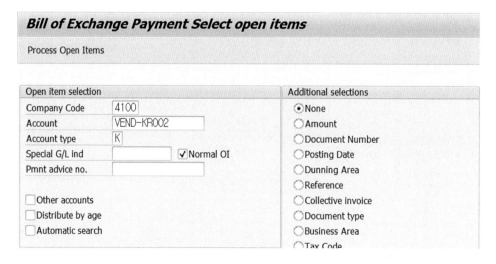

Bill of Exchange Payment Add Customer item

🔲 🔲 🔲 🔲 Choose open items   Process Open Items   🖙 More data   Account Model

| Customer | CUST-KR002 | SFA Logistics | | G/L | 11060300 |
| Company Code | 4100 | | | | |

FI Korea   서울시 강남구

Item 1 / Bill of exchange End / 19 Y

Amount	1000		KRW	
Assignment			Business Area	
Text	Bill of Exchange Receivable Endorse.		🖙	Long Texts
Bus. Pl.				

Bill of Exchange Details

Due On	2018.06.30 ☐Demand bl	Bill/ex.status		Planned usage	▼
Issue date	☐Accepted	Bill protest ID			
Drawer	FI Korea	Seoul			
Drawee	SFA Logistics	서울시 강남구		
Domicile			
Cent.bnk loc			
Bank Country			
Control key			

배서어음Lineitem 관련 정보를 입력

〉 Choose open items 클릭

Bill of Exchange Payment Select open items

Process Open Items

Open item selection

Company Code	4100
Account	VEND-KR002
Account type	K
Special G/L ind		✔ Normal OI
Pmnt advice no.	

☐ Other accounts
☐ Distribute by age
☐ Automatic search

Additional selections

⦿ None
◯ Amount
◯ Document Number
◯ Posting Date
◯ Dunning Area
◯ Reference
◯ Collective invoice
◯ Document type
◯ Business Area
◯ Tax Code

반제할 Vendor A/P 를 선택하기 위한 조건을 입력한다.

⟩ Process Open Items 클릭

Bill of Exchange Payment Process open items

Distribute Difference   Charge Off Difference   ✏ Editing Options   ∅ Cash Disc. Due

| Standard | Partial Pmt | Res.Items | WH Tax |

Account items VEND-KR002 SFA Logistics

Document ...	D..	Docume...	P..	Bu...	Da...	KRW Gross	CashDiscount	CDPer.
1900000006	KR	2018.06_	31	9900	15	1,000-		

Amount   Gross<>...   Currency   ✏ Items   ✏ Items   ✏ Disc.   ✏ Disc.

Processing Status

Number of items	1	Amount entered	1,000-
Display from item	1	Assigned	1,000-
Reason code		Difference postings	
Display in clearing currency		Not assigned	0

⟩포스팅(💾) 처리

Data Entry View

Document Number	100000028	Company Code	4100	Fiscal Year	2018
Document Date	2018.06.30	Posting Date	2018.06.30	Period	6
Reference		Cross-Comp.No.			
Currency	KRW	Texts exist	☐	Ledger Group	

CoCd	Itm	Key	SG	AccTy	Account	Description	G/L Acc	G/L account name	D/C	Amount	Curr.	Amount LC	LCurr	Clrng doc.
4100	1	19	Y	D	CUST-KR002	SFA Logistics	11060300	Bills/exchange endor	H	1,000-	KRW	1,000-	KRW	
	2	28		K	VEND-KR002	SFA Logistics	20020100	Account Payables	S	1,000	KRW	1,000	KRW	100000028

⟩FI-Accounts Receivable-Account-FBL5N - Display/Change Line Items(Customer 거래내역 확인)

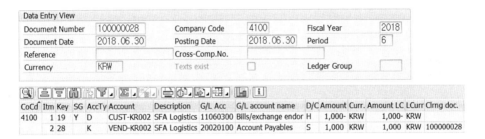

		Customer	CUST-KR002											
		Name	SFA Logistics											
		Street												
		City	서울시 강남구 111333											
		TelephoneNumber												

		Company Code	4100 FI Korea
		Customer user	
		Act.clk tel.no.	
		Clrk's internet	
		Acct at cust.	

	Stat	Type	Doc..Date	Posting Date	CoCd	DocumentNo	Year	Itm	AccTy	Key	D/C	SG	Account	G/L Acc	G/L amount	Curr.	≈LC amnt	LCurr	Clrng doc.	Text
☐		DR	2018.06.01	2018.06.01	4100	1800000012	2018	1	D		01	S		CUST-KR002	11040100	1,000	KRW	1,000	KRW	1400000006	
☐		DZ	2018.06.02	2018.06.02	4100	1400000006	2018	2	D		15	H		CUST-KR002	11040100	1,000-	KRW	1,000-	KRW	1400000006	
◙		DZ	2018.06.02	2018.06.02	4100	1400000006	2018	1	D		09	S	W	CUST-KR002	11060100	1,000	KRW	1,000	KRW		Bill of Exchange Receivable
◙		AB	2018.06.30	2018.06.30	4100	100000028	2018	1	D		19	H	Y	CUST-KR002	11060300	1,000-	KRW	1,000-	KRW		Bill of Exchange Receivable Endorse.
																	0	KRW		

받을어음과 배서어음이 각각 미결항목으로 남아있는 것을 볼 수 있다.

○ 3-3b)어음만기시: 차)배서어음 1,000(09+Cust#+Y) / 대)받을어음 1,000(19+Cust#+W)

> FI-Accounts Receivable-Document Entry-Bill of Exchange-F-36 - Payment

Bill of Exchange Payment: Header Data

Choose open items   Account Model

Document Date	2018.06.30	Type	DZ	Company Code	4100	
Posting Date	2018.06.30	Period	06	Currency/Rate	KRW	
Document Number				Translation dte		
Reference				Cross-CCode No.		
Doc.Header Text						
Clearing text						

Transaction to be processed
- ○ Outgoing payment
- ⦿ Incoming payment
- ○ Credit memo
- ○ Transfer posting with clearing

> | Choose open items | 클릭

Bill of Exchange Payment Select open items

Process Open Items

Open item selection

Company Code	4100
Account	CUST-KR002
Account type	D
Special G/L ind	WY ☐ Normal OI
Pmnt advice no.	

- ☐ Other accounts
- ☐ Distribute by age
- ☐ Automatic search

Additional selections
- ⦿ None
- ○ Amount
- ○ Document Number
- ○ Posting Date
- ○ Dunning Area
- ○ Reference
- ○ Collective invoice
- ○ Document type
- ○ Business Area
- ○ Tax Code

받을어음/배서어음 Openitem을 찾기 위해 Special G/L Indicator W/Y 를 모두 입력한다.

> Process Open Items 클릭

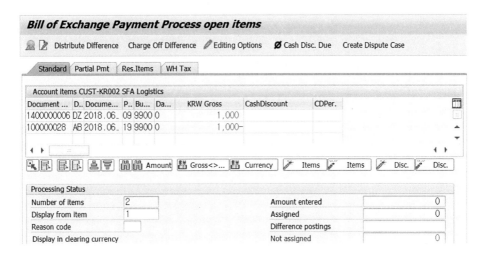

> 포스팅(💾) 처리

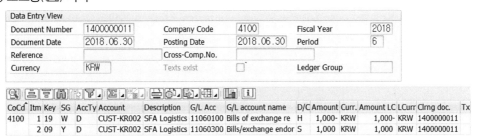

> FI-Accounts Receivable-Account-FBL5N - Display/Change Line Items(Customer 거래내역 확인)

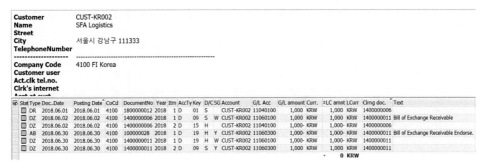

받을어음/배서어음 모두 반제처리 된 것을 확인할 수 있다

▶ 받을어음 할인/부도 등에 대한 별도의 Standard 처리 T-Code : FBWE - From Account 를 통해 처리하는 방식도 있다.

2. Open Item Clearing : 미결항목 반제처리

● **Open Item Clearing Concept [Open Item : 언젠가는 반제처리되어 없어져야 할 미결 Item]**

▶ Open Item Clearing : Open Item을 반제(Clearing)하는 2가지 처리 방식

○ ①Post with Clearing 방식

- **매출발생A : 차)A/R 2,000 / 대)Rev 2,000**, 매출발생B : 차)A/R 3,000 / ···, **수금처 리C : 차)Bank 2,000/ 대)A/R 2,000** → 매출발생A는 포스팅 되어 있고 수금처리C 는 아직 포스팅 되어 있지 않다. 매출발생A를 Clearing(반제) 하면서 수금처리C를 포스팅 하는 방식

○ ②Account Clearing 방식

- **매출발생A : 차)A/R 1,000 / 대)Rev 1,000**, 매출발생B : 차)A/R 1,000 / ···, **매출취 소C : ··· / 대)A/R 1,000**
- 매출취소C 전표는 이미 발생되어 있는 상태에서 이 건이 매출발생A에 대한 취소 건 이라면 이 두건은 서로 상계되어 잔액이 0이다. 이런 경우 각각 발생되어 있는 2개의 미결항목을 불러다가 반제처리 할 수 있다.
- 이렇게 동일한 계정과목으로 여러건을 Clearing하는 방식을 Account Clearing 방 식이라고 한다(사람이 매뉴얼로 처리 할 수도 있고 시스템이 자동으로 찾아서 처리할 수도 있 다(Automatic Clearing))
- 매출발생A와 매출취소C는 각각 포스팅이 되어 있는 상태에서 서로 반제하는 방식

● ①Posting with Clearing 방식

▶ Manual Incoming Payment : A/R Invoice Open Item에 대해 매뉴얼하게 수금내역을 입력하는 방식을 살펴보자.

▶ FI-Accounts Receivable-Document Entry-FB70 - Invoice 화면에서 A/R Invoice 발생

○ A/R Invoice 2,000, 3,000을 발생(매출발생시점:7/1-2,000, 7/10-3,000)

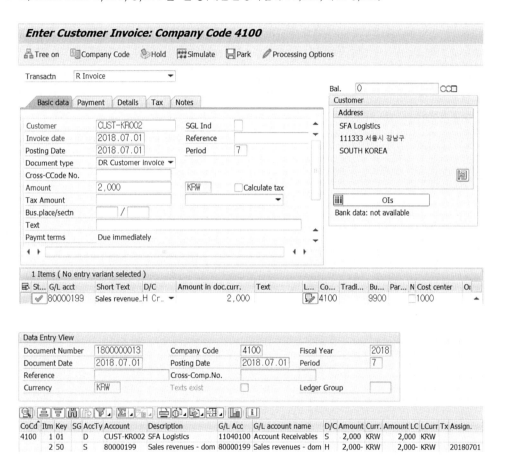

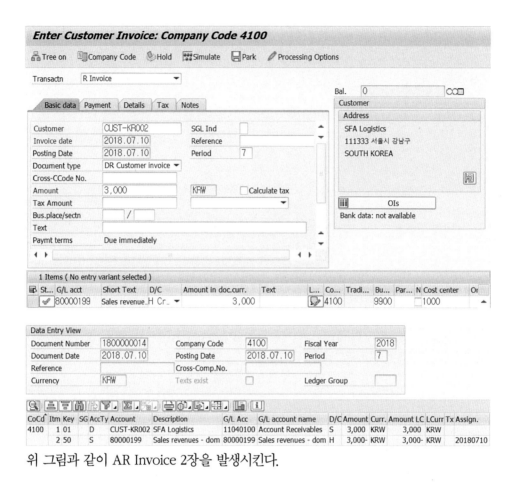

위 그림과 같이 AR Invoice 2장을 발생시킨다.

○ FI-Accounts Receivable-Account-FBL5N - Display/Change Line Items(Customer 거래내역 확인)

>아래 그림처럼 2건의 Open Item을 확인할 수 있다.

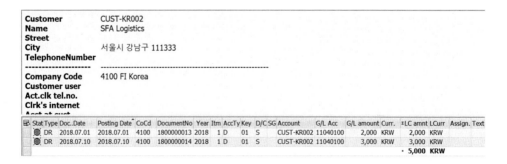

▶ FI-Accounts Receivable-Document Entry-F-28 - Incoming Payments 화면에서 수금처리

Post Incoming Payments: Header Data

Process Open Items

Document Date	2018.07.31	Type	DZ	Company Code	4100
Posting Date	2018.07.31	Period	07	Currency/Rate	KRW
Document Number				Translation dte	
Reference				Cross-CCode No.	
Doc.Header Text				Trading part.BA	
Clearing text					

Bank data

Account	11010101	Business Area	
Amount	5,000	Amt.in loc.cur.	
Bank charges		LC bank charges	
Value date	2018.07.31	Profit Center	
Text		Assignment	

Open item selection

Account	CUST-KR002
Account type	D ☐ Other accounts
Special G/L ind	☑ Standard OIs
Pmnt advice no.	
☐ Distribute by age	
☐ Automatic search	

Additional selections

- ⦿ None
- ○ Amount
- ○ Document Number
- ○ Posting Date
- ○ Dunning Area
- ○ Others

○ (1)상대계정 Bank Account를 입력한다(붉은색 부분)

• Bank Clearing 계정을 직접 입력하는 단계(그림의 Bank Account와 Amount값 입력)

○ (2)Clear 처리할 Open Item을 선택한다(파란색 부분)

• Open item Selection 입력

Open item selection

Account	CUST-KR002
Account type	D ☐ Other accounts
Special G/L ind	☑ Standard OIs

(Open Item을 선택할 반제처리 대상 Customer 선택)

• ⎡ Process Open Items ⎤ 버튼 클릭

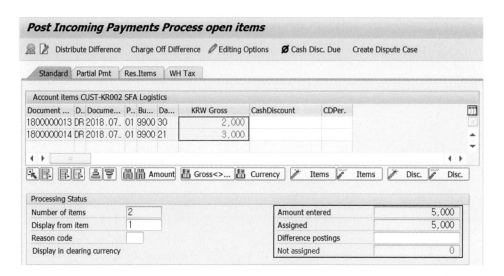

Clear 할 대상 A/R의 금액부분을 더블클릭하여 선택-금액이 파란색으로 Activate되면서 Not assigned 금액 0됨. Amount Entered 금액은 첫화면에서 Bank 계정으로 입력한 금액이며, Assigned 금액은 미결항목 선택화면에서 금액을 활성화하여 선택한 미결Item의 Sum 금액이다. 이 금액이 차변/대변 금액이 되며 차액이 Not assigned 금액이 된다. Not assigned 금액이 0이 되어야 차/대 일치가 되어 전표처리가 가능하다.

○ (3)Created Automatically : 자동적으로 반제 처리 될 Lineitem이 생성된다.

• [메뉴-Document-Simulate] 하게 되면 대변에 A/R 반제 라인이 자동으로 생성 된다.

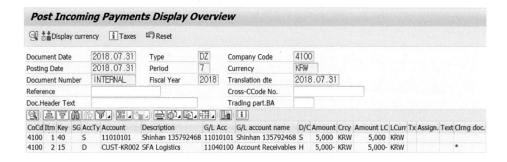

Customer에 대한 대변 Lineitem이 자동으로 생성됨을 볼 수 있다. 아직 시뮬레이션 단계이므로 Clearing Document에는 * 라는 값으로 조회된다. 전표가 생성되는 시점에 반제전표번호가 업데이트 된다.

○ (4)Cleared - 🖫(Posting) 하면 Open Item들이 반제되어 녹색으로 변하는 단계

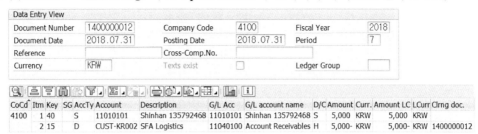

- FI-Accounts Receivable-Account-FBL5N - Display/Change Line Items(Customer 거래내역 확인)

〉아래 그림처럼 A/R 내역과 수금처리 된 내역이 서로 Clearing 된 것을 확인할 수 있다.

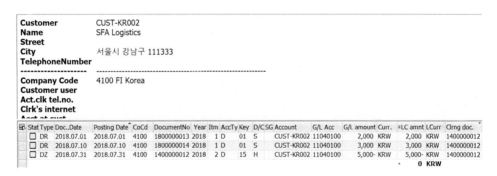

입금전표를 입력함과 동시에 AR Invoice에 대한 반제처리를 진행하였다.

●②Account Clearing

▶ 잔액을 0으로 갖는 Open Item건들을 동일한 계정 레벨에서 Clear하는 방식. 대표적인 예로, A/R Invoice에 대한 Credit Memo 발생시 서로 반제하는 Case가 있다.

○ Customer에 대해 다음과 같은 거래가 발생할 경우

○ 7/01)[차)A/R 2,000 / 대)Rev 2,000] - Open Item상태

○ 7/10)[차)A/R 3,000 / 대)Rev 3,000] - Open Item상태

○ 7/20)반품 발생으로 Credit Memo 처리 : [차)Rev 5,000 / 대)A/R 5,000] - Open Item상태

○ 7/20의 Credit Memo와 7/1, 7/10일의 A/R을 모두 불러와 한꺼번에 반제하는 방식을 바로 Account Clearing 방식이라고 한다.

▶ 별도의 G/L포스팅 없이 상태만 Open 상태에서 Cleared 상태로 변경시켜주는 특징을 가지고 있다. 즉, 차,대변의 라인 아이템은 발생되지 않고 전표 껍데기만 생성된다. **Document Splitting이 활성화 되어 있거나, 정의된 반제규칙에 따라 Line Item이 발생할 수 있다.**

○ A/R Invoice 2000, 3000을 발생(매출발생시점 : 7/1-2,000, 7/10-3,000)

○ FI-Accounts Receivable-Account-FBL5N - Display/change line items 화면(내역확인)

〉아래 그림처럼 2건의 Open Item을 확인할 수 있다.

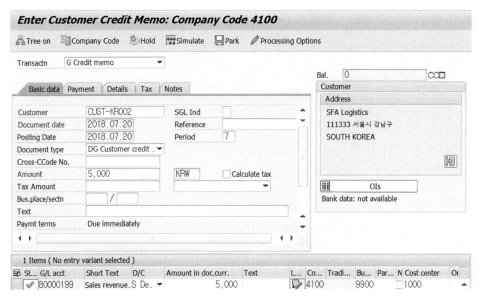

Customer	CUST-KR002														
Name	SFA Logistics														
Street															
City	서울시 강남구 111333														
TelephoneNumber															

Company Code	4100 FI Korea															
Customer user																
Act.clk tel.no.																
Clrk's internet																

Stat	Type	DocDate	Posting Date	CoCd	DocumentNo	Year	Itm	AccTy	Key	D/C	SG	Account	G/L Acc	G/L amount	Curr.	¤LC amnt	LCurr	Assign.	Text
	DR	2018.07.01	2018.07.01	4100	1800000013	2018	1	D	01	S		CUST-KR002	11040100	2,000	KRW	2,000	KRW		
	DR	2018.07.10	2018.07.10	4100	1800000014	2018	1	D	01	S		CUST-KR002	11040100	3,000	KRW	3,000	KRW		
														· 5,000	**KRW**				

▶ FI-Accounts Receivable-Document Entry-FB75 - Credit Memo 화면에서 Credit Memo등록(반품 발생(7/20-5,000))

Enter Customer Credit Memo: Company Code 4100

🖧 Tree on   🗐 Company Code   🖋 Hold   ▦ Simulate   🖫 Park   🖉 Processing Options

Transactn   G Credit memo ▾

Bal.   0   ∞☐

Customer
Address
SFA Logistics
111333 서울시 강남구
SOUTH KOREA

Basic data	Payment	Details	Tax	Notes

Customer   CUST-KR002   SGL Ind
Document date   2018.07.20   Reference
Posting Date   2018.07.20   Period   7
Document type   DG Customer credit ▾
Cross-CCode No.
Amount   5,000   KRW   ☐ Calculate tax
Tax Amount
Bus.place/sectn   /
Text
Paymt terms   Due immediately

▦   OIs
Bank data: not available

1 Items (No entry variant selected)

St...	G/L acct	Short Text	D/C	Amount in doc.curr.	Text	L...	Co...	Tradi...	Bu...	Par...	N	Cost center	Or
✓	80000199	Sales revenue_S De_ ▾		5,000		🖉	4100	9900	☐	1000			

FB75 T-Code에 들어가면 Transaction이 자동으로 Credit Memo로 지정된다. 전표 유형, 라인아이템의 차/대 지시자 역시 자동으로 지정된다(차변 매출) 전표 입력 방식은 FB70과 차/대만 바꾸고 동일하다.

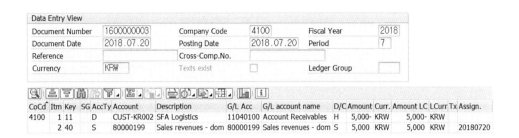

○ FI-Accounts Receivable-Account-FBL5N-Display/change line items 화면(내역확인)

> 아래 그림처럼 3건의 Open Item을 확인할 수 있다. Credit Memo 전표 역시 Open Item 상태로 남아있다.

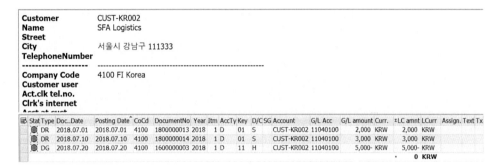

A/R Invoice 2건에 대해 Credit Memo가 발생하여 잔액은 0이 되었다. 이 상황에서 Clearing 처리를 해보자.

▶ FI-Accounts Receivable-Account-F-32 - Clear 화면에서 Open Item들을 Clear상태로 변환시켜준다.
○ Clear 대상이 되는 거래처를 선택

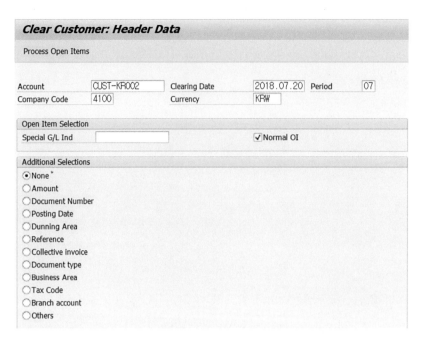

T-Code 별로 Account 필드에 Customer를 넣거나 Vendor를 넣거나 G/L Account 를 넣게 되어 있다. Clearing Date가 전기일자가 된다. Special G/L에 대한 반제처리 시에는 Special G/L Ind 필드에 값을 입력하면 되고, 일반 미결항목 반제처리시에는 Normal OI 필드에만 체크하면 된다.

＞상단의 ⌈Process Open Items⌋ 버튼 클릭. 아래와 같이 상계처리 할 Open Item을 Activate 한다 (금액 더블클릭)

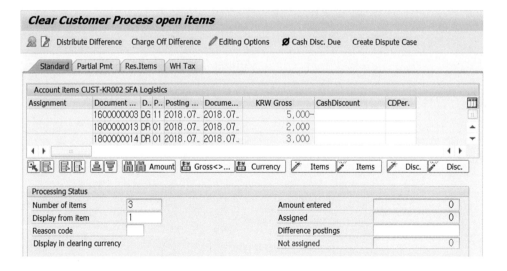

>Overview 한 후 [메뉴-Document-Simulate] 클릭

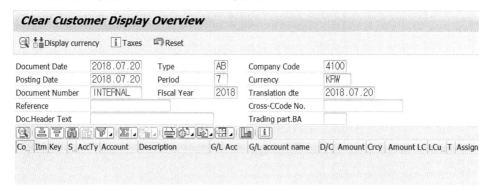

>포스팅(<img>) 처리

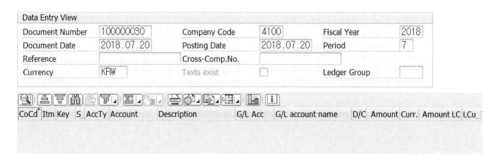

Clearing Document는 발생하지만 Line Item은 발생하지 않는다. **New G/L - Document Splitting 기능이 활성화 되거나 반제규칙정의 Rule에 따라 Line Item이 발생할 수 있다.**

○ FI-Accounts Receivable-Account-FBL5N - Display/Change Line Items(Customer 거래내역 확인)

>아래 그림처럼 Cleared 상태로 변경된 것을 확인할 수 있다.

	Customer	CUST-KR002
	Name	SFA Logistics
	Street	
	City	서울시 강남구 111333
	TelephoneNumber	

	Company Code	4100 FI Korea
	Customer user	
	Act.clk tel.no.	
	Clrk's internet	

ᴱᴷ	Stat	Type	DocDate	Posting Date	CoCd	DocumentNo	Year	Itm	AccTy	Key	D/C	S	G	Account	G/L Acc	G/L amount	Curr.	≠LC amnt	LCurr	Clrng doc.
	☐	DR	2018.07.01	2018.07.01	4100	1800000013	2018	1	D	01	S			CUST-KR002	11040100	2,000	KRW	2,000	KRW	100000030
	☐	DR	2018.07.10	2018.07.10	4100	1800000014	2018	1	D	01	S			CUST-KR002	11040100	3,000	KRW	3,000	KRW	100000030
	☐	DG	2018.07.20	2018.07.20	4100	1600000003	2018	1	D	11	H			CUST-KR002	11040100	5,000-	KRW	5,000-	KRW	100000030
																	*	0	KRW	

<img>(Open)으로 되어있던 Item들이 ☐(Clear)로 상태가 변하게 된다.

▶ 이러한 반제처리를 하지 않아도 문제 없지 않을까? 어차피 전표는 모두 발생되어 있고 계정잔액은 0이 되기 때문에 시산금액도 맞고, 결산이라던지 기본적인 정보로서는 문제가 발생하지 않는다. 그러나 Archiving할 때 문제가 발생할 수 있다. Archiving이란 일정기간이 흐른 후에 특정부분의 문서를 따로 떼서 보관하는 것을 의미한다. 이런 Archiving처리를 할 때 Open상태의 Item들은 넘어가지 않는 문제가 발생할 수 있다. 또한 Balance Carry Forward 시 이러한 Open Item들은 다음년도로 이월될 필요가 없는 Item인데도 불구하고 다음년도로 이월되게 된다. 또한 미결로 남아있는 채권의 경우 수금일자가 지날 경우 연체로 인식할 수 있으며 채권관리 측면에서 문제가 될 수 있다. 따라서, 종료가 된 거래의 경우 반드시 반제처리를 하여 시스템상 명확히 관리하는 것이 좋다.

● Automatic Clearing Program

▶ Automatic Clearing : 대량의 미결항목에 대해 자동으로 반제처리해주는 자동반제 기능이 존재한다.

○ 계정별로 Item Grouping : 동일한 계정과목의 미결 Line Item을 묶는다.

○ 만약 밸런스가 0이면 반제처리, 그렇지 않으면 반제하지 않는다.

○ 다음과 같은 경우에 자동으로 반제처리를 할까?

• 6/1 : 차)A/R 1,000 / 대)Rev 1,000

• 6/9 : 차)A/R 1,000 / 대)Rev 1,000

• 6/10: 차)Rev 1,000 / 대)A/R 1,000 → 이 Credit Memo는 1일 발생한 A/R에 대한 취소 건이라고 가정할 경우

• 여기서 차변 A/R합은 2,000, 대변은 1,000이다. 기본적인 자동반제 원칙인 밸런스가 0일 경우에만 반제한다는 원칙에 위배되어 이런 경우에는 자동으로 반제 처리가 되지 않는다.

○ 동일한 계정, 동일한 Currency, 동일한 Special G/L Indicator를 갖는 Open Item을 그룹핑

○ 회사별로 자동반제처리에 대한 5개의 기준을 설정할 수 있다.

- IMG-FI-Accounts Receivable and Accounts Payable-Business Transactions-Open Item Clearing-Prepare Automatic Clearing 화면

〉아래 그림과 같이 5개까지의 기준설정을 할 수 있다. 1번 기준부터 순차적으로 적용한다.

Change View "Additional Rules For Automatic Clearing": Overview

New Entries

Cht...	AccTy	From acct	To account	Criterion 1	Criterion 2	Criterion 3	Criterion 4	Criterion 5
	D	A	Z	ZUONR	GSBER	VBUND		
	K	A	Z	ZUONR	GSBER	VBUND		
	S	0	9999999999	ZUONR	GSBER	VBUND		

어떠한 COA든 Customer(D)의 A~Z까지의 계정은 ZUONR, GSBER, VBUND의 기준을 이용하여 자동반제처리

→ Acct Type별, From~To Account에 대해 5가지(Criterion1~5)의 기준을 설정할 수 있다. 이 기준이 같은 Open Item들이 하나의 자동반제 대상으로 그룹핑 된다.

〉가장 먼저 적용되는 필드는 ZUONR(Assignment 필드)이다. Assignment(지정) 필드에 대해 잠시 살펴보자.

※ <u>Assignment : 각 Master Data Sort Key필드에다 전표지정필드에 자동으로 Assign 될 키값을 지정할 수 있다.</u>

〉FB03-Display 화면에서 A/R Invoice전표를 하나 조회해보자(1800000013 전표)

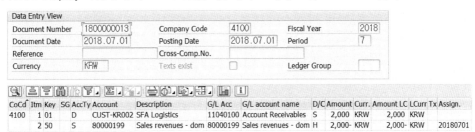

Data Entry View					
Document Number	1800000013	Company Code	4100	Fiscal Year	2018
Document Date	2018.07.01	Posting Date	2018.07.01	Period	7
Reference		Cross-Comp.No.			
Currency	KRW	Texts exist	☐	Ledger Group	

CoCd	Itm	Key	SG	AccTy	Account	Description	G/L Acc	G/L account name	D/C	Amount	Curr.	Amount LC	LCurr	Tx	Assign.
4100	1	01		D	CUST-KR002	SFA Logistics	11040100	Account Receivables	S	2,000	KRW	2,000	KRW		
	2	50		S	80000199	Sales revenues - dom	80000199	Sales revenues - dom	H	2,000-	KRW	2,000-	KRW		20180701

>2번 Lineitem 더블클릭

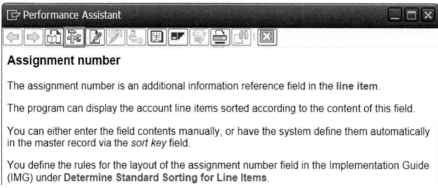

>Assignment 필드에 커서를 놓고 ⑦ 아이콘을 클릭한다(도움말 화면의 🔢 아이콘 클릭)

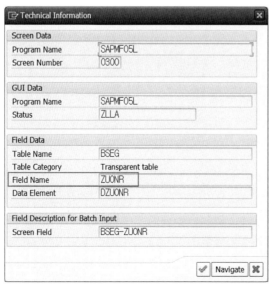

Field Name이 ZUONR임을 확인할 수 있다. 이와 같은 Field Name으로 자동반제 기준Field
를 설정한다.

> FS00 트랜잭션 화면(Account Master Data)에서 80000199계정에 대한 내역을 살펴보자.

> Control Data tab 하단에 Sort key 필드를 보자.

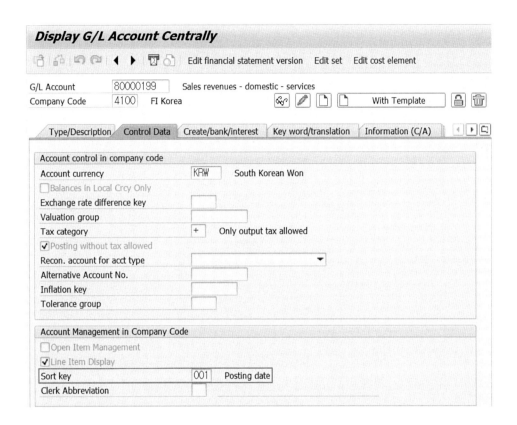

80000199 계정으로 전표를 입력할 때 [Sort key : 001 → Posting date]를 전표Line Item-
Assignment 필드에 자동으로 입력하도록 설정한 것이라고 보면 된다.

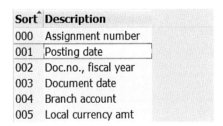

Sort	Description
000	Assignment number
001	Posting date
002	Doc.no., fiscal year
003	Document date
004	Branch account
005	Local currency amt

위와 같이 다양한 필드를 Sort Key로 설정할 수 있다.

>FB03-Display 화면에서 조회한 1번 Line Item에는 Assignment부분에 아무 값이 없었는데 이는 Customer Master Data 상의 Sort Key 필드에 아무런 값이 설정되어 있지 않기 때문에 그런 것이다. 또한 11040100 계정에도 아무런 Sort Key 값이 설정되지 않아서 그런 것이다(우선순위 : Customer Master > G/L Master)

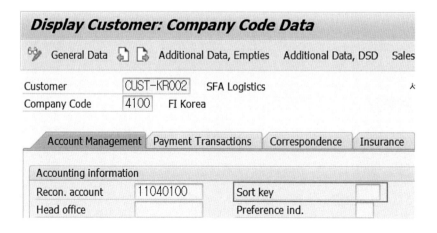

>FD03 트랜잭션 화면에서 확인해보자(Company Code Data Segment)

Sort Key 필드가 공백으로 되어 있음을 확인할 수 있다.

>공백으로 되어 있는 그 부분에 002(Doc no., fiscal year) 값을 선택하여 넣은 후에 저장해보자.

Sort	Description
002	Doc.no., fiscal year

>FB70 트랜잭션 화면에서 CUST-KR002로 A/R Invoice를 발생시켜보자(아래와 같이 입력)

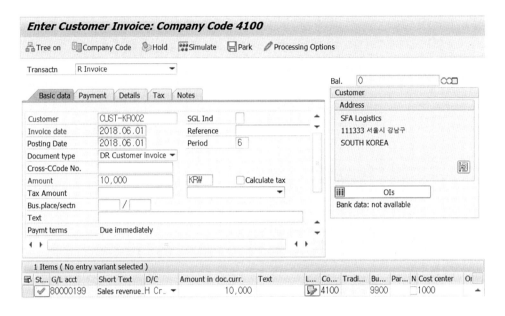

>포스팅 후 [메뉴-Document-Display] 버튼을 클릭하여 내역을 확인해보자.

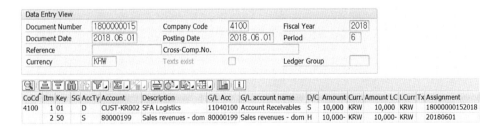

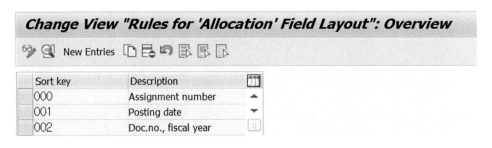

Display Document: Line Item 001

Additional Data   Create Dispute Case

Customer	CUST-KR002	SFA Logistics		G/L Acc	11040100
CoCode	4100				
FI Korea		서울시 강남구		Doc. No.	1800000015

Line Item 1 / Invoice / 01

Amount	10,000	KRW	
Tax Code		Bus.place/sectn	/

Additional Data

Bus. Area	9900	Trdg part.BA			
Disc. base	10,000	Disc. Amount	0		KRW
Payt Terms	0001	Days/percent	0 0.000 % 0	0.000 % 0	
Bline Date	2018.06.01	Invoice Ref.	/	/ 0	
Pmnt Block					
Payment cur.		Pmnt/c amnt	0.00		
Payment Ref.					
Contract	/	Flow Type			
Assignment	18000000152018				
Text				Long text	

그림을 보면 CUST-KR002 입력 라인의 Assignment 필드에 Doc.No + fiscal year 값이 자동으로 입력되었다.

- Sort Key : Assignment Field(=Allocation Field=지정필드 : 다 같은 의미로 사용됨) IMG 세팅

>IMG에서 등록된 값들은 각각의 마스터(Customer/Vendor/G/L Account) 등록시 Sort Key부분에서 선택할 수 있다. 전표 포스팅 후에 Assignment 필드에서 그 값을 확인할 수 있다.

>IMG-FI-Accounts Receivable and Accounts Payable-Customer Accounts-Line Items-Display Line Items-Display Line Items without ALV-Determine Standard Sorting for Line Items 화면

>화면에 들어가게 되면 [i]   Caution: The table is cross-client 메시지가 뜬다(Cross-Client한 설정임)

Change View "Rules for 'Allocation' Field Layout": Overview

New Entries

	Sort key	Description	
	000	Assignment number	
	001	Posting date	
	002	Doc.no., fiscal year	

> New Entries 버튼을 이용해 새로운 Sort Key값을 정의해보자. 프로젝트시 미결키로 종종 활

용하는 [Document No+Fiscal Year+LineItem No] 형태로 만들어보자.

Possible Entry를 클릭하여 아래와 같이 입력해보자.

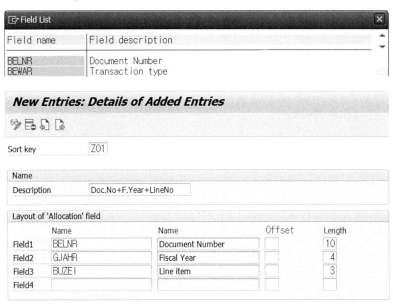

하나의 Sort Key는 4개의 필드로 구성할 수 있으며 다 합쳐서 최대18자리수까지 지정이 가능하다.

> FS00 트랜잭션 화면(Account Master Data)에서 11010100계정의 Sort Key값을 Z01로 설정해보자.

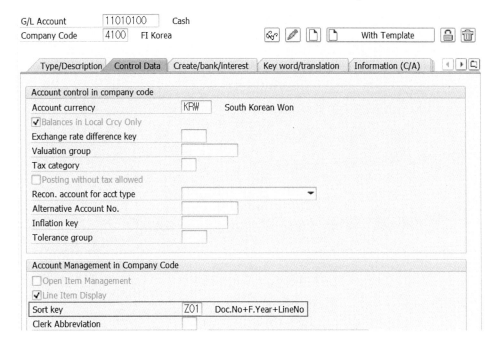

>FB50 트랜잭션 화면에서 G/L 전표를 하나 기표해보도록 하자.

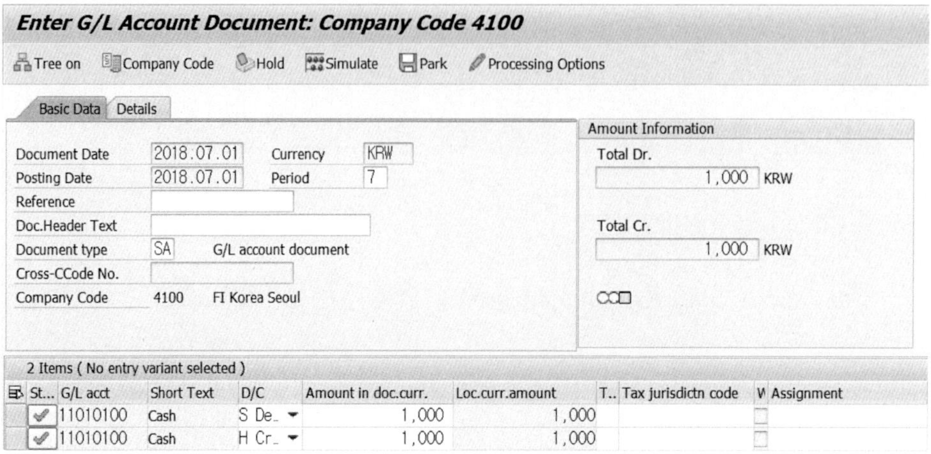

Enter G/L Account Document: Company Code 4100

品Tree on | 🗐Company Code | 🕙Hold | 🔡Simulate | 🔚Park | 🖉Processing Options

Basic Data / Details

Document Date	2018.07.01	Currency	KRW	
Posting Date	2018.07.01	Period	7	
Reference				
Doc.Header Text				
Document type	SA	G/L account document		
Cross-CCode No.				
Company Code	4100	FI Korea Seoul		

Amount Information

Total Dr.	1,000	KRW
Total Cr.	1,000	KRW

⊂◯▭

2 Items (No entry variant selected)

🖪 St...	G/L acct	Short Text	D/C	Amount in doc.curr.	Loc.curr.amount	T..	Tax jurisdictn code	M	Assignment
✔	11010100	Cash	S De_ ▼	1,000	1,000			☐	
✔	11010100	Cash	H Cr_ ▼	1,000	1,000			☐	

>포스팅 처리 후 [메뉴-Document-Display] 클릭

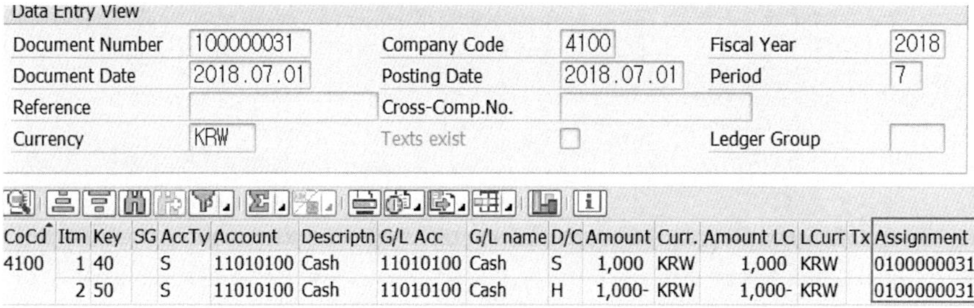

Data Entry View

Document Number	100000031	Company Code	4100	Fiscal Year	2018
Document Date	2018.07.01	Posting Date	2018.07.01	Period	7
Reference		Cross-Comp.No.			
Currency	KRW	Texts exist	☐	Ledger Group	

CoCd	Itm	Key	SG	AccTy	Account	Descriptn	G/L Acc	G/L name	D/C	Amount	Curr.	Amount LC	LCurr	Tx	Assignment
4100	1	40		S	11010100	Cash	11010100	Cash	S	1,000	KRW	1,000	KRW		01000000312018001
	2	50		S	11010100	Cash	11010100	Cash	H	1,000-	KRW	1,000-	KRW		01000000312018002

11010100 계정의 Assignment 필드에 [Document No+Fiscal Year+LineItem No] 값이 들어 감을 확인할 수 있다.

• 다시 본론으로 돌아와서 아래 그림을 보면, 어떠한 COA든 Customer(D)의 A~Z까지 의 Master Data는 ZUONR(Assignment)필드값, GSBER 필드값, VBUND 필드값이 같고, **동일한 Account, 동일한 Currency, 동일한 SP.GL.Indicator를 갖는 Open Item**들을 모아 차/대변 금액 합계액이 0일 경우 Automatic Clearing 처리를 하겠다 는 의미이다.

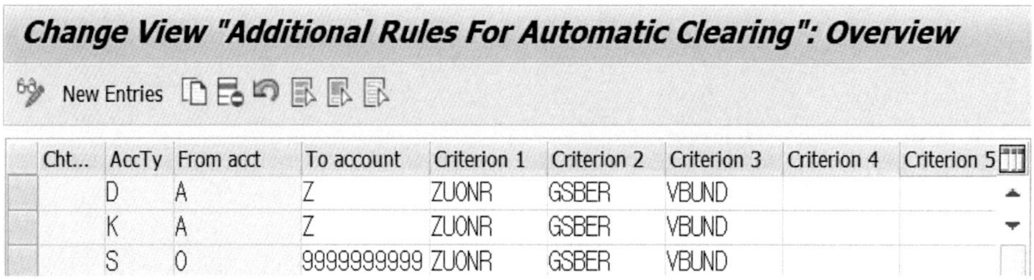

Change View "Additional Rules For Automatic Clearing": Overview

👆 New Entries 🗋 🗟 🔄 🖺 🖺 🖺

Cht...	AccTy	From acct	To account	Criterion 1	Criterion 2	Criterion 3	Criterion 4	Criterion 5
	D	A	Z	ZUONR	GSBER	VBUND		▲
	K	A	Z	ZUONR	GSBER	VBUND		▼
	S	0	9999999999	ZUONR	GSBER	VBUND		

GSBER : Business Area(사업영역)필드, VBUND : Trading Partner(관계사)필드

○ SD : S/O → Shipping → Billing

• SD 전표에 대한 자동반제

• Billing 단계 : [차)A/R 1,000 / 대)Rev 1,000], [차)A/R 2,000 /] …

• Credit Memo 발생 : [차)Rev 1,000 / 대)A/R 1,000], 이때 이에 대한 Assignment(ZUONR)를 Billing No로 지정하여 이것이 Billing 단계에서의 어떤 거래인지를 자동으로 가져오게 할 수 있다.

○ MM : P/O → G/R → IV

• MM 전표에 대한 자동반제

• G/R : [차)Stock / 대)GR/IR Clearing] 발생, IV : [차)GR/IR Clearing / 대)A/P] 발생

• 이때 GR/IR Clearing 부분을 자동으로 Clearing 하기 위해서 마찬가지로 Sort Key 부분에 Purchase Order No를 지정해두게 되면 자동 Clearing시 사용할 수 있게 된다.

▶ FI-Accounts Receivable-Periodic processing-Automatic Clearing-F.13 - Without Specification of Clearing Currency 화면 or F13E - With Specification of Clearing Currency 화면 : 자동반제처리 프로그램

▶ **전제조건(Prerequisite)**

○ 해당 계정은 반드시 계정과목 마스터 상에 Open Item으로 관리되어야 한다. Open Item Management 필드 체크 혹은 Customer/Vendor Account Type으로 설정된 Reconciliation Account가 대상이다.

○ 반제 처리될 대상들이 정의되어야 한다(실제 처리화면에서 Selection 조건값에 처리 대상을 지정해야 한다)

▶ 자동반제 처리되지 않는 Item이 존재한다(특정한 Business 처리가 발생해야만 Clearing 되는 Item들)

○ Noted Item(선급요청, 선수요청) : 선수금 수령, 선급금 지급하는 시점에 Clearing 된다.

○ Special G/L Transaction Statistical Posting(예수, 지급보증금 Clearing) : 예수보증금 수령, 지급보증금 지급시점 Clearing

○ Down Payment(선수금,선급금) : A/R, A/P Invoice와 Clearing

○ Bills of exchange : 어음수금이나 지급시점에 Clearing됨

○ Withholding tax entries : 원천세를 가지고 있는 Line Item들은 자동 Clearing 처리가 되지 않는다.

▶ Automatic Clearing Test - F.13

○ FI-Accounts Receivable-Account-FBL5N - Display/Change Line Items(Customer 거래내역 확인)

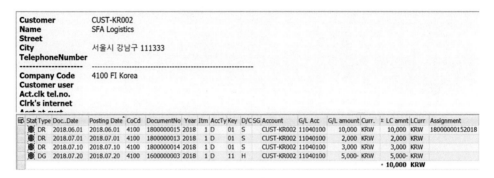

Customer	CUST-KR002
Name	SFA Logistics
Street	
City	서울시 강남구 111333
TelephoneNumber	

Company Code	4100 FI Korea
Customer user	
Act.clk tel.no.	
Clrk's internet	

	Stat	Type	Doc..Date	Posting Date	CoCd	DocumentNo	Year	Itm	AccTy	Key	D/C	SG	Account	G/L Acc	G/L amount	Curr.	Σ LC amnt	LCurr	Assignment
		DR	2018.06.01	2018.06.01	4100	1800000015	2018	1	D	01	S		CUST-KR002	11040100	10,000	KRW	10,000	KRW	18000000152018
		DR	2018.07.01	2018.07.01	4100	1800000013	2018	1	D	01	S		CUST-KR002	11040100	2,000	KRW	2,000	KRW	
		DR	2018.07.10	2018.07.10	4100	1800000014	2018	1	D	01	S		CUST-KR002	11040100	3,000	KRW	3,000	KRW	
		DG	2018.07.20	2018.07.20	4100	1600000003	2018	1	D	11	H		CUST-KR002	11040100	5,000-	KRW	5,000-	KRW	
																	· 10,000	KRW	

CUST-KR002 거래처에 대한 Open Item을 보면 위와 같이 4건이 존재한다.

○ F.13 - Without Specification of Clearing Currency 화면

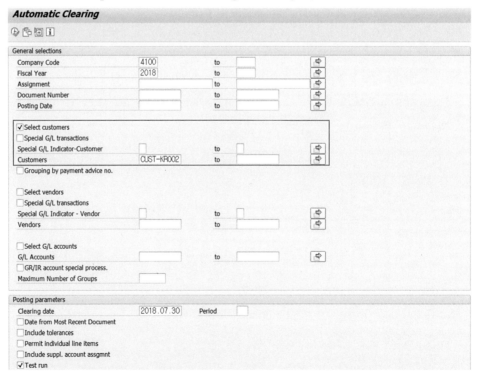

Select customers : Customer에 대해 자동반제 처리를 하겠다.

☑ **Test run** (Test Mode)로 실행해보자.

Automatic Clearing

```
FI Korea                    Test run  "Detail list of open and cleared items        Time 13:47:42    Date  2018.11.18
Seoul                                                                                 SAPF124  /SCY00   Page          1
*
Company Code      4100
Account type      D
Account number    CUST-KR002
G/L               11040100
```

DocumentNo	Itm	Clearing	Clrng doc.	SG	Crcy	Amount	Assignment	Business Area	Trading partner		
1800000013	001	2018.07.30			KRW	2,000		9900			
1800000014	001	2018.07.30			KRW	3,000		9900			
1600000003	001	2018.07.30			KRW	5,000-		9900			
*		2018.07.30			KRW	0		9900			
1800000015	001				KRW	10,000	1800000152018	9900			
					KRW	10,000	1800000152018	9900			

3건의 A/R에 대해 Clearing 필드에 일자가 입력된 것을 볼 수 있는데 이 3건이 자동 반제처리 될 것이란 의미이다. 아래쪽의 1800000015전표의 경우 잔액이 0이 되지 않아 자동반제 대상에서 제외되어 있는 상태이다.

>Test Run 체크박스를 해제하고 실행해보자.

```
Company Code      4100
Account type      D
Account number    CUST-KR002
G/L               11040100
```

DocumentNo	Itm	Clearing	Clrng doc.	SG	Crcy	Amount	Assignment	Business Area	Trading partner		
1800000013	001	2018.07.30	100000032		KRW	2,000		9900			
1800000014	001	2018.07.30	100000032		KRW	3,000		9900			
1600000003	001	2018.07.30	100000032		KRW	5,000-		9900			
*		2018.07.30	100000032		KRW	0		9900			
1800000015	001				KRW	10,000	1800000152018	9900			
*					KRW	10,000	1800000152018	9900			

Test 시점에 잔액이 0으로 자동반제 대상으로 떴던 항목들이 반제처리 된 것을 볼 수 있다. 반제전표 번호 생성.

○ FI-Accounts Receivable-Account-FBL5N - Display/Change Line Items(Customer 거래내역 확인)

	Customer	CUST-KR002
	Name	SFA Logistics
	Street	
	City	서울시 강남구 111333
	TelephoneNumber	

```
--------------------        -----------------------------------------------------------
```

	Company Code	4100 FI Korea
	Customer user	
	Act.clk tel.no.	
	Clrk's internet	

⊞	St	Type	Doc..Date	Posting Date	CoCode	DocumentNo	Year	Itm	AccTy	Key	D/CS	Account	G/L Acc	G/L amount	Curr.	⅀ LC amnt	LCurr	Clrng doc.
	☐	DR	2018.07.01	2018.07.01	4100	1800000013	20	1 D		01	S	CUST-KR002	11040100	2,000	KRW	2,000	KRW	100000032
	☐	DR	2018.07.10	2018.07.10	4100	1800000014	20	1 D		01	S	CUST-KR002	11040100	3,000	KRW	3,000	KRW	100000032
	☐	DG	2018.07.20	2018.07.20	4100	1600000003	20	1 D		11	H	CUST-KR002	11040100	5,000-	KRW	5,000-	KRW	100000032
	◉	DR	2018.06.01	2018.06.01	4100	1800000015	20	1 D		01	S	CUST-KR002	11040100	10,000	KRW	10,000	KRW	
														· 10,000	KRW			

1건을 제외한 나머지 Open Item들이 100000032 전표로 반제처리 된 것을 확인할 수 있다.

○ ☐GR/IR account special process. : GR/IR Clearing 계정에 대해 자동반제처리를 할 경우 이 체크박스를 체크하고 계정코드 조건 필드에 GR/IR Clearing 계정을 입력하면 된다.

● Incoming and Outgoing Payments

▶ Manual Payment Process : 수기 입금/지급 전표처리에 대한 Process 를 살펴보자.
　입금 : FI-Accounts Receivable-Document Entry-F-28 - Incoming Payment
　지급 : FI-Accounts Payable-Document Entry-Outgoing Payment-F-53 - Post

○ FI-Accounts Receivable-Document Entry-F-28 - Incoming Payment 트랜잭션 화면의 구성을 보면서 각 처리 화면에 대한 부분을 살펴보도록 한다. 앞서 살펴보았던 미결항목 반제방식 중 Posting with Clearing 방식부분에서 설명한 바 있는 내용이다.

○ 1)Document Header(1.Payment Header, 2.Bank data, 3.Select open items)

Post Incoming Payments: Header Data

Process Open Items

Document Date	2018.07.31	Type	DZ	Company Code	4100
Posting Date	2018.07.31	Period	07	Currency/Rate	KRW
Document Number				Translation dte	
Reference				Cross-CCode No.	
Doc.Header Text				Trading part.BA	
Clearing text					

Bank data

Account	11010101		Business Area	
Amount	10,000		Amt.in loc.cur.	
Bank charges			LC bank charges	
Value date	2018.07.31		Profit Center	
Text			Assignment	

Open item selection		Additional selections	
Account	CUST-KR002	⦿None	
Account type	D	☐Other accounts	○Amount
Special G/L ind		✓Standard OIs	○Document Number
Pmnt advice no.			○Posting Date
☐Distribute by age			○Dunning Area
☐Automatic search			○Others

- 1.Payment Header : Document Date, Posting Date, Reference, Header Text 등 입력

Document Date	2018.07.31	Type	DZ	Company Code	4100
Posting Date	2018.07.31	Period	07	Currency/Rate	KRW
Document Number				Translation dte	
Reference				Cross-CCode No.	
Doc.Header Text				Trading part.BA	
Clearing text					

- 2.Bank Data : 지급(수금)되는 은행 데이터를 입력(Value date-실제로 돈이 입/출금되는 일자)

Bank data

Account	11010101	Business Area	
Amount	10,000	Amt.in loc.cur.	
Bank charges		LC bank charges	
Value date	2018.07.31	Profit Center	
Text		Assignment	

- 3.Select open items : Open Item Selection부분에 반제처리 할 Open Item에 대한 정보를 입력

Open item selection		Additional selections
Account	CUST-KR002	⦿None
Account type	D ☐Other accounts	○Amount
Special G/L ind	☑Standard OIs	○Document Number
Pmnt advice no.		○Posting Date
☐Distribute by age		○Dunning Area
☐Automatic search		○Others

- Customer에 대한 수금인 경우 Account 부분에는 Customer Account를 넣고 Account type은 D가 된다.
- Vendor에 대한 지급은 Account 부분에는 Vendor Account를 넣고 Account type은 K가 된다.
- Other accounts : 다른 미결 Account를 추가로 선택하고자 할 경우 체크한다. 추가 선택 팝업이 뜬다.
- Standard OIs : Special G/L Indicator를 사용하지 않은 일반 거래일 경우에 체크하여 Clearing한다.
- Additional selections : 반제대상에 대한 추가 정보를 알고 있을 경우 이를 조회조건으로 입력하여 Open Item 리스트 조회시 대상을 압축시킬 수 있다.

>조건값을 모두 입력한 후에 Process Open Items 버튼을 클릭한다.

○ 2)Process Open Items : 1.Activate items, 2.Activate cash discount

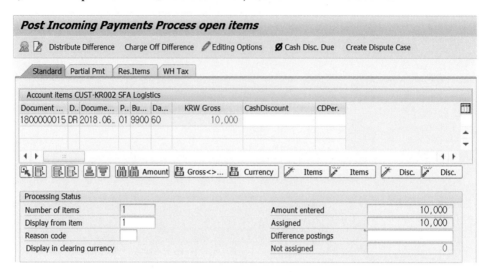

- 1.Activate items : 수금/지급처리할 Open Item 금액부분을 더블클릭하여 Activate 시킨다(10,000→ 10,000)
- 2.Activate cash discount : 할인율 or 할인금액 역시 활성화 시킬 수 있다.
- Bank Data 등록시 입력한 금액(Amount entered ⬚ 10,000)과 Activated된 금액(Assigned ⬚ 10,000)이 서로 상계되어 Not Assigned 된 부분이 0이 되어야(차/대변 일치) 처리가 가능하다. (Not assigned ⬚ 0)

○ 3)Post : 1.Document Overview, 2.Post
- 1.Document Overview : 🔍 아이콘 클릭

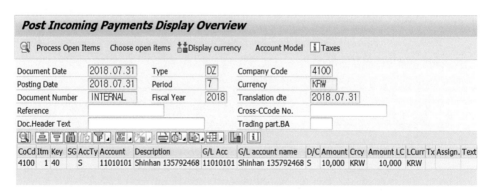

Bank 관련 정보만 화면에 나타난다. 2번째 Lineitem은 조회되지 않는다.

- 2.Simulate/Correct : [메뉴-Document-Simulate]

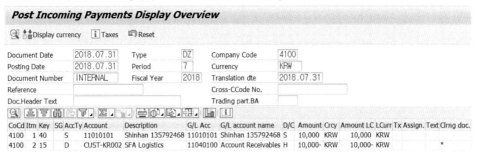

A/R Invoice가 대변으로 반제되는 Line Item이 화면상에 자동으로 생성된다..
만약 에러가 있을 경우 해당 Line Item이 파란색으로 표시된다. 더블클릭하여 수정한 후 다시 Simulate한다.

Reset 버튼은 시뮬레이션 상태에서만 나타나며 시뮬레이션을 취소하고 Overview 상태로 되돌아가는 기능을 한다.
- 3.Post : 아이콘 클릭. 포스팅 완료 후 [메뉴-Document-Display] 클릭으로 최종 내역 확인

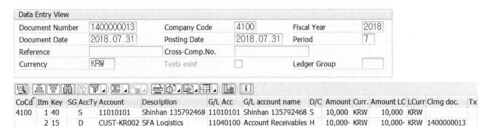

▶ **Resetting Cleared Items** : 반제처리를 잘못한 경우 이에 대해 취소 처리하는 방법
: ①**Only Resetting**방식과 ②**Reset & Reverse** 방식이 존재한다.

○ ①**Only Resetting** : Clear처리된 전표는 그대로 살려둔 상태에서 상태만 Cleared
→Open 으로 변경시키는 방식
- 7/01 : [차)A/R 1,000 / 대)Rev 1,000], 7/10 : [차)A/R 1,000 / 대)Rev 1,000] - 2건 발생
- 7/20 : [차)Bank 1,000 / 대)A/R 1,000] - 이 수금건은 1일자와 맞물려 반제해야 하는 상황인데 10일자와 잘못 반제한 경우, 이것을 되돌리고자 할 때 사용하는 방법이다. 20일자 거래가 Cleared인 상황에서 10일자 거래내역과 20일자 거래내역의 상태

를 다시 Open상태로 바꿔놓는다. 그리고 나서 1일자와 20일자 Open Item을 Account Clearing해주는 방식이다(←수금전표 자체를 역분개 할 필요가 없다)

- FI-Accounts Receivable-Document Entry-FB70 - Invoice 화면에서 A/R Invoice 발생(7/1-1,000, 7/10-1,000)

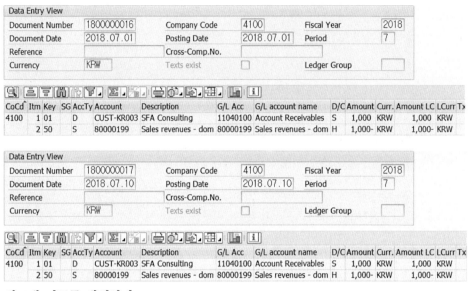

CoCd	Itm	Key	SG	AccTy	Account	Description	G/L Acc	G/L account name	D/C	Amount	Curr.	Amount LC	LCurr	Tx
4100	1	01		D	CUST-KR003	SFA Consulting	11040100	Account Receivables	S	1,000	KRW	1,000	KRW	
	2	50		S	80000199	Sales revenues - dom	80000199	Sales revenues - dom	H	1,000-	KRW	1,000-	KRW	

CoCd	Itm	Key	SG	AccTy	Account	Description	G/L Acc	G/L account name	D/C	Amount	Curr.	Amount LC	LCurr	Tx
4100	1	01		D	CUST-KR003	SFA Consulting	11040100	Account Receivables	S	1,000	KRW	1,000	KRW	
	2	50		S	80000199	Sales revenues - dom	80000199	Sales revenues - dom	H	1,000-	KRW	1,000-	KRW	

위 2개 전표를 생성한다.

- FI-Accounts Receivable-Account-FBL5N - Display/Change Line Items(Customer 거래내역 확인)

>아래 그림처럼 2건의 Open Item이 발생되어 있다.

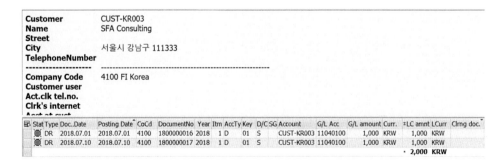

	Stat	Type	Doc..Date	Posting Date	CoCd	DocumentNo	Year	Itm	AccTy	Key	D/C	SG	Account	G/L Acc	G/L amount	Curr.	∓LC amnt	LCurr	Clrng doc.
		DR	2018.07.01	2018.07.01	4100	1800000016	2018	1	D	01	S		CUST-KR003	11040100	1,000	KRW	1,000	KRW	
		DR	2018.07.10	2018.07.10	4100	1800000017	2018	1	D	01	S		CUST-KR003	11040100	1,000	KRW	1,000	KRW	
																	· 2,000	KRW	

- FI-Accounts Receivable-Document Entry-F-28 - Incoming payment 화면에서 수
  금처리(수금일자 : 7/20-1,000)

> Process Open Items 화면에서

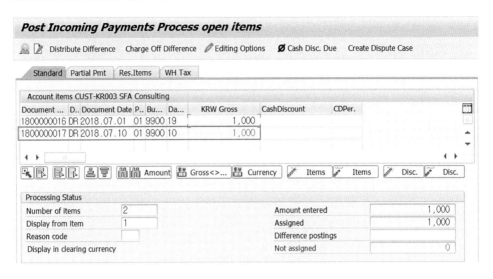

7/1일자 A/R Invoice에 대한 수금건이었는데 그림에서처럼 10일자를 수금한 것으로 잘못 선택
하였다.

> 포스팅(💾) 처리

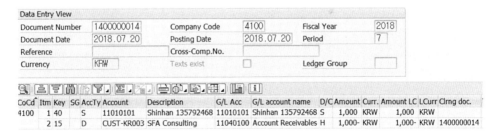

- FI-Accounts Receivable-Account-FBL5N - Display/Change Line Items(Customer 거
  래내역 확인)

>아래 그림처럼 7월 10일자 Open Item이 반제 처리되고 7월 1일자 Open Item은 남아있다.

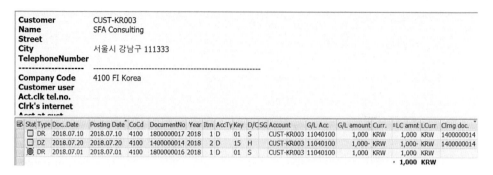

사용자가 7/1일자 수금건을 7/10일자 수금으로 잘못 처리한 것을 발견하였다.

• FI-Accounts Receivable-Document-FBRA - Reset Cleared Items 화면에서 Resetting [Only Resetting 방식 선택] → 다시 Open상태로 되돌리는 처리를 한다 (전표는 역분개되지 않고 살아있음)

>아래와 같이 Clearing Document를 입력

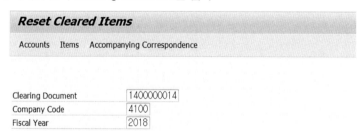

>상단의 Accounts Items 버튼을 클릭하여 어떤 Customer인지 어떤 Line Item인지 내역을 확인할 수 있다.

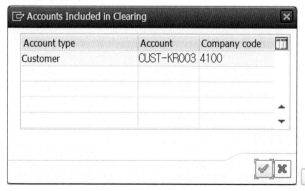

Accounts 버튼 클릭 시

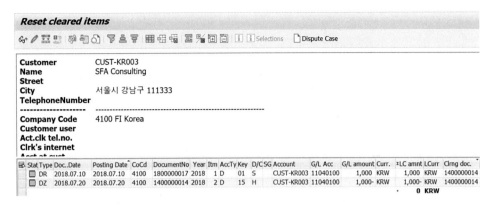

Reset cleared items

Customer	CUST-KR003
Name	SFA Consulting
Street	
City	서울시 강남구 111333
TelephoneNumber	

Company Code	4100 FI Korea
Customer user	
Act.clk tel.no.	
Clrk's internet	

Stat	Type	Doc..Date	Posting Date	CoCd	DocumentNo	Year	Itm	AccTy	Key	D/C	SG	Account	G/L Acc	G/L amount	Curr.	LC amnt	LCurr	Clrng doc.
	DR	2018.07.10	2018.07.10	4100	1800000017	2018	1	D	01	S		CUST-KR003	11040100	1,000	KRW	1,000	KRW	1400000014
	DZ	2018.07.20	2018.07.20	4100	1400000014	2018	2	D	15	H		CUST-KR003	11040100	1,000-	KRW	1,000-	KRW	1400000014
																0	**KRW**	

⎡Items⎤ 버튼 클릭 시, 취소대상이 되는 반제전표와 원전표 리스트를 그림과 같이 조회해준다.

〉Reset 하고자 하는 전표가 맞는지 확인하였으면 포스팅 처리(🖫)

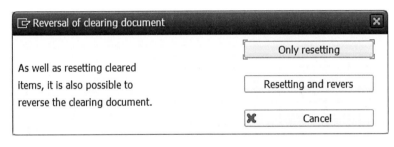

2가지 중에 선택하도록 되어 있다. 여기서는 ⎡ Only resetting ⎤ 선택

해당 전표가 리셋되었다는 메시지가 뿌려진다(☑ Clearing 1400000014 reset)

• FI-Accounts Receivable-Account-FBL5N - Display/Change Line Items(Customer 거래내역 확인)

〉다시 Open Item 상태로 변경됨을 확인할 수 있다.

Customer	CUST-KR003
Name	SFA Consulting
Street	
City	서울시 강남구 111333
TelephoneNumber	

Company Code	4100 FI Korea
Customer user	
Act.clk tel.no.	
Clrk's internet	

Stat	Type	Doc..Date	Posting Date	CoCd	DocumentNo	Year	Itm	AccTy	Key	D/C	SG	Account	G/L Acc	G/L amount	Curr.	LC amnt	LCurr	Clrng doc.
🔘	DR	2018.07.01	2018.07.01	4100	1800000016	2018	1	D	01	S		CUST-KR003	11040100	1,000	KRW	1,000	KRW	
🔘	DR	2018.07.10	2018.07.10	4100	1800000017	2018	1	D	01	S		CUST-KR003	11040100	1,000	KRW	1,000	KRW	
🔘	DZ	2018.07.20	2018.07.20	4100	1400000014	2018	2	D	15	H		CUST-KR003	11040100	1,000-	KRW	1,000-	KRW	
																1,000	**KRW**	

7/20 일자 1400000014 전표는 그대로 남아있다. 상태만 Open item 상태로 변경된다.

- FI-Accounts Receivable-Account-F-32 - Clear 화면에서 Open된 Item들을 반제
처리(원래 반제하길 원하던 Item으로 반제 처리)

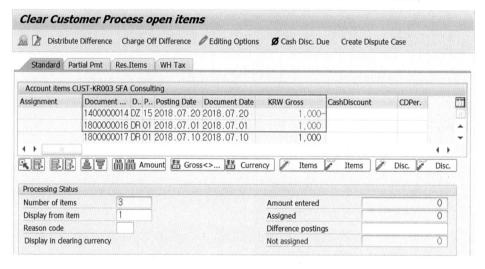

> Process Open Items 버튼 클릭(Clear 처리할 7/1일자와 7/20일자 내역을 Activate 시킨다.)

Clear Customer Process open items

Distribute Difference | Charge Off Difference | Editing Options | Ø Cash Disc. Due | Create Dispute Case

Standard | Partial Pmt | Res.Items | WH Tax

Account items CUST-KR003 SFA Consulting

Assignment	Document ...	D..	P..	Posting Date	Document Date	KRW Gross	CashDiscount	CDPer.
	1400000014	DZ	15	2018.07.20	2018.07.20	1,000-		
	1800000016	DR	01	2018.07.01	2018.07.01	1,000		
	1800000017	DR	01	2018.07.10	2018.07.10	1,000		

Processing Status			
Number of items	3	Amount entered	0
Display from item	1	Assigned	0
Reason code		Difference postings	
Display in clearing currency		Not assigned	0

> 포스팅(💾) 처리

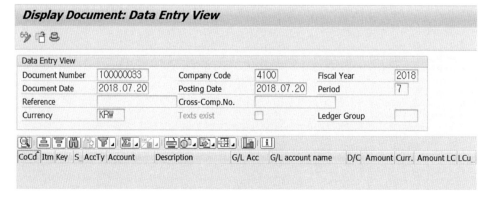

- FI-Accounts Receivable-Account-FBL5N - Display/Change Line Items(Customer 거래내역 확인)

＞정상적으로 7/10일자만 Open Item으로 남는다.

	Stat	Type	DocDate	Posting Date	CoCd	DocumentNo	Year	Itm	AccTy	Key	D/C	SG	Account	G/L Acc	G/L amount	Curr.	¤LC amnt	LCurr	Clrng doc.
☐		DR	2018.07.01	2018.07.01	4100	1800000016	2018	1	D	01	S		CUST-KR003	11040100	1,000	KRW	1,000	KRW	100000033
☐		DZ	2018.07.20	2018.07.20	4100	1400000014	2018	2	D	15	H		CUST-KR003	11040100	1,000-	KRW	1,000-	KRW	100000033
◉		DR	2018.07.10	2018.07.10	4100	1800000017	2018	1	D	01	S		CUST-KR003	11040100	1,000	KRW	1,000	KRW	
																	· 1,000	KRW	

Customer: CUST-KR003
Name: SFA Consulting
Street:
City: 서울시 강남구 111333
TelephoneNumber:

Company Code: 4100 FI Korea
Customer user:
Act.clk tel.no.:
Clrk's internet:

○ ②Reset & Reverse

- 7/01 : [차)A/R 1,000 / 대)Rev 1,000], 7/5 : [차)A/R 2,000 / 대)Rev 2,000] - 2건 발생
- 7/10 : [차)Bank 2,000 / 대)A/R 2,000] - 이 수금건은 1일자와 맞물려 1,000원을 입금반제 했어야 했는데 잘못하여 2,000원을 입금처리 하면서 5일자 A/R 2,000짜리를 반제처리 한 경우이다. 이런 경우를 되돌리고자 할 때 사용하는 방법이 Rest & Reverse이다. 이때는 수금전표를 완전히 Reverse시켜야 한다(금액 오류이므로 역분개 필요) 그리고 나서 1일자 Open Item을 Clearing하는 방식이다.
- FI-Accounts Receivable-Document Entry-FB70 - Invoice 화면 : A/R Invoice 발생(매출발생시점 : 7/1-1,000, 7/5-2,000)

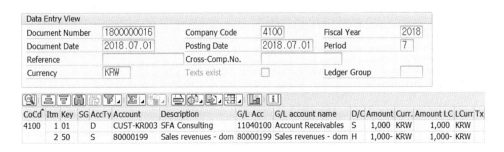

Data Entry View

Document Number	1800000016	Company Code	4100	Fiscal Year	2018
Document Date	2018.07.01	Posting Date	2018.07.01	Period	7
Reference		Cross-Comp.No.			
Currency	KRW	Texts exist	☐	Ledger Group	

CoCd	Itm	Key	SG	AccTy	Account	Description	G/L Acc	G/L account name	D/C	Amount	Curr.	Amount LC	LCurr	Tx
4100	1	01		D	CUST-KR003	SFA Consulting	11040100	Account Receivables	S	1,000	KRW	1,000	KRW	
	2	50		S	80000199	Sales revenues - dom	80000199	Sales revenues - dom	H	1,000-	KRW	1,000-	KRW	

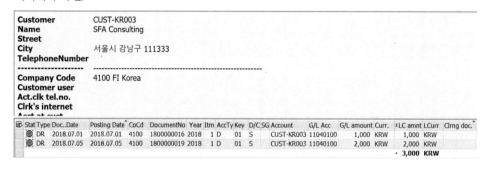

Data Entry View

Document Number	1800000019	Company Code	4100	Fiscal Year	2018
Document Date	2018.07.05	Posting Date	2018.07.05	Period	7
Reference		Cross-Comp.No.			
Currency	KRW	Texts exist	☐	Ledger Group	

CoCd	Itm	Key	SG	AccTy	Account	Description	G/L Acc	G/L account name	D/C	Amount	Curr.	Amount LC	LCurr	Tx
4100	1	01		D	CUST-KR003	SFA Consulting	11040100	Account Receivables	S	2,000	KRW	2,000	KRW	
	2	50		S	80000199	Sales revenues - dom	80000199	Sales revenues - dom	H	2,000-	KRW	2,000-	KRW	

- FI-Accounts Receivable-Account-FBL5N - Display/Change Line Items(Customer 거래내역 확인)

Customer	CUST-KR003	
Name	SFA Consulting	
Street		
City	서울시 강남구 111333	
TelephoneNumber		
--------------------	---	
Company Code	4100 FI Korea	
Customer user		
Act.clk tel.no.		
Clrk's internet		

Stat	Type	Doc..Date	Posting Date	CoCd	DocumentNo	Year	Itm	AccTy	Key	D/C	SG	Account	G/L Acc	G/L amount	Curr.	ΣLC amnt	LCurr	Clrng doc.
◎	DR	2018.07.01	2018.07.01	4100	1800000016	2018	1	D	01	S		CUST-KR003	11040100	1,000	KRW	1,000	KRW	
◎	DR	2018.07.05	2018.07.05	4100	1800000019	2018	1	D	01	S		CUST-KR003	11040100	2,000	KRW	2,000	KRW	
																• 3,000	KRW	

2건의 Open Item 내역을 확인할 수 있다.

- FI-Accounts Receivable-Document Entry-F-28 - Incoming Payments 화면에서 수금처리(수금일자 : 7/10-2,000 ← 원래 1,000원인데 실수로 2,000원 수금전표 처리)

Post Incoming Payments: Header Data

Process Open Items

Document Date	2018.07.10	Type	DZ	Company Code	4100
Posting Date	2018.07.10	Period	11	Currency/Rate	KRW
Document Number				Translation dte	
Reference				Cross-CCode No.	
Doc.Header Text				Trading part.BA	
Clearing text					

Bank data

Account	11010101		Business Area	
Amount	2,000		Amt.in loc.cur.	
Bank charges			LC bank charges	
Value date	2018.07.10		Profit Center	
Text			Assignment	

Open item selection			Additional selections	
Account	CUST-KR003		⦿ None	
Account type	D	☐ Other accounts	○ Amount	
Special G/L ind		☑ Standard OIs	○ Document Number	
Pmnt advice no.			○ Posting Date	
☐ Distribute by age			○ Dunning Area	
☐ Automatic search			○ Others	

> ⟩ Process Open Items 버튼 클릭(7/1일자를 Activate해야 되는데 7/5일자를 Activate함)

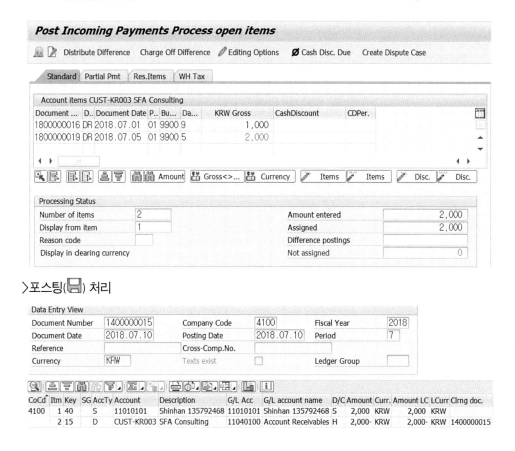

⟩포스팅(💾) 처리

• FI-Accounts Receivable-Account-FBL5N - Display/Change Line Items(Customer 거래내역 확인)

⟩금액 2000건이 수금처리된 것을 확인할 수 있다.

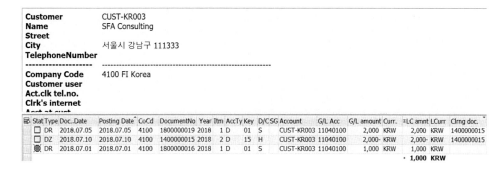

금액 오류를 발견하고 취소처리를 진행한다.

• FI-Accounts Receivable-Document-FBRA - Reset Cleared Items 화면

Reset Cleared Items

Accounts   Items   Accompanying Correspondence

Clearing Document	1400000015
Company Code	4100
Fiscal Year	2018

〉상단의 Accounts   Items 버튼을 클릭하여 어떤 Customer인지 어떤 Line Item들인지 내역

을 확인한다.

〉Reset & Reverse 하고자 하는 전표가 맞는지 확인한 후에 포스팅 처리(💾)

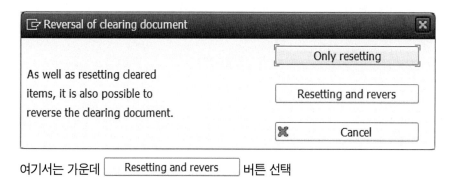

⌷ Reversal of clearing document   ✕

	Only resetting
As well as resetting cleared items, it is also possible to reverse the clearing document.	Resetting and revers
	✖ Cancel

여기서는 가운데 │ Resetting and revers │ 버튼 선택

〉아래와 같은 Reversal Data 등록 팝업이 뜬다.

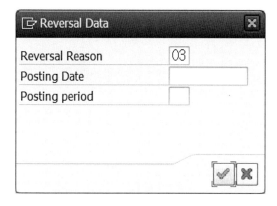

⌷ Reversal Data   ✕

Reversal Reason	03
Posting Date	
Posting period	

✔ ✖

Reversal reason(03-Actual reversal in current period(Negative)) 을 선택한다. Posting Date,

Period는 입력 하지 않을 경우 원 전표와 동일한 값으로 처리한다.

〉리셋되었다는 메시지가 뿌려진다. 그리고 곧바로 역분개 전표가 기표되었다는 메시지가 나타 난다.

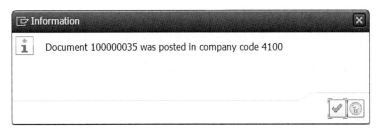

즉, 내부적으로 원전표-반제전표 간의 연결고리를 해제하는 Reset 처리를 한 후, 반제전표를 역분개(Reverse) 하는 순서로 진행된다. 이 말의 의미는, FBRA T-Code에서 Only Resetting기 능으로 연결고리를 해제(Reset)한 후에 FB08 역분개 T-Code에서 연결고리가 해제된 반제전표 를 역분개(Reverse) 해도 동일하게 처리된다는 의미이다.

- FI-Accounts Receivable-Account-FBL5N - Display/Change Line Items(Customer 거 래내역 확인)

〉금액 2000 수금건이 Reversal 된 것을 확인

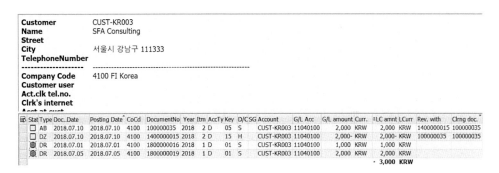

Stat	Type	Doc..Date	Posting Date	CoCd	DocumentNo	Year	Itm	AccTy	Key	D/C	SG	Account	G/L Acc	G/L amount	Curr.	LC amnt	LCurr	Rev. with	Clrng doc.
	AB	2018.07.10	2018.07.10	4100	100000035	2018	2	D	05	S		CUST-KR003	11040100	2,000	KRW	2,000	KRW	1400000015	100000035
	DZ	2018.07.10	2018.07.10	4100	1400000015	2018	2	D	15	H		CUST-KR003	11040100	2,000-	KRW	2,000-	KRW	100000035	100000035
	DR	2018.07.01	2018.07.01	4100	1800000016	2018	1	D	01	S		CUST-KR003	11040100	1,000	KRW	1,000	KRW		
	DR	2018.07.05	2018.07.05	4100	1800000019	2018	1	D	01	S		CUST-KR003	11040100	2,000	KRW	2,000	KRW		
														· 3,000	KRW				

잘못 끊긴 수금 데이터는 Reversal되어 Cleared되고 기존 7/5일자 A/R 내역은 다시 Open상 태로 바뀌었다.

역분개 처리된 1400000015 전표의 경우 Reverse With 필드에 역분개 전표번호 100000035 값을 가지고 있으며, 마찬가지로 100000035 전표 역시 Reverse With 필드에 원전표번호 1400000015를 가지고 있다. 또한 역분개 역시 일종의 반제처리이므로, Clearing Document 필드에 반제전표번호를 가지게 된다.

- FI-Accounts Receivable-Document Entry-F-28 - Incoming payment 화면에서 제대로 수금처리(수금 반제처리 과정은 앞에서 많이 봤으므로 생략한다.)

● **Automatic Posting Function :** 미결항목 반제시 혹은 전표입력시 자동기표기능을 이용해 Lineitem을 자동생성할 수 있다.

▶ Cash Discounts paid or received : 돈을 일찍 주거나 일찍 받을 경우 Cash Discount관련 자동기표
  Cash Discount clearing(net method) : Net Procedure 방식의 Cash Discount Clearing Lineitem 자동기표
▶ Tax 관련 Lineitem 자동기표
▶ Exchange Rate Differences : 환차손익계정 Lineitem 자동기표. AR/AP Invoice 발생시점의 환율과 수금/지급 시점의 환차계산
▶ Bank Charges : 은행 수수료
▶ Cross-Company Code Payment가 발생할 경우 자동 Cross-Company Code Clearing Lineitem 자동기표
▶ Over- or Under-payments within tolerances : Tolerances범위내에 들어오는 금액에 대해 Lineitem 자동기표

● **Payment Difference(Incoming & Outgoing Payment)**
  <Over- or Under-payments within tolerances>

▶ 위 자동기표 항목들 중에 Tolerances범위내에 들어오는 Payment Difference에 대해 어떻게 자동으로 Lineitem이 만들어지는지 살펴보자. Customer에 대한 수금,

Vendor에 대한 지급 시에 발생되는 작은 차이금액을 자동 포스팅하는 기능

▶ Tolerance Groups - Tolerance Rule

○ ※Tolerances : 수금/지급 Posting처리시 발생하는 차이금액에 대해 얼마까지 허용하도록 할지 정의한 Rule. 100만원을 수금해야 되는 상황에서 거래처가 99만원만 입금했을 경우 차이 만원에 대해 허용할 것인가에 대한 룰을 정의한다. 차이금액을 자동으로 잡이익/잡손실 등의 계정으로 처리할 수 있도록 Rule을 정의할 수 있다.

○ ①Employees에 대한 Tolerance Group을 정의(<4장. Document Posting> Document Control챕터-Maximum Amounts에서 살펴봤던 내용이나 다시 한번 살펴보자.)

• Payment 처리를 어떤 직원 그룹에서 하느냐에 따라 Upper Limits를 다르게 정의할 수 있다.

• IMG-FI-Accounts Receivable and Accounts Payable-Business Transaction-Incoming Payments-Manual Incoming Payments-Define Tolerance Groups for Employees

IMG-FI-Financial Accounting Global Settings(New)-Document-Tolerance Groups-Define Tolerance Groups for Employees 동일한 화면

> 각 Company Code별로 Tolerance Key 값을 세팅해 둔 화면이 보인다.

Company Code 4100에 속한 직원 중 Tolerance Group이 설정되지 않은 User를 위한 세팅이다.

> 위 Line을 더블클릭하면 세부적인 세팅내역이 Display된다.

Change View "FI Tolerance Groups For Users": Details

New Entries

Group   [　　]
Company code   4100   FI Korea   Seoul
Currency   KRW

Upper limits for posting procedures	
Amount per document	999,999,999,999,999
Amount per open item account item	999,999,999,999
Cash discount per line item	5.000 %

Permitted payment differences	Amount	Percent	Cash discnt adj.to
Revenue	50,000	10.0 %	500
Expense	50,000	10.0 %	500

〉Upper Limits for posting procedures 부분은 Document Control 챕터에서 살펴봤던 내용이다.

Upper limits for posting procedures	
Amount per document	999,999,999,999,999
Amount per open item account item	999,999,999,999
Cash discount per line item	5.000 %

전표, 오픈 아이템, 라인아이템 한 건당 최대 기표금액, Cash Discount % 등의 값을 지정할
수 있다.

〉Permitted payment differences : 여기서는 이 부분에 대해 자세히 살펴볼 예정이다. 해당 유
저에게 허용가능한 금액, %, Cash Discnt adj.to금액을 지정한다.

Permitted payment differences	Amount	Percent	Cash discnt adj.to
Revenue	50,000	10.0 %	500
Expense	50,000	10.0 %	500

위와 같이 Amount-50,000에 Percent-10%라면 총금액의 10%에 해당하는 금액과 Amount에 해당하는 금액을 비교해 작은 금액을 가지고 차이나는 금액을 인정해줄 것인지 판단한다. 인정될 경우 해당 차이금액은 잡손실 등의 지정된 계정으로 처리된다. 수금시 차이가 발생하였다면 고객이 돈을 더 줄리는 없으므로, 잡손실이 발생하며 이때엔 Expense부분에 해당하는 값들로 판단한다. 지급시 차이가 발생하였다면 회사가 돈을 더 지급할리는 없으므로, 잡이익이 발생하며 이때엔 Revenue부분에 해당하는 값들로 판단한다. 즉, Expense는 Customer, Revenue는 Vendor를 위한 세팅이라고 생각해도 무방하다. Ex)A/R Invoice 총액이 1,000,000원일 경우 10%는 100,000이므로 50,000과 비교했을 때 50,000원이 허용가능 금액이 된다. 즉, 수금시 950,000까지는 인정하고 나머지 50,000원은 잡손실로 자동으로 처리한다.

Cash Discnt adj.to는 현금할인을 최대 얼마까지 해줄 것이냐 하는 값이다.

○ ②Customer/Vendor에 대한 Tolerance Group을 정의 : 어떠한 고객/구매처냐에 따라 허용가능한 Upper Limits를 다르게 정의할 수 있다.

• IMG-FI-Accounts Receivable and Accounts Payable-Business Transactions-Incoming Payments-Manual Incoming Payments-Define Tolerances (Customers)
〉각 Company Code별로 Tolerance Group Key값을 정의해둔 화면이 보여진다.

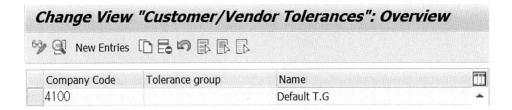

Company Code 4100에서 거래하는 고객 중 Tolerance group이 지정되지 않은 고객에 대한 룰을 정의한다.

〉위 내역을 더블클릭하여 들어간다.

Change View "Customer/Vendor Tolerances": Details

New Entries 🗋 🖪 ⏪ 🗋 🗋 🖫

Company Code	4100	FI Korea	Seoul
Currency	KRW		
Tolerance group		Default T.G	

Specifications for Clearing Transactions

Grace days due date		Cash Discount Terms Displayed	
Arrears Base Date			

Permitted Payment Differences

	Amount	Percent	Adjust Discount By
Gain		%	
Loss		%	

Permitted Payment Differences for Automatic Write-Off (Function Code AD)

	Amount	Percent
Rev.		%
Expense		%

Specifications for Posting Residual Items from Payment Differences

☐ Payment Term from Invoice	Fixed payment term	
☐ Only grant partial cash disc		
Dunning key		

Tolerances for Payment Advices

	Amount	Percent
Outst.receiv.from		%
Outst.payable from		%

- Permitted Payment Differences 필드 그룹이 현재 보고자 하는 부분이다. Customer는 Loss, Vendor는 Gain, ①Employee 세팅 부분과 동일한 형식이라고 보면 된다. Tolerance 기능은 국내에서는 잘 사용하지 않는 기능이므로 참고로만 알아두도록 하자.

▶ Configuration of Tolerance Groups

○ ①Define the group per Company code

• 회사의 Employee들과 Customer/Vendor들을 각각 그룹핑 하는 단계(업무적으로 정의하는 단계)

• Employee의 경우는 대부분 직급별로 그룹핑 함(Tolerance Group Key 정의) (사원/대리-EP00, 과장/차장-EP01, 부장/팀장-EP02, 임원이상-EP03 등)

- Customers/Vendors의 경우는 우량, 일반, 부실 거래처 등의 기준으로 그룹핑한다. (우량-TG00, 일반-TG01, 부실-TG02 등)

  혹은 거래처 Account Group 별로 분류할 수도 있다.

○ ②Define Tolerances : Permitted Payment Differences를 각 그룹별로 정의(Tolerance Group Key 별로 Difference 값들을 정의)

○ ③Assign Tolerance Groups

- Tolerance Group Key를 Employee는 IMG 화면에서 지정하고, Customer/Vendor 는 해당 Master Records에 Assign 한다.

- IMG-FI-Accounts Receivable and Accounts Payable-Business Transactions-Incoming Payments-Manual Incoming Payments-Assign User/Tolerance Groups : User 지정 화면

- FI-Accounts Receivable-Master Records-FD02 - Change(Customer 마스터) 화면 : Payment Transactions-Tolerance group필드

▶ Test - Employee Tolerance Group 정의

○ ①Define the group per Company code : Business에 따라 시스템 외적으로 정의한다.

○ ②Define Tolerances

- IMG-FI-Accounts Receivable and Accounts Payable-BT-Incoming Payments-Manual Incoming Payments-Define Tolerance Groups for Employees

＞앞에서 살펴본 Tolerance Group 4100을 아래와 같이 수정해보자. .

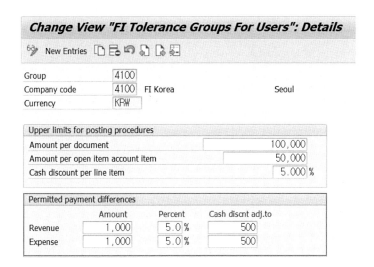

○ ③Assign Tolerance Groups

- IMG-FI-Accounts Receivable and Accounts Payable-Business Transactions-Incoming Payments-Manual Incoming Payments-Assign User/Tolerance Groups

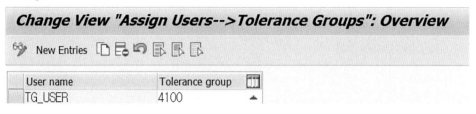

Document Control 챕터에서 지정했던 User : TG_USER ID를 이용해 테스트를 진행한다.

▶ Test - Customer/Vendor Tolerance Group 정의

○ ①Define the group per Company code : Business에 따라 시스템 외적으로 정의한다.

○ ②Define Tolerances

- IMG-FI-Accounts Receivable and Accounts Payable-Business Transactions-Incoming Payments-Manual Incoming Payments-Define Tolerances (Customers)
>신규 Tolerances Group 4100을 생성해보자.

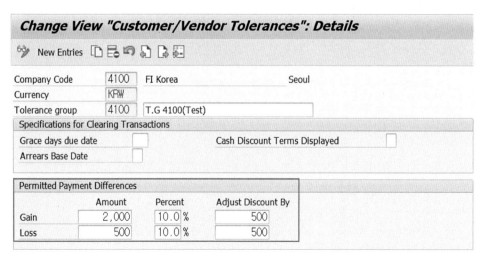

위와 같이 세팅한 후 저장한다

○ ③Assign Tolerance Groups

• FI-Accounts Receivable-Master Records-FD02 - Change

>CUST-KR003 에 대한 Tol.gr 필드값을 정의해보자. Company Code Data Segment-Tolerance Group 필드

앞에서 생성한 Tolerance group - 4100값을 지정한다.

▶ ※만약 Employee Tolerance금액과 Customer/Vendor Tolerance금액이 다르게 계산 되어질 경우 어떤 금액을 Tolerance 금액으로 사용할까? Employee/[Customer/Vendor] Amount, Employee/[Customer/Vendor] Percent 4가지 중에서 가장 작은 금액을 최종적으로 사용하게 된다. 아래 Setting 상황에서

Employee Tolerance				Customer/Vendor Tolerance			
	Amount	Percent	Cash discnt adj.to		Amount	Percent	Adjust Discount By
Revenue	1,000	5.0 %	500	Gain	2,000	10.0 %	500
Expense	1,000	5.0 %	500	Loss	500	10.0 %	500

Ex1)AR금액이 50,000이 발생했다고 가정해보자. 왼쪽의 Employee설정은 금액 1,000원, Percent 5% 2,500원(=50,000*5%)이 되어 1,000원이 Tolerance 금액이 된다. 오른쪽의 Customer 설정은 금액 500원, Percent 10% 5,000원(=50,000*10%)가 되어 500원이 Tolerance 금액이 된다. Employee에 대한 Tolerance금액보다 Customer에 대한 Tolerance 금액이 더 작으므로 **500원**이 최종 Tolerance 금액이 된다.

Ex2)AR금액이 8,000이 발생했다고 가정해보자. 왼쪽의 Employee 설정은 금액 1,000원, Percent 5% 400원(=8,000*5%)이 되어 400원이 Tolerance 금액이 된다. 오른쪽

의 Customer 설정은 금액 500원, Percent 10% 800원(=8,000*10%) 가 되어 500원이 Tolerance 금액이 된다. Customer에 대한 Tolerance 금액보다 Employee에 대한 Tolerance 금액이 더 작으므로 **400원**이 최종 Tolerance 금액이 된다.

○ **Ex1)** Test : FI-Accounts Receivable-Document Entry-FB70 - Invoice 화면 (TG_
USER ID로 테스트 진행)

>금액이 50,000원인 A/R Invoice 전표를 발생시킨다.

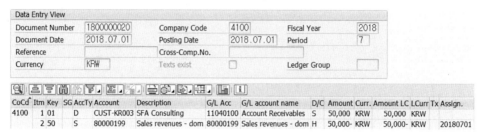

이전에 등록한 Tolerance group 4100 키값을 사용하는 CUST-KR003에 대해 Test해보자.

○ FI-Accounts Receivable-Document Entry-F-28 - Incoming Payments 화면에서
수금처리 : 이때 원래 수금되어야 할 금액보다 작은 금액을 입력한다.

• 수금 금액을 49,400원을 입력한 경우 : Tolerance 금액 500원을 100원 초과하는 차
이금액 발생

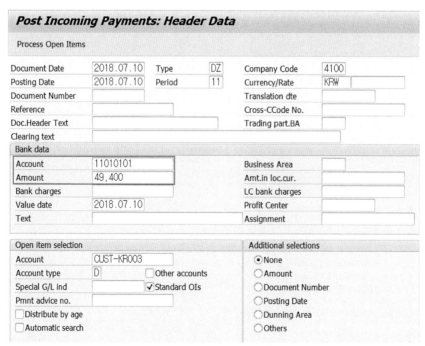

Post Incoming Payments Process open items

🔍 📝 Distribute Difference   Charge Off Difference   ✏ Editing Options   ∅ Cash Disc. Due   Create Dispute Case

| Standard | Partial Pmt | Res.Items | WH Tax |

Account items CUST-KR003 SFA Consulting

Document ...	D..	Docume...	P..	Bu..	Da...	KRW Gross	CashDiscount	CDPer.	
1800000020	DR	2018.07..	01	9900	9	50,000			

🔍 📇 | 📇 📇 | 🖨 🖨 | 🔍🔍 Amount | 🖩 Gross<>... | 🖩 Currency | ✏ Items | ✏ Items | ✏ Disc. | ✏ Disc.

Processing Status

Number of items	3		Amount entered	49,400
Display from item	3		Assigned	50,000
Reason code			Difference postings	
Display in clearing currency			Not assigned	600-

＞[메뉴-Document-Simulate] 클릭

Tolerance 허용금액보다 차이가 크기 때문에 에러메시지가 발생한다.

✅ The difference is too large for clearing

• Overview 화면에서 해당 Line Item을 더블클릭하여 금액을 수정해보자(49,500원을 입력한 경우)

Post Incoming Payments Correct G/L account item

🔍 📄 📄 📄   Choose open items   Process Open Items   📄 More data   Account Model

G/L Account	11010101	Shinhan 135792468
Company Code	4100	FI Korea

Item 1 / Debit entry / 40

Amount	49,500	KRW

＞Overview 후 [메뉴-Document-Simulate] 후 포스팅(💾)처리

Data Entry View

Document Number	1400000016	Company Code	4100	Fiscal Year	2018
Document Date	2018.07.10	Posting Date	2018.07.10	Period	7
Reference		Cross-Comp.No.			
Currency	KRW	Texts exist	☐	Ledger Group	

CoCd	Itm	Key	SG	AccTy	Account	Description	G/L Acc	G/L account name	D/C	Amount	Curr.	Amount LC	LCurr	Clrng doc.
4100	1	40		S	11010101	Shinhan 135792468	11010101	Shinhan 135792468	S	49,500	KRW	49,500	KRW	
	2	40		S	53001800	Miscellaneous expens	53001800	Miscellaneous expens	S	500	KRW	500	KRW	
	3	15		D	CUST-KR003	SFA Consulting	11040100	Account Receivables	H	50,000-	KRW	50,000-	KRW	1400000016

허용 금액 이내이므로 정상적으로 처리된다. 차이금액은 미리 지정한 잡손실 계정으로 자동 기표된다. 시뮬레이션 처리시 오류가 발생하면 잡손실 계정 라인을 더블클릭하여 Cost Center 를 입력해야 한다.

○ **Ex2)** Test : FI-Accounts Receivable-Document Entry-FB70 - Invoice 화면 (TG_ USER ID로 테스트 진행)

> 금액이 8,000원인 A/R Invoice 전표를 발생시킨다.

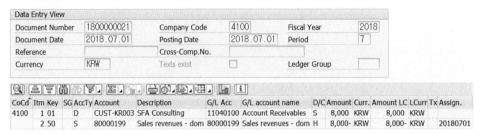

○ FI-Accounts Receivable-Document Entry-F-28 - Incoming Payments 화면에서 수금처리-이때 원래 수금되어야 할 금액보다 작은 금액을 입력한다.

• 수금 금액을 7,500원을 입력한 경우 : Tolerance 금액 400원을 100원 초과하는 차 이금액 발생

Post Incoming Payments: Header Data

Process Open Items

Document Date	2018.07.10	Type	DZ	Company Code	4100
Posting Date	2018.07.10	Period	11	Currency/Rate	KRW
Document Number				Translation dte	
Reference				Cross-CCode No.	
Doc.Header Text				Trading part.BA	
Clearing text					

Bank data

Account	11010101	Business Area	
Amount	7,500	Amt.in loc.cur.	
Bank charges		LC bank charges	
Value date	2018.07.10	Profit Center	
Text		Assignment	

Open item selection

Account	CUST-KR003
Account type	D □ Other accounts
Special G/L ind	☑ Standard OIs
Pmnt advice no.	
□ Distribute by age	
□ Automatic search	

Additional selections

- ⦿ None
- ○ Amount
- ○ Document Number
- ○ Posting Date
- ○ Dunning Area
- ○ Others

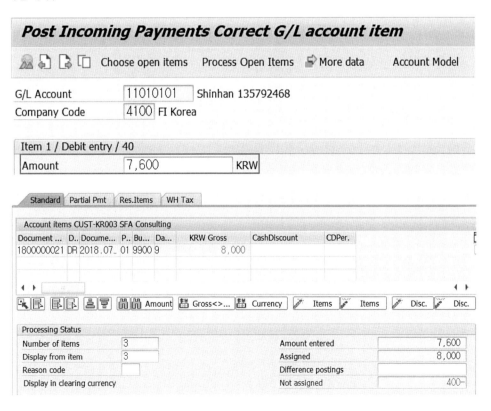

Post Incoming Payments Process open items

🔍 📝 Distribute Difference　Charge Off Difference　✏️ Editing Options　∅ Cash Disc. Due　Create Dispute Case

| Standard | Partial Pmt | Res.Items | WH Tax |

Account items CUST-KR003 SFA Consulting

Document ...	D..	Docume...	P..	Bu...	Da...	KRW Gross	CashDiscount	CDPer.	
1800000021	DR	2018.07_	01	9900	9	8,000			

Processing Status

Number of items	3	Amount entered	7,500
Display from item	3	Assigned	8,000
Reason code		Difference postings	
Display in clearing currency		Not assigned	500-

〉[메뉴-Document-Simulate] 클릭

Tolerance 허용금액보다 차이가 크기 때문에 에러메시지가 발생한다.

☑ The difference is too large for clearing

- Overview 화면에서 해당 Line Item을 더블클릭하여 금액을 수정해보자(7,600원을 입력한 경우)

Post Incoming Payments Correct G/L account item

🔍 📑 📄 🗐　Choose open items　Process Open Items　📑 More data　Account Model

G/L Account	11010101　Shinhan 135792468
Company Code	4100　FI Korea

Item 1 / Debit entry / 40

Amount	7,600	KRW

| Standard | Partial Pmt | Res.Items | WH Tax |

Account items CUST-KR003 SFA Consulting

Document ...	D..	Docume...	P..	Bu...	Da...	KRW Gross	CashDiscount	CDPer.	
1800000021	DR	2018.07_	01	9900	9	8,000			

Processing Status

Number of items	3	Amount entered	7,600
Display from item	3	Assigned	8,000
Reason code		Difference postings	
Display in clearing currency		Not assigned	400-

> Overview 후 [메뉴-Document-Simulate]

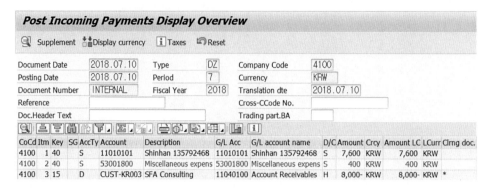

시뮬레이션 하게 되면 잡손실 계정(53001800) 라인이 파란색으로 표시된다. P&L 계정인데 CO Object를 입력하지 않아서 발생한 오류이다. 더블클릭해서 Cost Center를 입력한다.

| G/L Account | 53001800 | Miscellaneous expenses |
| Company Code | 4100 | FI Korea |

Item 2 / Debit entry / 40

Amount	400	KRW			
Tax Code			☐ Calculate tax		
Business place					
Cost Center	1000		Order		
WBS element			Profit. segment	⇨	
Network			Real estate obj	⇨	
Functional Area			Sales Order		

> 포스팅(💾)처리

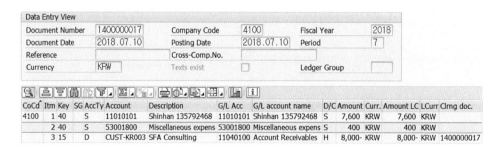

허용 금액 이내이므로 정상적으로 처리된다. 차이금액은 미리 지정한 잡손실 계정으로 **자동** 기표된다.

○ 원 수금금액과 현재 수금될 금액의 차이금액이 잡손실 계정으로 처리되었는데 이에 대한 계정 설정은 IMG에서 지정할 수 있다(Account Determination)

• IMG-FI-Accounts Receivable and Accounts Payable-Business Transactions-Incoming Payments-Incoming Payments Global Settings-Overpayment/Under-payment-Define Accounts for Payment Differences 화면

> 아래와 같이 설정되어 있음을 확인해 볼 수 있다.

COA - Chart of Accounts　　CAKR 선택

Configuration Accounting Maintain : Automatic Posts - Accounts

🖳 Posting Key　Rules

Chart of Accounts　　CAKR　Chart of accounts - Republic of Korea
Transaction　　ZDI　Payment differences by reason

Account assignment

Account
53001800

• Payment Difference가 발생했을 때 정의된 계정(53001800)으로 자동기표되게 된다.
• Reason Code를 이용하여 계정을 다르게 기표할 수 있는 설정은 뒤에서 살펴보도록 한다.

○ Cash Discnt adj.to 부분도 마찬가지로 Employee/[Customer/Vendor] 금액 중 작은 것이 선택된다.

Invoices	1,000	1,000	1,000
Incoming payment	968	967	949
Cash discount	30	30	30
Difference	2	3	21
Cash Discount Adjustment	32	30	STOP(Difference too large for clearing)
Unearned Cash Discount	0	3	

• 첫번째의 경우 차이 2만큼을 Manual로 조정하여 32만큼의 금액을 Cash Discount로 인정한 경우이다.
• 두번째의 경우 차이 3만큼을 조정하지 않고 Payment Difference로 인정하여 포스팅한 경우이다(허용한도내)

- 세번째의 경우 차이 금액 21이 허용한도보다 클 경우 에러 메시지를 뿌려주며 포스팅이 안되는 경우이다.
- Cash Discount는 국내에서는 잘 사용되지 않는 기능이므로 참고로만 알아둔다.

○ **Charge Off Difference** 처리 방식[Charge Off Difference] : 차이가 발생할 경우 별도 Lineitem을 직접 입력한다.
- FI-Accounts Receivable-Document Entry-F-28 - Incoming Payments 화면에서 수금처리

＞수금 금액 7,500원을 입력한 경우(Tolerance 금액 400원을 100원 초과하는 차이금액 발생)

Post Incoming Payments: Header Data

Process Open Items

Document Date	2018.07.10	Type	DZ	Company Code	4100
Posting Date	2018.07.10	Period	11	Currency/Rate	KRW
Document Number				Translation dte	
Reference				Cross-CCode No.	
Doc.Header Text				Trading part.BA	
Clearing text					

Bank data

Account	11010101	Business Area	
Amount	49,400	Amt.in loc.cur.	
Bank charges		LC bank charges	
Value date	2018.07.10	Profit Center	
Text		Assignment	

Open item selection

Account	CUST-KR003
Account type	D ☐ Other accounts
Special G/L ind	☑ Standard OIs
Pmnt advice no.	
☐ Distribute by age	
☐ Automatic search	

Additional selections

- ◉ None
- ○ Amount
- ○ Document Number
- ○ Posting Date
- ○ Dunning Area
- ○ Others

Post Incoming Payments Process open items

⚄ 📝 Distribute Difference   Charge Off Difference   🖉 Editing Options   ∅ Cash Disc. Due   Create Dispute Case

Standard | Partial Pmt | Res.Items | WH Tax

Account items CUST-KR003 SFA Consulting

Document ...	D..	Docume...	P..	Bu...	Da...	KRW Gross	CashDiscount	CDPer.	
1800000020	DR	2018.07..	01	9900	9	50,000			

🔍🖩 🖩🖩 🖨🖩 🖩🖩 Amount 🖩 Gross<>... 🖩 Currency 🖉 Items 🖉 Items 🖉 Disc. 🖉 Disc.

Processing Status

Number of items	3	Amount entered	49,400
Display from item	3	Assigned	50,000
Reason code		Difference postings	
Display in clearing currency		Not assigned	600-

>[메뉴-Document-Simulate] 클릭

Tolerance 허용금액보다 차이가 크기 때문에 에러메시지가 발생한다.

☑ The difference is too large for clearing

>상단의 ┌ Charge Off Difference ┐ 버튼 혹은 🔍(Overview) 버튼을 클릭하여 별도 Lineitem을 입력한다.

Post Incoming Payments Display Overview

🔍 Process Open Items   Choose open items 🔢 Display currency   Account Model ⓘ Taxes

Document Date	2018.07.10	Type	DZ	Company Code	4100
Posting Date	2018.07.10	Period	7	Currency	KRW
Document Number	INTERNAL	Fiscal Year	2018	Translation dte	2018.07.10
Reference				Cross-CCode No.	
Doc.Header Text				Trading part.BA	

Co	Itm	Key	S	AccTy	Account	Description	G/L Acc	G/L account name	D/C	Amount	Crcy	Amount LC	LCu	T
410	1	40		S	11010101	Shinhan 135792468	11010101	Shinhan 135792468	S	7,500	KRW	7,500	KRW	

	Other Items		0	Balance	7,500	KRW

Other Line Items

PstKy	40	Account	53001800		SGL Ind		TType		New co.code	

차변 금액 400원이 차이가 나므로 전기키 40(차변)에 원하는 G/L 계정을 입력하고 엔터

G/L Account	53001800	Miscellaneous expenses
Company Code	4100	FI Korea

Item 2 / Debit entry / 40

Amount	500		KRW
Tax Code		☐Calculate tax	
Business place			
Cost Center	1000	Order	
WBS element		Profit. segment	⇨
Network		Real estate obj	⇨
Functional Area		Sales Order	

금액과 CO Object를 입력한다. 그리고 포스팅(💾) 처리한다.

Data Entry View

Document Number	1400000020	Company Code	4100	Fiscal Year	2018
Document Date	2018.07.10	Posting Date	2018.07.10	Period	7
Reference		Cross-Comp.No.			
Currency	KRW	Texts exist	☐	Ledger Group	

CoCd	Itm	Key	SG	AccTy	Account	Description	G/L Acc	G/L account name	D/C	Amount	Curr.	Amount LC	LCurr	Clrng doc.
4100	1	40		S	11010101	Shinhan 135792468	11010101	Shinhan 135792468	S	7,500	KRW	7,500	KRW	
	2	40		S	53001800	Miscellaneous expens	53001800	Miscellaneous expens	S	500	KRW	500	KRW	
	3	15		D	CUST-KR003	SFA Consulting	11040100	Account Receivables	H	8,000-	KRW	8,000-	KRW	1400000020

- 이와 같이 Payment Difference 자동기표 기능을 이용하지 않고도 수작업 전표입력이 가능하다. 국내에서는 이런 형태로 전표처리하는 것이 일반적이다.

● **Partial Clearing의 2가지 방식** : 부분 수금/지급 처리시 사용하는 부분반제 처리 유형

▶ A/R Invoice에 대해 한번에 수금 받는 것이 아니라, 여러차례에 걸쳐 수금을 받을 수 있다. 발생금액의 일부에 대해서만 반제처리 하는 것을 '**부분반제**(Partial Clearing)' 라고 하며 ①**Partial Payments** / ②**Residual Payments** 의 2가지 부분반제 처리 방식이 있다. 이때까지 살펴봤던 반제는 최초 발생 금액 전액을 반제하는 것으로 '**완전반제**(Complete Clearing)' 라고 한다.

▶ ①Partial Payments : 원전표, 부분반제전표 2건 모두 Lineitem이 Open Item 상태로 남아있게 된다.

○ A/R Invoice : [차)A/R 10,000 / 대)REV 10,000]

- FI-Accounts Receivable-Document Entry-FB70 - Invoice 화면(매출발생시점 : 6/1일-10,000)

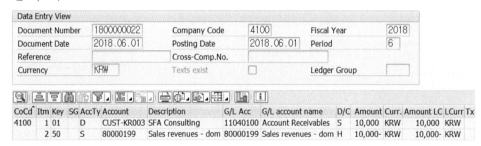

- FI-Accounts Receivable-Account-FBL5N - Display/Change Line Items(Customer 거래내역 확인)

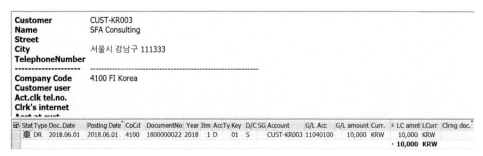

위와 같이 한 건의 A/R Invoice 내역이 Open Item으로 관리된다.

○ 1차수금 6,000원 : [차)Bank 6,000 / 대)A/R 6,000] - 원시AR, 1차수금 모두 Open 상태로 남아있게 된다.

- FI-Accounts Receivable-Document Entry-F-28 - Incoming payment 화면 Partial pmt tab에서 1차 수금처리(6/10-6,000)

> Process Open Items 버튼 클릭

위와 같이 Partial pmt tab으로 이동하여 부분 수금처리를 한다.

>아래 붉은색 10,000 금액을 더블클릭 하면 자동으로 6000으로 금액이 변경된다(차이 금액 자

동 지정)

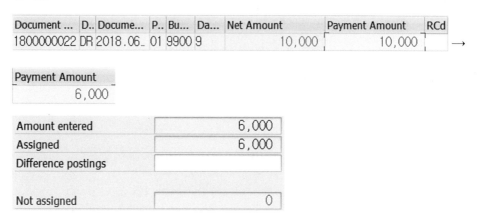

Document ...	D..	Docume...	P..	Bu...	Da...	Net Amount	Payment Amount	RCd	
1800000022	DR	2018.06...	01	9900	9	10,000	10,000		→

Payment Amount	
	6,000

Amount entered	6,000
Assigned	6,000
Difference postings	
Not assigned	0

Bank로 입금된 금액(Amount entered) 6,000원과, AR 중에서 부분반제 할 금액(Assigned)

6,000원이 지정되어 차/대변이 일치한다(Not assigned = 0)

>Overview 후에 [메뉴-Document-Simulate] 클릭 / 포스팅(🖫) 처리

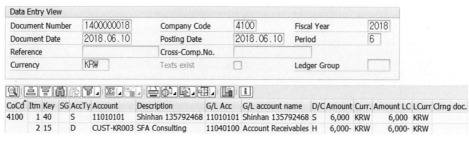

Data Entry View

Document Number	1400000018	Company Code	4100	Fiscal Year	2018
Document Date	2018.06.10	Posting Date	2018.06.10	Period	6
Reference		Cross-Comp.No.			
Currency	KRW	Texts exist	☐	Ledger Group	

CoCd	Itm	Key	SG	AccTy	Account	Description	G/L Acc	G/L account name	D/C	Amount	Curr.	Amount LC	LCurr	Clrng doc.
4100	1	40		S	11010101	Shinhan 135792468	11010101	Shinhan 135792468	S	6,000	KRW	6,000	KRW	
	2	15		D	CUST-KR003	SFA Consulting	11040100	Account Receivables	H	6,000-	KRW	6,000-	KRW	

Clearing Document 필드에 값이 없다. 즉, 반제된 항목이 아니다.

• FI-Accounts Receivable-Account-FBL5N - Display/Change Line Items(Customer

거래내역 확인)

>아래 그림처럼 원시AR 발생전표, 1차 수금전표 모두 Open Item 상태로 남아 있다.

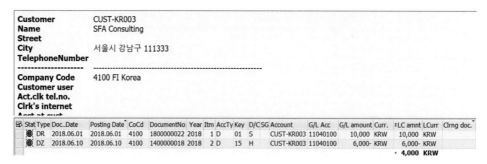

Customer	CUST-KR003
Name	SFA Consulting
Street	
City	서울시 강남구 111333
TelephoneNumber	

Company Code	4100 FI Korea
Customer user	
Act.clk tel.no.	
Clrk's internet	
Acct at cust	

	Stat	Type	Doc..Date	Posting Date	CoCd	DocumentNo	Year	Itm	AccTy	Key	D/C	SG	Account	G/L Acc	G/L amount	Curr.	#LC amnt	LCurr	Clrng doc.
	◉	DR	2018.06.01	2018.06.01	4100	1800000022	2018	1	D	01	S		CUST-KR003	11040100	10,000	KRW	10,000	KRW	
	◉	DZ	2018.06.10	2018.06.10	4100	1400000018	2018	2	D	15	H		CUST-KR003	11040100	6,000-	KRW	6,000-	KRW	
																	· 4,000	KRW	

>2번째 부분반제 전표 라인을 더블클릭 해보면 아래와 같이 원시 A/R 전표번호가 표시되어 어떤 Invoice에 대한 부분반제 건인지를 알 수 있다.

Display Document: Line Item 002

Additional Data   Assign Credit Memo

Customer	CUST-KR003 SFA Consulting	G/L Acc	11040100
CoCode	4100		
FI Korea	서울시 강남구	Doc. No.	1400000018

Line Item 2 / Incoming payment / 15

Amount	6,000 KRW	
Tax Code		Bus.place/sectn /

Additional Data

Bus. Area	9900	
	Disc. Amount	0 KRW
Bline Date	2018.06.10	Payment for 1800000022 / 2018 / 1
Pmnt Block		
Contract	/	Flow Type
		Payment Amnt 6,000 KRW
Assignment		
Text		Long text

○ 2차수금 4,000원 : [차)Bank 4,000 / 대)A/R 4,000] - 이때 원시,1,2차수금이 모두 Cleared 상태가 된다.

• FI-Accounts Receivable-Document Entry-F-28 - Incoming payment 화면 : Standard tab에서 2차 수금처리(6/30-4,000)

Post Incoming Payments: Header Data

Process Open Items

Document Date	2018.06.30	Type	DZ	Company Code	4100
Posting Date	2018.06.30	Period	11	Currency/Rate	KRW
Document Number				Translation dte	
Reference				Cross-CCode No.	
Doc.Header Text				Trading part.BA	
Clearing text					

Bank data

Account	11010101	Business Area	
Amount	4,000	Amt.in loc.cur.	
Bank charges		LC bank charges	
Value date	2018.06.30	Profit Center	
Text		Assignment	

Open item selection		Additional selections
Account	CUST-KR003	◉None
Account type	D ☐Other accounts	○Amount
Special G/L ind	☑Standard OIs	○Document Number
Pmnt advice no.		○Posting Date
☐Distribute by age		○Dunning Area
☐Automatic search		○Others

> | Process Open Items | 버튼 클릭

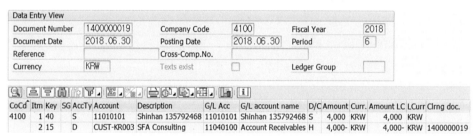

Post Incoming Payments Process open items

🔍 📝 Distribute Difference   Charge Off Difference   ✏ Editing Options   Ø Cash Disc. Due   Create Dispute Case

| Standard | Partial Pmt | Res.Items | WH Tax |

Account items CUST-KR003 SFA Consulting

Document ...	D..	Docume...	P..	Bu..	Da...	KRW Gross	CashDiscount	CDPer.
1400000018	DZ	2018.06..	15	9900	20	6,000-		
1800000022	DR	2018.06..	01	9900	29	10,000		

Processing Status

Number of items	2	Amount entered	4,000
Display from item	1	Assigned	4,000
Reason code		Difference postings	
Display in clearing currency		Not assigned	0

위와 같이 Standard tab에서 이동하여 남은 2차 수금처리를 한다. 잔액이 0으로 차/대 일치상

태이다.

> Overview 후에 [메뉴-Document-Simulate] 클릭 / 포스팅(💾) 처리

Data Entry View

Document Number	1400000019	Company Code	4100	Fiscal Year	2018
Document Date	2018.06.30	Posting Date	2018.06.30	Period	6
Reference		Cross-Comp.No.			
Currency	KRW	Texts exist	☐	Ledger Group	

CoCd	Itm	Key	SG	AccTy	Account	Description	G/L Acc	G/L account name	D/C	Amount	Curr.	Amount LC	LCurr	Clrng doc.
4100	1	40	S		11010101	Shinhan 135792468	11010101	Shinhan 135792468	S	4,000	KRW	4,000	KRW	
	2	15	D		CUST-KR003	SFA Consulting	11040100	Account Receivables	H	4,000-	KRW	4,000-	KRW	1400000019

- FI-Accounts Receivable-Account-FBL5N - Display/Change Line Items(Customer 거

래내역 확인)

> 아래 그림처럼 원시,1차, 2차수금 전표 모두 Cleared Item 상태가 된다.

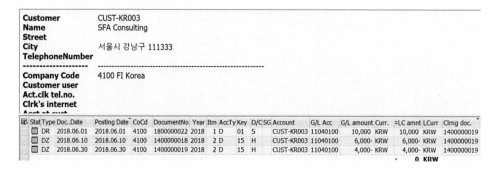

Customer	CUST-KR003
Name	SFA Consulting
Street	
City	서울시 강남구 111333
TelephoneNumber	

Company Code	4100 FI Korea
Customer user	
Act.clk tel.no.	
Clrk's internet	

EB	Stat	Type	Doc..Date	Posting Date	CoCd	DocumentNo	Year	Itm	AccTy	Key	D/C	SG	Account	G/L Acc	G/L amount	Curr.	∓LC amnt	LCurr	Clrng doc.
☐		DR	2018.06.01	2018.06.01	4100	1800000022	2018	1	D	01	S		CUST-KR003	11040100	10,000	KRW	10,000	KRW	1400000019
☐		DZ	2018.06.10	2018.06.10	4100	1400000018	2018	2	D	15	H		CUST-KR003	11040100	6,000-	KRW	6,000-	KRW	1400000019
☐		DZ	2018.06.30	2018.06.30	4100	1400000019	2018	2	D	15	H		CUST-KR003	11040100	4,000-	KRW	4,000-	KRW	1400000019
																0	KRW	

▶ ②**Residual Payments** : Original Document를 참조해서 새로운 Document를 생성한다. Payment terms는 원시값을 가져오거나 고정 Payment terms로 지정이 가능하다. Residual 방식으로 생성되는 신규 미결항목은 시스템에서 자동으로 Negative Posting으로 인식하여 차/대 Balance가 과대계상되지 않도록 한다.

○ A/R Invoice ： [차)A/R 10,000 / 대)REV 10,000]

• FI-Accounts Receivable-Document Entry-FB70 - Invoice 화면(매출발생시점 : 8/1일-10,000)

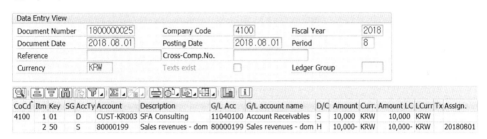

• FI-Accounts Receivable-Account-FBL5N - Display/Change Line Items(Customer 거래내역 확인)

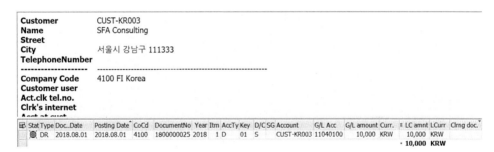

위와 같이 한 건의 A/R Invoice 내역이 Open Item으로 관리된다.

○ 1차수금(6000): [차)Bank 6,000, A/R 4,000 / 대)A/R 10,000] 원시전표 A/R과 1차수금전표의 A/R 10,000은 Cleared처리, A/R 4,000은 Open발생. 이때 생성되는 A/R 4,000에 대한 Terms of payment는 원시값을 가져올 수도 있고 Fixed된 값을 지정할 수도 있다.

• FI-Accounts Receivable-Document Entry-F-28 - Incoming payment 화면 Res. items tab에서 1차 수금처리(8/10-6,000)

Post Incoming Payments: Header Data

Process Open Items

Document Date	2018.08.10	Type	DZ	Company Code	4100	
Posting Date	2018.08.10	Period	11	Currency/Rate	KRW	
Document Number				Translation dte		
Reference				Cross-CCode No.		
Doc.Header Text				Trading part.BA		
Clearing text						

Bank data

Account	11010101	Business Area	
Amount	6,000	Amt.in loc.cur.	
Bank charges		LC bank charges	
Value date	2018.08.10	Profit Center	
Text		Assignment	

Open item selection

Account	CUST-KR003
Account type	D ☐ Other accounts
Special G/L ind	☑ Standard OIs
Pmnt advice no.	
☐ Distribute by age	
☐ Automatic search	

Additional selections

- ◉ None
- ○ Amount
- ○ Document Number
- ○ Posting Date
- ○ Dunning Area
- ○ Others

> | Process Open Items | 버튼 클릭

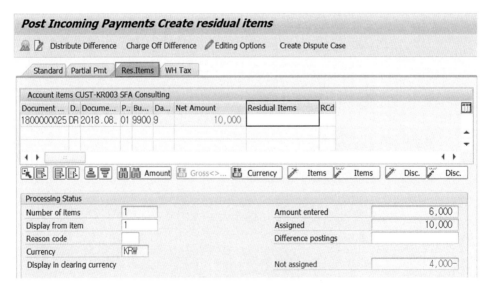

Post Incoming Payments Create residual items

Distribute Difference   Charge Off Difference   ✎ Editing Options   Create Dispute Case

| Standard | Partial Pmt | Res.Items | WH Tax |

Account items CUST-KR003 SFA Consulting

Document ...	D..	Docume...	P..	Bu...	Da..	Net Amount	Residual Items	RCd	
1800000025	DR	2018.08..	01	9900	9	10,000			

Amount   Gross<>...   Currency   Items   Items   Disc.   Disc.

Processing Status

Number of items	1	Amount entered	6,000
Display from item	1	Assigned	10,000
Reason code		Difference postings	
Currency	KRW		
Display in clearing currency		Not assigned	4,000-

위와 같이 Res.items tab으로 이동하여 부분 수금처리를 한다.

〉Residual items 필드를 더블클릭 하면 자동으로 4,000으로 금액이 변경된다(차이 금액이 자동

지정됨)

Account items CUST-KR003 SFA Consulting								
Document ...	D..	Docume...	P..	Bu...	Da...	Net Amount	Residual Items	RCd
1800000025	DR	2018.08.	01	9900	9	10,000	4,000	

Amount entered	6,000
Assigned	6,000
Difference postings	
Not assigned	0

〉Overview 후에 [메뉴-Document-Simulate] 클릭

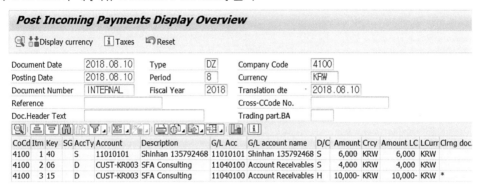

Post Incoming Payments Display Overview

Display currency   Taxes   Reset

Document Date	2018.08.10	Type	DZ	Company Code	4100	
Posting Date	2018.08.10	Period	8	Currency	KRW	
Document Number	INTERNAL	Fiscal Year	2018	Translation dte	2018.08.10	
Reference				Cross-CCode No.		
Doc.Header Text				Trading part.BA		

CoCd	Itm	Key	SG	AccTy	Account	Description	G/L Acc	G/L account name	D/C	Amount	Crcy	Amount LC	LCurr	Clrng doc.
4100	1	40		S	11010101	Shinhan 135792468	11010101	Shinhan 135792468	S	6,000	KRW	6,000	KRW	
4100	2	06		D	CUST-KR003	SFA Consulting	11040100	Account Receivables	S	4,000	KRW	4,000	KRW	
4100	3	15		D	CUST-KR003	SFA Consulting	11040100	Account Receivables	H	10,000-	KRW	10,000-	KRW	*

3번 라인에 원시 전표가 반제 되면서 2번 라인에 새로운 A/R 4,000이 기표됨을 볼 수 있다.

〉4,000짜리 2번 Line Item을 더블클릭하여 상세내역을 살펴보도록 하자.

Customer	CUST-KR003	SFA Consulting	G/L Acc	11040100
Company Code	4100			
FI Korea		서울시 강남구		

Item 2 / Payment difference / 06 / Account Receivables

Amount	4,000	KRW		
Tax Amount	0			
	☐ Calculate tax	Tax Code		BusPlace/Sectn /
Contract	/	Flow Type		
Bus. Area	9900			
Payt Terms		Days/percent	0.000 /	/
Bline Date	2018.08.10	Disc. Amount	0	
Disc. base	4,000	Invoice ref.	1800000025 / 2018 / 1	
Pmnt Block		Pmt Method		
Assignment				
Text				

원시 A/R Invoice전표번호를 Invoice Reference필드에 가지고 있다. Payment Terms는 Copy 되지 않았다. 뒤에서 Payment Terms 관련 IMG Configuration 설정을 살펴보도록 한다.

>포스팅(💾) 처리

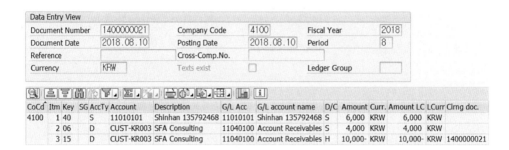

- FI-Accounts Receivable-Account-FBL5N - Display/Change Line Items(Customer 거래내역 확인)

>아래 그림처럼 원시전표A/R, 1차수금A/R 10,000은 반제 상태로 변하고 새로운 4,000원짜리 A/R Open Item이 발생하였다.

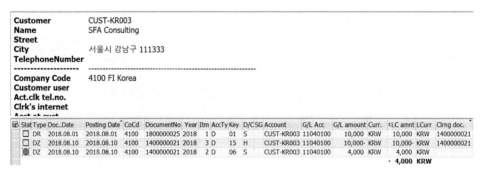

○ 2차수금(4,000): [차)Bank 4,000 / 대)A/R 4,000]-1차에서 발생한 Open Item과 2 차 수금A/R이 반제상태가 된다.

- FI-Accounts Receivable-Document Entry-F-28 - Incoming payment 화면

Post Incoming Payments: Header Data

Process Open Items

Document Date	2018.08.20	Type	DZ	Company Code	4100	
Posting Date	2018.08.20	Period	11	Currency/Rate	KRW	
Document Number				Translation dte		
Reference				Cross-CCode No.		
Doc.Header Text				Trading part.BA		
Clearing text						

Bank data

Account	11010101	Business Area		
Amount	4,000	Amt.in loc.cur.		
Bank charges		LC bank charges		
Value date	2018.08.20	Profit Center		
Text		Assignment		

Open item selection

Account	CUST-KR003
Account type	D ☐ Other accounts
Special G/L ind	✓ Standard OIs
Pmnt advice no.	
☐ Distribute by age	
☐ Automatic search	

Additional selections

- ⦿ None
- ◯ Amount
- ◯ Document Number
- ◯ Posting Date
- ◯ Dunning Area
- ◯ Others

> | Process Open Items | 버튼 클릭

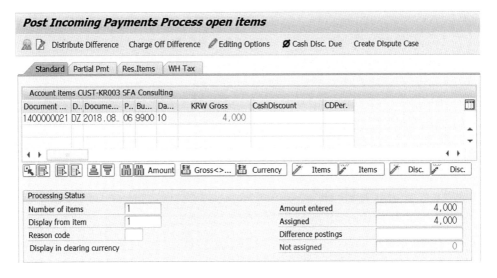

Post Incoming Payments Process open items

🔍 📝 Distribute Difference   Charge Off Difference   ✏ Editing Options   Ø Cash Disc. Due   Create Dispute Case

| Standard | Partial Pmt | Res.Items | WH Tax |

Account items CUST-KR003 SFA Consulting

Document ...	D..	Docume...	P..	Bu...	Da...	KRW Gross	CashDiscount	CDPer.	
1400000021	DZ	2018.08.	06	9900	10	4,000			

Processing Status

Number of items	1	Amount entered	4,000
Display from item	1	Assigned	4,000
Reason code		Difference postings	
Display in clearing currency		Not assigned	0

〉포스팅(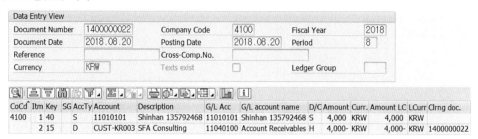) 처리

CoCd	Itm	Key	SG	AccTy	Account	Description	G/L Acc	G/L account name	D/C	Amount	Curr.	Amount LC	LCurr	Clrng doc.
4100	1	40	S		11010101	Shinhan 135792468	11010101	Shinhan 135792468	S	4,000	KRW	4,000	KRW	
	2	15	D		CUST-KR003	SFA Consulting	11040100	Account Receivables	H	4,000-	KRW	4,000-	KRW	1400000022

Data Entry View — Document Number 1400000022, Company Code 4100, Fiscal Year 2018, Document Date 2018.08.20, Posting Date 2018.08.20, Period 8, Reference, Cross-Comp.No., Currency KRW, Texts exist, Ledger Group

〉FI-Accounts Receivable-Account-FBL5N - Display/Change Line Items(Customer 거래내역 확인)

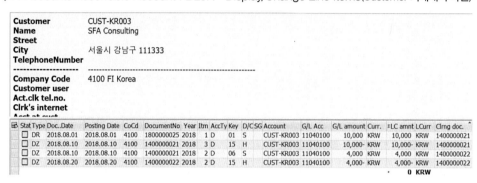

	Customer	CUST-KR003
	Name	SFA Consulting
	Street	
	City	서울시 강남구 111333
	TelephoneNumber	
	Company Code	4100 FI Korea
	Customer user	
	Act.clk tel.no.	
	Clrk's internet	

Stat	Type	Doc..Date	Posting Date	CoCd	DocumentNo	Year	Itm	AccTy	Key	D/C	SG	Account	G/L Acc	G/L amount	Curr.	≢LC amnt	LCurr	Clrng doc.
☐	DR	2018.08.01	2018.08.01	4100	1800000025	2018	1 D		01	S		CUST-KR003	11040100	10,000	KRW	10,000	KRW	1400000021
☐	DZ	2018.08.10	2018.08.10	4100	1400000021	2018	3 D		15	H		CUST-KR003	11040100	10,000-	KRW	10,000-	KRW	1400000021
☐	DZ	2018.08.10	2018.08.10	4100	1400000021	2018	2 D		06	S		CUST-KR003	11040100	4,000	KRW	4,000	KRW	1400000022
☐	DZ	2018.08.20	2018.08.20	4100	1400000022	2018	2 D		15	H		CUST-KR003	11040100	4,000-	KRW	4,000-	KRW	1400000022
																	0 KRW	

남아 있던 A/R 4,000원도 모두 반제되어 Cleared(☐) 상태가 됨

○ ※Terms of payment를 Fixed하게 지정하고 싶을 경우 : IMG-FI-Accounts Receivable and Accounts Payable-Business Transactions-Incoming Payments-Manual Incoming Payments-Define Tolerances (Customers) 화면

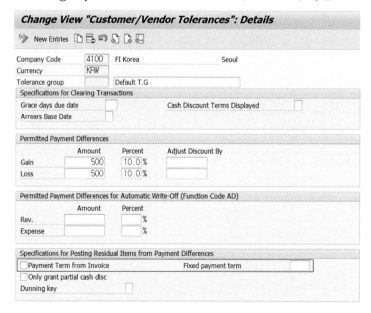

Change View "Customer/Vendor Tolerances": Details

New Entries

Company Code	4100	FI Korea	Seoul
Currency	KRW		
Tolerance group		Default T.G	

Specifications for Clearing Transactions

Grace days due date		Cash Discount Terms Displayed	
Arrears Base Date			

Permitted Payment Differences

	Amount	Percent	Adjust Discount By
Gain	500	10.0 %	
Loss	500	10.0 %	

Permitted Payment Differences for Automatic Write-Off (Function Code AD)

	Amount	Percent	
Rev.		%	
Expense		%	

Specifications for Posting Residual Items from Payment Differences

☐ Payment Term from Invoice		Fixed payment term	
☐ Only grant partial cash disc			
Dunning key			

- Specifications for Posting Residual Items from Payment Differences 필드 그룹에서 설정할 수 있다.

> **Specifications for Posting Residual Items from Payment Differences**
> ☑ Payment Term from Invoice   Fixed payment term [   ]
> ☐ Only grant partial cash disc
> Dunning key [   ]

Payment Term from Invoice부분에 체크가 되어 있을 경우 원시 Invoice값을 가져다가 반영한다. 체크를 해제하고 우측의 Fixed payment term필드에 값을 지정하면 고정된 Payment Terms를 적용할 수 있다.
둘 중 하나만 적용 가능하다. 둘 다 입력시 오류 발생

> ⓘ Either copy term from the invoice or specify a term

> **Specifications for Posting Residual Items from Payment Differences**
> ☐ Payment Term from Invoice   Fixed payment term [0002]
> ☐ Only grant partial cash disc
> Dunning key [   ]

앞서 Residual Test 시에는 양쪽 모두 값이 입력되지 않았기에 Payment Terms가 비어 있었다.

- 위 설정을 변경하기 전에 발생된 Open Item에 대해서는 위 설정을 변경하더라도 적용되지 않으므로 주의한다(이전 설정대로 Payment Terms가 결정)

▶ Partial Payment 전표 포함 반제 처리시 Invoice Reference별 묶어서 처리하는 방법
○ FI-Accounts Receivable-Account-FBL5N - Display/Change Line Items(Customer 거래내역 확인)

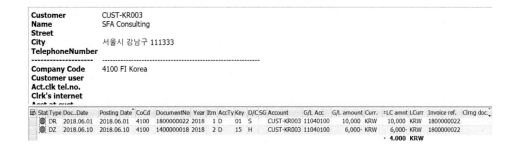

	Customer	CUST-KR003
	Name	SFA Consulting
	Street	
	City	서울시 강남구 111333
	TelephoneNumber	
	Company Code	4100 FI Korea
	Customer user	
	Act.clk tel.no.	
	Clrk's internet	

Stat	Type	Doc..Date	Posting Date	CoCd	DocumentNo	Year	Itm	AccTy	Key	D/C	SG	Account	G/L Acc	G/L amount	Curr.	≠LC amnt	LCurr	Invoice ref.	Clrng doc.
◉	DR	2018.06.01	2018.06.01	4100	1800000022	2018	1	D	01	S		CUST-KR003	11040100	10,000	KRW	10,000	KRW	1800000022	
◉	DZ	2018.06.10	2018.06.10	4100	1400000018	2018	2	D	15	H		CUST-KR003	11040100	6,000-	KRW	6,000-	KRW	1800000022	
														· 4.000	KRW				

앞서 테스트 했던 부분반제 전표의 Invoice Reference 필드를 보면 최초 발생 AR Invoice 전표번호를 가지고 있다. 부분반제로 둘 다 미결(Open Item)상태로 존재하지만 연결고리를 가지고 있다는 의미이다.

○ FI-Accounts Receivable-Document Entry-F-28 - Incoming payment 화면

Post Incoming Payments: Header Data

Process Open Items

Document Date	2018.06.30	Type	DZ	Company Code	4100
Posting Date	2018.06.30	Period	06	Currency/Rate	KRW
Document Number				Translation dte	
Reference				Cross-CCode No.	
Doc.Header Text				Trading part.BA	
Clearing text					

Bank data

Account	11010101	Business Area	
Amount	4,000	Amt.in loc.cur.	
Bank charges		LC bank charges	
Value date	2018.06.30	Profit Center	
Text		Assignment	

Open item selection

Account	CUST-KR003
Account type	D ☐Other accounts
Special G/L ind	☑ Standard OIs
Pmnt advice no.	
☐Distribute by age	
☐Automatic search	

Additional selections

- ◉None
- ○Amount
- ○Document Number
- ○Posting Date
- ○Dunning Area
- ○Others

> Process Open Items 버튼 클릭

Post Incoming Payments Process open items

Distribute Difference　Charge Off Difference　✎ Editing Options　Ø Cash Disc. Due　Create Dispute Case

Standard | Partial Pmt | Res.Items | WH Tax

Account items CUST-KR003 SFA Consulting

Document ...	D..	Docume...	P..	Bu...	Da...	KRW Gross	Partially Paid Amt	CashDiscount	CDPer.	St...	
1800000022	DR	2018.06_	01	9900	29	10,000	6,000				

Amount　Gross<>...　Currency　Items　Items　Disc.　Disc.

Processing Status

Number of items	1 / 2	Amount entered	4,000
Display from item	1	Assigned	0
Reason code		Difference postings	
Display in clearing currency		Not assigned	4,000

반제처리 화면 전표 리스트에 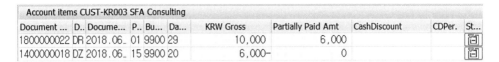 버튼이 보이게 되고 해당 버튼을 클릭하면 아래와 같이 항목이 펼쳐진다.

Account items CUST-KR003 SFA Consulting										
Document ...	D..	Docume...	P..	Bu...	Da..	KRW Gross	Partially Paid Amt	CashDiscount	CDPer.	St...
1800000022	DR	2018.06_	01	9900	29	10,000	6,000			🗂
1400000018	DZ	2018.06_	15	9900	20	6,000-	0			🗂

최초 발생 A/R Invoice와 Partial Payment 전표 2개 전표가 보여진다. 이는 2개 전표가 동일한 Invoice Reference 값을 가지고 있기 때문에 가능한 것이다.

〉상단의 🖉 Editing Options 버튼을 클릭해보자.

Accounting Editing Options

Open items

Open item processing

- ☐ Payment reference as selection criterion
- ☐ Process open items with commands
- ☑ Selected items initially inactive
- ☐ Enter payment amount for residual items
- ☐ Use worklists
- ☐ Display net amounts
- ☑ Include invoice reference
- ☐ Sorting by amount without +/- sign

Include invoice reference 필드에 체크되어 있어야 위와 같이 묶어서 보여준다.

※ 참고) Selected items initially inactive : 반제화면에 처음 들어갔을 때 모든 Open Item을 Inactive상태로 보여준다.

〉아래와 같이 활성화 한 후 포스팅(💾) 한다.

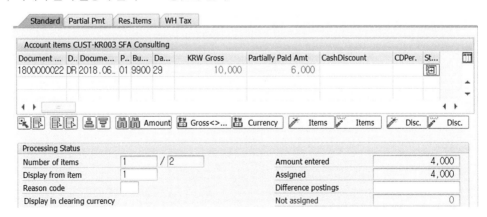

Standard	Partial Pmt	Res.Items	WH Tax

Account items CUST-KR003 SFA Consulting										
Document ...	D..	Docume...	P..	Bu...	Da..	KRW Gross	Partially Paid Amt	CashDiscount	CDPer.	St..
1800000022	DR	2018.06_	01	9900	29	10,000	6,000			🗂

Processing Status

Number of items	1	/ 2	Amount entered	4,000
Display from item	1		Assigned	4,000
Reason code			Difference postings	
Display in clearing currency			Not assigned	0

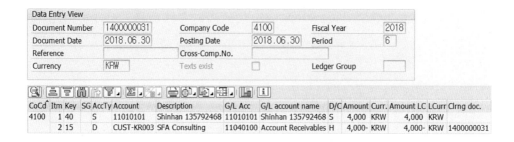

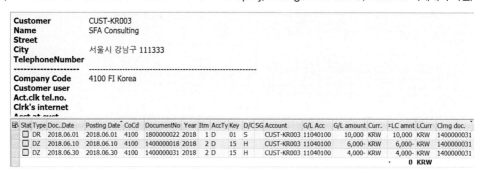

> FI-Accounts Receivable-Account-FBL5N - Display/Change Line Items(Customer 거래내역 확인)

● Reason Codes : 사유 코드

▶ 앞서 Payment Difference가 발생할 때 Tolerance Amount이내 금액인 경우 자동으로 기표해주는 기능을 이용하거나 국내에서 주로 사용하는 Charge off Difference 기능을 이용하여 차이 금액에 대한 Lineitem을 입력하였다.

▶ 만약 동일한 Charge off Difference가 매번 발생할 경우, 이를 매번 [Charge Off Difference] 버튼을 이용해 처리하는 것은 효율적이지 못하다. 자주 발생하는 사유별로 Reason Code를 만들고 이를 G/L계정과 연결시켜둔다. Reason Code 속성 중 C(Charge off) 속성에 체크해 둔 뒤, 이 Reason Code를 사용하여 반제처리 할 경우 지정된 계정으로 자동기표 되게끔 설정할 수 있다.

▶ IMG-FI-Accounts Receivable and Accounts Payable-Business Transactions-Incoming Payments-Incoming Payments Global Settings-Overpayment/Underpayment-Define Reason Codes : Reason 코드를 정의

○ 화면에 들어가서 Company Code 입력

○ Test용 Reason Code를 신규 생성해보자.

　＞R01란 Reason Code를 만들고 Text 입력. Charge off Difference에 이용할 것이기 때문에 C
　필드에 체크한다.

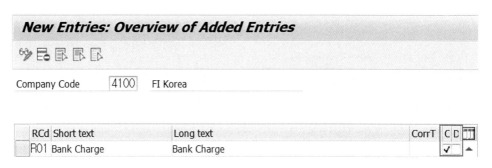

▶ IM IMG-FI-Accounts Receivable and Accounts Payable-Business Transactions-
Incoming Payments-Incoming Payments Global Settings-Overpayment/Under-
payment-Define Accounts for Payment Differences 화면 : 계정 지정

○ Tolerance Group 부분에서 설명했던 화면이 보인다.

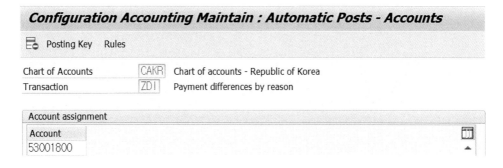

○ ⌈Rules⌋ 버튼을 클릭해보면 Reason코드별로 Debit/Credit별 Account를 지정할 수 있다.

Configuration Accounting Maintain : Automatic Posts - Rules

Accounts   Posting Key

Chart of Accounts   `CAKR`   Chart of accounts - Republic of Korea
Transaction   `ZDI`   Payment differences by reason

Accounts are determined based on	
Debit/Credit	☑
Tax code	☐
Reason code	☑

○ 상단의 Accounts 버튼 클릭(Reason Code별로 차/대변 계정과목을 지정할 수 있다.)

Configuration Accounting Maintain : Automatic Posts - Accounts

☐ ☐ ☐ Posting Key   Rules

Chart of Accounts   `CAKR`   Chart of accounts - Republic of Korea
Transaction   `ZDI`   Payment differences by reason

Account assignment		
Reason code	Debit	Credit
R01	53001900	55001500

▶ FI-Accounts Receivable-Document Entry-FB70 - Invoice 화면(매출 발생시점 : 7/1-10,000)

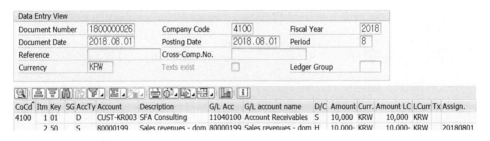

Data Entry View

Document Number	1800000026	Company Code	4100	Fiscal Year	2018
Document Date	2018.08.01	Posting Date	2018.08.01	Period	8
Reference		Cross-Comp.No.			
Currency	KRW	Texts exist	☐	Ledger Group	

CoCd	Itm	Key	SG	AccTy	Account	Description	G/L Acc	G/L account name	D/C	Amount	Curr.	Amount LC	LCurr	Tx	Assign.
4100	1	01		D	CUST-KR003	SFA Consulting	11040100	Account Receivables	S	10,000	KRW	10,000	KRW		
	2	50		S	80000199	Sales revenues - dom	80000199	Sales revenues - dom	H	10,000-	KRW	10,000-	KRW		20180801

▶ FI-Accounts Receivable-Document Entry-F-28 - Incoming payment 화면에서 9,900원 수금처리. 차이100만큼에 대해서 다음과 같이 처리

○ Res.Items tab으로 이동하여 Residual items부분을 더블클릭하면 100만큼의 금액이 보여지게 된다. 그리고 RCd부분의 Possible Entry부분을 클릭해 생성했던

Reason코드를 선택한다. 차이 금액을 해당 사유코드에 해당하는 계정으로 처리하겠다는 의미이다. 확인 후 포스팅 처리.

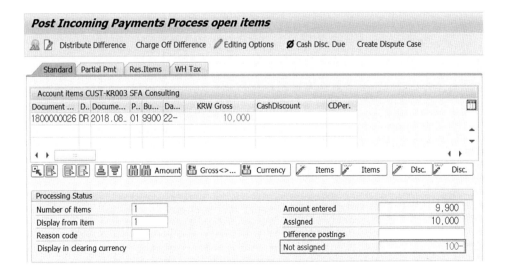

> Process Open Items 버튼 클릭(아래와 같이 금액 100원이 차이나고 있다.)

>Res.items tab에서 100만큼의 차이 금액을 Reason Code R01(Bank Charge)으로 처리하도록 아래와 같이 입력

Standard
Partial Pmt
Res.Items
WH Tax
Account items CUST-KR003 SFA Consulting
Document ... D.. Docume... P.. Bu... Da... Net Amount
Residual Items RCd
1800000026 DR 2018.08.. 01 9900 22- 10,000
100 R01

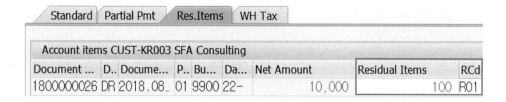

Residual items 부분을 더블클릭하면 금액 100이 자동으로 보여진다. Reason Code는 앞서 생성했던 R01을 선택

>Overview 후 [메뉴-Document-Simulate] 클릭

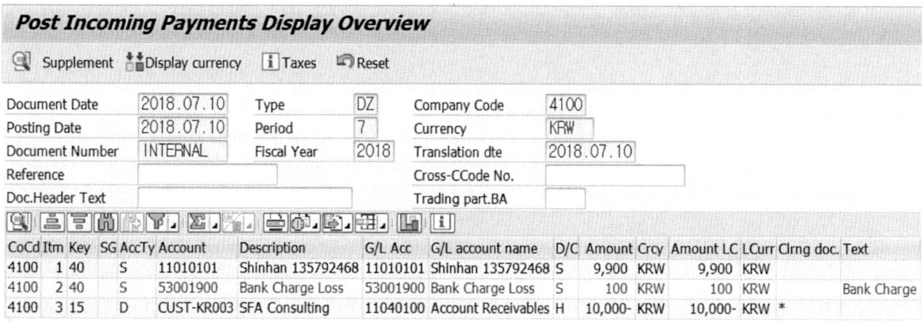

Post Incoming Payments Display Overview
Supplement
Display currency
Taxes
Reset
Document Date 2018.07.10
Posting Date 2018.07.10
Document Number INTERNAL
Reference
Doc.Header Text
Type DZ
Period 7
Fiscal Year 2018
Company Code 4100
Currency KRW
Translation dte 2018.07.10
Cross-CCode No.
Trading part.BA
CoCd Itm Key SG AccTy Account Description G/L Acc G/L account name D/C Amount Crcy Amount LC LCurr Clrng doc. Text
4100 1 40 S 11010101 Shinhan 135792468 11010101 Shinhan 135792468 S 9,900 KRW 9,900 KRW
4100 2 40 S 53001900 Bank Charge Loss 53001900 Bank Charge Loss S 100 KRW 100 KRW Bank Charge
4100 3 15 D CUST-KR003 SFA Consulting 11040100 Account Receivables H 10,000- KRW 10,000- KRW *

그림처럼 자동으로 100만큼의 금액이 은행 수수료 계정으로 생성된 것을 확인할 수 있다.

>위 그림에서 파란색으로 표시된 것은 해당 Line Item에 누락된 필드가 있어서이다. Cost Center 입력

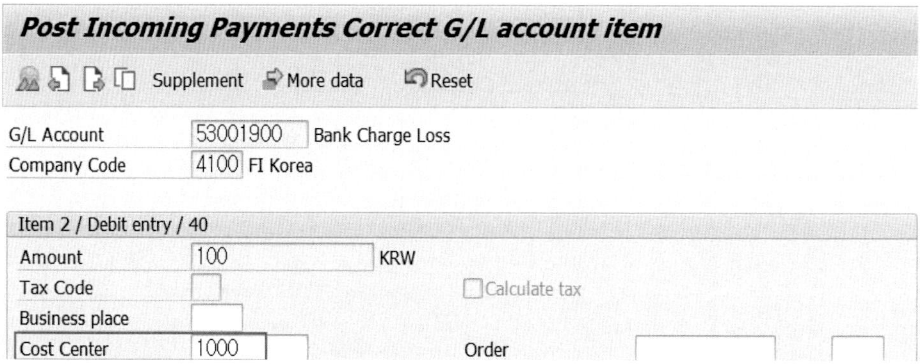

Post Incoming Payments Correct G/L account item
Supplement
More data
Reset
G/L Account 53001900 Bank Charge Loss
Company Code 4100 FI Korea
Item 2 / Debit entry / 40
Amount 100 KRW
Tax Code
Calculate tax
Business place
Cost Center 1000
Order

>필수 입력필드 모두 입력 후 포스팅(🖫) 처리한다.

Data Entry View													
Document Number	1400000024		Company Code	4100		Fiscal Year	2018						
Document Date	2018.07.10		Posting Date	2018.07.10		Period	7						
Reference			Cross-Comp.No.										
Currency	KRW		Texts exist	☐		Ledger Group							

CoCd	Itm	Key	SG	AccTy	Account	Description	G/L Acc	G/L account name	D/C	Amount	Curr.	Amount LC	LCurr	Clrng doc.	Text
4100	1	40	S		11010101	Shinhan 135792468	11010101	Shinhan 135792468	S	9,900	KRW	9,900	KRW		
	2	40	S		53001900	Bank Charge Loss	53001900	Bank Charge Loss	S	100	KRW	100	KRW		Bank Charge
	3	15	D		CUST-KR003	SFA Consulting	11040100	Account Receivables	H	10,000-	KRW	10,000-	KRW	1400000024	

● **Exchange Rate Differences** : 환율차이에 의한 실현손익 기표 - 외환차손/외환차익

▶ Realized Exchange Rate Difference(Gain/Loss) : A/R, A/P발생시점과 수금/지급 시점의 환율차이(환차 손익)

(cf. A/R, A/P발생시점과 결산시점의 환율차이(Unrealized-외화환산손실/이익)는 다음 챕터에 서 살펴볼 예정이다.)

○ 환율은 아래와 같이 등록되어 있는 상황(T-Code : OB08)

Change View "Currency Exchange Rates": Overview

🗁 New Entries 🗋 🖺 🏷 🖺 🖺 🖺

	ExRt	ValidFrom	Indir.quot	X	Ratio(from)	From	=	Dir.quot.	X	Ratio (to)	To
	M	2018.08.31		X		1 USD	=	1,100.00000	X		1 KRW
	M	2018.08.18		X		1 USD	=	1,200.00000	X		1 KRW
	M	2018.08.01		X		1 USD	=	1,000.00000	X		1 KRW

○ A/P Invoice 발생 시점(8/1) : 1USD : 1,000KRW - 기준은 KRW이며 Direct Quotation방식이다.

①A/P Invoice 10 USD발생 : [차)EXP 10,000 / 대)A/P 10,000](Local Currency)

• FI-Accounts Payable-Document Entry-FB60 - Invoice 화면에서 A/P Invoice 발 생(발생시점 : 8/1-10 USD)

>Vendor에 10 USD만큼 A/P Invoice를 입력한다.

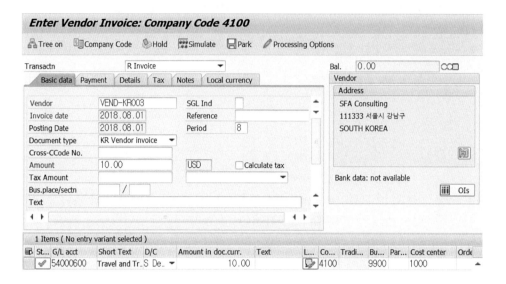

>USD Currency를 입력한 후 탭 선택부분에서 Local currency Tab을 클릭

환율정보를 볼 수 있다. 10USD 는 10,000KRW 이다.

>Simulate 버튼 클릭 / 포스팅(💾) 처리

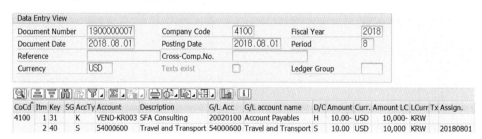

위와 같이 10 USD에 대한 Local Currency 10,000 KRW 금액만큼이 발생한 것을 확인할 수 있다.

○ Outgoing-Payment 발생 시점: 1USD : 1,200KRW (8/18)

②[차)A/P 10,000, **Realized Exchange Rate Loss 2,000** / 대)Bank 12,000] : 1일자 환율과 18일자 환율의 차이만큼이 외환차손으로 발생되게 된다. [환율차이금액 200KRW * 10 = 2,000원]

• FI-Accounts Payable-Document Entry-Outgoing Payment-F-53 – Post 지급처리 (지급시점 : 8/18-10 USD)

Post Outgoing Payments: Header Data

Process Open Items

Document Date	2018.08.18	Type	KZ	Company Code	4100
Posting Date	2018.08.18	Period	11	Currency/Rate	USD
Document Number				Translation dte	
Reference				Cross-CCode No.	
Doc.Header Text				Trading part.BA	
Clearing text					

Bank data

Account	11010101		Business Area	
Amount	10		Amt.in loc.cur.	
Bank charges			LC bank charges	
Value date	2018.08.18		Profit Center	
Text			Assignment	

Open item selection

Account	VEND-KR003		
Account type	K		☐ Other accounts
Special G/L ind			✓ Standard OIs
Pmnt advice no.			
☐ Distribute by age			
☐ Automatic search			

Additional selections

- ⦿ None
- ◯ Amount
- ◯ Document Number
- ◯ Posting Date
- ◯ Dunning Area
- ◯ Others

Currency는 USD로 선택, 금액 10USD 만큼에 대한 지급처리를 한다.

> | Process Open Items | 버튼 클릭

Post Outgoing Payments Process open items

🔍 📝 Distribute Difference   Charge Off Difference   ✏ Editing Options   Ø Cash Disc. Due

| Standard | Partial Pmt | Res.Items | WH Tax |

Account items VEND-KR003 SFA Consulting

Document ...	D..	Document ...	P..	Bu..	Da...	USD Gross	CashDiscount	CDPer.	
1900000007	KR	2018.08.01	31	9900	17	10.00-			

🔍📋 📋📋 📊📊 🔍🔍 Amount 📊 Gross<>... 📊 Currency 📝 Items 📝 Items 📝 Disc. 📝 Disc.

Processing Status

Number of items	1	Amount entered	10.00-
Display from item	1	Assigned	10.00-
Reason code		Difference postings	
Display in clearing currency		Not assigned	0.00

그림과 같이 외화금액은 차이나는 금액이 0으로 정상이다. 하지만 원화금액은 2,000원만큼 차이가 발생된다.

>Overview 후 [메뉴-Document-Simulate] 클릭

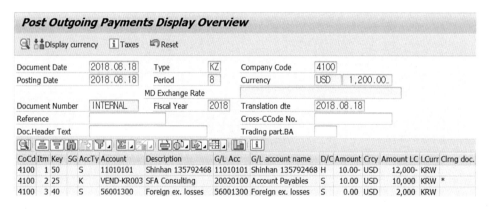

Post Outgoing Payments Display Overview

🔍 📊Display currency   ℹ Taxes   ↺ Reset

Document Date	2018.08.18	Type	KZ	Company Code	4100	
Posting Date	2018.08.18	Period	8	Currency	USD	1,200.00
		MD Exchange Rate				
Document Number	INTERNAL	Fiscal Year	2018	Translation dte	2018.08.18	
Reference				Cross-CCode No.		
Doc.Header Text				Trading part.BA		

CoCd	Itm	Key	SG	AccTy	Account	Description	G/L Acc	G/L account name	D/C	Amount	Crcy	Amount LC	LCurr	Clrng doc.
4100	1	50		S	11010101	Shinhan 135792468	11010101	Shinhan 135792468	H	10.00-	USD	12,000-	KRW	
4100	2	25		K	VEND-KR003	SFA Consulting	20020100	Account Payables	S	10.00	USD	10,000	KRW	*
4100	3	40		S	56001300	Foreign ex. losses	56001300	Foreign ex. losses	S	0.00	USD	2,000	KRW	

Exchange Rate Loss Amount 금액이 0USD로 보여진다. 원화금액은 2,000KRW로 조회된다.

>위 전표 Lineitem 조회 Layout은 User Customizing한 것으로 원래는 📊Display currency 버튼을 클릭하여 Local Currency 기준으로 금액을 조회해볼 수 있다.

Local Currency로 환산된 금액이 Amount 필드에 보여진다.

>포스팅(💾) 처리

CoCd	Itm	Key	SG	AccTy	Account	Description	G/L Acc	G/L account name	D/C	Amount	Curr.	Amount LC	LCurr	Clrng doc.
4100	1	50	S		11010101	Shinhan 135792468	11010101	Shinhan 135792468	H	10.00-	USD	12,000-	KRW	
	2	25	K		VEND-KR003	SFA Consulting	20020100	Account Payables	S	10.00	USD	10,000	KRW	1500000005
	3	40	S		56001300	Foreign ex. losses	56001300	Foreign ex. losses	S	0.00	USD	2,000	KRW	

위와 같이 환율 차이금액만큼이 외환손익 계정이 자동으로 기표되었다.

▶ Account Determination : IMG 세팅에 따라 특정 계정으로 환차손익이 자동으로
기표되도록 할 수 있다.

○ IMG-FI-Accounts Receivable and Accounts Payable-Business Transactions-
Outgoing Payments-Outgoing Payments Global Settings-Define Accounts for
Exchange Rate Differences 화면

>A/P Invoice 계정인 20020100에 세팅된 내역을 확인해보자(20020100계정 더블클릭)

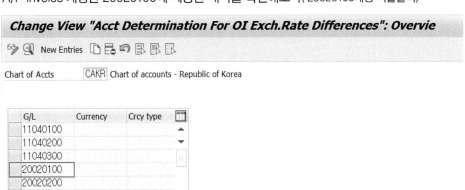

＞Exchange rate difference realized 부분이 환차손익 관련 계정 세팅 부분이다(붉은색)

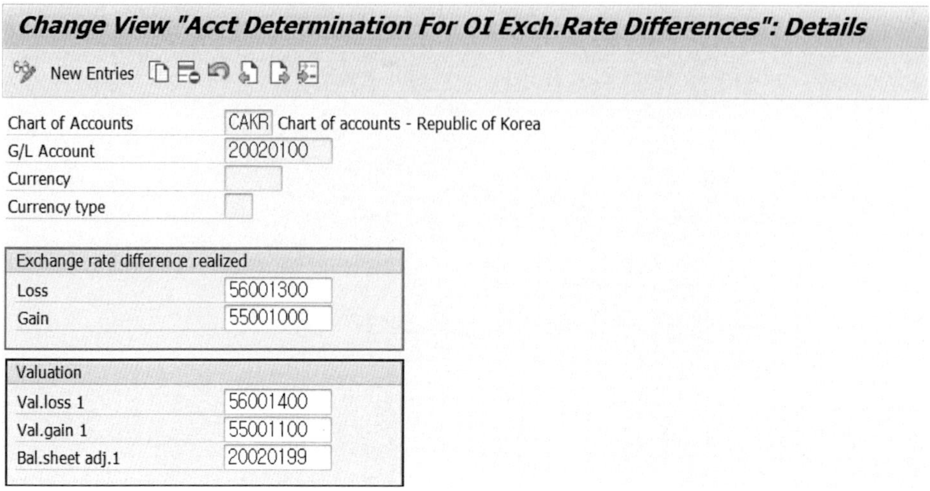

Change View "Acct Determination For OI Exch.Rate Differences": Details

New Entries

Chart of Accounts	CAKR Chart of accounts - Republic of Korea
G/L Account	20020100
Currency	
Currency type	

Exchange rate difference realized	
Loss	56001300
Gain	55001000

Valuation	
Val.loss 1	56001400
Val.gain 1	55001100
Bal.sheet adj.1	20020199

위와 같이 세팅되어 있기 때문에 환차손익에 대해 자동으로 계정이 매핑되어 전표처리가 된다.

＞Valuation 부분은 평가손익과 관련된 부분이다(Unrealized) 이 부분은 외화평가 챕터에서 살펴 보도록 한다.

3. Withholding Tax : 원천세

● Withholding Tax : 원천세 A/P처리

▶ 국내에서 사용하는 원천세 관련 회계처리를 살펴보고, 어떠한 IMG 세팅을 통해 이러한 처리가 이루어지는지 살펴보도록 한다.

▶ 원천세 전표처리 Test : AP 발생시점에 원천세를 인식하는 방식에 대해 Test 해보자.

  〉FI-Accounts Payable-Master Records-FK02 - Change : Vendor Master에 원천세 정보를 등록한다.

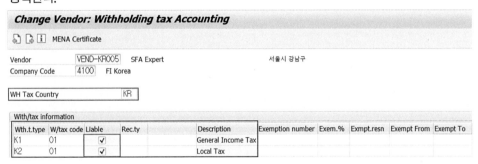

원천세 국가키(WH Tax Country)를 입력한 후, 원천세 유형(Withholding Tax Type), 원천세 코드 (Withholding Tax Code)를 입력한다. 그리고 원천세 기표를 하기 위해서는 반드시 Liable(Subject to Withholding Tax)필드를 체크해야 한다. 위 Vendor는 Business Income - 3% 원천세코드 (01)를 입력한 상태이다.

  〉FI-Accounts Payable-Document Entry-FB60 - Invoice 화면

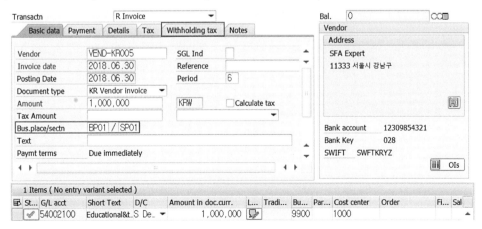

일반적인 AP 전표와 동일한 형식으로 전표를 입력한다. 원천세 대상 Vendor의 경우 화면과 같이 Withholding tax Tab이 추가되며, 원천세 관련 조직인 Section Code를 반드시 입력해야한다.

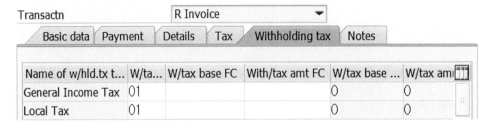

Withholding tax tab에서 직접 원천세 금액을 Key-In 할 수 있다. 아무 값도 입력하지 않을 경우 IMG 원천세 Code에 세팅된 세율대로 원천세 금액이 자동 계산된다.

> Simulate 버튼 클릭

Document Date	2018.06.30	Type	KR	Company Code	4100							
Posting Date	2018.06.30	Period	6	Currency	KRW							
Document Number	INTERNAL	Fiscal Year	2018	Translation dte	2018.06.30							
Reference												
Doc.Header Text												

CoCd	Itm	Key	SG	AccTy	Account	Description	D/C	Amount	Crcy	Tx	Cost Ctr	Profit Ctr	BusA	Segment
4100	1	31	K		VEND-KR005	SFA Expert	H	967,000-	KRW				9900	
4100	2	40	S		54002100	Educational&training	S	1,000,000	KRW		1000	1402	9900	SERV
4100	3	50	S		20080200	Withholding-IncomeTx	H	30,000-	KRW				9900	
4100	4	50	S		20080300	Withholding-Local Tx	H	3,000-	KRW				9900	

시뮬레이션을 돌리면 그림처럼 입력하지 않았던 원천세(소득세/주민세) 3,4라인이 자동으로 생성되어진다. 3% 세율을 가진 원천세 코드였으므로 1,000,000원 중 30,000원만큼이 소득세로 발생하였으며 이에 대한 10% 3,000원이 주민세로 발생되었다.

> 포스팅( ) 처리 후 전표를 조회해보자.

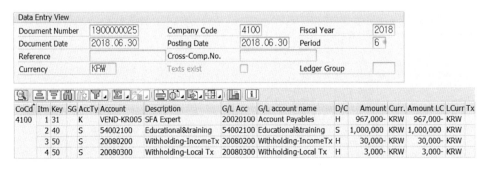

>Vendor Lineitem을 더블클릭해서 조회해보자.

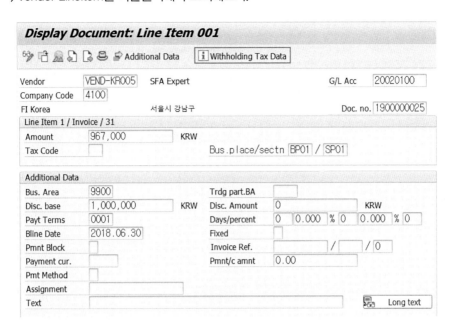

>상단의 Withholding Tax Data 버튼을 클릭해보자.

Name of w/hld.tx t...	W/ta...	W/Tax Base	W/Tax Amt	W/tax base LC	W/Tax Amnt LC
General Income Tax	01	1,000,000	30,000	1,000,000	30,C
Local Tax	01	30,000	3,000	30,000	3,C

Display Withholding Tax Information

원천세 관련 금액 정보들을 확인할 수 있다(과세표준금액 : W/Tax Base, 원천세금액 : W/Tax Amt)

▶ Withholding Tax 관련 IMG Settings : 어떤 IMG Setting으로 원천세 관련 전표처리가 이루어지는지 관련 설정내용을 살펴보도록 한다. Section Code 등 앞서 살펴봤던 조직구조 관련 항목들은 생략한다.

>IMG-FI-Financial Accounting Global Settings (New)-Withholding Tax-Extended Withholding Tax-Basic Settings-Check Withholding Tax Countries : 원천세에 대한 국가코드를 정의한다.

Change View "Country Keys For Withholding Tax": Overview

New Entries

	Ctr	WCty	Description
	KR	KR	South Korea

우리나라는 원천세 국가키를 하나만 정의한다. 미국의 경우 원천세 국가키를 여러 개 등록하여 사용할 수 있다.

〉IMG-FI-Financial Accounting Global Settings (New)-Withholding Tax-Extended Withholding Tax-Company Code-Activate Extended Withholding Tax : Company Code별로 Extended Withholding Tax 기능을 활성화 한다.

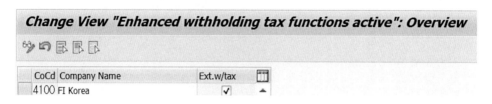

〉IMG-FI-Financial Accounting Global Settings (New)-Withholding Tax-Extended Withholding Tax-Calculation-Withholding Tax Type

- Define Withholding Tax Type for Invoice Posting : AP 전표를 발생시킬 때 원천세를 인식할 경우

- Define Withholding Tax Type for Payment Posting : Payment 전표처리할 때 원천세를 인식할 경우(여기서는 AP전표를 발생시킬 때 원천세를 인식하도록 설정하여 Test 해보자. 원칙은 지급처리 시점에 원천세를 인식해야 하나, 원천세 금액이 예상금액과 다르게 나올 경우 취소처리 등이 복잡하여 AP 발생 시점에 원천세를 인식하는 회사도 많다.)

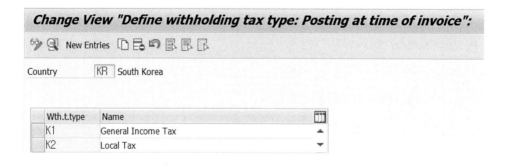

Change View "Define withholding tax type: Posting at time of invoice":

🤷 New Entries 🗋 🖪 🔄 🖪 🖽

Country   KR   South Korea

General data

Withhld tax type	K1	Description	General Income Tax
W/tax type no.	1		

Calculation

Base amount	Rounding Rule
⦿ Net amount	○ W/tax comm. round.
○ Modif. net amount	○ Round w/tax amnt up
○ Gross amount	⦿ Round w/tax amount
○ Tax amount	
○ Modif. tax amount	
☐ Inherit base	
☐ Base amnt reductn	

☑ Post w/tax amount

Accumulation type	Control
⦿ No accumulation	☑ W/tax base manual
○ Per Calendar Year	☑ Manual w/tax amnt
○ Per quarter	☑ No cert. numbering
○ Per month	
○ Per Year, Starting with Mnth ☐	**Information for regional withholding tax**
☐ Acc. w/tax to max.	Region ☐

Define minimum/maximum amounts

Base amount	Withholding tax amount
⦿ W/tax code level	⦿ W/tax code level
○ Type level	○ Type level

소득세의 경우 위와 같이 설정한다. 과세표준 금액-Net Amount 선택, Rounding Rule :
Round w/tax amount-버림 등

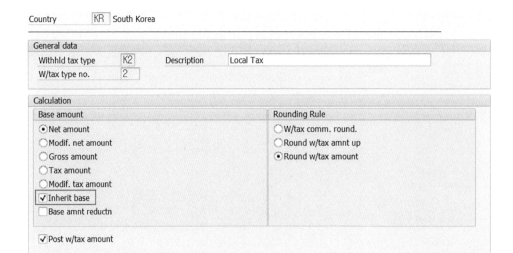

Country   KR   South Korea

General data

Withhld tax type   K2   Description   Local Tax
W/tax type no.   2

Calculation

Base amount	Rounding Rule
⦿ Net amount	◯ W/tax comm. round.
◯ Modif. net amount	◯ Round w/tax amnt up
◯ Gross amount	⦿ Round w/tax amount
◯ Tax amount	
◯ Modif. tax amount	
☑ Inherit base	
☐ Base amnt reductn	

☑ Post w/tax amount

주민세의 경우 소득세와 동일하게 설정하고 Inherit base만 체크한다. 이는 소득세를 기준으로 세액을 계산하도록 하겠다는 의미이다. 이 체크를 해제하고 소득세의 10%를 인식하는 주민세 코드를 각각 모두 생성하는 방법도 있다.

> IMG-FI-Financial Accounting Global Settings (New)-Withholding Tax-Extended Withholding Tax-Calculation-Withholding Tax Base Amount-Portray Dependencies Between Withholding Tax Types : 소득세-주민세 관계 설정

Change View "Maintain Dependencies of Withholding Tax Types": Overview

Country   KR

Wth.t.type	Name	W/tax t...
K1	General Income Tax	1
K2	Local Tax	2

Change View "Maintain Dependencies of Withholding Tax Types": Details

Country   KR

Withhld tax type   K2   Description   Local Tax
W/tax type no.   2

Depend. on type no.   1

K2 - 주민세의 경우 소득세(1)를 기준으로 세액이 계산되도록 설정한다 앞서 'Inherit base' 필드를 체크해야만 동작

> IMG-FI-Financial Accounting Global Settings (New)-Withholding Tax-Extended Withholding Tax-Company Code-Assign Withholding Tax Types to Company Codes : 원천세 Type을 회사코드에 assign.

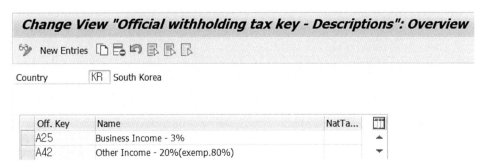

앞서 등록한 K1/K2 Tax Type에 대해 해당 Company Code에서 사용하겠다고 Assign 한다.

> IMG-FI-Financial Accounting Global Settings (New)-Withholding Tax-Extended Withholding Tax-Basic Settings-Define Withholding Tax Keys : 원천세 키를 등록한다.

Change View "Official withholding tax key - Descriptions": Overview

New Entries

Country KR South Korea

	Off. Key	Name	NatTa...	
	A25	Business Income - 3%		
	A42	Other Income - 20%(exemp.80%)		

>IMG-FI-Financial Accounting Global Settings (New)-Withholding Tax-Extended With-holding Tax-Calculation-Withholding Tax Code-Define Withholding Tax Codes : 원천세 코드를 설정한다. 회사에서 발생하는 각기 다른 유형의 원천세를 각각 코드로서 등록하여 관리한다. 과세표준/세율 등을 정의할 수 있다.

Change View "Withholding tax code": Details

New Entries   BC Set: Change Field Values

Country   KR

General data

Withhld tax type	K1		
W/tax code	01	Off. W/Tax Key	A25
Description	Business Income - 3%		

Base amount

Percentage subject to tax	100.00	%

Postings

Post.indic.	1

Calculation

With/tax rate	3.0000	%
With/tax rate (fraction)	/	
☐ W.tax form.		

Reporting information

Region	
Prov.tax code	
Income type	

사업소득 3% : 대상 금액 100%(Percentage subject to tax)에 대해 원천세율 3%(With/tax rate)를 징수하겠다는 의미

General data

Withhld tax type	K1		
W/tax code	02	Off. W/Tax Key	A42
Description	Other Income - 20%(exemp.80%)		

Base amount

Percentage subject to tax	20.00	%

Postings

Post.indic.	1

Calculation

With/tax rate		%
With/tax rate (fraction)	/	
☑ W.tax form.		

Reporting information

Region	
Prov.tax code	
Income type	

기타소득 20%(80%공제) : 대상 금액중 80% 공제된 나머지 20%(Percentage subject to tax)에 대해서 원천세를 계산하겠다. 이때 계산식을 이용(W.tax form.)하여 세액을 계산하겠다는 의미. 계산식 설정 부분은 뒤에서 살펴본다.

General data

Withhld tax type	K2		
W/tax code	01	Off. W/Tax Key	
Description	Local Tax - 10%		

Base amount

Percentage subject to tax	100.00	%

Postings

Post.indic.	1

Calculation

With/tax rate	10.0000	%
With/tax rate (fraction)	/	
☐ W.tax form.		

Reporting information

Region	
Prov.tax code	
Income type	

주민세 : 소득세 금액을 계산한 후 이에 대해 10% 금액만큼 인식하겠다는 의미

>IMG-FI-Financial Accounting Global Settings (New)-Withholding Tax-Extended Withholding Tax-Calculation-Withholding Tax Code-Define Formulas for Calculating Withholding Tax : 계산식을 이용(W.tax form.)하는 원천세 코드의 경우 이 화면에서 계산식을 등록한다.

Change View "Header data for formula maintenance": Overview

New Entries

Dialog Structure
- ▾ 🗁 Header data for formula maintenance
  - · 🗀 Formulas for calculating withholding tax

Country KR South Korea

	Crcy	Wth.t.type	W/tax code	WCty	Valid from
	KRW	K1	02	KR	2018.01.01

앞서 등록한 원천세 코드 - 기타소득 20%(80%공제)에 대해 계산식을 등록한다.

Change View "Formulas for calculating withholding tax": Overview

New Entries

Dialog Structure
- ▾ 🗁 Header data for formula maintenance
  - · 🗁 Formulas for calculating withholding tax

Withhld tax type	K1	Country	KR	South Korea
W/tax code	02	Currency	KRW	
Valid from	2018.01.01	Country	KR	

"To" base amnt	W/tax rate	RedRt	Reduc.base amt	Dec.red.bse amt
50,000				
9,999,999,999,999	20.0000			

과세표준 금액이 50,000원이하인 경우 세율 0%, 그 이상인 경우 세율 20%를 적용한다는 의미이다.

> IMG-FI-Financial Accounting Global Settings (New)-Withholding Tax-Extended Withholding Tax-Posting-Accounts for Withholding Tax : 원천세 관련 계정을 설정한다(K1 : 소득세, K2 : 주민세)

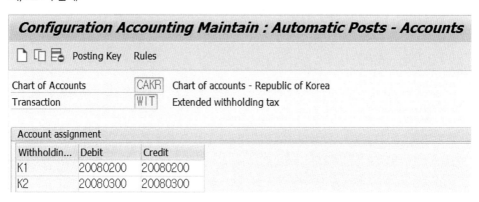

▶ ※참고)Other Income - 20%(exemp.80%) 원천세 코드로 Test 해보자. 이 원천세코드는 과세표준금액이 입력금액의 20%였으며, 이 금액이 50,000원 이하인 경우에는 세율이 0%였다.

> FI-Accounts Payable-Master Records-FK02-Change : Vendor Master의 원천세 코드를 변경한다(01 → 02)

Change Vendor: Withholding tax Accounting

MENA Certificate

| Vendor | VEND-KR005 | SFA Expert | 서울시 강남구 |
| Company Code | 4100 | FI Korea | |

WH Tax Country   KR

With/tax information

Wth.t.type	W/tax code	Liable	Rec.ty	Description	Exemption number
K1	02	✓		General Income Tax	
K2	01	✓		Local Tax	

> FI-Accounts Payable-Document Entry-FB60 - Invoice 화면 : 금액 200,000원을 입력해보자.

이 금액의 20%인 40,000원이 과세표준이 되고 이는 50,000원 이하 금액이다.

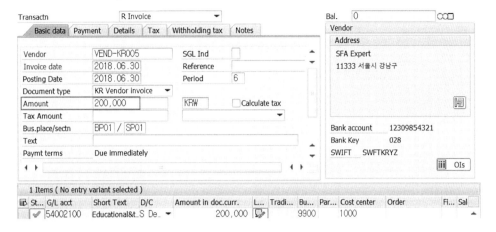

>  Simulate 처리

CoCd	Itm	Key	SG	AccTy	Account	Description	D/C	Amount	Crcy	Tx	Cost Ctr	Profit Ctr	BusA	Segment	Order
4100	1	31	K		VEND-KR005	SFA Expert	H	200,000-	KRW				9900		
4100	2	40	S		54002100	Educational&training	S	200,000	KRW		1000	1402	9900	SERV	

원천세 라인이 생성되지 않는다. 과세표준 50,000원 이하인 경우 세율이 0이기 때문이다.

> 금액을 300,000원으로 변경후 Simulate 해보자(300,000원의 20%는 60,000원이기 때문에

세율20% 인식해야 함)

Co	Itm	Key	S	AccTy	Account	Description	D/C	Amount	Crcy	T	Cost Ctr	Profit Ctr	BusA	Segment	Order	Assign.
410	1	31	K		VEND-KR005	SFA Expert	H	286,800-	KRW				9900			
410	2	40	S		54002100	Educational&training	S	300,000	KRW		1000	1402	9900	SERV		
410	3	50	S		20080200	Withholding-Incom	H	12,000-	KRW				9900			
410	4	50	S		20080300	Withholding-Local	H	1,200-	KRW				9900			

과세표준 금액 60,000원의 20%인 12,000원이 소득세로 인식되었고 이의 10%인 1,200원이
주민세로 인식되었다.

> 포스팅(💾) 처리 후 Vendor Lineitem을 조회해보자. **ⓘ Withholding Tax Data** 버튼 클릭

위와 같이 원천세 내역을 확인할 수 있다(과세표준 : 60,000, 소득세 : 12,000)

4. Credit Management : 여신관리

● **Credit Management : A/R 관련 여신한도 관리**

▶ Credit Control Check : 거래처별 여신한도금액을 등록하고 Sales Order등 여신관련 거래 발생시 한도금액 초과여부를 체크 할 수 있다. 이에 대해 간단히 Test 해보고, 어떠한 설정으로 이런 체크로직이 동작하는지 알아보도록 하자.

> FI-Accounts Receivable-Credit Management-Master data-FD32 - Change

Customer Credit Management Change: Status

🔲 🔲 📝 Texts...   Administrative data

Customer	CUST-KR001	SFA Electronics LTD.	
Credit control area	4100	Credit control area FI Korea	KRW

Credit limit data

Credit limit	10,000,000	Receivables	1,042,000
Credit account	CUST-KR001	Special liabil.	0
Credit limit used	21.42 %	Sales value	1,100,000
Credit horizon date		Credit exposure	2,142,000
	A/R Summary	Sec.receivables	0

Internal data

Risk category	002	Medium Risk Customers	☐ Blocked
Credit rep.group			☐ Texts exist
Cust.cred.group			Texts
Customer group		Last int.review	
Reference date		Next int.review	

External data

Cred.info number		Payment index	
Last ext.review		Rating	
Monitoring		Recmd.Cred.Lim.	

- 〈3장. Master Data〉에서 살펴봤었던 여신금액 관리 화면이다. CUST-KR001업체는 Credit Control Area 4100내에서 여신한도가 10,000,000원으로 등록되어 있는 상태이다. Risk Category는 002로 등록되어 있다. Risk Category별로 Credit Control Check 설정을 다르게 할 수 있다.
- Receivables : 해당 고객 전표로 발생된 여신관련 조정계정(외상매출금 등)들의 금액을 보여준다.
- Special liabil. : 해당 고객 전표로 발생된 여신관련 Special G/L 계정(선수금 등)들의 금액을 보여준다.
- Sales value : 해당 고객으로 발생된 Sales Order/Delivery 등의 금액을 보여준다.
- Credit exposure : 여신 사용금액 = Receivables + Special liabil. + Sales value

>SD-Sales-Order-VA01 - Create : 위와 같은 상황에서 Sales Order를 생성해보자.

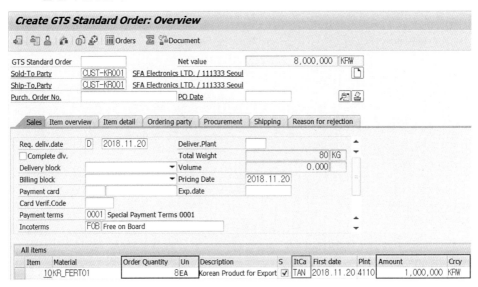

Create Sales Order: Initial Screen

☐ Create with Reference 🔺 Sales 🔺 Item overview 🔺 Ordering party

Order Type   ZGT1

Order Type 지정 : Sales Order Type별로 Simple Credit Check를 할지 Automatic Credit Check를 할지 결정한다.

Create GTS Standard Order: Overview

GTS Standard Order		Net value	8,000,000	KRW
Sold-To Party	CUST-KR001	SFA Electronics LTD. / 111333 Seoul		
Ship-To.Party	CUST-KR001	SFA Electronics LTD. / 111333 Seoul		
Purch. Order No.		PO Date		

Sales | Item overview | Item detail | Ordering party | Procurement | Shipping | Reason for rejection

Req. deliv.date	D	2018.11.20	Deliver.Plant		
☐Complete dlv.			Total Weight	80	KG
Delivery block		▾	Volume	0.000	
Billing block		▾	Pricing Date	2018.11.20	
Payment card			Exp.date		
Card Verif.Code					
Payment terms	0001	Special Payment Terms 0001			
Incoterms	FOB	Free on Board			

All items

Item	Material	Order Quantity	Un	Description	S	ItCa	First date	Plnt	Amount	Crcy
10	KR_FERT01	8	EA	Korean Product for Export	✓	TAN	2018.11.20	4110	1,000,000	KRW

Delivery 일자, Material Code 등 관련 정보를 입력한다. 여기서 Item Category(TAN)에 따라 Credit Check를 할지가 결정 되어진다. 위 Order건의 경우 1,000,000원짜리 품목을 8개 판매하는 케이스로 부가세를 포함하면 8,800,000원이 된다. 앞서 CUST-KR001 고객의 여신 한도금액은 10,000,000원이었으며 여신 사용액 2,142,000을 제외한 잔여금액은 7,858,000원이 된다. 따라서 7,858,000금액보다 더 큰 8,800,000원에 대한 주문을 입력하는 상황이므로 여신체크 오류가 발생해야 한다.

〉저장()버튼 클릭시 아래와 같은 오류가 발생한다.

🛑 Dynamic credit check has been exceeded　　　　　　942,000 KRW

여신잔여한도금액 : 7,858,000원 / Sales Order입력금액 : 8,800,000원 → 차액 : 942,000원 만큼 여신이 초과 되었다는 메시지이다.

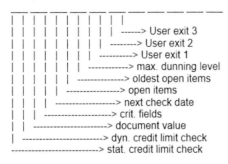

Dynamic credit check has been exceeded　　　　**942,000 KRW**

Message no. V1152
Results of credit limit check:

   NOK

```
| | | | | | | | | | |
| | | | | | | | | | ------> User exit 3
| | | | | | | | | --------> User exit 2
| | | | | | | | ----------> User exit 1
| | | | | | | -----------> max. dunning level
| | | | | | -------------> oldest open items
| | | | | ---------------> open items
| | | | -----------------> next check date
| | | --------------------> crit. fields
| | ----------------------> document value
| ------------------------> dyn. credit limit check
--------------------------> stat. credit limit check
```

' ' - check not active
'OK ' - check successful
'NOK' - check negative

〉수량을 아래와 같이 1개로 변경한 후 저장() 처리해보자.

	Item	Material	Order Quantity	Un	Description	S	ItCa	First date	Plnt
	10	KR_FERT01		1 EA	Korean Product for Export	✔	TAN	2018.11.20	4110

All items

☑ GTS Standard Order 19069 has been saved

>정상적으로 Sales Order가 생성되었다. 다시 FD33 화면에서 CUST-KR001 고객을 조회해보자.

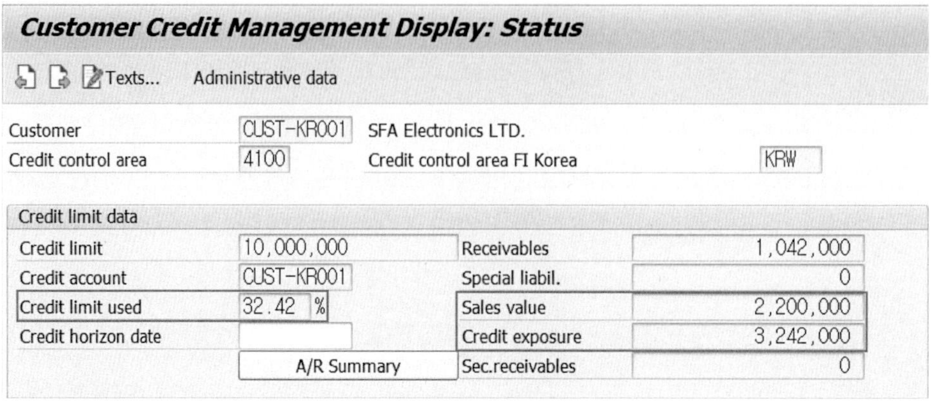

Customer Credit Management Display: Status

Texts... Administrative data

Customer	CUST-KR001	SFA Electronics LTD.	
Credit control area	4100	Credit control area FI Korea	KRW

Credit limit data

Credit limit	10,000,000	Receivables	1,042,000
Credit account	CUST-KR001	Special liabil.	0
Credit limit used	32.42 %	Sales value	2,200,000
Credit horizon date		Credit exposure	3,242,000
	A/R Summary	Sec.receivables	0

위 그림처럼 Sales Value 금액이 1,100,000원이 추가로 발생되어 여신 사용금액이 3,242,000 원으로 증가된 것을 확인할 수 있다. 여신사용율 역시 32.42%로 변경된 것을 확인할 수 있다.

>FI 전표처리시 여신금액이 어떻게 변경되는지에 대해 확인해보자.

FI-Accounts Receivable-Account-FBL5N - Display/Change Line Items(Customer 거래내역 확인)

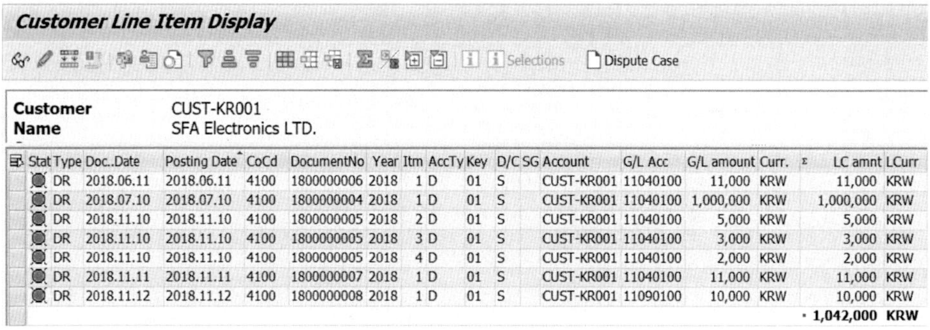

Customer Line Item Display

Selections   Dispute Case

Customer	CUST-KR001												
Name	SFA Electronics LTD.												

Stat Type	DocDate	Posting Date	CoCd	DocumentNo	Year	Itm	AccTy	Key	D/C	SG	Account	G/L Acc	G/L amount	Curr.	Σ	LC amnt	LCurr
DR	2018.06.11	2018.06.11	4100	1800000006	2018	1	D	01	S		CUST-KR001	11040100	11,000	KRW		11,000	KRW
DR	2018.07.10	2018.07.10	4100	1800000004	2018	1	D	01	S		CUST-KR001	11040100	1,000,000	KRW		1,000,000	KRW
DR	2018.11.10	2018.11.10	4100	1800000005	2018	2	D	01	S		CUST-KR001	11040100	5,000	KRW		5,000	KRW
DR	2018.11.10	2018.11.10	4100	1800000005	2018	3	D	01	S		CUST-KR001	11040100	3,000	KRW		3,000	KRW
DR	2018.11.10	2018.11.10	4100	1800000005	2018	4	D	01	S		CUST-KR001	11040100	2,000	KRW		2,000	KRW
DR	2018.11.11	2018.11.11	4100	1800000007	2018	1	D	01	S		CUST-KR001	11040100	11,000	KRW		11,000	KRW
DR	2018.11.12	2018.11.12	4100	1800000008	2018	1	D	01	S		CUST-KR001	11090100	10,000	KRW		10,000	KRW
														•	1,042,000	KRW

현재 해당 고객코드로 여신관련 전표금액은 1,042,000원이다. 이중 1,000,000원인 AR에 대해 입금처리 해보자.

>FI-Accounts Receivable-Document Entry-F-28 - Incoming payment 화면에서 입금처리 : 총 1,200,000원을 입금하면서 200,000원에 대해서는 선수금(Special G/L : A)을 잡도록 한다. 전표 입력 화면 생략

Data Entry View						
Document Number	1400000036	Company Code	4100	Fiscal Year	2018	
Document Date	2018.07.31	Posting Date	2018.07.31	Period	7	
Reference		Cross-Comp.No.				
Currency	KRW	Texts exist	☐	Ledger Group		

CoCd	Itm	Key	SG	AccTy	Account	Description	G/L Acc	G/L account name	D/C	Amount	Curr.	Amount LC	LCurr	Clrng doc.
4100	1	40		S	11010101	Shinhan 135792468	11010101	Shinhan 135792468	S	1,200,000	KRW	1,200,000	KRW	
	2	19	A	D	CUST-KR001	SFA Electronics LTD.	20060100	Down payment - cust.	H	200,000-	KRW	200,000-	KRW	
	3	15		D	CUST-KR001	SFA Electronics LTD.	11040100	AR Dom.	H	1,000,000-	KRW	1,000,000-	KRW	1400000036

위와 같은 반제전표가 기표되었다. [차)Bank 1,200,000 / 대)AR 1,000,000, 선수금 200,000]
채권이 1,000,000원이 줄었으며, 선수금이 200,000만큼 발생하였다.

>FD33 화면에서 여신금액이 어떻게 변경되었는지 살펴보자.

Customer	CUST-KR001	SFA Electronics LTD.	
Credit control area	4100	Credit control area FI Korea	KRW

Credit limit data			
Credit limit	10,000,000	Receivables	42,000
Credit account	CUST-KR001	Special liabil.	200,000-
Credit limit used	20.42 %	Sales value	2,200,000
Credit horizon date	2019.03.31	Credit exposure	2,042,000
	A/R Summary	Sec.receivables	0

Receivables 금액이 1,042,000원에서 42,000원으로 줄었고, Special liabil. 금액이 -200,000
원이 발생되었다. 따라서 최종 여신 사용금액(Credit exposure)은 2,042,000원이 됨을 볼 수 있
다. 이처럼 고객관련 조정계정 및 Special G/L 계정의 경우에도 여신 금액에 반영된다.

>만약 FI전표처리시 여신잔여한도가 남아있지 않을 경우 아래와 같은 Warning 메시지가 뜬다.
전표는 생성가능.

⚠ Credit limit is exceeded for account CUST-KR001 area 4100

Credit limit is exceeded for account CUST-KR001 area 4100

Message no. F5139

▶ Credit Management 관련 IMG Settings

>IMG-Enterprise Structure-Definition-Financial Accounting-Define Credit Control Area :
여신관리영역 정의

Change View ""Credit Control Areas"": Overview

🕏 🔍 New Entries 🗋 🖥 🖍 🗟 🗟 🗟

	CCAr	Description	
	4100	Credit control area FI Korea	▲

Change View ""Credit Control Areas"": Details

🕏 New Entries 🗋 🖥 🖍 🗋 🗋 🔛

Cred.Contr.Area   4100   Credit control area FI Korea
Currency   KRW

Data for updating SD	
Update	000012
FY Variant	K4

Default data for automatically creating new customers	
Risk category	
Credit limit	
Rep. group	

Organizational data
☐ All co. codes

일반적으로 Update - 000012를 선택. Sales Order / Delivery / Billing 시점 모두 Credit 금액 이 반영된다.

> IMG-Enterprise Structure-Assignment-Financial Accounting-Assign company code to credit control area : 회사코드에 Default 여신관리영역을 지정

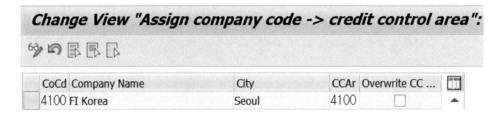

Change View "Assign company code -> credit control area":

🕏 🖍 🗟 🗟 🗟

	CoCd	Company Name	City	CCAr	Overwrite CC ...	
	4100	FI Korea	Seoul	4100	☐	▲

Company Code 4100은 Credit Control Area 4100으로 지정함. 회사코드별로 각기 다른 Credit Control Area를 지정하는 것이 Decentral 방식이다. 모든 Company Code를 하나의 Credit Control Area로 지정하는 것이 Central 방식이다. Sales Area View에 Credit Control Area를 지정하여 관리할 수도 있다.

\>IMG-FI-Accounts Receivable and Accounts Payable-Credit Management-Credit Control Account-Define Risk Categories : Risk Category 설정

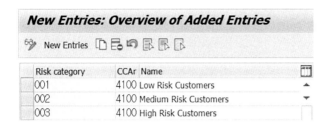

New Entries: Overview of Added Entries

🐝 New Entries 📋 🗒 ↩ 📑 📑 📑

Risk category	CCAr	Name
001	4100	Low Risk Customers
002	4100	Medium Risk Customers
003	4100	High Risk Customers

고객별 Risk Category를 구분하여 관리하고자 할 경우 등록한다.

\>IMG-SD-Basic Functions-Credit Management/Risk Management-Credit Management/ Risk Management Settings-Determine Active Receivables Per Item Category(OVA7) : Credit Check 대상 Item Category 설정

Change View "Item Categories - Credit Limit Check": Overview

🐝 ↩ 📑 📑 📑

ItCa	Description	Credit active
TAN	Standard Item	✓

체크된 Item Category 에 대해서만 Credit Check 한다.

\>IMG-SD-Basic Functions-Credit Management/Risk Management-Simple Credit Limit Check : Sales Order Type 별 Credit Check 여부 설정

Change View "Sales Document Types - Credit Limit Check": Overview

🐝 ↩ 📑 📑 📑

SaTy	Description	Check credit	Credit group
ZGT1	GTS Standard Order	D	01

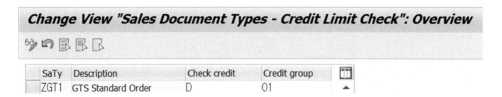

Check credit limit	Short Descript.
	No credit limit check
A	Run simple credit limit check and warning message
B	Rund simple redit limit check and error message
C	Run simple credit limit check and delivery block
D	Credit management: Automatic credit control

CG	Document credit grp
01	Credit Group for Sales Order
02	Credit Group for Delivery
03	Credit Group for Goods Issue

Sales Order Type별로 Credit Check 여부 설정(Check Credit 'D' 선택시 Credit Group 설정 필요)

> IMG-SD-Basic Functions-Credit Management/Risk Management-Credit Management-Define Credit Groups : Credit Group 정의

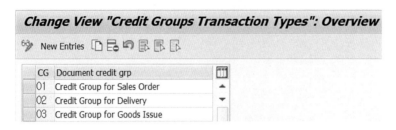

Credit Check를 Credit Group별로 지정할 수 있다.

> IMG-SD-Basic Functions-Credit Management/Risk Management-Credit Management-Define Automatic Credit Control : Automatic Credit Control(D)을 설정한 경우, Risk Category/Credit Group별로 Credit Control 설정 가능하다.

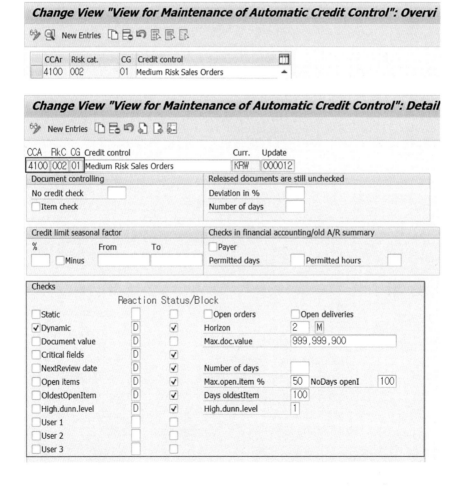

- Credit Control Area / Risk Category / Credit Group별로 Automatic Credit Control 설정
  가능
- 원하는 체크항목에 대해 선택하여 점검할 수 있다. Static / Dynamic 체크의 경우 Credit과
  관련된 모든 금액을 Sum하여 여신이 초과되는지 점검한다. 이때 Dynamic은 기간(Horizon)
  에 포함된 금액들만 가지고 체크하게 된다.
- Reaction : 점검 결과를 어떻게 보여줄지 결정한다.

System reaction	Short Descript.
	No message
A	Warning
B	Error message
C	Like A + value by which the credit limit has been exceeded
D	Like B + value by which the credit limit has been exceeded

- Status/Block : 점검실패 후 Reaction이 Warning(A,C)인 경우 Block을 걸 수 있다. 이 경우 여신
  관리 담당자가 별도로 Release 처리를 해주어야 후속 처리가 가능하다. Reaction이 Error(B,D)
  인 경우 Order자체가 생성되지 않으므로 Block의 의미가 없다.

> IMG-FI-Accounts Receivable and Accounts Payable-Credit Management-Business
  Transaction: Credit Monitoring-Define Reconciliation Accts Without Credit Management
  Update : 여신관리 제외 대상 조정계정 등록

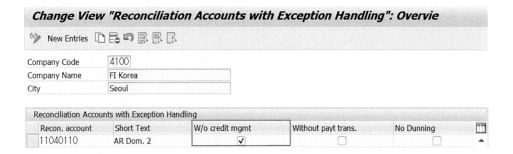

고객 조정계정 중 위 화면에 W/o credit mgmt. 필드에 체크된 계정들은 여신관리 대상에서 제
외된다.

> IMG-FI-Accounts Receivable and Accounts Payable-Business Transactions-Down Pay-
  ment Received-Define Reconciliation Accounts for Customer Down Payments : Special
  G/L 여신관리 대상 여부 지정

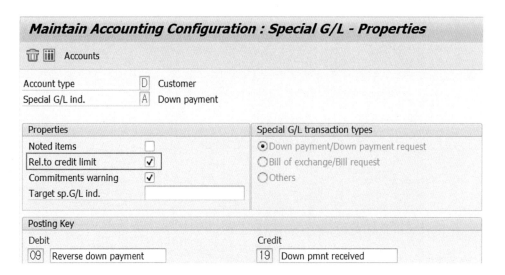

Special G/L Indicator별로 여신관련 거래인지를 정의할 수 있다. Rel.to credit limit 체크시 여신에 반영됨

▶ Automatic Credit Control Block : Credit Control Check 시 Error가 아닌 Warning 모드로 저장할 경우 Block을 걸 수 있다.

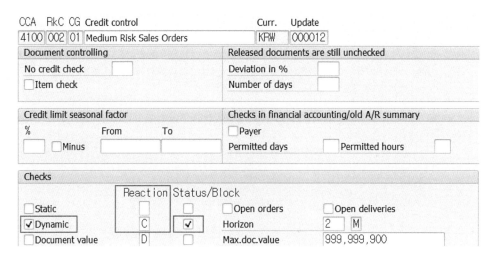

Automatic Credit Control의 Reaction을 C로 변경해보자.

> VA01에서 앞서와 동일한 Sales Order를 생성해보자.

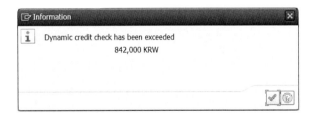

여신한도금액 : 10,000,000, Credit exposure : 2,042,000, 잔여여신금액 : 7,958,000, Sales

Order : 8,800,000 이므로 여신 초과금액이 842,000원이 발생한다.

> 저장(🖫)시 아래와 같은 Warning이 발생하며 저장이 완료된다.

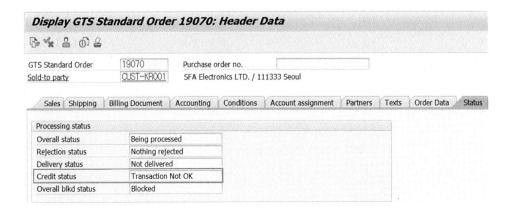

✅ GTS Standard Order 19070 has been saved

> 위 Sales Order는 생성되었지만 Block이 걸려있는 상태이다.

Display GTS Standard Order 19070: Header Data

GTS Standard Order   19070   Purchase order no.
Sold-to party   CUST-KR001   SFA Electronics LTD. / 111333 Seoul

| Sales | Shipping | Billing Document | Accounting | Conditions | Account assignment | Partners | Texts | Order Data | Status |

Processing status

Overall status	Being processed
Rejection status	Nothing rejected
Delivery status	Not delivered
Credit status	Transaction Not OK
Overall blkd status	Blocked

>SD-Credit Management-Exceptions-VKM1 - Blocked SD documents 화면에서 Release
처리

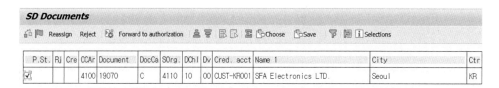

실행하면 아래와 같이 Block 걸린 SD Document가 조회된다.

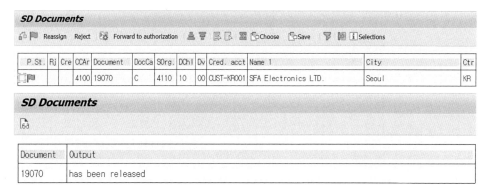

선택 후 (Release) 버튼 클릭 후 저장() 버튼 클릭

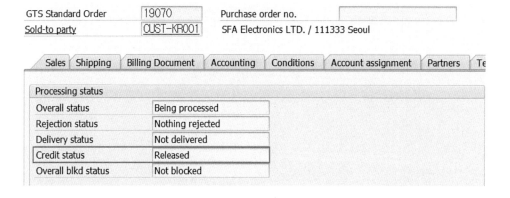

>VA03 화면에서 Sales Order를 다시 조회해보면 Block이 해제되어 있다.

GTS Standard Order	19070	Purchase order no.
Sold-to party	CUST-KR001	SFA Electronics LTD. / 111333 Seoul

| Sales | Shipping | Billing Document | Accounting | Conditions | Account assignment | Partners | Te |

Processing status	
Overall status	Being processed
Rejection status	Nothing rejected
Delivery status	Not delivered
Credit status	Released
Overall blkd status	Not blocked

● Credit Management (S/4 HANA)

▶ 앞서 ECC 버전에서의 여신관리 기능에 대해 살펴보았다. S/4 HANA로 바뀌면서 Credit Management에 많은 변화가 있었다. 특히 거래처가 Business Partner로 통합(CVI)되면서 여신관리 기능도 하나의 BP Role(UKM000)로 변경되었다. 이에 대해 살펴보도록 한다.

＞FSCM-Credit Management-Master Data-UKM_BP - Business Partner Master Data

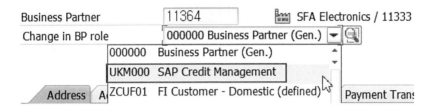

| Business Partner | 11364 | | SFA Electronics / 11333 |
| Change in BP role | 000000 Business Partner (Gen.) | | |

000000	Business Partner (Gen.)
UKM000	SAP Credit Management
ZCUF01	FI Customer - Domestic (defined)

Credit Control 대상 BP에 UKM000 Role을 정의한다.

＞Credit Profile Tab으로 이동하여 관련 정보를 입력한다.

| Business Partner | 11364 | SFA Electronics / 11333 |
| Change in BP role | UKM000 SAP Credit Manageme.. | |

Address | Address Overview | Identification | Control | Payment Transactions | Status | **Credit Profile**

Scoring

Rules	B2B-EXIST Rule for Existing Customer.. ▼	Score for Business Customers	
Score	0	Valid To		Changed On
Risk Class	001 Default Risk ▼	Calculated	Changed On
Check Rule	02 Credit Limit Check Only (Statistical) ▼	Credit Limit Check Only (Statistical)	
Credit Group	2 Small/Medium Custom.. ▼		

Check Rule을 지정한다. 기존 ECC버전의 Automatic Credit Control 설정에 있던 Check Rule을 BP Master에서 설정할 수 있게 변경되었다. 02 : Static / 03 : Dynamic / 01 : All Check

Risk Class / Credit Group을 지정할 수 있다. Risk Class는 Automatic Credit Control의 Risk Category별 설정 역할을 하는 값이다(Risk Class = Risk Category)

> Credit Segment Data 버튼 클릭

Business Partner   11364   SFA Electronics / 11333
Change in BP role   UKM000 SAP Credit Manageme.. ▼

Credit Segment	1000 Credit Segment 1000(Maintained) ▼		Delete Data in Segment

Credit Limit and Control   Payment Behavior Key Figures   KPI Payment Behavior

Credit Limit

Rules	B2B-EXIST Rule for Existing C.. ▼ No Formula for Limit Calculation

○ Limit Not Defined
◉ Limit Defined   Limit   10,000,000   KRW   Valid To

Credit Exposure   0
Utilization %   0.0

Credit Segment 별로 Credit Limit를 지정할 수 있다.

> SD-Sales-Order-VA01 - Create 화면 : Sales Order Test

Create Sales Document

☐ Create with Reference   ▲ Sales   ▲ Item Overview   ▲ Ordering Party   ▲ Characteristics

Order Type   ZOR   Standard Order

Sales Order Type 'ZOR' 선택. 이는 Automatic Credit Control 체크 대상 Order Type이다.

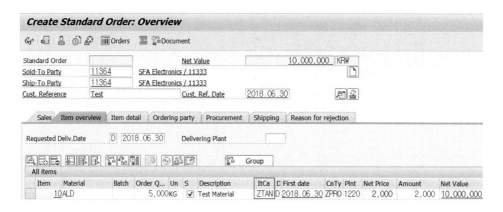

Create Standard Order: Overview

Standard Order   Net Value   10,000,000   KRW
Sold-To Party   11364   SFA Electronics / 11333
Ship-To Party   11364   SFA Electronics / 11333
Cust. Reference   Test   Cust. Ref. Date   2018.06.30

Sales | Item overview | Item detail | Ordering party | Procurement | Shipping | Reason for rejection

Requested Deliv.Date   D   2018.06.30   Delivering Plant

All items

Item	Material	Batch	Order Q...	Un	S	Description	ItCa	D	First date	CnTy	Plnt	Net Price	Amount	Net Value
10	ALD		5,000	KG	✓	Test Material	ZTAN	D	2018.06.30	ZPR0	1220	2,000	2,000	10,000,000

1KG당 2,000원 하는 품목에 대해 5,000KG만큼 Sales Order를 입력하는 화면이다. Net Amount는 10,000,000원이나 VAT를 포함하면 11,000,000원이 된다. 이는 앞서 BP 화면에서 등록한 10,000,000원의 Credit Limit 금액을 1,000,000원 초과하는 금액이다(Item Category는 ZTAN이다. ECC버전에서처럼 Item Category별 여신점검여부를 세팅해야 한다.)

>위와 같이 입력 후 저장(💾) 버튼을 클릭한다.

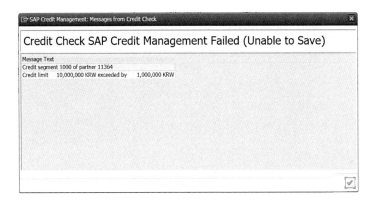

여신한도 금액이 10,000,000원인데 1,000,000원만큼의 여신이 초과되었다는 오류 메시지가 조회된다.

>수량을 5,000KG에서 4,000KG으로 변경한 후 저장(💾) 해보자.

Item	Material	Batch	Order Q...	Un	S	Description	ItCa	C	First date	CnTy	Plnt	Net Price	Amount	Net Value
10	ALD		4,000	KG	✓	Test Material	ZTAN	D	2018.06.30	ZPRO	1220	2,000	2,000	8,000,000

✔ Standard Order 1000044937 has been saved

정상적으로 저장됨을 확인할 수 있다.

>BP 화면에서 여신 금액을 조회해보자. Credit Segment Data 조회

Business Partner	11364	📇 SFA Electronics / 11333
Display in BP role	UKM000 SAP Credit Manageme... ▼ 🔍	

Credit Segment	1000 Credit Segment 1000(Maintained) ▼

Credit Limit and Control | Payment Behavior Key Figures | KPI Payment Behavior

Credit Limit

Rules	B2B-EXIST Rule for Existing C... ▼ No Formula for Limit Calculation					⊞
○ Limit Not Defined						
⦿ Limit Defined	Limit	10,000,000		KRW	Valid To	

Credit Exposure	8,800,000	ℹ
Utilization %	88.0	

앞서 4,000KG에 대한 VAT포함 Sales Order금액 8,800,000원이 여신 사용금액으로 표시되어진다.

※참고)우측의 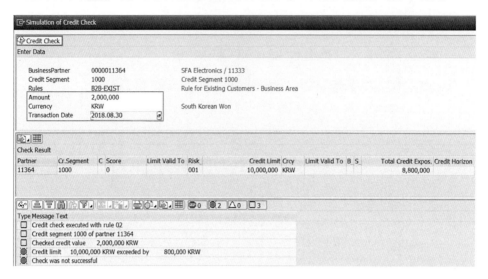-시뮬레이션 버튼을 클릭하면 여신체크에 대한 점검을 해볼 수 있다.

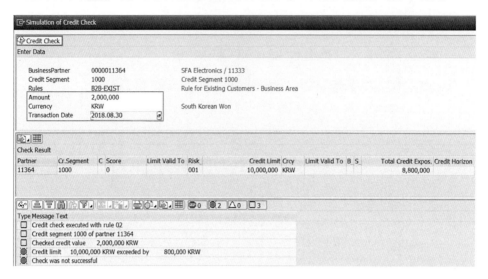

금액과 통화/환산일자를 입력 후 Credit Check 버튼을 클릭하면 여신점검 시뮬레이션을 할 수 있다.

>FSCM-Credit Management-List Displays-UKM_MALUS_DSP - Credit Limit Utilization :
Business Partner별 여신금액을 조회해 볼 수 있다.

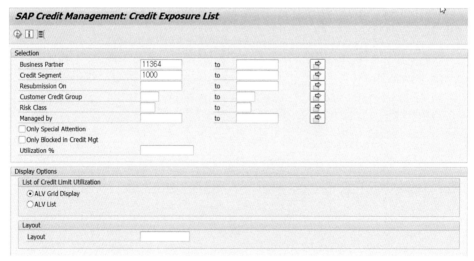

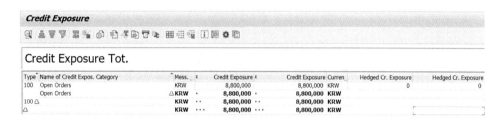

List of Credit Limit Utilization

Without Extract

Partner	Cr.Segment	Crcy	Risk Class	Cr. Expos.	Credit Limit	Util.(&)	Expos. Amt	Icon	Hedged	Limit	Cr. Group	Cr. Group	Block	Sp. Atten.	Reasn	Submission
11364	1000	KRW	001	8,800,000	10,000,000	88.0	1,200,000-	⊂⊃	0	0		2				

여신한도금액(Credit Limit), 여신사용금액(Credit Exposure), 사용가능금액(Expos. Amount) 등 정보를 조회할 수 있다.

〉위 라인을 더블클릭 해보자(=UKM_COMMITMENTS - Credit Exposure T-Code와 같은 화면)

Credit Exposure

Credit Exposure Tot.

Type	Name of Credit Expos. Category	Mess.	Σ	Credit Exposure	Σ	Credit Exposure	Curren	Hedged Cr. Exposure	Hedged Cr. Exposure
100	Open Orders	KRW		8,800,000		8,800,000	KRW	0	0
	Open Orders	△ KRW	·	8,800,000	·	8,800,000	KRW		
100 △		KRW	··	8,800,000	··	8,800,000	KRW		
△		KRW	···	8,800,000	···	8,800,000	KRW		

여신 사용금액이 어떻게 구성되어 있는지 조회해볼 수 있다.

〉Credit Exposure Category : 여신 사용금액을 분류할 수 있다. 100 : Sales Order / 200 : AR / 300 : Special G/L Document / 400 : Delivery / 500 : Billing

Type	Name of Credit Expos. Category
100	Open Orders
150	Trading Contract
200	Open Invoices
300	Special Credit Exposure
400	Delivery Value
500	Billing Document Value
550	Agency Document

〉아래 그림과 같은 AR Document를 입력한 후

Data Entry View

Document Number	2270005173	Company Code	1000	Fiscal Year	2018
Document Date	2018.07.31	Posting Date	2018.07.31	Period	7
Reference		Cross-Comp.No.			
Currency	KRW	Texts Exist	☐	Ledger Group	

CoCd	Itm	Key	SG	Account	Description	G/L Acc	G/L Acct Name	Σ Amount	Curr.	Amount LC	LCurr	Tx	Cost Ctr	Text	Clrng doc.
1000	1	01		11364	SFA Electronics	11130101	AR-Domestic	100,000	KRW	100,000	KRW			Test	
1000	2	50		41190191	Revenue-Others	41190191	Revenue-Others	100,000-	KRW	100,000-	KRW			Test	
							·	0	KRW						

> UKM_COMMITMENTS - Credit Exposure 화면에서 다시 조회해보자.

Credit Exposure

Business Partner [11364] to [ ]

Alternative: Selection Business Partner from Extract

Extract Name [ ]

Credit Segment [1000] to [ ]
Cr. Expos. Cat. [ ] to [ ]
Key Date [ ]
☐ Only Accts with Liability Err.
☐ Only Accts with Partner Mess.
Layout [ZTEST]
☑ Display Subordinate Nodes

Correction of Credit Exp. Data

☐ Delete Line Items
Logical system [ ]

Credit Exposure

Credit Exposure Tot.

Type	Name of Credit Expos. Category	Mess.	∑	Credit Exposure ∑	Credit Exposure Curren.	Hedged Cr. Exposure	Hedged Cr. Exposure
100	Open Orders	KRW		8,800,000	8,800,000 KRW	0	0
	Open Orders	△KRW	·	8,800,000 ·	8,800,000 KRW		
100 △		KRW	··	8,800,000 ··	8,800,000 KRW		
200	Open Invoices	KRW		100,000	100,000 KRW	0	0
	Open Invoices	△KRW	·	100,000 ·	100,000 KRW		
200 △		KRW	··	100,000 ··	100,000 KRW		
△		KRW	···	8,900,000 ···	8,900,000 KRW		

위와 같이 200-Open Invoice로 100,000원이 추가된 것을 확인할 수 있다.

| Credit Limit and Control | Payment Behavior Key Figures | KPI Payment Behavior |

Credit Limit

| Rules | B2B-EXIST Rule for Existing C.. ▼ | No Formula for Limit Calculation |

◯ Limit Not Defined
◉ Limit Defined   Limit   [10,000,000]   KRW   Valid To

Credit Exposure   8,900,000
Utilization %   89.0

BP 화면에서도 위와 같이 총 여신사용금액이 8,900,000원으로 변경되어 있다.

어떠한 IMG 세팅으로 위와 같이 여신관련 체크로직이 작동하는지 알아보도록 하자.

▶ Credit Management 관련 IMG Settings (S/4 HANA)

> IMG-Enterprise Structure-Definition-Financial Accounting-Define Credit Control Area

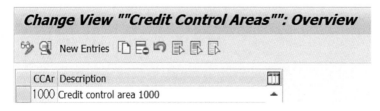

Change View ""Credit Control Areas"": Overview

🔧 🔍 New Entries 📋 🗒 ↩ 📑 📑 📑

	CCAr	Description
	1000	Credit control area 1000

▶ Credit Control Area 정의

〉IMG-Enterprise Structure-Assignment-Financial Accounting-Assign company code to
credit control area

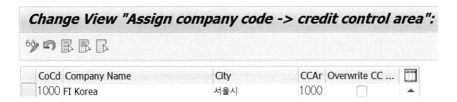

▶ Company Code에 Default Credit Control Area 지정

〉IMG-Cross-Application Components-SAP Business Partner-Business Partner-Basic
Settings-Business Partner Roles-Define BP Roles : BP Role중 UKM000 Role 확인

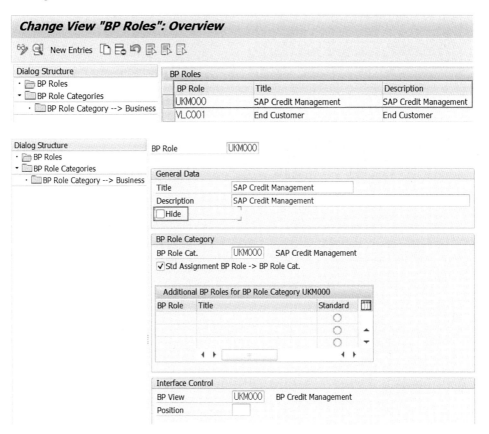

UKM000 Role이 Hide 처리되어 있는 경우 체크를 해제해야 BP 화면에서 Role Define이 가
능하다.

>IMG-Financial Supply Chain Management-Credit Management-Credit Risk Monitoring-Master Data-Create Credit Segments : Credit Segment 신규 생성

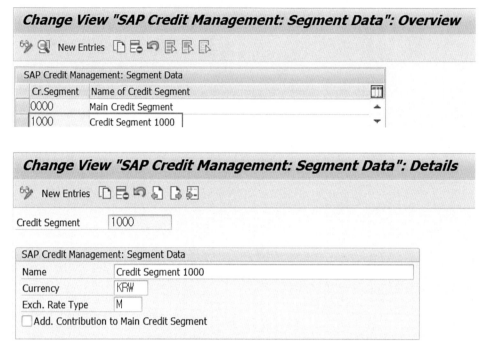

Credit Segment별로 여신관리가 이루어진다. Add. Contribution to Main Credit Segment 체크시 Main Credit Segment(0000)에서도 다른 Segment의 여신 내역을 조회해 볼 수 있다 (하나의 BP는 여러 개의 여신세그먼트 정보를 유지보수 할 수 있다.)

>IMG-Financial Supply Chain Management-Credit Management-Integration with Accounts Receivable Accounting and Sales and Distribution-Integration with Accounts Receivable Accounting-Deactivate SAP Credit Management

Change View "Deactivation of SAP Credit Management": Details

Deactivation of SAP Credit Management
☐ Deactivate SAP Credit Management

Credit Management가 활성화 되어 있는지 확인한다.

〉IMG-Financial Supply Chain Management-Credit Management-Integration with Accounts Receivable Accounting and Sales and Distribution-Integration with Accounts Receivable Accounting-Assign Credit Control Area and Credit Segment : Credit Control Area에 Credit Segment 지정

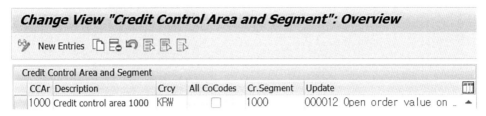

Credit Control Area에 Credit Segment지정, Update 방식 지정(Credit Control Area→Credit Segment)

〉IMG-Financial Supply Chain Management-Credit Management-Credit Risk Monitoring-Master Data-Define Customer Credit Group : Credit Group(여신그룹)별 리포팅을 한다던지 조회조건으로 활용 할 수 있음

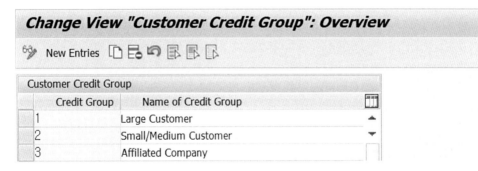

BP Master - UKM000 Role의 Credit Profile Tab에서 관리할 수 있다.

〉IMG-Financial Supply Chain Management-Credit Management-Integration with Accounts Receivable Accounting and Sales and Distribution-Integration with Sales and Distribution-Assign sales area to credit control area

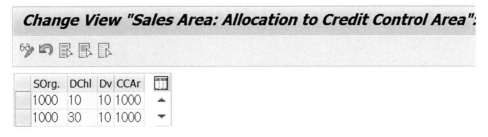

고객별로 Sales View에 여신관리영역을 지정할 수도 있고 위 Config에 설정된 대로 자동 지정되도록 할 수도 있다. 고객에 여신관리영역을 지정할 경우 이를 우선적으로 인식하고, 없을 경우 위 설정을 인식하게 되어 있다.

〉IMG-Financial Supply Chain Management-Credit Management-Integration with Accounts Receivable Accounting and Sales and Distribution-Integration with Sales and Distribution-Determine Active Receivables Per Item Category

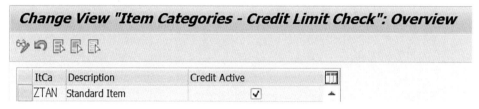

체크된 Item Category 에 대해서만 Credit Check

〉IMG-Financial Supply Chain Management-Credit Management-Integration with Accounts Receivable Accounting and Sales and Distribution-Integration with Sales and Distribution-Define Credit Groups

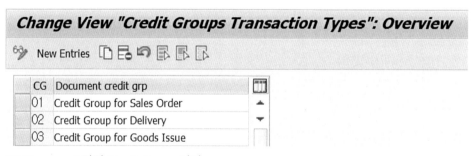

SD Document 관련 Credit Group 정의

〉IMG-Financial Supply Chain Management-Credit Management-Integration with Accounts Receivable Accounting and Sales and Distribution-Integration with Sales and Distribution-Assign Sales Documents and Delivery Documents

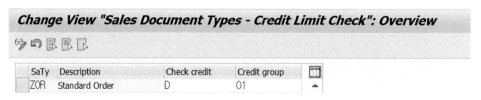

Sales Order Type별로 Credit Check 여부 지정

>IMG-Financial Supply Chain Management-Credit Management-Credit Risk Monitoring-Master Data-Create Risk Classes : BP별로 지정할 Risk Class를 정의한다.

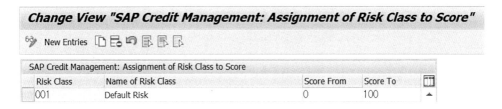

>IMG-Financial Supply Chain Management-Credit Management-Integration with Accounts Receivable Accounting and Sales and Distribution-Integration with Sales and Distribution-Define Risk Categories

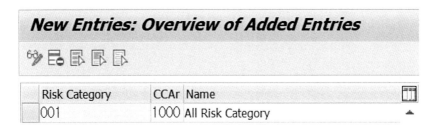

Credit Control Area별 Risk Category 정의. Risk Category는 앞서 정의한 Risk Class와 동일한 코드값을 가져야만 Automatic Credit Control 이 정상적으로 수행된다.

>IMG-Financial Supply Chain Management-Credit Management-Integration with Accounts Receivable Accounting and Sales and Distribution-Integration with Sales and Distribution-Define Automatic Credit Control

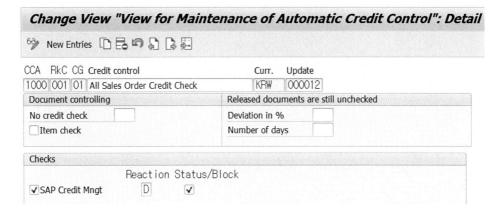

S/4 HANA 버전에서는 Automatic Credit Check 설정이 위 화면처럼 단순화 되었다. 세부적인 체크 사항은 Business Partner - Credit Profile - Check Rule에서 선택된 점검규칙이 작동하게 된다. Risk Category / Credit Group별로 점검규칙이 동작하던 것을 Business Partner별로 동작하도록 설정할 수 있게 변경된 것이다.

>IMG-Financial Supply Chain Management-Credit Management-Integration with Accounts Receivable Accounting and Sales and Distribution-Integration with Sales and Distribution-Customer Enhancements-BAdI: Connection of SD to SAP Credit Management

필요 시 BAdI Logic으로 세부적인 Control을 해야 한다.

▶ BP Relationship을 이용한 상위거래처 여신 통합 관리
>앞서 테스트 했던 업체(11364)가 상위거래처라고 가정하고, 이 업체의 하위거래처를 등록해보자.

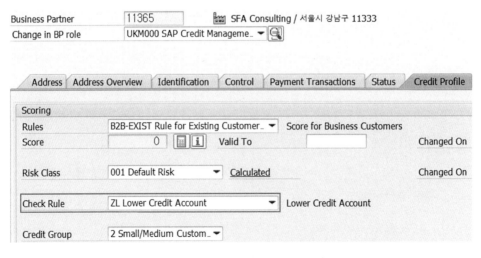

11365 라는 거래처를 생성하고, Credit Profile의 Check Rule을 ZL 을 선택한다.

> Credit Segment Data 클릭

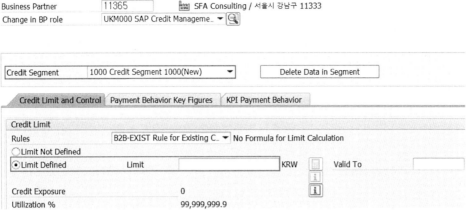

Credit Segment 입력 후 여신체크는 Limit Defined 선택 후 금액은 입력하지 않는다.

> Relationships 버튼 클릭 : Business Partner간의 관계를 설정할 수 있다. Standard에서 기본으로 제공해주는 여러가지 관계들이 정의되어 있으며, Credit Management 관련해서도 상/하위 관계를 설정할 수 있다.

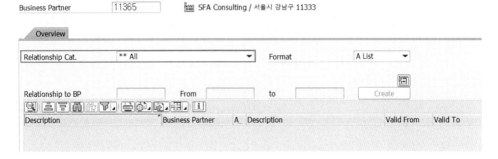

Relationship Category를 클릭하면 Standard에서 제공하는 Relationship이 조회된다.

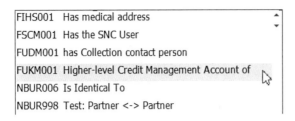

FIHS001   Has medical address
FSCM001   Has the SNC User
FUDM001   has Collection contact person
FUKM001   Higher-level Credit Management Account of
NBUR006   Is Identical To
NBUR998   Test: Partner <-> Partner

관계는 2개의 Business Partner 사이에서 설정하는 것이기 때문에 2개 중 하나의 BP에서 설정을 하게 되면 다른 BP에도 자동으로 해당 관계가 설정되어진다. 지금은 하위 여신관리 고객에서 관계를 설정하는 것이기 때문에 TUKM001-Lower-level Credit Management Account for를 선택해야 한다. 반대로 상위 여신관리 고객에서 관계를 설정할 경우에는 FUKM001-Higher-level Credit Management Account of를 선택해야 한다.

>아래 그림처럼 Credit Segment를 선택한 후 관계를 설정할 BP를 입력한 후 Create 버튼을 클릭한다.

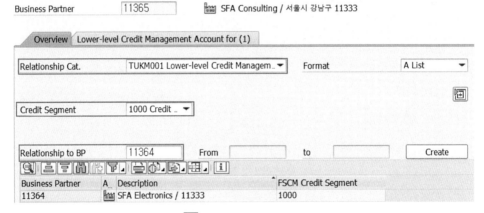

위와 같이 관계가 설정된다. 저장(🖫) 버튼을 클릭하면 설정이 완료 되어진다. 관련 정보는 BUT050 테이블에 저장됨

>11364 BP를 조회해보면 FUKM001-Higher-level Credit Management Account of 관계가 자동으로 설정되어 있다.

Organization: 11364, maintain relationships

☐ ☐ Person ☐ Organization ☐ Group 🖹 ⇦ ⇨ 🗐 🗐 General Data   Credit Segment Data   Relationships

Business Partner   [11364]   🏭 SFA Electronics / 11333

| Overview | Higher-level Credit Management Account of (1) |

Relationship Cat.   Higher-level Credit Management   Format   [D Hierarchy ▼]

Credit Segment   [▼]

Relationship to BP   [   ]   From [   ]   to [   ]   [Create]

Business Partner	Details
▾ 🏭 0000011364	SFA Electronics / 11333
· 🏭 0000011365	SFA Consulting / 서울시 강남구 11333

>하위 거래처인 11365를 이용하여 Sales Order를 등록해보자. 앞서 사용했던 여신 금액은 8,900,000원이었다.

Standard Order	[ ]	Net Value	[2,000,000] KRW	
Sold-To Party	11365	SFA Consulting / 서울시 강남구 11333		📄
Ship-To Party	11365	SFA Consulting / 서울시 강남구 11333		
Cust. Reference	Test	Cust. Ref. Date	2019.02.03	📇📑

| Sales | Item overview | Item detail | Ordering party | Procurement | Shipping | Reason for rejection |

Requested Deliv.Date [D] 2018.07.01   Delivering Plant [   ]

🔲🔳🔳 🔳🔳🔳 🔳🔳🔳 🔲 ⊙🔳🔳   🔳 Group

All items

Item	Material	Batch	Order Q...	Un	S	Description	ItCa	D	First date	CnTy	Plnt	Net Price	Amount	Crcy	Net Value
10	ALD		1,000	KG	✓	Test Material	ZTAN	D	2018.07.01	ZPR0	1220	2,000	2,000	KRW	2,000,000

11365 거래처에 대해 2,000원짜리 자재를 1,000KG만큼 Sales Order를 생성하는 화면이다. VAT 포함 2,200,000원

Credit Check SAP Credit Management Failed (Unable to Save)

Message Text
Credit segment 1000 of partner 11364
Credit limit   10,000,000 KRW exceeded by   1,100,000 KRW

발생한 오류 메시지를 보면 11364 고객에 대한 여신한도 10,000,000원을 1,100,000원 초과하였다. 기 여신사용금액 8,900,000원과 2,200,000원을 합치면 11,100,000원이 된다. 여신 한도 10,000,000원을 1,100,000원 초과하므로 이런 오류가 발생한 것이다.

> 수량을 100KG으로 변경한 후 저장해보자.

Item	Material	Batch	Order Q...	Un	S	Description	ItCa	D	First date	CnTy	Plnt	Net Price	Amount	Crcy	Net Value
10	ALDC12-1			100KG	✓	Test Material	ZTAN	D	2018.07.01	ZPRO	1220	2,000	2,000	KRW	200,000

☑ Standard Order 1000044938 has been saved

정상적으로 저장되었다.

> UKM_MALUS_DSP - Credit Limit Utilization 화면에서 2개 거래처에 대해 조회해보자.

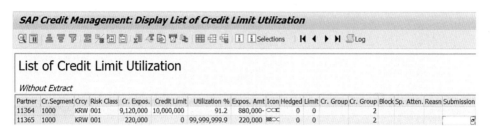

SAP Credit Management: Display List of Credit Limit Utilization

List of Credit Limit Utilization

Without Extract

Partner	Cr.Segment	Crcy	Risk Class	Cr. Expos.	Credit Limit	Utilization %	Expos. Amt	Icon	Hedged	Limit	Cr. Group	Cr. Group	Block	Sp. Atten.	Reasn	Submission
11364	1000	KRW	001	9,120,000	10,000,000	91.2	880,000-	⊂⊃⊂	0	0			2			
11365	1000	KRW	001	220,000	0	99,999,999.9	220,000	▣⊃⊂	0	0			2			⬚

11365고객의 경우 방금 발생시킨 Sales Order 220,000원만큼 여신사용 금액이 조회된다. 여
신관리 대상고객으로 설정되어 있지 않으므로 여신한도(Credit Limit)는 0이다. 11364고객의 경
우 하위여신 고객인 11365의 220,000원에다가 11364고객의 8,900,000원까지 합친
9,120,000원이 여신사용금액으로 조회된다.

> 첫번째 라인을 더블클릭 해보자. UKM_COMMITMENTS - Credit Exposure

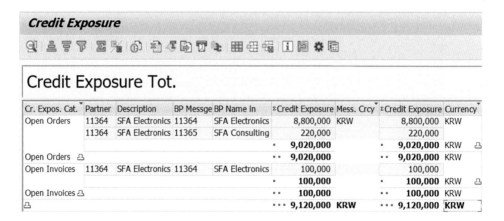

Credit Exposure

Credit Exposure Tot.

Cr. Expos. Cat.	Partner	Description	BP Messge	BP Name in	Σ Credit Exposure	Mess. Crcy	Σ Credit Exposure	Currency
Open Orders	11364	SFA Electronics	11364	SFA Electronics	8,800,000	KRW	8,800,000	KRW
	11364	SFA Electronics	11365	SFA Consulting	220,000		220,000	
				▪	9,020,000		▪ 9,020,000	KRW
Open Orders ⌂				▪▪	9,020,000		▪▪ 9,020,000	KRW
Open Invoices	11364	SFA Electronics	11364	SFA Electronics	100,000		100,000	
				▪	100,000		▪ 100,000	KRW
Open Invoices ⌂				▪▪	100,000		▪▪ 100,000	KRW
⌂				▪▪▪	9,120,000	KRW	▪▪▪ 9,120,000	KRW

위와 같이 여신사용금액이 어떻게 구성되어 있는지 조회할 수 있다(하위여신 거래처 내역도 함께

조회됨)

>관계는 추가적으로 더 등록할 수 있다. 하위여신 거래처에 하위여신 거래처를 추가로 더 등록할 수 있다. 만약 이렇게 등록할 경우 최상위 여신관리 고객의 Credit Limit을 한도로 여신이 체크 되어진다. 이렇게 계층구조 형태로 여신관리를 할 수 있다.

▶ 상위거래처 여신 통합관리를 위한 IMG 추가 Setting

>IMG-Financial Supply Chain Management-Credit Management-Credit Risk Monitoring-Credit Limit Check-Define Checking Rules : 점검 규칙을 신규로 생성하거나 변경할 수 있는 화면이다. 01(Default - All Checks Active (Stat. Credit Limit)) 점검규칙을 조회해보면 아래와 같다.

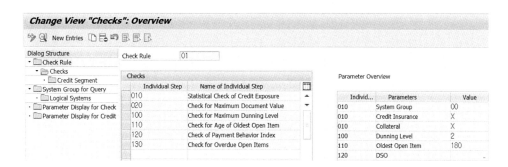

ECC 버전의 Automatic Credit Control 설정에 있던 항목들이 위와 같이 점검규칙 안에 포함되어 있다. Standard 점검규칙을 그대로 사용해도 되고, 각 회사가 원하는 점검규칙을 설정해도 된다.

>여기서는 하위 거래처에 대한 점검규칙을 별도로 생성한다.

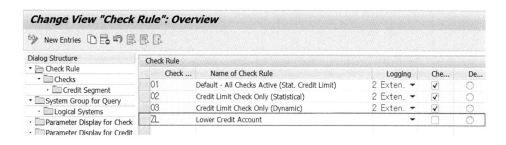

그림처럼 여신체크를 하지 않는 Check Rule을 하나 생성해야 한다. 하위 거래처에서 사용할 점검규칙이다.

▶ 참고)BP 관계설정 관련 BAPI : BAPI_BUPR_RELATIONSHIP_CREATE / _
CHANGE / _DELETE / _GET / _REMOVE

▶ T-Code : BUB3 - 조회 (비즈니스 파트너 관계)

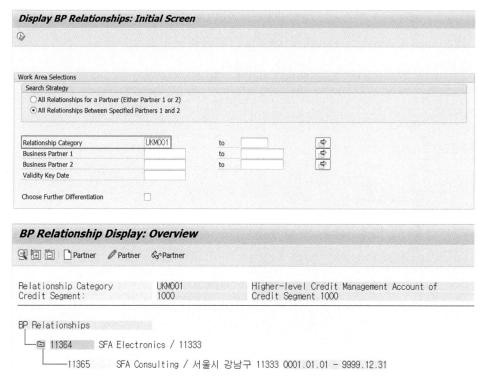

위와 같이 관계를 계층구조로 조회해볼 수 있다. 여신관련 관계뿐 아니라 다른 관계
범주에 대해서도 조회 가능하다.

5. Foreign Currency Valuation : 외화평가

● **A/R, A/P, G/L Open Item Foreign Currency Valuation :** Open Item으로 관리되는 A/R, A/P, G/L 계정에 대한 외화평가기능

▶ A/R, A/P Foreign Currency Valuation : 외화평가(T-Code : FAGL_FC_VAL)

○ Key date(평가일-기말현재) 현재 보유중인 Foreign Currency로 관리되는 Open Item 을 평가하기 위한 프로그램

FI-General Ledger(or AR/AP)-Periodic Processing-Closing-Valuate-FAGL_FC_VAL - Foreign Currency Valuation (New) 화면

Foreign Currency Valuation

⊕ ⅁ i ≣(

General Data Selection

Company Code	4100	to		⇨
Valuation Key Date	2018.10.31			
Valuation Area	41			

Postings | Open Items | G/L Balances | Miscellaneous

☐ Create Postings
Batch input session name
☐ Only Create Batch Input Session Due to Errors
Document date
Posting date
Posting period
Reversal posting date
Reverse Post. Period
☐ Reset Valuation
Reason for Reset (Balances)

For G/L Account Balance Valuation
☐ Reverse postings

Delta Logic Controls for Open Item Valuation
☐ Year-End Closing Valuation
☐ Mid-Fiscal Year Valuation

이번 챕터에서 자주 볼 화면이다.

○ 외화 채권/채무/GL Open Item/GL Balance 계정들을 평가하기 위한 프로그램이다.
○ Customizing 해서 다양한 평가방법을 세팅할 수 있음(IMG)

- Parallel Currency도 각각 평가할 수 있다(예를 들어 현재 Operation Currency는 KRW 인데 거래가 EUR로 발생하였고 이를 미국 본사에 USD로 보고해야 할 경우, KRW : EUR에 대한 외화평가 뿐만 아니라 EUR : USD에 대한 외화평가도 할 수 있다.)
- Parallel Currency : 회사를 대표하는 로컬 Currency와 멀티 컴퍼니를 위한 보고용 Currency가 다를 경우 보고용 Currency를 Parallel Currency라고 하며 Additional Currency이라고도 한다.

○ 평가차이(Valuation difference)를 결정하는데 2가지 방식이 있다.

- ①Balance sheet Key date(월말)에 평가를 하고 다음날 Reversal(역분개) 하는 방식 : **Without Update 방식**
- ②Balance sheet Key date(연말)에 평가 후 Update : **With Update 방식**(연말에만 사용(End of Fiscal year))
- ※Only as a list, no posting entries : 포스팅 하지 않고 리스트로 보여주는 시뮬레이션 기능이 있다. 화면상에 Postings tab에서 ☐Create Postings 체크박스에 체크 할 경우 실제 평가 후 포스팅이 일어나고 체크를 안 할 경우 시뮬레이션 후 결과만 볼 수 있다.

○ 뒤에서 위와 관련된 자세한 테스트를 진행할 예정이며 이때 개념을 명확히 이해하도록 한다.

● Currencies : 통화관리

▶ 외화평가에 대해 알아보기 전에 통화(Currency) 관련 설정에 대해 다시 한번 간략히 살펴보도록 한다.

▶ IMG-SAP NetWeaver-General settings-Currencies- 하위에 아래와 같은 메뉴가 존재

▶ Check Currency code : 전 세계에서 통용되는 통화가 이미 등록되어 있다.

Currency	Long text	Short text	ISO	Primary	
KRW	South Korean Won	S.Korean Won	KRW	☐	▲

> KRW 더블클릭

▶ Set Decimal Places for Currencies

> 모든 Client에 공통적으로 적용되는 테이블(ℹ️ Caution: The table is cross-client)

Change View "Decimal Places for Currency Codes": Overview

🦖 New Entries

Currency	Long Text	Decimals
KRW	South Korean Won	
LUF	Luxembourgian Franc	
PKT	No long text exists	3
RUR	Russian Rubel	
TJLP	American Dollar	5
TND	Tunisian Dinar	3
TWD	New Taiwan Dollar	
USD5	American Dollar 5 Decimals	5

등록 안 된 통화의 경우 소수점 2째짜리까지 인정되며, 공백은 소수점을 인정하지 않는다는 의미

▶ Check Exchange rate types : 환율 타입 등록

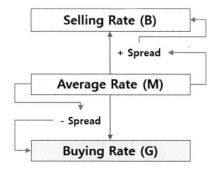

Change View "Currency Translation Exchange Rate Types": Overview of Se

New Entries

ExRt	Usage	Ref.crcy	Buy.rt.at	Sell.rt.at	Inv	E...	Fixed	
B	Standard translation at bk.selling r...			M	☐	☐	☐	▲
G	Standard translation at bank buyin...		M		☐	☐	☐	▼
M	Standard translation at average rate				☑	☐	☐	
P	Standard translation for cost planni...				☐	☐	☐	

○ B:은행 매도율, G:은행 매입율, M:매매 기준율 등(일반적으로 M 타입과 스프레드율만 관리한다.)

→ M타입에 대해 스프레드율을 +- 하여 B,G 타입값을 구하는 방식을 사용(위와 같이 기준 타입을 'M'으로 설정)

Buy.rt.at	Sell.rt.at
	M
M	

○ Ref.crcy : Base Currency를 지정한다.

• Base Currency : 통화 간 환율 계산시 공통적으로 적용되는 통화를 Base Curren-cy로 잡고 Base Currency와 다른 Currency간의 환율 Combination을 기초로 시스템이 다른 제3의 통화간 환율을 자동으로 계산해내는 Rule

• 달러/파운드, 달러/엔화 환율을 알고 있을 때 엔화/파운드 환율값을 달러 기준으로 해서 구할 수 있다는 의미, 여기서 달러가 Base Currency다. 〈1USD = a GBP, 1USD = b JPY 인 경우, Base Currency USD를 기준으로 1GBP = c JYP 를 계산할 때 , c = 1 * b / a 로 계산할 수 있다.〉

▶ Define translation ratios for currency translation : 환산비율지정

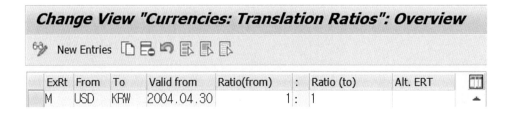

Change View "Currencies: Translation Ratios": Overview

New Entries

ExRt	From	To	Valid from	Ratio(from)	:	Ratio (to)	Alt. ERT	
M	USD	KRW	2004.04.30	1	:	1		▲

▶ Enter Exchange Rates : 환율타입별로 통화간 환율지정(매뉴얼방식, 업로드방식, 실시간 Data Feed방식)

▶ Maintain exchange rate spreads : 스프레드율 정의

○ 상단의 [New Entries] 버튼을 클릭하여 스프레드율을 정의할 수 있다.

○ M타입을 기준으로 From(USD), To(KRW) 환산시 스프레드율(10)을 지정

New Entries: Overview of Added Entries

	ExRt	From	To	Valid from	Spread	Ratio(from)	:	Ratio (to)
	M	USD	KRW	2018.08.01	10.00000	1	:	1

○ M타입에 스프레드율을 +- 하여 G(Devaluation), B(Evaluation)타입 구할 수 있음

▶ Define rounding rules for currencies : 라운딩룰정의(원단위 반올림 정의)

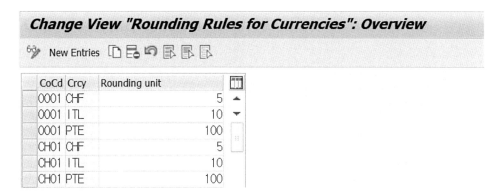

○ CHF의 경우 5로 되어 있는데 이것은 5의 배수로 끝자리를 맞춰준다는 의미이다
(2467 → 2465, 2468 → 2470)

▶ 원화(KRW)를 사용하는 국내에선 잘 사용하지 않는 기능들이므로 이런 기능들이 있다는 정도로만 참고한다.

● Customizing : Foreign Currency Valuation (외화평가 관련 IMG Configuration)

▶ Foreign Currency Valuation : T-Code FAGL_FC_VAL

○ ECC 버전부터 Valuation Area란 평가 요소를 가지고 외화 평가를 하게 되었다. Valuation Area는 이전 SAP버전의 외화평가 프로그램에서 사용하던 Valuation Method가 매핑되어 있다.

○ 이 Valuation Area에 Accounting Principle(회계기준 K-GAPP, K-IFRS)을 지정한다. Accounting Principle은 Ledger Group에 연결되어 있다. 복잡하게 느껴질 수 있는데, 외화평가시 사용하게 될 Valuation Area는 Accounting Principle과 여기에 연결된 Ledger Group까지 하나의 묶음처럼 연결되어 있다고 생각하면 된다.

○ 즉, 특정 Valuation Area를 사용하여 외화평가를 돌리게 되면 Accounting Principle(회계기준)이 결정되면서 이 평가에 대한 회계처리가 반영될 Ledger도 자동으로 결정되어 반영된다. 여러개의 Valuation Area를 이용하여 여러 개의 Ledger에 회계처리를 반영할 수 있다는 의미도 된다.

○ 왜 이런 복잡한 로직으로 외화평가가 구성되어 있는가? 여러 개의 Ledger를 사용하여 각 회계기준별/원장별 회계처리를 해놓고 각각 목적에 맞게 재무제표를 리포팅하기 위해서이다. 외화평가에 대한 부분도 하나의 Ledger(=회계기준)에만 반영할 것이 아니라 각각의 Ledger별 회계기준에 맞는 적절한 평가가 이루어져야 한다. 그래서 이와 같은 형식으로 구성이 되어 있다.

[Valuation Area(←Valuation Method) → Accounting Principle → Ledger Group]

○ IMG-FI-General Ledger Accounting (New)-Periodic Processing-Valuate 폴더 하위에서 외화평가 관련 IMG 세팅

General Ledger Accounting (New)
- ▸ Master Data
- ▸ Business Transactions
- ▸ Planning
- ▸ Statistical Key Figures
- ▾ Periodic Processing
  - ▸ Check/Count
  - ▸ Multi Currency Accounting (New)
  - ▸ Kontrola/výpočty
  - ▾ Valuate
    - · Define Valuation Methods
    - · Define Valuation Areas
    - · Check Assignment of Accounting Principle to Ledger Group
    - · Assign Accounting Principle to Valuation Area
    - · Activate Delta Logic
  - ▸ Foreign Currency Valuation
  - ▸ Discounting of Long-Term Receivables, Payables, and Provisions

○ Define Valuation Methods : 국내에서 주로 사용하는 KURS 선택

Change View "Valuation Methods": Overview

New Entries

Dialog Structure
- ▾ Valuation Methods
  - · Time-Dependent Attribute

Valuation Methods

Valuation method	Description
KURS	Valuation w/ Exchange Rate Type M

Valuation method	KURS
Description	Valuation w/ Exchange Rate Type M

Valuation Procedure

- ○ Lowest Value Principle
- ○ Strict lowest value principle
- ⦿ Always evaluate
- ○ Revalue only

- ☐ Group Vendors
- ☐ Group Customers
- ☐ G/L Valuation Grp

- ☐ Balance valuat.

- ☐ Post per Line Item
- Document Type   SA
- ☐ Extract

Exchange Rate Determination

ExchRate Type for Debit Bal	M
ExchRate Type for CreditBal	M
E/R Type for Translatn	

- ☐ Exchange hedging
- Minimum difference

- ⦿ Determine Exch. Rate Type from Acct Bal.
- ○ Exch.rate type from invoice reference

- Valuation Procedure 필드그룹 : 평가 과정
  - Always evaluate : 우리나라에서 많이 사용하는 방식(항상 평가하겠다)
  - Lowest Value Principle : 환산손일때만 평가하는 방식(A/R Invoice 발생시점보다 평가시점의 환율이 떨어졌을 경우, A/P Invoice 발생시점보다 평가시점의 환율이 올라갔을 경우에만 평가)
  - Strict lowest value principle : 직전 평가시점의 환율보다 떨어졌을 경우에만 평가를 하겠다는 방식
  - Revalue only : Lowest Value Principle방식과 반대(환산익이 발생하는 경우)
  - Post per Line Item : Line Item 별로 나눠서 전표를 포스팅 하겠다는 의미. 체크 안 할 경우 계정별로 Sum해서 처리
  - Group Vendors/Customers : Vendors/Customers Master Data의 Group Key가 동일한 모든 Vendors/Customers를 통합해서 평가할 것인지 체크하는 필드(국내에선 잘 사용하지 않음)
    → FD02 화면- General Data Segment-Control data tab-Group Key 필드가 동일한 모든 Vendors/Customers.

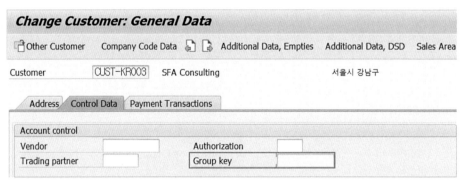

Group Key : 사용자가 자유롭게 지정할 수 있다.

  - G/L Valuation Grp : G/L도 마찬가지로 Group Key가 동일한 모든 계정들을 통합해서 평가하겠다는 의미(국내에선 잘 사용하지 않음)
  - Balance valuat. : 체크했을 경우 각 미결항목 〈계정별 or 그룹별〉, 통화별로 잔액을 평가한다. 체크를 안했을 경우 레퍼런스 번호(REBZG)별로 합산하여 평가가 되거나 레퍼런스 번호가 없을 경우 개별 미결 항목별로 각각 평가한다
  - Document type : FI쪽으로 포스팅 할 때 Document type 을 지정

- Exchange Rate Determination 필드그룹 : 환율 결정
  - ExchRate Type for Debit/Credit Bal : 차변/대변 평가시 어떤 환율 타입을 이용할지 결정(M타입 사용)
  - Determine Exch. Rate Type from Acct Bal. : 계정별(혹은 그룹별) Balance를 가지고 환율 타입을 결정하겠다(혹은 Invoice Reference 별로 환율타입을 결정하겠다)

○ Define Valuation Areas

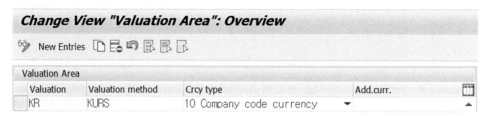

Valuation Area에 Valuation method가 매핑되게 된다. 각 회계기준에 맞는 평가영역을 생성하면 된다.

○ Assign Accounting Principle to Valuation Area 화면

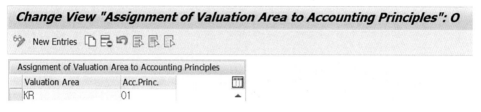

평가영역별로 맞는 회계기준을 설정한다.

○ Check Assignment of Accounting Principle to Ledger Group 화면

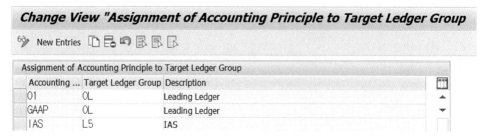

회계기준 01은 0L이란 Leading Ledger에 매핑되어 있다. 다른 회계기준이 존재할 경우 이곳에다가 회계기준과 Non-leading Ledger를 매핑하면 된다.

○ 위와 같은 설정은 Parallel Accounting(병행회계) 관련 부분에서 자세히 살펴보기로 한다.

○ 외화평가의 경우 [Valuation Area(←Valuation Method) → Accounting Principle →Ledger Group] 으로 매핑된다. 즉, 서로 다른 원장(Ledger)을 물고 있는 회계기준에 대해 Valuation Area를 지정하므로써 병행회계에 맞는 원장(Ledger)별 평가가 이루어질 수 있다.

○ Activate Delta Logic

Change View "Delta Posting Logic": Overview

Delta Posting Logic

	Valuation	LongText	+	Cl.Date	Mon.Rev.
	KR	FI Korea V.A.	☑	☐	☑

Valuation Area KR에 대해서 +(델타로직) 활성화 체크가 되어 있으며, Mon.Rev 체크가 되어 있다. 이것은 뒤에서 자세히 살펴볼 예정인 연중평가(Without Update방식)/연말평가(With Update방식)를 구분해서 처리하겠다는 설정이다. 델타로직 활성화가 되어 있어야 연말에 익월 역분개 처리를 하지 않고 처리할 수 있으며, Mon.Rev에 체크가 되어 있어야 연중에는 익월 역분개 처리를 자동으로 수행할 수 있다.

○ 계정 관련 세팅은 뒤에서 다시 살펴보도록 하자.

● **Foreign Currency Valuation Test(AR/AP/GL Open Items) - Without Update**

▶ 간단한 예를 통해서 외화평가가 어떻게 수행 되는지 살펴보자.

	AR 발생거래(a)				AP 발생거래(b)			
	일자	환율	발생금액	원화금액	일자	환율	발생금액	원화금액
거래발생	2017.11.01	1USD = 1,000	10 USD	10,000	2017.11.01	1USD = 1,000	10 USD	10,000
11월평가	2017.11.30	1USD = 1,100	10 USD	11,000	2017.11.30	1USD = 1,100	10 USD	11,000
	외화환산이익(익월역분개)(11,000-10,000)			1,000	외화환산손실(익월역분개)(11,000-10,000)			1,000

▶ 위와 같은 거래 2건이 발생했다고 가정해보자.

Change View "Currency Exchange Rates": Overview of Selected Set

New Entries

	ExRt	ValidFrom	Indir.quot	X	Ratio(from)	From	=	Dir.quot.	X	Ratio (to)	To
	M	2017.11.30		X		1 USD	=	1,100.00000	X		1 KRW
	M	2017.11.01		X		1 USD	=	1,000.00000	X		1 KRW

▶ **발생시점** : A/R Invoice(a)(USD) [차)A/R 10 / 대)REV 10] | A/P Invoice(b)(USD) [차)EXP 10 / 대)A/P 10](11/1-10USD)

○ FI-Accounts Receivable-Document Entry-FB70 - Invoice 화면

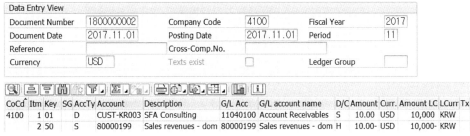

○ FI-Accounts Payable-Document Entry-FB60 - Invoice 화면

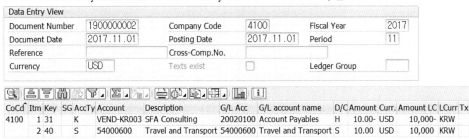

▶ **Valuation 시점** : [차)A/R Adjust 1,000 / 대)Unrealized Gain 1,000] | [차)Unrealized Loss 1,000 / 대)A/P Adjust 1,000]

○ FI-General Ledger(AR/AP)-Periodic Processing-Closing-Valuate-FAGL_FC_VAL - Foreign Currency Valuation (New) 화면(2017/11/30일자 평가) (1USD = 1,100)

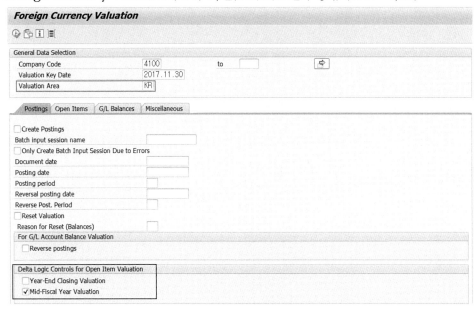

- Valuation Area를 입력 : → Valuation Method / Accounting Principle → Ledger가 동시에 지정된다.

- Create Postings : 체크하면 실제 전기처리를 하게 되고, 체크하지 않으면 시뮬레이션을 해볼 수 있다.

- Document Date, Posting Date, Reversal posting date 등은 입력하지 않을 경우 평가일(Valuation Key Date) 기준으로 자동으로 입력되어 전기된다(전기일=평가일, 역분개일=평가일+1)

- Reset Valuation : 평가 처리한 내역을 역분개 할 경우 체크

- Mid-Fiscal Year Valuation : 연중 평가시 체크, 익월 역분개 처리가 되며 이를 Without Update 방식이라 한다.

- Year-End Closing Valuation : 연말 평가시 체크, 익월 역분개 처리되지 않는다. With Update 방식이라 한다.

>Open Items Tab에서 현재 평가 테스트를 하고자 하는 A/R, A/P Open Item 대상을 선택한다.

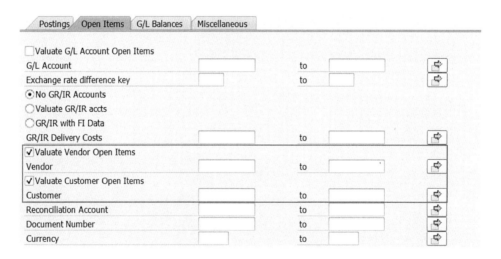

특정 거래처만 입력할 수도 있고 위와 같이 Vendor/Customer 모두 평가하겠다고 지정할 수도 있다.

> Miscellaneous Tab 에서 Log 저장기능을 활성화 할 수 있다.

Postings	Open Items	G/L Balances	Miscellaneous

List Variant		Configure
Additional Header		
☐ Alternative account number		
File Name for Extract		
Target CoCde		

☑ Save Log   Logs
☑ Issue Log

시뮬레이션 및 실제 전기처리한 내역에 대해 Log를 저장할 수 있고 [　Logs　] 버튼

으로 조회할 수 있다.

> (Execute) 실행 아이콘 클릭

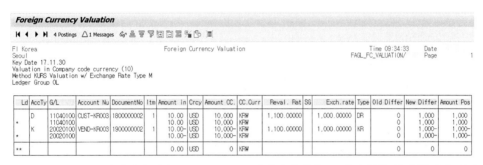

Exchange Rate : 발생시점 환율, Reval. Rate : 평가시점 환율, 2개의 환율 차이 금액에 따라

차이금액(New Difference) 1,000원씩 발생하였다. A/R에 대한 차이금액 1,000원은 채권이 증

가하였으므로 외화환산이익이 되며, A/P에 대한 채무 1,000원은 채무가 증가하였으므로 외화

환산손실이 된다.

> [4 Postings] 버튼 클릭

Foreign Currency Valuation

Ⅰ◀ ◀ ▶ ▶Ⅰ

FI Korea		Foreign Currency Valuation			Time 09:42:08	Date	
Seoul					FAGL_FC_VALUATION/	Page	1
Ledger Group OL Posting Proposal							

Ledger CoCd DocumentNo Document Header Text	Typ Pstng Date Crcy	LCurr LCur2 LCur3 Text
Itm PK G/L Amt.in loc.cur.	LC2 amount LC3 amount	Text

```
OL    4100          FC valuation       SA  2017.11.30 USD   KRW
  1 50 55001100       1,000                                 11040100 - Valuation on 20171130
  2 40 11040199       1,000                                 11040100 - Valuation on 20171130

OL    4100          Reverse posting    SA  2017.12.01 USD   KRW
  1 40 55001100       1,000                                 11040100 - Valuation on 20171130 Reverse
  2 50 11040199       1,000                                 11040100 - Valuation on 20171130 Reverse

OL    4100          FC valuation       SA  2017.11.30 USD   KRW
  1 40 56001400       1,000                                 20020100 - Valuation on 20171130
  2 50 20020199       1,000                                 20020100 - Valuation on 20171130

OL    4100          Reverse posting    SA  2017.12.01 USD   KRW
  1 50 56001400       1,000                                 20020100 - Valuation on 20171130 Reverse
  2 40 20020199       1,000                                 20020100 - Valuation on 20171130 Reverse
```

4건의 전표가 발생한다. 평가한 내역과 익월 역분개 내역에 대해 시뮬레이션한 결과가 화면에 나타난다.

> 다시 초기화면으로 돌아와서 Posting 처리를 한다.

Create Postings 체크를 하고 실행하면 바로 Posting 처리가 되며, Batch input session name을 입력할 경우 Session을 생성하여 사용자가 수동으로 Processing 할 수 있다.

```
Ledger CoCd DocumentNo Document Header Text      Typ Pstng Date Crcy  LCurr LCur2 LCur3 Text
Itm PK G/L          Amt.in loc.cur.       LC2 amount       LC3 amount Text

OL    4100 100000001 FC valuation          SA 2017.11.30 USD  KRW
  1 50 55001100             1,000                              11040100 - Valuation on 20171130
  2 40 11040199             1,000                              11040100 - Valuation on 20171130

OL    4100 100000002 Reverse posting       SA 2017.12.01 USD  KRW
  1 40 55001100             1,000                              11040100 - Valuation on 20171130 Reverse
  2 50 11040199             1,000                              11040100 - Valuation on 20171130 Reverse

OL    4100 100000003 FC valuation          SA 2017.11.30 USD  KRW
  1 40 56001400             1,000                              20020100 - Valuation on 20171130
  2 50 20020199             1,000                              20020100 - Valuation on 20171130

OL    4100 100000004 Reverse posting       SA 2017.12.01 USD  KRW
  1 50 56001400             1,000                              20020100 - Valuation on 20171130 Reverse
  2 40 20020199             1,000                              20020100 - Valuation on 20171130 Reverse
```

위와 같이 4개의 전표가 생성되었으며 전표번호(100000001)를 클릭한 후

Display document 버튼 클릭

11/30일자 평가시 1,000 만큼의 AR Adjust 금액이 발생하고 Gain 역시 1,000 만큼 기표되어 있다.

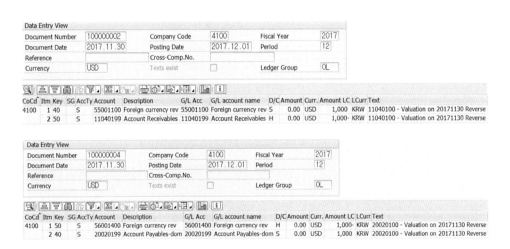

11/30일자 평가시 1,000 만큼의 AP Adjust 금액이 발생하고 Loss 역시 1,000 만큼 기표되어 있다.

| 55001100 | Foreign currency revaluation gains |
| 56001400 | Foreign currency revaluation losses |

▶ **Valuation D+1**(Reversal): [차)Unrealized Gain 1000 / 대)A/R Adj. 1000] | [차)A/P Adj. 1,000 / 대)Unrealized Loss 1,000]

○ 12월1일자 Reversal 전표 역시 같은 방법으로 내역을 확인할 수 있다.

증빙일(Document Date)는 평가일인 11/30으로 되어 있고, 전기일(Posting Date)은 12/01로 되어 있다.

평가전표/익월역분개 전표 둘 다 외화금액은 0USD이며, 원화금액만 1,000원이 발생되어 있다.

▶ 위와 같이 연중에 처리하는 익월역분개 방식이 Without Update방식이다. 위 전표에서 계정이 어떻게 발생되었는지 IMG 설정을 살펴본 후 연말에 처리하는 With Update 방식에 대해 살펴보도록 한다.

● Customizing : Account Determination for Open Item Exchange Rage Differences(환산 손익계정 Setting 부분)

▶ IMG-FI-General Ledger Accounting (New)-Periodic Processing-Valuate-Foreign Currency Valuation-Prepare Automatic Postings for Foreign Currency Valuation 화면

○ 아래와 같은 Procedures들이 보인다.

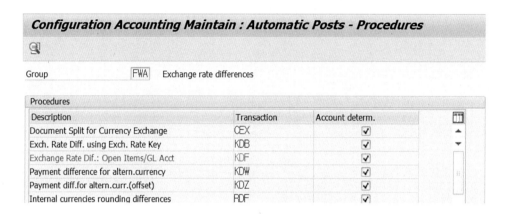

○ Exchange Rate Dif.: Open Items/GL Acct(KDF) 더블클릭

(Chart of Accounts 　　　CAKR 선택)

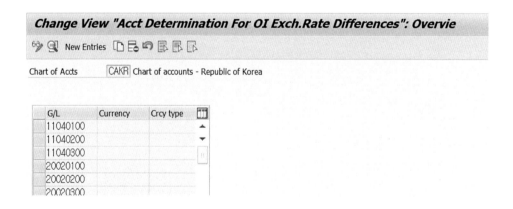

○ 11040100(외상매출금) 계정 더블클릭 : 평가 관련한 계정 세팅 화면이 나온다.

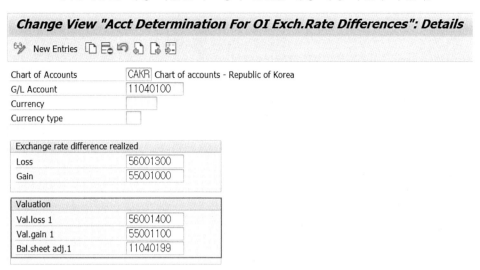

평가시점에 위와 같은 환산손(Val.loss 1), 환산익(Val.gain 1) 계정으로 분개가 발생한다. Bal.sheet adj.1 필드가 A/R, A/P Adjust 계정이다.

○ 20020100(외상매입금) 계정도 동일한 설정이 되어 있다.

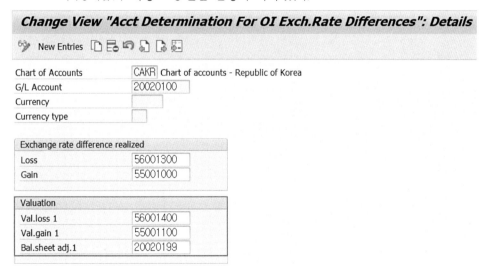

A/P(외상매입금) 계정에 대한 조정계정은 2번대 Adjust 계정이 설정되어 있다.

○ 즉, A/R, A/P 발생시점의 외상매출금/외상매입금(Reconciliation Account)에 대응되는 외화평가 계정들이 세팅되어 있으며 이 계정들로 외화평가 전표가 전기되는 것이다(외상매출금/외상매입금 계정을 직접 차감하는 것이 아니라 별도의 Adjust 계정으로 처리하게끔 되어 있다.)

● Foreign Currency Valuation Test(AR/AP/GL Open Items) - With Update

▶ 앞서 테스트 했던 데이터를 가지고 연말 외화평가가 어떻게 수행 되는지 살펴보자.
시나리오는 아래와 같다.

	AR 발생거래(a)					AP 발생거래(b)			
	일자	환율	발생금액	원화금액		일자	환율	발생금액	원화금액
거래발생	2017.11.01	1USD = 1,000	10 USD	10,000		2017.11.01	1USD = 1,000	10 USD	10,000
11월평가	2017.11.30	1USD = 1,100	10 USD	11,000		2017.11.30	1USD = 1,100	10 USD	11,000
	외화환산이익(익월역분개)(11,000-10,000)			1,000		외화환산손실(익월역분개)(11,000-10,000)			1,000
12월평가	2017.12.31	1USD = 900	10 USD	9,000		2017.12.31	1USD = 900	10 USD	9,000
	외화환산손실(9,000-10,000)			- 1,000		외화환산이익(9,000-10,000)			- 1,000

▶ 현재 11월 외화평가까지 돌린 상태이며 12월 결산시점이 도래하였다.

ExRt	ValidFrom	Indir.quot	X	Ratio(from)	From	=	Dir.quot.	X	Ratio (to)	To
M	2018.02.15		X		1USD	=	1,050.00000	X		1 KRW
M	2018.01.31		X		1USD	=	950.00000	X		1 KRW
M	2017.12.31		X		1USD	=	900.00000	X		1 KRW
M	2017.11.30		X		1USD	=	1,100.00000	X		1 KRW
M	2017.11.01		X		1USD	=	1,000.00000	X		1 KRW

▶ **발생시점** : A/R Invoice(a)(USD) [차)A/R 10 / 대)REV 10] | A/P Invoice(b)(USD) [차)EXP 10 / 대)A/P 10](11/1-10USD)

Data Entry View

Document Number	1800000002	Company Code	4100	Fiscal Year	2017
Document Date	2017.11.01	Posting Date	2017.11.01	Period	11
Reference		Cross-Comp.No.			
Currency	USD	Texts exist	☐	Ledger Group	

CoCd	Itm	Key	SG	AccTy	Account	Description	G/L Acc	G/L account name	D/C	Amount	Curr.	Amount LC	LCurr	Tx
4100	1	01		D	CUST-KR003	SFA Consulting	11040100	Account Receivables	S	10.00	USD	10,000	KRW	
	2	50		S	80000199	Sales revenues - dom	80000199	Sales revenues - dom	H	10.00-	USD	10,000-	KRW	

Data Entry View

Document Number	1900000002	Company Code	4100	Fiscal Year	2017
Document Date	2017.11.01	Posting Date	2017.11.01	Period	11
Reference		Cross-Comp.No.			
Currency	USD	Texts exist	☐	Ledger Group	

CoCd	Itm	Key	SG	AccTy	Account	Description	G/L Acc	G/L account name	D/C	Amount	Curr.	Amount LC	LCurr	Tx
4100	1	31		K	VEND-KR003	SFA Consulting	20020100	Account Payables	H	10.00-	USD	10,000-	KRW	
	2	40		S	54000600	Travel and Transport	54000600	Travel and Transport	S	10.00	USD	10,000	KRW	

▶ **Valuation 시점** : [차)Unrealized Loss 1,000 / 대)A/R Adjust 1,000] | [차)A/P Adjust 1,000 / 대)Unrealized Gain 1,000]

○ FI-General Ledger(AR/AP)-Periodic Processing-Closing-Valuate-FAGL_FC_VAL - Foreign Currency Valuation (New) 화면(12/31일자 평가) (1USD = 900)

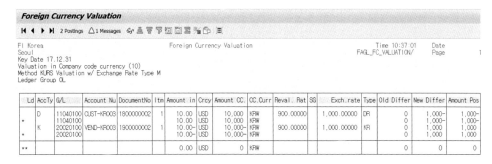

Year-End Closing Valuation : 연말 평가 체크, 익월 역분개 처리되지 않는다. With Update 방식

>(Execute) 실행 아이콘 클릭

Exchange Rate : 발생시점 환율, Reval. Rate : 평가시점 환율, 2개의 환율 차이 금액에 따라 차이금액(New Difference) 1,000원씩 발생하였다. A/R에 대한 차이금액 1,000원은 채권이 감소하였으므로 외화환산손실이 되며, A/P에 대한 채무 1,000원은 채무가 감소하였으므로 외화환산이익이 된다.

> 2 Postings 버튼 클릭(11월 평가시엔 4개의 전표가 생성되었는데 2개의 전표만 생성되었다.)

```
Foreign Currency Valuation

I◀  ◀  ▶  ▶I  Display document  ❑ ❑ ❑ ❑ ❑ ❑ ❑ ❑ ❑

FI Korea                    Foreign Currency Valuation                Time 10:39:39   Date
Seoul                                                                 FAGL_FC_VALUATION/  Page
Ledger Group OL Postings were generated


Ledger CoCd DocumentNo Document Header Text    Typ Pstng Date Crcy  LCurr LCur2 LCur3 Text
Itm PK G/L         Amt.in loc.cur.    LC2 amount      LC3 amount Text

OL     4100 100000005  FC valuation          SA  2017.12.31 USD  KRW
  1 40 56001400            1,000                                      11040100 - Valuation on 20171231
  2 50 11040199            1,000                                      11040100 - Valuation on 20171231

OL     4100 100000006  FC valuation          SA  2017.12.31 USD  KRW
  1 50 55001100            1,000                                      20020100 - Valuation on 20171231
  2 40 20020199            1,000                                      20020100 - Valuation on 20171231
```

위와 같이 2개의 전표가 생성되었으며 전표번호를 클릭한 후 Display document 버튼 클릭

12/31일자 평가시 1,000 만큼의 AR Adjust 금액이 발생하고 Loss 역시 1,000 만큼 기표되어 있다.

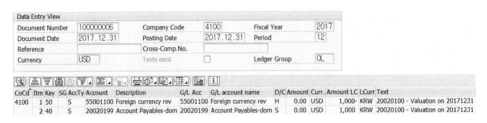

12/31일자 평가시 1,000 만큼의 AP Adjust 금액이 발생하고 Gain 역시 1,000 만큼 기표되어 있다.

| 55001100 | Foreign currency revaluation gains |
| 56001400 | Foreign currency revaluation losses |

▶ **Valuation D+1**(Reversal???) : **처리 없음**

▶ 위와 같이 연말에 익월역분개 없이 처리하는 방식이 With Update방식이다. 여기서 왜 With Update란 용어를 쓰는지 살펴보도록 하자. 최초 발생했던 A/R, A/P Document의 Lineitem을 조회해보자.

○ T-Code : FB03 전표번호 1800000002(A/R)

Display Document: Line Item 001

Additional Data   Create Dispute Case

Customer	CUST-KR003	SFA Consulting		G/L Acc	11040100
CoCode	4100				
FI Korea		서울시 강남구		Doc. No.	1800000002

Line Item 1 / Invoice / 01

Amount	10.00	USD	Amount in LC	10,000	KRW
Tax Code			Bus.place/sectn	/	

Additional Data

Bus. Area	9900		Trdg part.BA		
Disc. base	10.00	USD	Disc. Amount	0.00	USD
Payt Terms	0001		Days/percent	0 0.000 % 0 0.000 % 0	
Bline Date	2017.11.01		Invoice Ref.	/ / 0	
Pmnt Block					
Payment cur.			Pmnt/c amnt	0.00	
Payment Ref.					
Contract	/		Flow Type		
Assignment					
Text					Long text

>[메뉴-Environment-Valuation-Display Values] 클릭

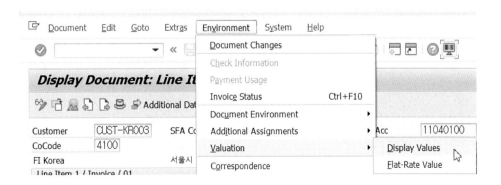

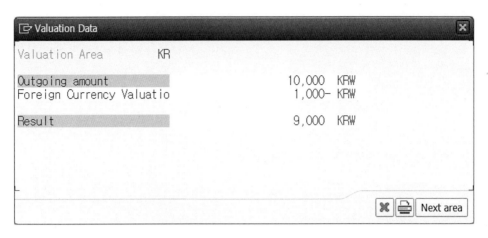

위와 같이 최초 발생한 A/R 금액은 10,000원이고, 연말평가시 1,000원이 차감되어 최종 평가 금액은 9,000원 이라는 것을 보여준다. 이 정보는 연중 평가일 경우에도 이렇게 표시되지만, 연말 평가시에는 내부적으로 최종 연말평가금액을 원시 A/R에 Update 해둔다. 이 때문에 With Update라고 한다.

○ T-Code : FB03 전표번호 1900000002(A/P)

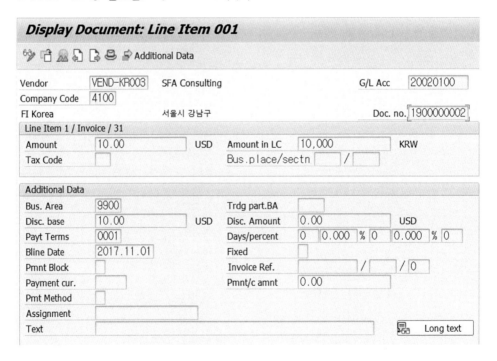

>[메뉴-Environment-Valuation-Display Values] 클릭

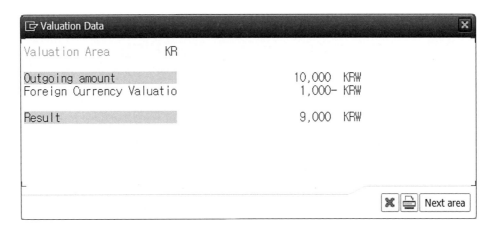

(위와 같이 A/P 전표 역시 외화평가 금액이 Update 되어 있다.)

▶ ---

▶ ※1월 외화평가 처리를 한 후 2월에 입금/수금 처리를 진행해보자.

▶ 1월 외화평가처리

<table>
<tr><td></td><td colspan="4" align="center">AR 발생거래(a)</td><td colspan="4" align="center">AP 발생거래(b)</td></tr>
<tr><td></td><td>일자</td><td>환율</td><td>발생금액</td><td>원화금액</td><td>일자</td><td>환율</td><td>발생금액</td><td>원화금액</td></tr>
<tr><td>거래발생</td><td>2017.11.01</td><td>1USD = 1,000</td><td>10 USD</td><td>10,000</td><td>2017.11.01</td><td>1USD = 1,000</td><td>10 USD</td><td>10,000</td></tr>
<tr><td>11월평가</td><td>2017.11.30</td><td>1USD = 1,100</td><td>10 USD</td><td>11,000</td><td>2017.11.30</td><td>1USD = 1,100</td><td>10 USD</td><td>11,000</td></tr>
<tr><td></td><td colspan="3" align="center">외화환산이익(익월역분개)(11,000-10,000)</td><td>1,000</td><td colspan="3" align="center">외화환산손실(익월역분개)(11,000-10,000)</td><td>1,000</td></tr>
<tr><td>12월평가</td><td>2017.12.31</td><td>1USD = 900</td><td>10 USD</td><td>9,000</td><td>2017.12.31</td><td>1USD = 900</td><td>10 USD</td><td>9,000</td></tr>
<tr><td></td><td colspan="3" align="center">외화환산손실(9,000-10,000)</td><td>- 1,000</td><td colspan="3" align="center">외화환산이익(9,000-10,000)</td><td>- 1,000</td></tr>
<tr><td>1월평가</td><td>2018.01.31</td><td>1USD = 950</td><td>10 USD</td><td>9,500</td><td>2018.01.31</td><td>1USD = 950</td><td>10 USD</td><td>9,500</td></tr>
<tr><td></td><td colspan="3" align="center">외화환산이익(익월역분개)(9,500-9,000)</td><td>500</td><td colspan="3" align="center">외화환산손실(익월역분개)(9,500-9,000)</td><td>500</td></tr>
</table>

▶ **Valuation 시점** : [차)A/R Adjust 500 / 대)Unrealized Gain 500] | [차)Unrealized Loss 500 / 대)A/P Adjust 500]

12월 평가금액을 기준으로 AR의 경우 채권이 500원 증가하였으므로 외화환산이익이 발생하고, AP의 경우 채무가 500원 증가하였으므로 외화환산손실이 발생한다.

○ FI-General Ledger(AR/AP)-Periodic Processing-Closing-Valuate-FAGL_FC_VAL - Foreign Currency Valuation (New) 화면(1/31일자 평가) (1USD = 950)

Foreign Currency Valuation

General Data Selection

Company Code	4100	to
Valuation Key Date	2018.01.31	
Valuation Area	KR	

Delta Logic Controls for Open Item Valuation

☐ Year-End Closing Valuation
☑ Mid-Fiscal Year Valuation

Mid-Fiscal Year Valuation : 연중 평가 체크, 익월 역분개 처리(Without Update 방식)

> ⊘(Execute) 실행 아이콘 클릭

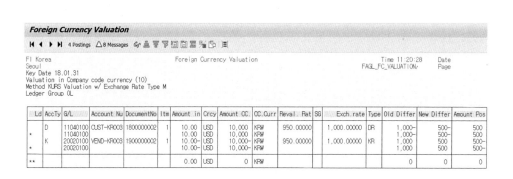

Foreign Currency Valuation

ꕯ ◀ ▶ ꕭ 4 Postings △8 Messages ...

FI Korea
Seoul
Key Date 18.01.31
Valuation in Company code currency (10)
Method KURS Valuation w/ Exchange Rate Type M
Ledger Group 0L

Foreign Currency Valuation   Time 11:20:28   Date
                                          FAGL_FC_VALUATION, Page

Ld	AccTy	G/L	Account Nu	DocumentNo	Itm	Amount in	Crcy	Amount OC.	OC.Curr	Reval. Rat	SG	Exch.rate	Type	Old Differ	New Differ	Amount Pos
	D	11040100	CUST-KR003	1800000002	1	10.00	USD	10,000	KRW	950.00000		1,000.00000	DR	1,000-	500-	500
		11040100				10.00	USD	10,000	KRW					1,000-	500-	500
*	K	20020100	VEND-KR003	1900000002	1	10.00-	USD	10,000-	KRW	950.00000		1,000.00000	KR	1,000	500	500-
*		20020100				10.00-	USD	10,000-	KRW					1,000	500	500-
**						0.00	USD	0	KRW					0	0	0

Exchange Rate : 발생시점 환율, Reval. Rate : 평가시점 환율, 2개의 환율 차이 금액에 따라 차이금액(New Difference) 500원씩 발생하였다. 그리고 12월에 /w Update되었던 **차이금액(Old Difference)** 1,000원이 이미 존재하므로 최종적으로 500원만큼에 대해서만 처리되어진다. A/R에 대한 차이금액 500원은 채권이 증가하였으므로 외화환산이익이 되며, A/P에 대한 채무 500원은 채무가 증가하였으므로 외화환산손실이 된다.

> **4 Postings** 버튼 클릭

Foreign Currency Valuation

◄◄ ◄ ► ►◄ Display document ⊕ 🖨 ▤ 🖩 🖸 🖹 🖳 🗐

FI Korea   Foreign Currency Valuation   Time 11:21:45   Date
Seoul   FAGL_FC_VALUATION/   Page
Ledger Group OL Postings were generated

Ledger CoCd DocumentNo Document Header Text	Typ Pstng Date Crcy	LCurr LCur2 LCur3 Text
Itm PK G/L Amt.in loc.cur. LC2 amount	LC3 amount Text	
OL 4100 100000040 FC valuation	SA 2018.01.31 USD	KRW
1 50 55001100 500		11040100 - Valuation on 20180131
2 40 11040199 500	500	11040100 - Valuation on 20180131
OL 4100 100000041 Reverse posting	SA 2018.02.01 USD	KRW
1 40 55001100 500		11040100 - Valuation on 20180131 Reverse
2 50 11040199 500	500	11040100 - Valuation on 20180131 Reverse
OL 4100 100000042 FC valuation	SA 2018.01.31 USD	KRW
1 40 56001400 500		20020100 - Valuation on 20180131
2 50 20020199 500	500	20020100 - Valuation on 20180131
OL 4100 100000043 Reverse posting	SA 2018.02.01 USD	KRW
1 50 56001400 500		20020100 - Valuation on 20180131 Reverse
2 40 20020199 500	500	20020100 - Valuation on 20180131 Reverse

위와 같이 4개의 전표가 생성되었으며 전표번호를 클릭한 후 **Display document** 버튼 클릭

1/31일자 평가시 500 만큼의 AR Adjust 금액이 발생하고 Gain 역시 500 만큼 기표되어 있다.

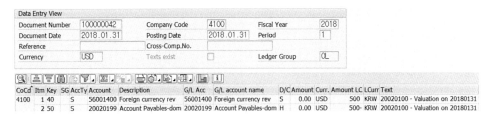

1/31일자 평가시 500 만큼의 AP Adjust 금액이 발생하고 Loss 역시 500 만큼 기표되어 있다.

55001100	Foreign currency revaluation gains
56001400	Foreign currency revaluation losses

▶ **Valuation D+1**(Reversal) : [차)Unrealized Gain 500 / 대)A/R Adjust 500] | [차)A/
P Adjust 500 / 대)Unrealized Loss 500]

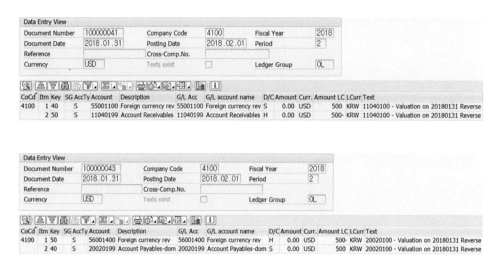

그림과 같이 2/1일자로 역분개 처리되었다.

▶ 2/15 입금/지급 처리 (1USD = 1,050)

	AR 발생거래(a)			
	일자	환율	발생금액	원화금액
거래발생	2017.11.01	1USD = 1,000	10 USD	10,000
11월평가	2017.11.30	1USD = 1,100	10 USD	11,000
	외화환산이익(익월역분개)(11,000-10,000)			1,000
12월평가	2017.12.31	1USD = 900	10 USD	9,000
	외화환산손실(9,000-10,000)			- 1,000
1월평가	2018.01.31	1USD = 950	10 USD	9,500
	외화환산이익(익월역분개)(9,500-9,000)			500
거래종료	2018.02.15	1USD = 1,050	10 USD	10,500
	외환차익(실현)(10,500-9,000)			1,500

	AP 발생거래(b)			
	일자	환율	발생금액	원화금액
2017.11.01	1USD = 1,000	10 USD	10,000
2017.11.30	1USD = 1,100	10 USD	11,000
외화환산손실(익월역분개)(11,000-10,000)			1,000
2017.12.31	1USD = 900	10 USD	9,000
외화환산이익(9,000-10,000)			- 1,000
2018.01.31	1USD = 950	10 USD	9,500
외화환산손실(익월역분개)(9,500-9,000)			500
2018.02.15	1USD = 1,050	10 USD	10,500
외환차손(실현) (10,500-9,000)			1,500

○ FI-Accounts Receivable-Document Entry-F-28 - Incoming payment 화면 : AR
입금처리

Post Incoming Payments: Header Data

Process Open Items

Document Date	2018.02.15	Type	DZ	Company Code	4100
Posting Date	2018.02.15	Period	02	Currency/Rate	USD
Document Number				Translation dte	
Reference				Cross-CCode No.	
Doc.Header Text				Trading part.BA	
Clearing text					

Bank data

Account	11010102	Business Area	
Amount	10	Amt.in loc.cur.	
Bank charges		LC bank charges	
Value date	2018.02.15	Profit Center	
Text		Assignment	

Open item selection

Account	CUST-KR003
Account type	D ☐ Other accounts
Special G/L ind	☑ Standard OIs
Pmnt advice no.	
☐ Distribute by age	
☐ Automatic search	

Additional selections

- ◉ None
- ◯ Amount
- ◯ Document Number
- ◯ Posting Date
- ◯ Dunning Area
- ◯ Others

> Process Open Items 버튼 클릭

Post Incoming Payments Process open items

Distribute Difference   Charge Off Difference   ✏ Editing Options   ∅ Cash Disc. Due   Create Dispute Case

| Standard | Partial Pmt | Res.Items | WH Tax |

Account items CUST-KR003 SFA Consulting

Document ...	D..	Docume...	P..	Bu...	Da...	USD Gross	CashDiscount	CDPer.	
1800000002	DR	2017.11_	01	9900	106	10.00			

Amount   Gross<>...   Currency   Items   Items   Disc.   Disc.

Processing Status

Number of items	1	Amount entered	10.00
Display from item	1	Assigned	10.00
Reason code		Difference postings	
Display in clearing currency		Not assigned	0.00

>포스팅(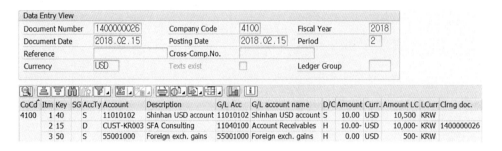) 처리

CoCd	Itm	Key	SG	AccTy Account	Description	G/L Acc	G/L account name	D/C	Amount	Curr.	Amount LC	LCurr	Clrng doc.
4100	1	40	S	11010102	Shinhan USD account	11010102	Shinhan USD account	S	10.00	USD	10,500	KRW	
	2	15	D	CUST-KR003 SFA Consulting		11040100	Account Receivables	H	10.00-	USD	10,000-	KRW	1400000026
	3	50	S	55001000	Foreign exch. gains	55001000	Foreign exch. gains	H	0.00	USD	500-	KRW	

최초 AR이 반제되면서 **500원** 만큼의 외환차익(실현)이 발생하였다.

○ FI-Accounts Payable-Document Entry-Outgoing Payment-F-53 - Post 화면 : AP 수금처리

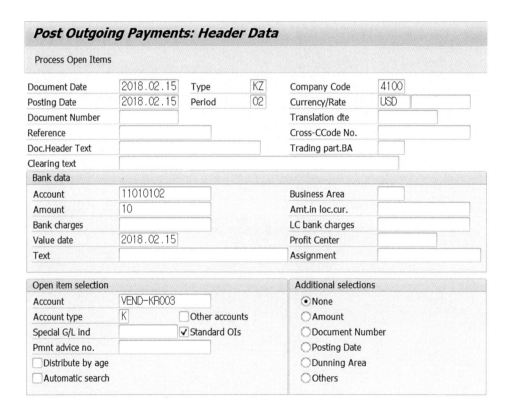

> Process Open Items 버튼 클릭

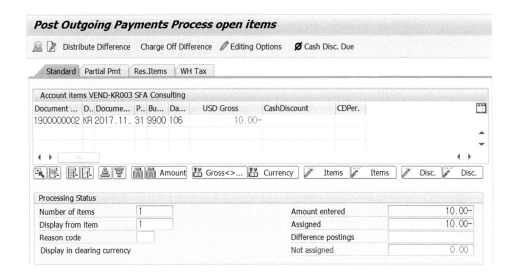

> 포스팅(💾) 처리

최초 AP가 반제되면서 **500원** 만큼의 외환차손(실현)이 발생하였다.

○ 여기서 이상한 점이 있다. 전년말 기준의 최종 평가금액인 9,000원에서 2/15일자 환율로 계산한 10,500원과의 차액(1,500원)이 실현손익으로 처리되어야 하는데, 위 입금/지급 전표에서는 최초 발생금액에 대한 차액(500)만 실현손익으로 기표되었다. 1,000원 만큼의 실현손익이 추가로 잡혀야 한다.

○ FI-General Ledger(AR/AP)-Periodic Processing-Closing-Valuate-FAGL_FC_VAL - Foreign Currency Valuation (New) 화면(2/28일자 평가)

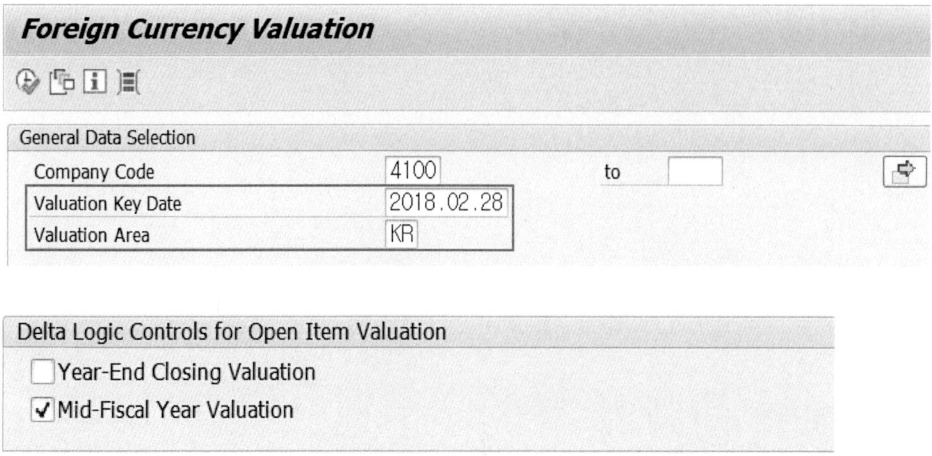

Foreign Currency Valuation

General Data Selection

Company Code	4100	to	
Valuation Key Date	2018.02.28		
Valuation Area	KR		

Delta Logic Controls for Open Item Valuation

- [ ] Year-End Closing Valuation
- [x] Mid-Fiscal Year Valuation

Mid-Fiscal Year Valuation : 연중 평가 체크, 익월 역분개 처리 Without Update 방식

〉(Execute) 실행 아이콘 클릭

외화평가 할 대상이 없어 아무것도 처리된 내역이 없다. 그런데 상단에 2 Postings 버튼이 존

재한다(Cleared Items 버튼 클릭으로 관련 평가 금액을 확인할 수 있다.)

〉 2 Postings 버튼 클릭

위와 같이 2개의 전표가 생성되었음을 확인할 수 있다.

> Display document 버튼 클릭

12월에 대변으로 발생했던 AR Adjustment(11040199) 1,000원을 차변으로 상계시키면서 외환차익(55001000)을 발생시켰다. 앞서 수금처리시 발생한 500원의 외환차익과 합쳐서 최종 1,500원의 외환차익이 발생하였다

CoCd	Itm	Key	SG	AccTy	Account	Description	D/C	Amount	Curr.	Amount LC	LCurr	Text
4100	1	50		S	56001300	Foreign ex. losses	S	0.00	USD	1,000	KRW	CLR_410020181500000006_RXDAdjustment Posting
	2	50		S	20020199	Account Payables-dom	H	0.00	USD	1,000-	KRW	CLR_410020181500000006_RXDAdjustment Posting

12월에 차변으로 발생했던 AP Adjustment(20020199) 1,000원을 대변으로 상계시키면서 외환차손(56001300)을 발생시켰다. 앞서 지급처리시 발생한 500원의 외환차손과 합쳐서 최종 1,500원의 외환차손이 발생하였다

>적요를 보면 CLR_410020181400000026_RXDAdjustment Posting

→ 4100(회사코드)2018(회계연도)1400000026(입금전표)에 대한 RXD 조정처리라고 표시되어 있다.
   CLR_410020181500000006_RXDAdjustment Posting

→ 4100(회사코드)2018(회계연도) 1500000006(지급전표)에 대한 RXD 조정처리라고 표시되어 있다.

○ 위와 같이 **최종 반제처리한 월의 외화평가까지 돌려줘야 모든 프로세스가 종료**된다. 이렇듯 연말평가(Year-End Closing Valuation)시 익월역분개를 하지 않는 With Update 방식의 경우 최종 반제시점에 차이분(Delta)을 별도로 평가해야 한다. 이 평가기능이 Delta Logic이다.

>IMG-FI-General Ledger Accounting (New)-Periodic Processing-Valuate-Activate Delta Logic

>Delta Logic이 활성화 되지 않을 경우 FAGL_FC_VAL(외화평가) T-Code에서 아래 조건이 아예 보이지 않는다.

▶ 역분개 처리(Reverse)
☑ Reset Valuation

외화평가 초기화면에서 다른 조건은 동일하게 입력하고 Reset Valuation 체크 후 실행하면 평가시 발생한 모든 전표가 역분개 처리된다. 역시 시뮬레이션을 해볼 수 있고, 확인 후 Posting 처리를 하면 된다.

● ※참고)Valuation Method Setting - Balance Valuation / Post Per Line Item 방식

▶ Valuation Method 관련 설정 중, Balance Valuation과 Post Per Line Item 항목이 있었다. 국내에서는 회사마다 약간씩 다를 수 있으나 보통 아래와 같이 설정한다. Balance Valuation은 체크하지 않는 회사도 존재한다. 사실 큰 차이가 없다고 볼 수도 있으나 그 개념에 대해 참고로만 알아두자.

▶ 환율이 아래와 같을 때

Change View "Currency Exchange Rates": Overview of Selected Set

🐝 New Entries 🗋 🖺 🔄 🖺 🖺 🖺

	ExRt	ValidFrom	Indir.quot.	X	Ratio(from)	From	=	Dir.quot.	X	Ratio (to)	To
	M	2018.03.31		X		1 USD	=	990.00000	X		1 KRW
	M	2018.03.03		X		1 USD	=	1,050.00000	X		1 KRW
	M	2018.03.02		X		1 USD	=	950.00000	X		1 KRW
	M	2018.03.01		X		1 USD	=	1,000.00000	X		1 KRW

▶ 아래와 같이 3/1일에 AR Invoice 전표 3장이 존재한다(1USD = 1,000KRW)

> FI-Accounts Receivable-Document Entry-FB70 - Invoice 화면

Data Entry View

Document Number	1800000032	Company Code	4100	Fiscal Year	2018
Document Date	2018.03.01	Posting Date	2018.03.01	Period	3
Reference		Cross-Comp.No.			
Currency	USD	Texts exist	☐	Ledger Group	

🔍 🖺 🖶 🛗 📑 🍸 🔽 🟰 🖺 🔍 🖨 📊 🖺 🖺 📊 ℹ️

CoCd	Itm	Key	SG	AccTy	Account	Description	G/L Acc	G/L account name	D/C	Amount	Curr.	Amount LC	LCurr	Tx	Assign.
4100	1	01		D	CUST-KR003	SFA Consulting	11040100	Account Receivables	S	10.00	USD	10,000	KRW		
	2	50		S	80000199	Sales revenues - dom	80000199	Sales revenues - dom	H	10.00-	USD	10,000-	KRW		20180301

Data Entry View

Document Number	1800000033	Company Code	4100	Fiscal Year	2018
Document Date	2018.03.01	Posting Date	2018.03.01	Period	3
Reference		Cross-Comp.No.			
Currency	USD	Texts exist	☐	Ledger Group	

🔍 🖺 🖶 🛗 📑 🍸 🔽 🟰 🖺 🔍 🖨 📊 🖺 🖺 📊 ℹ️

CoCd	Itm	Key	SG	AccTy	Account	Description	G/L Acc	G/L account name	D/C	Amount	Curr.	Amount LC	LCurr	Tx	Assign.
4100	1	01		D	CUST-KR003	SFA Consulting	11040100	Account Receivables	S	20.00	USD	20,000	KRW		
	2	50		S	80000199	Sales revenues - dom	80000199	Sales revenues - dom	H	20.00-	USD	20,000-	KRW		20180301

Data Entry View

Document Number	1800000034	Company Code	4100	Fiscal Year	2018
Document Date	2018.03.01	Posting Date	2018.03.01	Period	3
Reference		Cross-Comp.No.			
Currency	USD	Texts exist	☐	Ledger Group	

🔍 🖺 🖶 🛗 📑 🍸 🔽 🟰 🖺 🔍 🖨 📊 🖺 🖺 📊 ℹ️

Itm	Key	SG	AccTy	Account	Description	G/L Acc	G/L account name	D/C	Amount	Curr.	Amount LC	LCurr	Tx	Assign.
1	01		D	CUST-KR003	SFA Consulting	11040100	Account Receivables	S	30.00	USD	30,000	KRW		
2	50		S	80000199	Sales revenues - dom	80000199	Sales revenues - dom	H	30.00-	USD	30,000-	KRW		20180301

▶ 1800000033 전표에 대해 10$ 부분반제 처리(3/2일 1USD=950KRW)

Data Entry View

Document Number	1400000027	Company Code	4100	Fiscal Year	2018
Document Date	2018.03.02	Posting Date	2018.03.02	Period	3
Reference		Cross-Comp.No.			
Currency	USD	Texts exist	☐	Ledger Group	

🔍 🖺 🖶 🛗 📑 🍸 🔽 🟰 🖺 🔍 🖨 📊 🖺 🖺 📊 ℹ️

CoCd	Itm	Key	SG	AccTy	Account	Description	G/L Acc	G/L account name	D/C	Amount	Curr.	Amount LC	LCurr	Invoice ref.
4100	1	40		S	11010102	Shinhan USD account	11010102	Shinhan USD account	S	10.00	USD	9,500	KRW	
	2	15		D	CUST-KR003	SFA Consulting	11040100	Account Receivables	H	10.00-	USD	9,500-	KRW	1800000033

Display Document: Line Item 002

🕅 🗇 🔏 🕂 🕞 🖨 🗗 Additional Data   Assign Credit Memo

Customer	CUST-KR003	SFA Consulting		G/L Acc	11040100
CoCode	4100				
FI Korea		서울시 강남구		Doc. No.	1400000027

Line Item 2 / Incoming payment / 15

Amount	10.00	USD	Amount in LC	9,500	KRW
Tax Code			Bus.place/sectn	/	

Additional Data

Bus. Area   9900

		Disc. Amount	0.00 USD
Bline Date	2018.03.02	Payment for	1800000033 / 2018 / 1
Pmnt Block			
Contract	/	Flow Type	
		Payment Amnt	10.00 USD
Assignment			
Text			🖳 Long text

부분 반제전표에는 원시전표의 전표번호가 Invoice Reference 필드에 그림처럼 입력되어 있다.

▶ 1800000034 전표에 대해 10$ 부분반제 처리(3/3일 1USD=1,050KRW)

Data Entry View

Document Number	1400000028	Company Code	4100	Fiscal Year	2018
Document Date	2018.03.03	Posting Date	2018.03.03	Period	3
Reference		Cross-Comp.No.			
Currency	USD	Texts exist	☐	Ledger Group	

🔍 📃 🗒 🔠 📊 🔽 🛐 🖂 🗃 🖨 🖳 ℹ

CoCd	Itm	Key	SG	AccTy	Account	Description	G/L Acc	G/L account name	D/C	Amount	Curr.	Amount LC	LCurr	Invoice ref.
4100	1	40		S	11010102	Shinhan USD account	11010102	Shinhan USD account	S	10.00	USD	10,500	KRW	
	2	15		D	CUST-KR003	SFA Consulting	11040100	Account Receivables	H	10.00-	USD	10,500-	KRW	1800000034

Display Document: Line Item 002

🕅 🗇 🔏 🕂 🕞 🖨 🗗 Additional Data   Assign Credit Memo

Customer	CUST-KR003	SFA Consulting		G/L Acc	11040100
CoCode	4100				
FI Korea		서울시 강남구		Doc. No.	1400000028

Line Item 2 / Incoming payment / 15

Amount	10.00	USD	Amount in LC	10,500	KRW
Tax Code			Bus.place/sectn	/	

Additional Data

Bus. Area   9900

		Disc. Amount	0.00 USD
Bline Date	2018.03.03	Payment for	1800000034 / 2018 / 1
Pmnt Block			
Contract	/	Flow Type	
		Payment Amnt	10.00 USD
Assignment			
Text			🖳 Long text

▶ 부분반제시에 외환손익이 발생하지 않았는데 발생하도록 설정할 수 있다. 이 부분
은 뒤에서 잠시 다루도록 한다.

▶ FI-Accounts Receivable-Account-FBL5N - Display/Change Line Items(Customer
거래내역 확인)

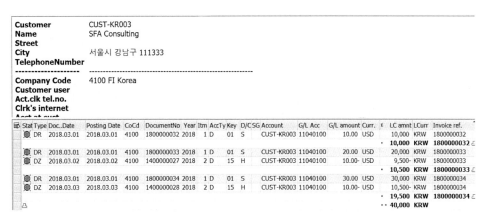

그림에서 Invoice Reference값이 같은 전표가 각각 1개, 2개, 2개의 묶음으로 구성
되어 있는 것을 볼 수 있다.

▶ FI-General Ledger(AR/AP)-Periodic Processing-Closing-Valuate-FAGL_FC_VAL -
Foreign Currency Valuation (New) 화면(3/31일자 평가 1USD=990KRW)

○ 평가방법(Valuation Method)이 아래와 같이 설정된 경우 외화평가 시

☑ Balance valuat.

☐ Post per Line Item

Foreign Currency Valuation

```
FI Korea                          Foreign Currency Valuation              Time 14:56:40    Date
Seoul                                                                     FAGL_FC_VALUATION/  Page
Key Date 18.03.31
Valuation in Company code currency (10)
Method KURS Valuation w/ Exchange Rate Type M
Ledger Group 0L
```

Ld	AccTy	G/L	Account Nu	DocumentNo	Itm	Amount in	Crcy	Amount CC.	CC.Curr	Reval. Rat	SG	Exch.rate	Type	Old Differ	New Differ	Amount Pos	Expense
	D	11040100	CUST-KR003	1800000032	1	10.00	USD	10,000	KRW	990.00000		1,000.00000	DR	0	100-	100-	X
	D	11040100	CUST-KR003	1400000027	2	10.00-	USD	9,500-	KRW	990.00000		950.00000	DZ	0	400-	400-	X
	D	11040100	CUST-KR003	1800000033	1	20.00	USD	20,000	KRW	990.00000		1,000.00000	DR	0	200-	200-	X
	D	11040100	CUST-KR003	1400000028	2	10.00-	USD	10,500-	KRW	990.00000		1,050.00000	DZ	0	600	600	X
	D	11040100	CUST-KR003	1800000034	1	30.00	USD	30,000	KRW	990.00000		1,000.00000	DR	0	300-	300-	X
*		11040100				40.00	USD	40,000	KRW					0	400-	400-	
**						40.00	USD	40,000	KRW					0	400-	400-	

계정별(or Group Key별)/통화별 평가금액 Sum이 계산되어진다. → Balance Valuation = 'X'

```
Ledger CoCd DocumentNo Document Header Text      Typ Pstng Date Crcy  LCurr LCur2 LCur3 Text
Itm PK  G/L          Amt.in loc.cur.      LC2 amount       LC3 amount Text

OL     4100          FC valuation          SA  2018.03.31 USD   KRW
  1 40 56001400              400                                11040100 - Valuation on 20180331
  2 50 11040199              400                                11040100 - Valuation on 20180331

OL     4100          Reverse posting       SA  2018.04.01 USD   KRW
  1 50 56001400              400                                11040100 - Valuation on 20180331 Reverse
  2 40 11040199              400                                11040100 - Valuation on 20180331 Reverse
```

전표 발생의 경우 동일 계정인 모든 LineItem이 합산되어 하나의 Lineitem으로 평가된다. Post Per Line Item = ' '

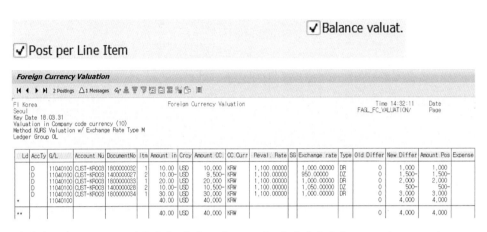

계정별(or Group Key별)/통화별 평가금액 Sum이 계산되어진다. → Balance Valuation = 'X'

```
Ledger CoCd DocumentNo Document Header Text      Typ Pstng Date Crcy  LCurr LCur2 LCur3 Text
Itm PK  G/L          Amt.in loc.cur.      LC2 amount       LC3 amount Text

OL     4100          FC valuation          SA  2018.03.31 USD   KRW
  1 40 56001400              100                                Valuation 1800000032 1 2018
  2 50 11040199              100                                Valuation 1800000032 1 2018
  3 40 56001400              400                                Valuation 1400000027 2 2018
  4 50 11040199              400                                Valuation 1400000027 2 2018
  5 40 56001400              200                                Valuation 1800000033 1 2018
  6 50 11040199              200                                Valuation 1800000033 1 2018
  7 50 56001400              600                                Valuation 1400000028 2 2018
  8 40 11040199              600                                Valuation 1400000028 2 2018
  9 40 56001400              300                                Valuation 1800000034 1 2018
 10 50 11040199              300                                Valuation 1800000034 1 2018

OL     4100          Reverse posting       SA  2018.04.01 USD   KRW
  1 50 56001400              100                                Valuation 1800000032 1 2018 Reverse
  2 40 11040199              100                                Valuation 1800000032 1 2018 Reverse
  3 50 56001400              400                                Valuation 1400000027 2 2018 Reverse
  4 40 11040199              400                                Valuation 1400000027 2 2018 Reverse
  5 50 56001400              200                                Valuation 1800000033 1 2018 Reverse
  6 40 11040199              200                                Valuation 1800000033 1 2018 Reverse
  7 40 56001400              600                                Valuation 1400000028 2 2018 Reverse
  8 50 11040199              600                                Valuation 1400000028 2 2018 Reverse
  9 50 56001400              300                                Valuation 1800000034 1 2018 Reverse
 10 40 11040199              300                                Valuation 1800000034 1 2018 Reverse
```

전표는 각 AR Lineitem 별로 평가되어 모든 Lineitem이 분리되어 생성된다. Post Per Line Item = 'X'

○ 평가방법(Valuation Method)이 아래와 같이 설정된 경우 외화평가시

☑ Balance valuat.

☐ Post per Line Item

Foreign Currency Valuation

2 Postings △1 Messages

```
FI Korea                         Foreign Currency Valuation              Time 15:01:45      Date
Seoul                                                                    FAGL_FC_VALUATION/ Page
Key Date 18.03.31
Valuation in Company code currency (10)
Method KURS Valuation w/ Exchange Rate Type M
Ledger Group 0L
```

Ld	AccTy	G/L	Account Nu	DocumentNo	Itm	Amount in	Crcy	Amount CC.	CC.Curr	Reval. Rat	SG	Exch.rate	Type	Old Differ	New Differ	Amount Pos	Expense
	D	11040100	CUST-KR003	1400000028	2	10.00-	USD	10,500-	KRW	990.00000		1,050.00000	DZ	0	600	600	
	D	11040100	CUST-KR003	1800000034	1	30.00	USD	30,000	KRW	990.00000		1,000.00000	DR	0	300-	300-	
*						20.00	USD	19,500	KRW					0	300	300	
	D	11040100	CUST-KR003	1800000032	1	10.00	USD	10,000	KRW	990.00000		1,000.00000	DR	0	100-	100-	X
	D	11040100	CUST-KR003	1400000027	2	10.00-	USD	9,500-	KRW	990.00000		950.00000	DZ	0	400-	400-	X
	D	11040100	CUST-KR003	1800000033	1	20.00	USD	20,000	KRW	990.00000		1,000.00000	DR	0	200-	200-	X
*						20.00	USD	20,500	KRW					0	700-	700-	X
**						40.00	USD	40,000	KRW					0	400-	400-	

계정별(or Group Key별)/통화별/**Reference**별 평가금액 Sum이 계산되어진다. → Balance Valuation = ' '

Reference	FI Doc.	외화		원화		3/31환율		평가액
1800000032	1800000032	10	USD	10,000	KRW			
1800000032		10	USD	10,000	KRW	1USD = 990KRW	9900KRW	100
1800000033	1800000033	20	USD	20,000	KRW			
1800000033	1400000027	-10	USD	-9,500	KRW			
1800000033		10	USD	10,500	KRW	1USD = 990KRW	9900KRW	600
1800000034	1800000034	30	USD	30,000	KRW			
1800000034	1400000028	-10	USD	-10,500	KRW			
1800000034		20	USD	19,500	KRW	1USD = 990KRW	19800KRW	-300

Reference 필드가 동일한 전표별로 평가를 한 후에 같은 계정(Expense/Revenue)으로 기표될 항목들을 Sum해서 처리하게 된다(Expense필드에 X인 전표들과 아닌 전표들로 구분)

```
Ledger CoCd DocumentNo Document Header Text     Typ Pstng Date Crcy  LCurr LCur2 LCur3 Text
 Itm PK G/L            Amt.in loc.cur.    LC2 amount        LC3 amount  Text

0L      4100           FC valuation             SA  2018.03.31 USD   KRW
  1 40  56001400              700                                    11040100 - Valuation on 20180331
  2 50  11040199              700                                    11040100 - Valuation on 20180331
  3 50  55001100              300                                    11040100 - Valuation on 20180331
  4 40  11040199              300                                    11040100 - Valuation on 20180331

0L      4100           Reverse posting          SA  2018.04.01 USD   KRW
  1 50  56001400              700                                    11040100 - Valuation on 20180331 Reverse
  2 40  11040199              700                                    11040100 - Valuation on 20180331 Reverse
  3 40  55001100              300                                    11040100 - Valuation on 20180331 Reverse
  4 50  11040199              300                                    11040100 - Valuation on 20180331 Reverse
```

앞 화면에서 구분된 계정별, 금액별로 Lineitem이 분리되어 기표된다. Post Per Line Item = ' '

○ 평가방법(Valuation Method)이 아래와 같이 설정된 경우 외화평가시

☐ Balance valuat.

☑ Post per Line Item

Foreign Currency Valuation

|◀ ◀ ▶ ▶| 2 Postings △1 Messages ...

```
FI Korea                          Foreign Currency Valuation                    Time 15:01:45    Date
Seoul                                                                           FAGL_FC_VALUATION  Page
Key Date 18.03.31
Valuation in Company code currency (10)
Method KURS Valuation w/ Exchange Rate Type M
Ledger Group OL
```

Ld	AccTy	G/L	Account Nu	DocumentNo	Itm	Amount in	Crcy	Amount CC.	CC.Curr	Reval. Rat	SG	Exch.rate	Type	Old Differ	New Differ	Amount Pos	Expense
	D	11040100	CUST-KR003	1400000028	2	10.00-	USD	10,500-	KRW	990.00000		1,050.00000	DZ	0	600	600	
	D	11040100	CUST-KR003	1800000034	1	30.00	USD	30,000	KRW	990.00000		1,000.00000	DR	0	300-	300-	
*						20.00	USD	19,500	KRW					0	300	300	
	D	11040100	CUST-KR003	1800000032	1	10.00	USD	10,000	KRW	990.00000		1,000.00000	DR	0	100-	100-	X
	D	11040100	CUST-KR003	1400000027	2	10.00-	USD	9,500-	KRW	990.00000		950.00000	DZ	0	400-	400-	X
	D	11040100	CUST-KR003	1800000033	1	20.00	USD	20,000	KRW	990.00000		1,000.00000	DR	0	200-	200-	X
*						20.00	USD	20,500	KRW					0	700-	700-	X
**						40.00	USD	40,000	KRW					0	400-	400-	

계정별(or Group Key별)/통화별/**Reference**별 평가금액 Sum이 계산되어진다. →
Balance Valuation = ' '

```
Ledger CoCd DocumentNo Document Header Text      Typ Pstng Date Crcy  LCurr LCur2 LCur3 Text
Itm PK G/L        Amt.in loc.cur.     LC2 amount      LC3 amount Text

OL    4100        FC valuation              SA  2018.03.31 USD   KRW
 1 40 56001400              100                                  Valuation 1800000032 1 2018
 2 50 11040199              100                                  Valuation 1800000032 1 2018
 3 40 56001400              400                                  Valuation 1400000027 2 2018
 4 50 11040199              400                                  Valuation 1400000027 2 2018
 5 40 56001400              200                                  Valuation 1800000033 1 2018
 6 50 11040199              200                                  Valuation 1800000033 1 2018
 7 50 55001100              600                                  Valuation 1400000028 2 2018
 8 40 11040199              600                                  Valuation 1400000028 2 2018
 9 40 55001100              300                                  Valuation 1800000034 1 2018
10 50 11040199              300                                  Valuation 1800000034 1 2018

OL    4100        Reverse posting           SA  2018.04.01 USD   KRW
 1 50 56001400              100                                  Valuation 1800000032 1 2018 Reverse
 2 40 11040199              100                                  Valuation 1800000032 1 2018 Reverse
 3 50 56001400              400                                  Valuation 1400000027 2 2018 Reverse
 4 40 11040199              400                                  Valuation 1400000027 2 2018 Reverse
 5 50 56001400              200                                  Valuation 1800000033 1 2018 Reverse
 6 40 11040199              200                                  Valuation 1800000033 1 2018 Reverse
 7 40 55001100              600                                  Valuation 1400000028 2 2018 Reverse
 8 50 11040199              600                                  Valuation 1400000028 2 2018 Reverse
 9 50 55001100              300                                  Valuation 1800000034 1 2018 Reverse
10 40 11040199              300                                  Valuation 1800000034 1 2018 Reverse
```

전표는 각 Reference별 Lineitem 별로 평가되어 각각 Lineitem이 분리되어 생성된
다. Post Per Line Item = 'X'

▶ 회사에 맞게 설정해도 되고 국내에서 많이 사용하는 방식을 그대로 사용해도 된다.
보통 Customer/Vendor 코드별로만 합산해서 평가하고 전표LineItem은 합쳐서 처
리하는 방식이 주로 사용된다.

● 부분 반제처리시 외환손익 인식

▶ 환율이 아래와 같을 때

Change View "Currency Exchange Rates": Overview of Selected Set

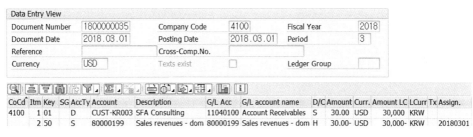

New Entries

ExRt	ValidFrom	Indir.quot	X	Ratio(from)	From	=	Dir.quot.	X	Ratio (to)	To
M	2018.03.31		X		1 USD	=	990.00000	X		1 KRW
M	2018.03.03		X		1 USD	=	1,050.00000	X		1 KRW
M	2018.03.02		X		1 USD	=	950.00000	X		1 KRW
M	2018.03.01		X		1 USD	=	1,000.00000	X		1 KRW

▶ FI-Accounts Receivable-Document Entry-FB70 - Invoice 화면(3/1 : 1USD=1,000KRW)

Data Entry View

Document Number	1800000035	Company Code	4100	Fiscal Year	2018
Document Date	2018.03.01	Posting Date	2018.03.01	Period	3
Reference		Cross-Comp.No.			
Currency	USD	Texts exist	☐	Ledger Group	

CoCd	Itm	Key	SG	AccTy	Account	Description	G/L Acc	G/L account name	D/C	Amount	Curr.	Amount LC	LCurr	Tx	Assign.
4100	1	01		D	CUST-KR003	SFA Consulting	11040100	Account Receivables	S	30.00	USD	30,000	KRW		
	2	50		S	80000199	Sales revenues - dom	80000199	Sales revenues - dom	H	30.00-	USD	30,000-	KRW		20180301

위와 같은 AR Invoice가 존재한다.

▶ FI-Accounts Receivable-Document Entry-F-28 - Incoming payment 화면

○ 3/2일 환율 1USD=950KRW : 10USD 만큼 부분반제처리를 해보자.

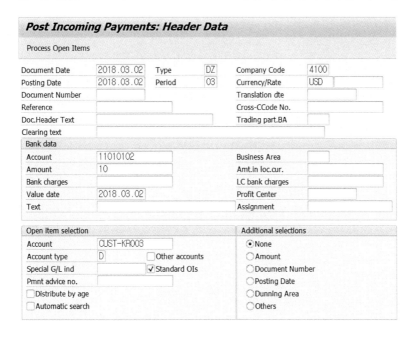

Post Incoming Payments: Header Data

Process Open Items

Document Date	2018.03.02	Type	DZ	Company Code	4100
Posting Date	2018.03.02	Period	03	Currency/Rate	USD
Document Number				Translation dte	
Reference				Cross-CCode No.	
Doc.Header Text				Trading part.BA	
Clearing text					

Bank data

Account	11010102	Business Area	
Amount	10	Amt.in loc.cur.	
Bank charges		LC bank charges	
Value date	2018.03.02	Profit Center	
Text		Assignment	

Open item selection		Additional selections
Account	CUST-KR003	◉ None
Account type	D ☐ Other accounts	○ Amount
Special G/L ind	✓ Standard OIs	○ Document Number
Pmnt advice no.		○ Posting Date
☐ Distribute by age		○ Dunning Area
☐ Automatic search		○ Others

> Process Open Items 버튼 클릭, Partial Payment Tab으로 이동

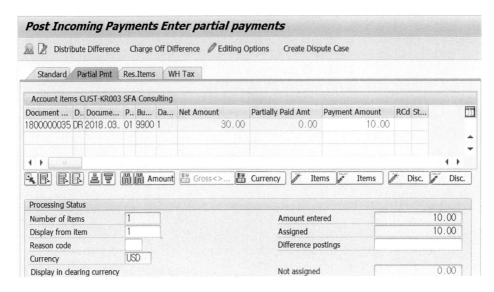

>그림과 같이 10USD에 대해서만 Partial 금액을 입력하고 시뮬레이션을 돌려보자.

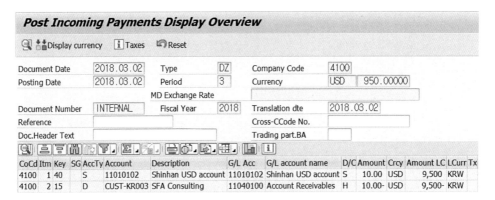

환차손익에 대한 별도의 라인이 생성되지 않는다. 이 원화금액의 차이는 최종 반제시점에 반영될 것이다.

>IMG-FI-Financial Accounting Global Settings (New)-Global Parameters for Company Code-Currencies-Indicate Currency Differences for Partial Payments

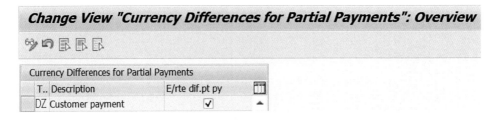

전표유형별로 부분반제시 외환손익이 발생되도록 체크할 수 있다. 위와 같이 세팅한 후 다시
전표를 입력한다

\>포스팅(💾) 처리

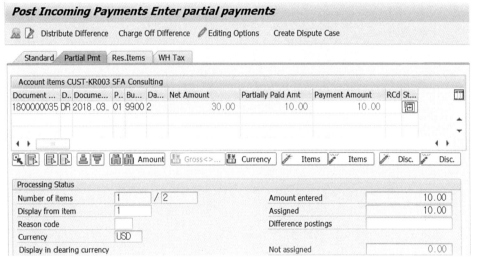

Data Entry View

Document Number	1400000029	Company Code	4100	Fiscal Year	2018
Document Date	2018.03.02	Posting Date	2018.03.02	Period	3
Reference		Cross-Comp.No.			
Currency	USD	Texts exist	☐	Ledger Group	

CoCd	Itm	Key	SG	AccTy	Account	Description	G/L Acc	G/L account name	D/C	Amount	Curr.	Amount LC	LCurr
4100	1	40		S	11010102	Shinhan USD account	11010102	Shinhan USD account	S	10.00	USD	9,500	KRW
	2	15		D	CUST-KR003	SFA Consulting	11040100	Account Receivables	H	10.00-	USD	10,000-	KRW
	3	40		S	56001300	Foreign ex. losses	56001300	Foreign ex. losses	S	0.00	USD	500	KRW

그림처럼 부분반제처리시 환차손익이 계산되어진다(500원의 외환차손 발생)

○ 3/3일 환율 1USD=1,050KRW : 10USD 만큼 부분반제처리를 해보자.

Post Incoming Payments Enter partial payments

👥 📝 Distribute Difference　Charge Off Difference　✏ Editing Options　Create Dispute Case

Standard / Partial Pmt / Res.Items / WH Tax

Account items CUST-KR003 SFA Consulting

Document ...	D...	Docume...	P...	Bu...	Da...	Net Amount	Partially Paid Amt	Payment Amount	RCd	St...
1800000035	DR	2018.03_	01	9900	2	30.00	10.00	10.00	🔲	

Amount　Gross<>...　Currency　Items　Items　Disc.　Disc.

Processing Status

Number of items	1	/	2	Amount entered	10.00
Display from item	1			Assigned	10.00
Reason code				Difference postings	
Currency	USD				
Display in clearing currency				Not assigned	0.00

\>포스팅(💾) 처리

Data Entry View

Document Number	1400000030	Company Code	4100	Fiscal Year	2018
Document Date	2018.03.03	Posting Date	2018.03.03	Period	3
Reference		Cross-Comp.No.			
Currency	USD	Texts exist	☐	Ledger Group	

CoCd	Itm	Key	SG	AccTy	Account	Description	G/L Acc	G/L account name	D/C	Amount	Curr.	Amount LC	LCurr	Tx
4100	1	40		S	11010102	Shinhan USD account	11010102	Shinhan USD account	S	10.00	USD	10,500	KRW	
	2	15		D	CUST-KR003	SFA Consulting	11040100	Account Receivables	H	10.00-	USD	10,000-	KRW	
	3	50		S	55001000	Foreign exch. gains	55001000	Foreign exch. gains	H	0.00	USD	500-	KRW	

500원의 외환차익 발생

● **G/L Balance Item Foreign Currency Valuation** : G/L Balance 계정에 대한 외화평가기능

▶ 외화 G/L 계정에 대해 평가처리하는 기능이다.

> FI-General Ledger-Master Records-G/L Accounts-Individual Processing-FS00 - Centrally 화면

Display G/L Account Centrally

🗗 🔐 ↶ ↷ ◀ ▶ 🗒 🗓   Edit financial statement version   Edit set   Edit cost element

G/L Account　　11010102　Shinhan USD account
Company Code　4100　FI Korea　　🐾 ✏ 🗋 🗋　With Template　🔒 🗑

| Type/Description | Control Data | Create/bank/interest | Key word/translation | Information (C/A) |

Account control in company code

| Account currency | USD | American Dollar |
☐ Balances in Local Crcy Only
Exchange rate difference key
Valuation group

11010102 계정은 외화 계정으로 회사통화(KRW) 와 다른 통화(USD)를 가진 계정이다.

위와 같은 G/L Balance계정을 월말에 평가하는 기능이 G/L Balance Item Foreign Currency Valuation 이다.

▶ FI-General Ledger-Account-FAGLL03 - Display/Change Items (New) 화면 : 11010102 계정 Lineitem 리스트 조회

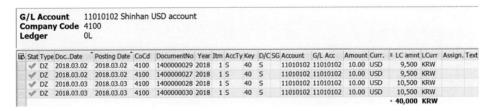

G/L Account 11010102 Shinhan USD account
Company Code 4100
Ledger 0L

	Stat	Type	Doc..Date	Posting Date	CoCd	DocumentNo	Year	Itm	AccTy	Key	D/C	SG	Account	G/L Acc	Amount	Curr.	LC amnt	LCurr	Assign.	Text
✓	DZ		2018.03.02	2018.03.02	4100	1400000029	2018	1 S		40	S		11010102	11010102	10.00	USD	9,500	KRW		
✓	DZ		2018.03.02	2018.03.02	4100	1400000027	2018	1 S		40	S		11010102	11010102	10.00	USD	9,500	KRW		
✓	DZ		2018.03.03	2018.03.03	4100	1400000028	2018	1 S		40	S		11010102	11010102	10.00	USD	10,500	KRW		
✓	DZ		2018.03.03	2018.03.03	4100	1400000030	2018	1 S		40	S		11010102	11010102	10.00	USD	10,500	KRW		
																• 40,000	**KRW**		

각 전기일자에 해당되는 환율로 원화 금액이 계산되어 있다

FI Doc.	Posting.Date	외화		3/31환율	원화	
1400000029	2018.03.02	10	USD	1USD = 950KRW	9,500	KRW
1400000027	2018.03.02	10	USD	1USD = 950KRW	9,500	KRW
1400000028	2018.03.03	10	USD	1USD = 1,050KRW	10,500	KRW
1400000030	2018.03.03	10	USD	1USD = 1,050KRW	10,500	KRW
외화합계		40	USD	원화합계	40,000	KRW

▶ 환율이 아래와 같을 때 3월 말 평가를 돌려보자.

Change View "Currency Exchange Rates": Overview of Selected Set

New Entries 🗅 🗐 🔄 🗐 🗐 🗐

	ExRt	ValidFrom	Indir.quot	X	Ratio(from)	From	=	Dir.quot.	X	Ratio (to)	To
	M	2018.03.31		X		1 USD	=	1,100.00000	X		1 KRW
	M	2018.03.03		X		1 USD	=	1,050.00000	X		1 KRW
	M	2018.03.02		X		1 USD	=	950.00000	X		1 KRW

▶ G/L Balance Foreign Currency Valuation(외화평가)(T-Code : FAGL_FC_VAL)

Foreign Currency Valuation

⊕ ⓖ ⓘ ≣

General Data Selection

Company Code	4100	to
Valuation Key Date	2018.03.31	
Valuation Area	KR	

Postings / Open Items / **G/L Balances** / Miscellaneous

☑ Valuate G/L Account Balances

G/L Account	11010102	to
Exchange rate difference key		to
☐ Valuate P&L accounts		
☐ Val. period balance only		
Currency		to

평가 대상인 11010102 계정을 입력하고 Valuate G/L Account Balances 체크한다.

> ⊕(Execute) 클릭

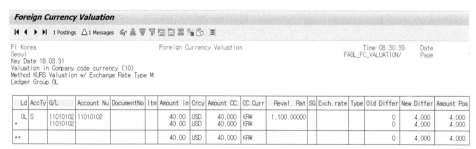

Foreign Currency Valuation

Ⅰ◀ ◀ ▶ ▶Ⅰ 1 Postings ⚠1 Messages ...

FI Korea   Foreign Currency Valuation   Time 08:30:39   Date
Seoul   FAGL_FC_VALUATION/   Page
Key Date 18.03.31
Valuation in Company code currency (10)
Method KURS Valuation w/ Exchange Rate Type M
Ledger Group OL

Ld	AccTy	G/L	Account Nu	DocumentNo	Itm	Amount in	Crcy	Amount CC.	CC.Curr	Reval. Rat	SG	Exch.rate	Type	Old Differ	New Differ	Amount Pos
OL	S	11010102	11010102			40.00	USD	40,000	KRW	1,100.00000				0	4,000	4,000
*		11010102				40.00	USD	40,000	KRW					0	4,000	4,000
**						40.00	USD	40,000	KRW					0	4,000	4,000

3/31일 환율 1,100원으로 40USD를 계산하면 44,000원이 되며, 40,000원과의 차액 4,000원이 평가시 반영된다.

> 1 Postings 버튼 클릭

> Display document 버튼 클릭

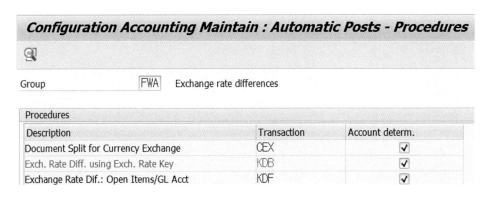

자기 자신 계정으로 원화금액이 증가하면서 외환차익이 발생하였다. Balance 평가의 경우 바로 잔액에 실현손익으로 반영되며 익월 역분개 처리를 하지 않는다.

▶ 이런 Balance 평가시 평가손익 계정은 어디에서 설정하는지 살펴보도록 한다.

▶ IMG-FI-General Ledger Accounting (New)-Periodic Processing-Valuate-Foreign Currency Valuation-Prepare Automatic Postings for Foreign Currency Valuation 화면 : 외화평가 계정 설정

○ 아래와 같은 Procedures 들이 보인다.

Configuration Accounting Maintain : Automatic Posts - Procedures

Group   FWA   Exchange rate differences

Procedures

Description	Transaction	Account determ.
Document Split for Currency Exchange	CEX	✔
Exch. Rate Diff. using Exch. Rate Key	KDB	✔
Exchange Rate Dif.: Open Items/GL Acct	KDF	✔

○ KDB 설정을 살펴보자(KDF의 경우 AP/AR/GL Open Item에 대한 계정 설정이었다.)

Configuration Accounting Maintain : Automatic Posts - Accounts

◀ ▶ 🗋 🗗 🖺 Posting Key 🏔 Groups 🏔 Procedures

Chart of Accounts	CAKR	Chart of accounts - Republic of Korea
Transaction	KDB	Exch. Rate Diff. using Exch. Rate Key

Account assignment

Exchange r...	Expense ac...	E/R gains acct	Rolling Val...	Rolling Val...
	56001000	55001000		
FRF	56001400	55001400		

> 위와 같이 계정 설정이 되어 있다. Exchange Rate Difference Key 값은 G/L Account 마스
  터 데이터에 있는 필드와 동일한 필드이며 마스터에 지정된 Key값과 동일한 계정 설정을 찾아
  외환차익/차손계정이 결정되는 구조이다.

G/L Account	11010102	Shinhan USD account
Company Code	4100	FI Korea

Type/Description	Control Data	Create/bank/interest	Key word

Account control in company code

Account currency	USD	American Dollar
☐ Balances in Local Crcy Only		
Exchange rate difference key		

위 계정의 경우 빈 값이므로, 빈값에 해당하는 첫번째 계정설정 세팅값이 적용된다.

G/L Account	11010102	Shinhan USD account
Company Code	4100	FI Korea

Type/Description	Control Data	Create/bank/interest	Key wo

Account control in company code

Account currency	USD	American Dollar
☐ Balances in Local Crcy Only		
Exchange rate difference key	FRF	

FRF로 설정된 계정이 인식된 것을 확인할 수 있다.

○ G/L Balance 계정별 외환손익 계정을 다르게 기표하고 싶을 경우 Exchange rate difference key를 이용하면 된다.

▶ G/L Balance Valuation Reversal : 평가 내역을 역분개 처리할 경우

✔ Reset Valuation

Reason for Reset (Balances)   03

평가 화면에서 다른 조건들은 동일하게 입력하고 Reset Valuation을 체크하고 역분개 Reason을 입력한다.

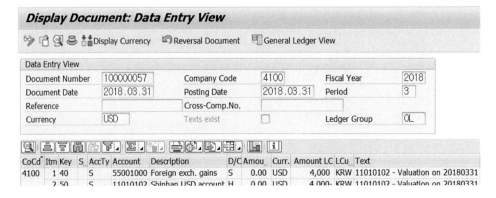

〉 ｜Display document｜ 버튼 클릭 - 역분개 처리된 전표를 확인할 수 있다.

▶ 로그 조회 - Miscellaneous Tab

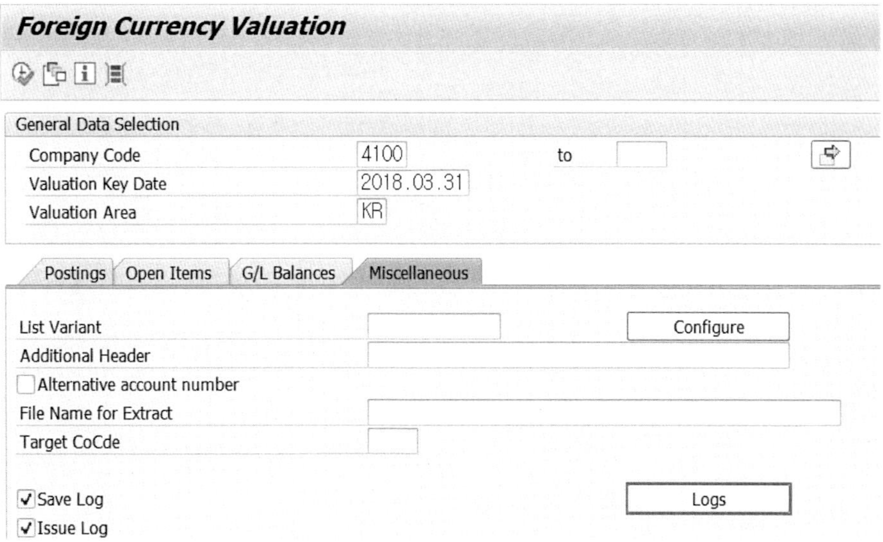

Foreign Currency Valuation

General Data Selection

Company Code	4100	to		
Valuation Key Date	2018.03.31			
Valuation Area	KR			

Postings	Open Items	G/L Balances	**Miscellaneous**

List Variant		Configure
Additional Header		
☐ Alternative account number		
File Name for Extract		
Target CoCde		

☑ Save Log   Logs
☑ Issue Log

〉Logs 버튼 클릭

Display Logs

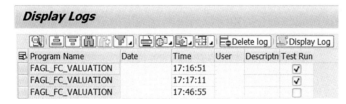

Program Name		to	
Date		to	
User Name		to	

〉실행버튼 클릭

Display Logs

	Program Name	Date	Time	User	Descriptn	Test Run
	FAGL_FC_VALUATION		17:16:51			☑
	FAGL_FC_VALUATION		17:17:11			☑
	FAGL_FC_VALUATION		17:46:55			☐

>조회하고자 하는 라인 선택 후 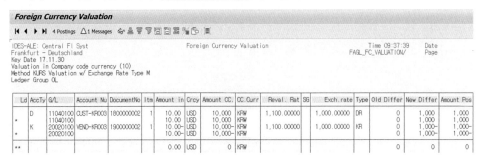 버튼 클릭

Test 했던 내역, 실제 Posting 처리한 내역에 대한 모든 Log를 조회할 수 있다. 단 외화평가 실행전에 Save Log 체크를 반드시 해야 Log가 저장된다.

● FAGL_FCV - Foreign Currency Valuation (S/4 HANA)

▶ S/4 HANA 버전에서 외화평가 기능이 달라진 부분에 대해서 살펴보기로 한다.

▶ **FAGL_FC_VAL T-Code가 Obsolete되었고 FAGL_FCV T-Code만 사용 가능**하게 되었다.

>FAGL_FC_VAL T-Code (ECC) (※ECC 버전에서도 FAGL_FCV T-Code 사용가능)

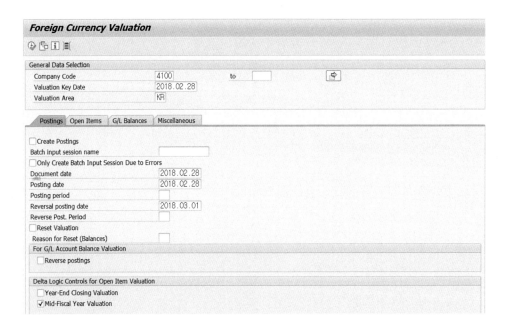

>FAGL_FCV T-Code(S/4 HANA)

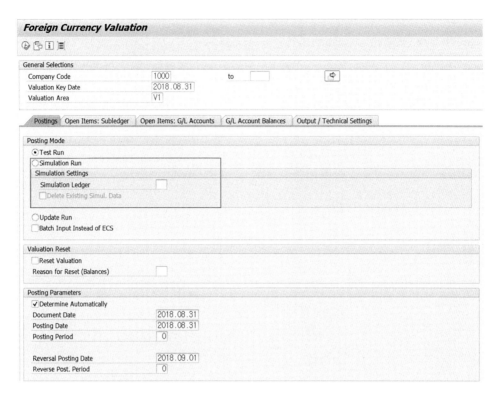

Simulation Run 기능이 추가되었다. Simulation Ledger가 생겨나면서 이 Simulation Ledger
에 반영되도록 할 수 있다.

>IMG-FI-Financial Accounting Global Settings (New)-Ledgers-Ledger-Define Settings for
Ledgers and Currency Types

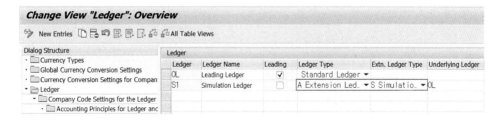

위 그림처럼 Extension Ledger Type중 Simulation Ledger Type을 설정할 수 있다.

>Simulation Run Mode로 외화평가를 돌려보자.

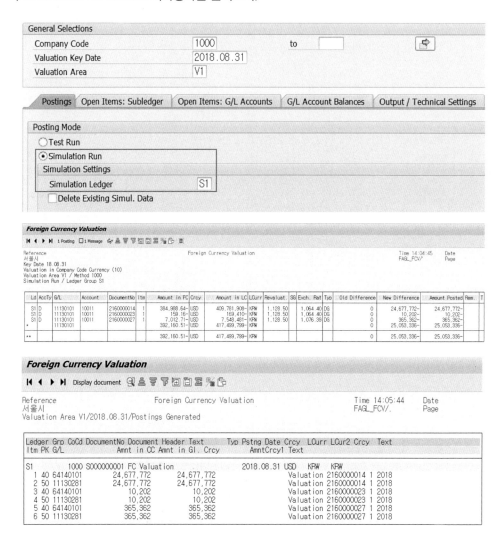

위 그림처럼 S로 시작하는 Simulation Ledger Document가 생성된다.

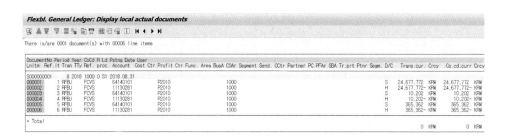

Document를 조회해보면 위와 같은 형식의 Document를 확인할 수 있다.

>FAGL_FC_VAL vs FAGL_FCV : Delta Logic Control이 Open Item Tab으로 위치가 변경되었다. Open Item 관련 Tab이 Subledger와 G/L Account로 뉘어졌다.

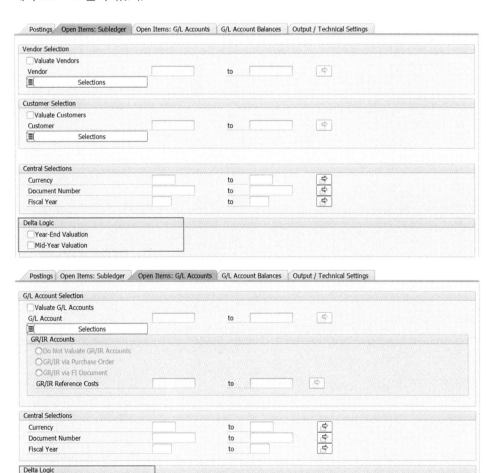

위 화면은 FAGL_FC_VAL Open Item Tab 화면이다. FAGL_FCV에서는 다음 그림과 같이 2개의 Tab으로 분리되었다.

>G/L Balance Tab도 아래와 같이 형태가 변경되었다.

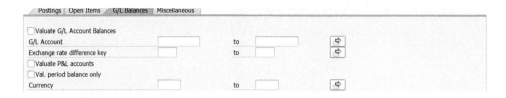

위 화면은 FAGL_FC_VAL 화면이고 다음 화면이 FAGL_FCV 화면이다.

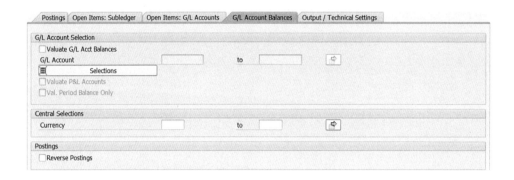

▶ 기본적으로 처리되는 기능은 동일하다.

약어 정리

약어	설명	약어	설명
ERP	Enterprise Resource Planning	BPR	Business Process Reengineering
MRP	Material requirements planning	SAP	System Applications and Products in data processing
IMG	Implementation guide	BC	Basis Consultant
FI	Financial Accounting	G/L	General Ledger(총계정원장)
S/L	Subsidiary Ledger(보조원장)	A/R	Accounts Receivable(매출채권 관리)
A/P	Accounts Payable(매입채무 관리)	A/A	Asset Accounting(고정자산 관리) or Fixed Assets
S/O	Sales Order(판매오더)	P/O	Purchase Order(구매오더)
G/R	Goods Receipt(상품 입고)	I/V	Invoice Verification(매입채무 확정)
PCA	Profit Center Accounting	IM	Investment Management(투자관리)
PS	Project System	RE	Real Estate
CO	Controlling	TR	Treasury
CBM	Cash Management and forecast	MRM	Market Risk Management
OM	Overhead cost accounting(Management)	PC	Product cost accounting
PA	Profitability analysis	ABC	Activity Based Costing
EC	Enterprise Controlling	SEM	Strategic Enterprise Management
CTS	Change Transport System	TMS	Transport management System
LO	Logistics	COA	Chart Of Accounts
B/S	Balance Sheet	P&L	Profit & Loss Statement
S/O	Sales Order(판매오더)	P/O	Purchase Order(구매오더)
G/R	Goods / Receipt(상품 입고)	I/V	Invoice Verification(매입채무 확정)
TR	Treasury	CM	Cash Management
AOP	Automatic Outgoing Payment	M.B.S	Manual Bank Statement
AA	Asset Accounting	COD	Chart of Depreciation
FA	Fixed Asset	AUC	Asset Under Construction
LVA	Low Value Asset	NBV	NetBook Value
CO	Controlling	CO-CEL	Cost & Revenue Element Accounting
CCA	Cost Center Accounting	I/O	Internal Order
ABC	Activity-Based Costing	CO-PC	Product Cost Controlling
PA	Profitability Analysis	PCA	Profit Center Accounting
OM	Overhead Management	FM	Fund Management
SKF	Statistical Key Figures	SPL	Special Purpose Ledger(=FI-SL)
FSV	Financial Statement Version		

자금관리 통합 솔루션(Spert Treasury Solution)

> *"힘들게 자금수지 시스템을 구축했지만, 우리 회사 실정에 맞지 않아서 결국 무용지물입니다."*
>
> S 사 자금업무 담당
>
> *"SAP TR모듈이 너무 복잡하고, 운영하기가 어렵습니다."*
>
> T사 시스템 담당자
>
> *"우리회사의 금융상품관리 기능은 단순한데, TR 모듈 License 를 구입해야 하나?"*
>
> D사 프로젝트 PM

자금업무의 핵심인 금융상품과 자금수지 관리에 대한 SAP 솔루션을 소개합니다.

- 자금 국내업무 실정에 맞게 개발된 SAP 패키지 프로그램

- 단기간 합리적인 비용으로 구축 및 안정화

- 별도 패키지 형태 구현되어 SAP License 필요 없음

- 사용자/시스템 운영자 입장에서 쉽고 단순한 화면 및 기능으로 구성

- 국내 여러 대기업 적용 사용중

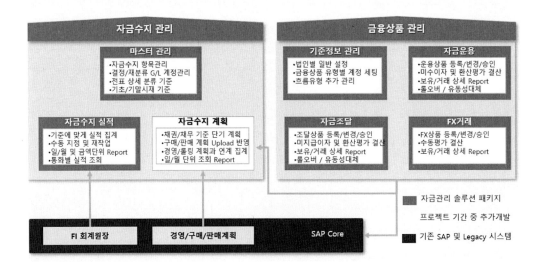

홈페이지 : www.easyTR.co.kr
솔루션문의: hcjung@s-pert.com, spert@s-pert.com / 031-756-6213

SAP ERP 프로젝트를 계획하고 있습니까?

> *"외국계 컨설팅 회사는 이름 값만으로 너무 비싸기만한거 아니야.?"*
>
> S사 기획팀장
>
> *"대기업 SI 업체는 계열사 경험만 있고, 실력있는 인력들은 다 빠져나간거 같아. "*
>
> 20년차 SAP 프리랜서
>
> *"국내 소규모 SI업체와 저가로 프로젝트 진행했다가 Open 을 못하고, 업체와 소송중에 있습니다."*
>
> C사 운영팀장

실력과 경험을 충분히 가지고 있으면서도 합리적인 가격을 제시하는 SAP 컨설팅 업체를 소개합니다.

ERP 전 모듈, 경력 15년 이상의 업계 최고 프리랜서 전문가들로 구성된 SAP 전문 컨설팅 업체

S-PERT

Solution Deployment
실행 부서에 실질적 도움이 되는
가성비 높은 솔루션

ERP Consulting
PI 및 ERP 구축 컨설팅

SAP Implementation
고객 비즈니스 관점에서
전략과 시스템을 구현

Solution
자금관리
회계증빙
FTA

교육/세미나/출판
방문 교육
ERP Trend 세미나

SAP Maintenance
특급 컨설턴트의 지원을 받는 비즈니스
/IT/인프라 운영서비스
SPINNAKER SUPPORT

Maintenance
시스템 운영/
유지보수

Seminar & Press
SAP 교육 & 세미나
서적 출판을 통해
최신 IT Trend 정보 제공

홈페이지 : WWW.S-PERT.COM
대표 연락처 : spert@s-pert.com / 031-756-6213
(SAP 사용자 입문 교육 / SAP 시스템 유지보수 교육 / SAP Project 관리 교육)